MAINZER HYMNOLOGISCHE STUDIEN

Band 18 · 2006

Herausgegeben von Hermann Kurzke

in Verbindung mit dem Interdisziplinären Arbeitskreis Gesangbuchforschung der Johannes Gutenberg-Universität Mainz und der Internationalen Arbeitsgemeinschaft für Hymnologie

Christiane Schäfer

„Wunderschön prächtige"

Geschichte eines Marienliedes

francke verlag

Bibliografische Information der Deutschen Bibliothek

Die Deutsche Bibliothek verzeichnet diese Publikation in der Deutschen Nationalbibliografie; detaillierte bibliografische Daten sind im Internet über <http://dnb.ddb.de> abrufbar.

Umschlagbild und Melodie aus: „Magnificat. Katholisches Gebet= und Gesangbuch für die Erzdiözese Freiburg. Freiburg im Breisgau 1895“.

Gedruckt mit Unterstützung des „Interdisziplinären Arbeitskreises Gesangbuchforschung“ der Universität Mainz.

Dischingerweg 5 · D-72070 Tübingen

Gedruckt auf chlorfrei gebleichtem und säurefreiem Werkdruckpapier.

Internet: http://www.francke.de
E-Mail: info@francke.de

Einbandgestaltung: Atelier Reichert, Stuttgart
Druck und Bindung: Ilmprint, Langewiesen
Printed in Germany
ISSN 1862-2658

ISBN 13: 978-3-7720-8160-6
ISBN 10: 3-7720-8160-6

Meinen Eltern

Vorwort

Die vorliegende Arbeit wurde im Wintersemester 2003/2004 vom Fachbereich Deutsche Philologie der Johannes Gutenberg-Universität Mainz als Dissertation angenommen und für den Druck leicht überarbeitet.

Mein erster und ganz besonderer Dank gilt meinem Doktorvater Prof. Dr. Hermann Kurzke. Er hat die Arbeit angeregt, ihr Entstehen immer mit wachem Interesse begleitet und mich in vielerlei Hinsicht unterstützt. Ohne seinen ermutigenden Beistand hätte ich so manche Durstrecke auf dem eingeschlagenen Weg sicher nicht meistern können. Ganz herzlich danken möchte ich auch Prof. Dr. Dr. Hansjakob Becker für die Übernahme des Korreferates und für so manchen liturgiewissenschaftlichen Hinweis.

Die Arbeit entstand im Rahmen des Graduiertenkollegs „Geistliches Lied und Kirchenlied interdisziplinär" und wurde durch ein Promotionsstipendium der Deutschen Forschungsgemeinschaft gefördert. Die zahlreichen Gelegenheiten zum Gedankenaustausch innerhalb des Kollegs und die finanzielle Unabhängigkeit waren eine große Hilfe.

Dem „Interdisziplinären Arbeitskreis Gesangbuchforschung" der Universität Mainz danke ich für die finanzielle Förderung des Drucks.

Meinen Mit-Stipendiaten sage ich Dank für viele dienliche Hinweise und die erfahrene Unterstützung. Ulrike Süß möchte ich für die vielen wertvollen Gespräche danken, mit denen sie die Entstehung der Arbeit begleitet hat. Ein besonderer Dank gilt Frau Dr. Rebecca Schmidt, die große Teile meiner Arbeit mit kritischem Sachverstand gelesen und kommentiert hat.

Außerdem danke ich meinem Ehemann Michael Schäfer, der die Arbeit in erster Fassung und auch für die Drucklegung Korrektur gelesen hat, und der mir während der gesamten Arbeitsphase immer hilfreich zur Seite stand.

Ein ganz herzliches Dankeschön sage ich meinen Eltern. Sie haben mir mein Studium ermöglicht und mir immer die nötige Freiheit und einen sicheren Rückhalt geboten.

Speyer, im Juni 2006

Inhaltsverzeichnis

1 Einleitung

1.1 Prolog

Es war beim Achtuhrgottesdienst, wo die Predigt nur eine halbe Stunde dauert und darauf die Messe folgt mit Gebet und Volksgesang. Die Kathedrale war gedrängt voll, Kopf an Kopf manche Tausende. [...] Nach dem Dank für die Kommunion stiegen wieder die Akkorde der Orgel, diesmal wie ein trauliches Kinderlächeln, wie ein tiefsinniges Aufflehen aus einem unschuldigen Herzen. Sind die früheren Lieder eher ruhig vorgetragen worden, schallend und hallend fiel der ganze Dom ein:

Wunderschön prächtige, große und mächtige,
Liebreich holdselige, himmlische Frau,
Der ich mich ewiglich weihe herzinniglich,
Leib dir und Seele zu eigen vertrau;
Gut, Blut und Leben
Will ich dir geben:
Alles, ja alles was immer ich bin,
Geb ich mit Freuden, Maria, Dir hin.

Einige Zwischenakkorde führen den Gedanken weiter, und wieder beginnt der Jubel:

Schuldlos geborene, einzig Erkorene,
Du Gottes Tochter und Mutter und Braut,
Die aus der reinen Schar Reinste wie keine war,
Selber der Herr sich zum Tempel gebaut:
Du Makellose,
Lilienrose,
Krone der Erde, der Himmlischen Zier,
Himmel und Erde, sie huldigen dir.

Ich kniete wie gebannt nieder vor diesem allgemeinen, frohen und hellen Gesang. Eigentümlich, so oft ich mir früher das Lied auf dem Harmonium hatte spielen lassen, es war mir immer viel zu wenig ernst gehalten, beinah scherzend, man möchte fast Jungmanns Ausdruck hedonisch anwenden. Aber nein, wenn mans so hört, den richtigen Meister an der Orgel, diese allgemeine Fröhlichkeit beim ersten Einfallen, dies wuchtige Wogen der Tonwellen aus tausend und tausend andächtigen Herzen: auf einmal ist das Lied in seinem Recht und man versteht erst seine ganze Bedeutung.[1]

Mit diesen Worten beschreibt am Beginn des 20. Jahrhunderts der Kapuzinerpater Gaudentius Koch (1867–1944) die Gedanken und Empfindungen, die ihn bewegt haben, als am sechsten Sonntag nach Pfingsten das Marienlied *Wunderschön prächtige* während des Gottesdienstes im Münster von

---

1 G. Koch: Ueber das Lied Wunderschön prächtige. In: Aus stillen Bergen, 2. Skizzen und Bilder. Ravensburg o. J., S. 137f.

Sankt Gallen gesungen wurde. Dieser Text ist eines der wenigen schriftlichen Zeugnisse, die uns einen direkten Eindruck von der subjektiv empfundenen Wirkung eines Kirchenliedes vermitteln können. Gleichzeitig erfahren wir etwas über den Ort des Liedes im liturgischen Vollzug und über die Art und Weise des Gesanges. Auch auf den Text geht Pater Gaudentius in seinen Ausführungen näher ein und analysiert kurz die beiden von ihm zitierten Strophen:

> Verfolgen wir den Gedankengang, so ist es dieser. Das Bild der Königin taucht empor im Geiste des Sängers, hochherrlich, wie der Jünger auf Patmos sie geschaut: der Diener naht sich vertrauend und mit kindlichem Herzen. Ganz will er sich hingeben, mit allem, was er ist. Wie könnte es anders sein. Er bewundert ihre Größe, ihre Gnaden und ganz einzigen Vorzüge. Ist sie doch unbefleckt empfangen, ganz allein die Gnadenvolle, und dies zur Vorbereitung für den Tag des großen Ratschlusses: so ward sie des Vaters Tochter, Mutter des Sohnes und des Heiligen Geistes Braut. Doch wie gebannt und geblendet kann der Sänger nur staunen ob ihrer geheimnisvollen Reinheit, da die Welt sie begrüßen darf als die Jungfrau der Jungfrauen, die eben darum der Herr sich zum Tempel gebaut. So strömt sein Jubel mächtiger empor, wird zur feierlichsten Steigerung im Lied: sie ist die Makellose, und was kein Verstand versteht, Jungfrau und Mutter, und dies zugleich, eine Gnadenmutter, weil vor wie in und nach der Geburt, wie die Katechismusstelle so natürlich es ausgeprägt, so wird die kühne Wendung Lilienrose zur Tat, und darum, wegen ihrer einzigen Stellung das wahre Jauchzen im Ausklang:
>
> Krone der Erde, der Himmlischen Zier,
> Himmel und Erde, sie huldigen dir.
>
> Es ist das eine glückliche Zusammenfassung der Mariologie: Mariens Würde und Größe, unser Verhältnis zu ihr und schließlich der Dankhymnus an ihre Herrlichkeit. Das alles in einfachem, allgemein faßlichem, kindlichgläubigem Ausdruck, dabei kurz und treffend zusammengedrängt, und hiezu eine liebe, weiche, unschuldigheitere Melodie.[2]

Pater Gaudentius charakterisiert den Text des Marienliedes *Wunderschön prächtige* als eine für das Kirchenvolk verständliche Zusammenfassung der Lehre von Maria. Zugleich ist das Lied in seinen Augen aber auch Ausdruck einer lebendigen Marienfrömmigkeit und kann – wie ganz am Ende seiner Betrachtungen zu lesen ist – den Sänger in eine religiöse Hochstimmung versetzen:

> Und singend schritt ich vor durchs Seitengitter am Othmaraltar vorüber, die Chorstufen aufwärts und aufwärts, immer singend aus ganzer Seele. Vom Hochaltar leuchtete das Riesengemälde herab, wie die Engel die Benedeite emportragen in ihre Heimat am Himmelfahrtstag: sie aber schien zu lächeln und ihren Segen herabzuhauchen über Stadt und Land.[3]

---

2 Ebd., S. 143f.

3 Ebd., S. 144.

1.2 Bemerkungen zu Untersuchungsgegenstand und Methodik

Das Marienlied *Wunderschön prächtige*, dessen Wirkung der Kapuzinerpater Gaudentius Koch so eindrucksvoll geschildert hat, stammt aus dem 18. Jahrhundert und verfügt über eine vielschichtige, detailreiche und produktive Geschichte, die bis ins 21. Jahrhundert reicht und sehr gut geeignet ist, Rezeptionsprozesse zu beschreiben. Aus diesem Grund steht die Wirkungsgeschichte des Marienliedes *Wunderschön prächtige* im Zentrum dieser Arbeit. Ausgehend von seiner Entstehung im 18. Jahrhundert sollen alle wichtigen Rezeptionsstufen des Liedes dokumentiert, erläutert und aufeinander bezogen werden, so daß die Entwicklung, die das Lied über drei Jahrhunderte hinweg durchlaufen hat, sichtbar und nachvollziehbar wird.

Der ganzen Arbeit liegt demnach ein rezeptionsgeschichtlicher Ansatz zugrunde. Dabei muß beachtet werden, daß es sich bei dem Marienlied *Wunderschön prächtige* um ein Lied handelt, dessen Autor nicht bekannt ist und dessen Entstehung nicht erschöpfend geklärt werden kann. Darin unterscheidet es sich wesentlich von den Kirchenliedern der evangelischen Gesangbuchtradition. Diese wird bereits seit dem 16. Jahrhundert von einem stark ausgebildeten Autorenbewußtsein geprägt – eine Erscheinung, die sich mit der im 18. Jahrhundert aufkommenden Originalitätsästhetik noch gesteigert hat. Vor diesem Hintergrund ist ein evangelisches Kirchenlied als ein von einem individuell greifbaren Autor geschaffenes Produkt zu beschreiben, das in Hinblick auf das Entstehungsdatum, den Verfasser und seine ursprüngliche Textgestalt genau bestimmt werden kann. Es existiert also für den größten Teil der evangelischen Kirchenlieder eine datierbare und autorisierte Fassung, die als die „Urfassung" eines Liedes angesehen werden kann, auf die alle veränderten und umgedichteten Fassungen bezogen und mit der sie verglichen werden können. Bei fast allen wirkungsgeschichtlichen Untersuchungen evangelischer Kirchenlieder ist demnach der Bezugspunkt klar.

Ganz anders stellt sich dieser Sachverhalt innerhalb der katholischen Kirchenliedtradition dar, die bis zum Ende des 18. Jahrhunderts – bis auf ganz wenige Ausnahmen – von Anonymität geprägt ist. Dies gilt auf weiten Strecken sogar bis ins 20. Jahrhundert hinein. Viele katholische Kirchenlieder können schon zum Zeitpunkt ihrer Entstehung als fließende Gebilde beschrieben werden, deren Gestalt zumeist nicht klar umrissen ist. Häufig existieren bereits in einem sehr frühen Stadium der Liedgeschichte mehrere voneinander abweichende Fassungen, von denen man nicht sagen kann, welche nun tatsächlich die ursprüngliche gewesen ist.

Neben den katholischen Kirchenliedern, die in den kirchlich approbierten Gesangbüchern Aufnahme gefunden haben, gibt es eine Gruppe von Liedern, die dem Bereich der Volksfrömmigkeit angehört und zunächst nur mündlich sowie über Liedflugschriften verbreitet worden ist. Diese Lieder können der Gattung des ‚Geistlichen Volksliedes' zugerechnet werden und waren fester Bestandteil des vom Volk lebhaft praktizierten religiösen Lebens, das sich nicht nur in der Feier der Heiligen Messe, sondern gerade auch in der Durchführung von Andachten, Prozessionen und Wallfahrten ausdrückte.

Auch das Marienlied *Wunderschön prächtige* gehört in diese Liedgruppe. Da die ‚Geistlichen Volkslieder' genau wie die katholischen Kirchenlieder anonym weitergegeben wurden, stellt sich ihre Wirkungsgeschichte ähnlich kompliziert dar. Auch sie können als prozeßhafte, nicht klar umrissene Gebilde betrachtet werden, die einem kontinuierlichen Wandel unterworfen sind. Erschwerend kommt für diese Lieder hinzu, daß sich die Vorgänge ihrer Verbreitung - bedingt durch die Mündlichkeit und die Flugschriftentradition - im Vergleich zu einer Gesangbuchüberlieferung weitaus schwerer nachvollziehen lassen. Eine mündliche Tradition läßt sich heute nicht mehr rekonstruieren, da es dafür *eo ipso* nur in Ausnahmefällen schriftliche Zeugnisse gibt. Die Liedflugschriften, die heute noch in einer einigermaßen repräsentativen Zahl greifbar sind, können zu einem überwiegenden Teil weder eindeutig datiert noch genau lokalisiert werden. Aus diesem Grund ist es oft kaum möglich, das Alter dieser Lieder auch nur annähernd exakt zu bestimmen.

Ebensowenig können verläßliche Aussagen darüber gemacht werden, welche Textfassung wohl die ursprüngliche gewesen ist und an welchen Orten das Lied tatsächlich verbreitet wurde. Daraus ergibt sich für eine rezeptionsgeschichtlich ausgerichtete Untersuchung die Schwierigkeit, daß der Ausgangs- und damit auch der Bezugspunkt für die nachzuzeichnende Entwicklung fehlt. Dieser Mangel kann nur behoben werden, indem man für das zu untersuchende Lied zunächst eine möglichst breite und solide Textbasis ermittelt. Dies führt zu einem Nebeneinander verschiedener Fassungen, die miteinander verglichen und einander zugeordnet werden können. Auf einer solchen Grundlage kann zumindest diejenige Fassung identifiziert werden, die für die Wirkungsgeschichte des Liedes die größte Bedeutung hatte. Dabei handelt es sich nicht um eine „Urfassung" im Sinne des von einem unbekannten Autor geschaffenen Textes, sondern vielmehr um die hypothetisch wirkmächtigste Fassung, die gerade nicht als normativer Zeichenbestand verstanden werden darf; sie dient lediglich als Bezugstext, der Veränderungen beschreibbar machen will.

Daher wird am Beginn dieser Arbeit der Versuch gemacht, die wirkmächtigste Fassung des Marienliedes *Wunderschön prächtige* zu rekonstruieren. Zu diesem Zweck werden zunächst die für das Lied ermittelten Quellen beschrieben und in eine Ordnung gebracht. In einem zweiten Schritt wird eine Edition erstellt, die die meisten Textvarianten dokumentiert und sie für eine textkritische Diskussion umstrittener Textstellen heranzieht. Auf diese Weise kann eine Ausgangsfassung erstellt werden, die als Bezugspunkt für die weitere Untersuchung des Liedes dienen kann. Gleichzeitig ermöglicht die Edition einen Überblick über häufiger auftretende und typische Textvarianten. Diese weisen auf weitere für die Geschichte des Liedes wichtige Fassungen hin. So können neben der hypothetisch wirkmächtigsten Fassung des Marienliedes *Wunderschön prächtige* auch andere – zwar weniger verbreitete, aber dennoch bedeutende – Liedvarianten bei der Untersuchung berücksichtigt werden.

Der wirkungsgeschichtliche Ansatz, der der gesamten Arbeit zugrunde liegt, stützt sich auf die textvergleichende Analyse verschiedener, aus mehreren Jahrhunderten stammender Liedfassungen des Marienliedes *Wunderschön prächtige*. Alle relevanten Fassungen des Liedes werden zunächst als eigenständiges Textsystem analysiert und in einem zweiten Schritt als relationale Textsysteme in Beziehung zur präsupponierten Fassung gesetzt. Eine solche Methode ermöglicht es, den Rezeptionsvorgang erkennbar und beschreibbar zu machen. Diese Vorgehensweise wurde bereits in einer 1995 erschienenen Dissertation mit dem Titel „Kirchenlied und Textgeschichte. Literarische Traditionsbildung am Beispiel des deutschen Himmelfahrtsliedes von der Aufklärung bis zur Gegenwart" von Hermann Ühlein mit Erfolg angewandt. Die Gründe für diese Methode und die sich daraus ergebenden Möglichkeiten erläutert er in seiner Einleitung:

> Als Vorstellung liegt zugrunde ein zwar durch Rezeptionsstufen gegliederter, aber durch diese kohärent konstituierter größerer Rezeptionszusammenhang. Der diachron-lineare Gang durch die Geschichte der Liedfassungen erfordert die relational-intertextuelle Analyse. Das Verweilen auf den einzelnen Textstufen dagegen (18. - 19. - 20. Jahrhundert) ermöglicht synchrone Schritte: Die Einbeziehung des zeitgenössischen Kontextes der jeweiligen Liedfassung.[4]

Ein solches Verfahren, das sowohl die synchrone als auch die diachrone Betrachtungsweise eines Untersuchungsgegenstandes ermöglicht, ist für die Darstellung von Rezeptionsprozessen besonders gut geeignet, da so einerseits Veränderungen dokumentiert und andererseits die jeweiligen Entstehungs- und Rezeptionsbedingungen offengelegt werden können.

Die textimmanenten Analysen der verschiedenen Fassungen des Marienliedes *Wunderschön prächtige* werden sich auf die im Texte enthaltenen biblischen Bezüge und auf die Nachzeichnung des in ihnen vermittelten Marienbildes[5] konzentrieren. Die dabei herausgearbeiteten Ergebnisse werden dann miteinander verglichen, so daß Konstanten, aber auch Veränderungen der in den Liedfassungen vermittelten Lehre von Maria und somit der Marienfrömmigkeit im allgemeinen deutlich werden. Außerdem werden die jeweiligen Fassungen in ihren zeitgenössischen Kontext eingeordnet. Dabei werden frömmigkeits- und kirchengeschichtliche Aspekte berücksichtigt.

---

4 H. Ühlein: Kirchenlied und Textgeschichte. Literarische Traditionsbildung am Beispiel des deutschen Himmelfahrtsliedes von der Aufklärung bis zur Gegenwart. Würzburg 1995, S. 10.

5 Dabei werden die Bildlichkeiten, mit denen Maria beschrieben wird, sowie deren biblische Herkunft nachgewiesen. Aus Platzgründen wird in den meisten Fällen darauf verzichtet, die lange Tradition der einzelnen Bilder, die oft weit bis ins Mittelalter reicht, nachzuzeichnen.

Darüber hinaus werden auch äußere Faktoren - wie zum Beispiel das Medium der Verbreitung - Beachtung finden. Durch dieses methodische Vorgehen kann die Wirkungsgeschichte des Marienliedes *Wunderschön prächtige* umfassend - wenn auch sicher nicht erschöpfend - dargelegt werden.

2 Rekonstruktion einer Liedfassung

2.1 Kontext und Quellenlage

2.1.1 Kontext ‚Geistliches Volkslied'

Das Marienlied *Wunderschön prächtige* wurde in den ersten Jahrzehnten seiner Geschichte nicht in ein Kirchengesangbuch aufgenommen, sondern zunächst mündlich und mit Hilfe von Liedflugschriften verbreitet. Seine Anfänge verlieren sich im Dunkeln. Über den Zeitpunkt der Entstehung sowie über den Herkunftsort oder gar den Verfasser lassen sich keine genauen Angaben machen, ebensowenig über die Gestalt der Textfassung und der Melodie. Dieser Befund erlaubt es, das Marienlied *Wunderschön prächtige* der Gattung des ‚Geistlichen Volksliedes' bzw. des ‚Religiösen Volksliedes' zuzuordnen. ‚Geistliche Volkslieder' stellen eine Untergruppe der Textsorte ‚Volkslied' dar und weisen somit auch deren Charakteristika auf.

Innerhalb der volkskundlichen Lied- und Musikforschung hat sich ein ‚essentialistisch-normativer Ansatz' etabliert, der den Forschungsgegenstand der Musikalischen Volkskunde ausgehend von den vorgefundenen bzw. noch zu sammelnden Objekten zu bestimmen versucht[1]. Dieser Ansatz formuliert Wesensbestimmungen des Volksliedes, die durch normative Setzungen gewonnen werden. Dabei entwickelte sich im Laufe der Zeit eine Zusammenstellung von verschiedenen Kategorien, die das Wesen von Volksmusik und insbesondere des Volksliedes beschreiben sollen. Als die wichtigsten Kategorien gelten:

1) Oralität, das heißt, daß die Lieder mündlich tradiert werden.
2) Variabilität, das heißt, daß die Lieder einem Gestaltwandel unterliegen.
3) Anonymität, das heißt, daß die Autorschaft der Lieder unbekannt ist.
4) Popularität, das heißt, daß die Lieder eine weite Verbreitung gefunden haben.

Diese Kategorien sollen im folgenden kurz erläutert und auf das Marienlied *Wunderschön prächtige* bezogen werden.

1) Oralität:
Daß Volkslieder nicht schriftlich, sondern mündlich überliefert werden, ist eine der ältesten normativen Aussagen über das Wesen von Volksmusik[2]. Es gehe, so definiert Wolfgang Suppan 1975 in der Volksliedforschung, „um

---

1 Vgl. W. Schepping: Lied- und Musikforschung. In: Grundriß der Volkskunde. Einführung in die Forschungsfelder der Europäischen Ethnologie. Berlin 1988, S. 403.

2 Ebd., S. 404.

das in ungedruckter, mündlicher Überlieferung weitergetragene, brauchtümlich verankerte [...] Lied."[3]

Dabei muß aber beachtet werden, daß neben der für die Volkslieder so bedeutenden Mündlichkeit auch deren schriftliche Verbreitung - vor allem mit Hilfe von Liedflugschriften, Liederhandschriften und Liederbüchern - nicht vernachlässigt werden darf. So kommt auch Suppan an anderer Stelle zu dem Schluß:

> Der überwiegende Teil des im 17. bis 19. Jahrhundert in das Volksliedleben eingegangenen geistlichen Liedgutes in der Landessprache fand entweder mit Hilfe des Flugblattdruckes Verbreitung oder ist gelegentlich in schriftlichen Fassungen auf Flugblättern festgehalten worden.[4]

Auch das Marienlied *Wunderschön prächtige* hat eine mündliche Tradierung erfahren. Dies zeigen die zahlreichen mündlichen Nachweise[5], die im Deutschen Volksliedarchiv in Freiburg eingesehen werden können: Diese Belege wurden Anfang des 20. Jahrhunderts gesammelt, indem verschiedene Gewährsfrauen und -männer die ihnen bekannte Textfassung des Liedes zu Protokoll gaben und es in der ihnen geläufigen Melodie vorsangen.[6] Insoweit ist die mündliche Bekanntheit und Beliebtheit des Liedes bis ins 20. Jahrhundert erwiesen. Da aus den vorangegangenen Jahrhunderten solche Sammlungen nicht vorliegen, ist man für diesen Zeitraum auf die schriftlich fixierten Fassungen angewiesen, die sich erhalten haben.

Für das 18. Jahrhundert ist das Lied ausschließlich auf Liedflugschriften, in verschiedenen handschriftlichen Liederbüchern sowie in einzelnen gedruckten Gesangbüchern nachweisbar. Trotz der großen Bedeutung, die gerade die mündliche Tradierung für das ‚Geistliche Volkslied' besitzt, kann daher die Liedgeschichte des Marienliedes *Wunderschön prächtige* nur auf der Grundlage schriftlich fixierter und gedruckter Quellen erschlossen werden.

Dabei sollte man sich allerdings darüber im klaren sein, daß eine vollständige Nachzeichnung der tatsächlichen Tradierungsprozesse auf diese Weise nicht möglich ist. Denn die schriftlich fixierten und bis heute erhaltenen Textfassungen stellen immer nur eine zufällige Auswahl derjenigen Fassungen dar, in denen das Lied tatsächlich gesungen worden ist. Den wirkli-

---

[3] W. Suppan: Hymnologie und Volksliedforschung. In: Handbuch des Volksliedes, Bd. 1/II. München 1975, S. 517.

[4] W. Suppan: Das geistliche Volkslied. In: Geschichte der katholischen Kirchenmusik, Band II. Hrsg. von K. G. Fellerer. Kassel u. a. 1976, S. 205.

[5] DVA: A140815, (Eingesungen 1912); A202625, (1936/37); A185119, (1938); A209186, (1942); A211349, (1972); A213036, (Fassung: *Hohe und herrliche,* 1973); A 214796, (Fassung: *Hohe und herrliche,* 1978); A215337, (1980).

[6] Die von den Gewährsleuten angegebenen Texte spiegeln eine breite Palette von unterschiedlichen Fassungen für das Marienlied *Wunderschön prächtige* wider. Darunter befinden sich auch Fassungen, die nachweislich erst im 19. Jahrhundert entstanden sind. Daher sind diese Belege zwar ein wichtiges Zeugnis für die lebendige Rezeption des Marienliedes *Wunderschön prächtige,* helfen aber bei der Beurteilung der Textfassung des 18. Jahrhunderts nicht weiter.

chen Überlieferungsvorgang eines solchen Liedes spiegeln sie aber nur zum Teil wider.[7]

2) Popularität:
„Nicht die Herkunft weist ein Lied als Volkslied aus, sondern allein seine Verbreitung, sein Leben in den seelisch-gesellschaftlichen Grundschichten. Dies gilt auch für den geistlichen Volksgesang."[8] Die Beliebtheit und die Verbreitung eines Liedes sind wichtige Indikatoren für seine Klassifizierung als Volkslied.[9] Der Begriff der ‚Popularität' ist zunächst rein quantitativ zu verstehen. Ein Kriterium dafür ist die Anzahl der gefundenen Belege. Im Falle des Marienliedes *Wunderschön prächtige* läßt die weitere, bis heute andauernde Druck- und Wirkungsgeschichte den Schluß auf eine außerordentlich weite Verbreitung zu.

3) Variabilität:
„Wer weiß nicht, was ein Lied auszustehen hat, wenn es durch den Mund des Volkes, und nicht etwa nur des ungebildeten, eine Weile durchgeht!"[10] So beschreibt Johann Wolfgang von Goethe das Schicksal und die ständigen Veränderungen des Volksliedes. Suppan präzisiert:

> Das Volkslied-Leben, der Eigentumsanspruch des Sängers am Lied, bedingt jedoch in jedem Fall im Laufe der Jahrzehnte und Jahrhunderte währenden Tradition ein ständiges Verändern, eine Kette von Lied-Varianten.[11]

Diese „Kette von Lied-Varianten" läßt sich auch für das Marienlied *Wunderschön prächtige* nachweisen. Schon zu Beginn seiner Geschichte im 18. Jahrhundert liegt es in einer Vielzahl von Fassungen vor, die sich mehr oder weniger stark voneinander unterscheiden. Der große Variantenreichtum, den das Lied im Laufe seiner Geschichte hervorgebracht hat, soll ein Untersuchungsschwerpunkt innerhalb der vorliegenden Arbeit sein.

4) Anonymität:
Eine romantische und gleichzeitig stark idealisierte Beschreibung der Produktion von Volksliedern findet sich bei Jacob Grimm: Volkslieder seien „unter dem Volke selbst, im Munde des Volkes, wie man das nur näher fasse, entsprossen"; sie gingen „aus der stillen Kraft des Ganzen leise hervor [...]; über die Art, wie das zugegangen, liegt der Schleier des Geheimnisses, an das man glauben soll".[12] Diese Vorstellung von Volksliedproduktion

---

7 Vgl. H. Ühlein: Kirchenlied und Textgeschichte, S. 10.

8 W. Suppan: Das geistliche Volkslied. In: Geschichte der katholischen Kirchenmusik, Band II, S. 202.

9 Vgl. W. Schepping: Lied- und Musikforschung. In: Grundriß der Volkskunde, S. 404–405.

10 J. W. von Goethe: Rezension zum Wunderhorn. Münchner Ausgabe, Bd. 6-2, S. 616.

11 W. Suppan: Das geistliche Volkslied. In: Geschichte der katholischen Kirchenmusik, Band II, S. 202.

12 J. Grimm: Über den altdeutschen Meistersang. Göttingen 1811, S. 6.

spiegelt zwar das romantische Bild vom Volk, hält aber einer näheren Prüfung nicht stand. In Opposition dazu hat der Begründer der modernen Volkslied-Theorie, John Meier, die sogenannte Rezeptionstheorie entwickelt, die den Begriff der ‚Anonymität' zugleich relativiert und präzisiert. Sie beruht im wesentlichen auf zwei Kernthesen:

1) Volksmusik ist immer die Schöpfung eines Individuums.
2) Sie kann aber nur dann volkstümlich werden, wenn sie vom Volk rezipiert und durch den ‚Volksmund' umgestaltet wird, also die oben bereits beschriebene Variabilität ausbildet.

Meier hat an zahlreichen Beispielen nachgewiesen, daß viele Volkslieder eigentlich „Kunstlieder im Volksmund"[13] sind. Obwohl das Volkslied als die Schöpfung eines Individuums angesehen werden muß, bleiben die Verfasser der Lieder zumeist unbekannt. Das hat zur Folge, daß über den Ort oder den Zeitpunkt der Entstehung eines Liedes oftmals keine genauen Kenntnisse vorliegen. „Wo anonyme Verfasser am Werk waren, bleibt die Entstehung und das Aufkommen des einzelnen Liedes im Dunkeln."[14] Auch das Marienlied *Wunderschön prächtige* ist das Werk eines Verfassers, über den nichts bekannt ist. Somit können auch über die genauen Entstehungsumstände keine verbindlichen Aussagen gemacht werden.

Das Marienlied *Wunderschön prächtige* weist alle Merkmale eines Volksliedes auf: Es ist von einem Unbekannten verfaßt und wurde zunächst sowohl mündlich als auch über das Medium der Liedflugschriften verbreitet. Außerdem hat es eine hohe Variabilität entwickelt und ist sehr populär geworden.

2.1.2 Problematik der Flugschriftenüberlieferung

Ein wichtiges Medium für die Tradierung von ‚Geistlichen Volksliedern' war die sogenannte Liedflugschrift. Sie unterscheidet sich durch ihr drucktechnisches Erscheinungsbild vom Liedflugblatt:

> Das Liedflugblatt ist ein meist einseitig bedrucktes, ungefaltetes Blatt. Das äußere Bild ist oft bestimmt durch die Kombination von Text und Graphik, die als optischer Kaufreiz eingesetzt wurde. Die zu Beginn des 16. Jahrhunderts auftretende Liedflugschrift besteht aus gefalzten Blättern, zwei oder mehrere Seiten umfassend. Sie bietet die Möglichkeit, mehrere Lieder zu veröffentlichen und einen größeren Käuferkreis anzusprechen.[15]

Im 18. Jahrhundert hatte die Liedflugschrift das Liedflugblatt weitgehend vom Markt verdrängt. Gleichzeitig stieg parallel zur fortschreitenden Al-

---

13 Vgl. J. Meier: „Kunstlieder im Volksmunde". Materialien und Untersuchungen. Halle an der Saale 1906, besonders: S. I–XXXII und J. Meier: Kunstlied und Volkslied in Deutschland. Halle an der Saale 1906.

14 W. Suppan: Das geistliche Volkslied. In: Geschichte der katholischen Kirchenmusik, Band II, S. 202.

15 B. Fitzmaier: Liedpublizistik. In: »Freut euch des Lebens...«. 75 Jahre Volksliedarchiv. Freiburg im Breisgau 1989, S. 61.

phabetisierung der Bevölkerung[16] die Auflagenhöhe, so daß mit Hilfe dieser Druckerzeugnisse mehr Menschen erreicht werden konnten.

Für das Marienlied *Wunderschön prächtige* lassen sich derzeit insgesamt 22 Liedflugschriftenbelege aus dem 18. und frühen 19. Jahrhundert nachweisen. Der überwiegende Teil dieser Blätter stammt aus dem katholisch geprägten süddeutsch-österreichischen Raum. Hier hatte sich im 17. und 18. Jahrhundert eine spezifische Form des Flugblattdrucks entwickelt[17]. Leopold Schmidt schreibt dazu:

> Die Gegenreformation hat in Österreich in der Tat eine große Anzahl von Druckereien auf den Plan gerufen, die anscheinend zu guten Teilen zunächst als Gegenmaßnahmen gegen noch bestehende oder verdrängte protestantische Druckereien eingesetzt wurden.[18]

Außer in Wien entstanden in der Folge auch in fast allen größeren alpenländischen Städten Druckerwerkstätten. So zum Beispiel in Graz oder Innsbruck, später auch in Bregenz, Krems, Linz, Ried, Salzburg, Steyr, Wels und der Wiener Neustadt[19]. Allerdings gibt es bis heute keine umfassenden Untersuchungen zu diesen für das Flugblattliedwesen so bedeutenden Druckorten - mit Ausnahme von Steyr[20].

Außerdem existiert auch kein annähernd vollständiges bibliographisches Verzeichnis der Liedflugschriften des 18. Jahrhunderts. Erste Versuche unternahm in den 30er Jahren des 20. Jahrhunderts Leopold Schmidt für die

---

16 Reinhard Wittmann macht dazu folgende Angaben: „Um die Mitte des 18. Jahrhunderts habe die Zahl der Leser unter der erwachsenen Bevölkerung im deutschsprachigen Mitteleuropa etwa 10% betragen (was bereits für die erste Hälfte des Jahrhunderts eine nicht näher geklärte Verdoppelung gegenüber dem 17. Jahrhundert bedeuten würde). Bis 1770 sei die Zahl der Lesekundigen auf 15% gestiegen, bis 1800 auf weitere 25%, 1840 seien 40% und 1870 bereits 75% erreicht gewesen." R. Wittmann: Geschichte des deutschen Buchhandels. 2. durchgesehene Auflage. München 1999, S. 189. Wittmann stützt sich hierbei vor allem auf Schätzungen von R. Schenda: Vgl. R. Schenda: Volk ohne Buch. Studien zur Sozialgeschichte der populären Lesestoffe 1770–1910. Frankfurt 1970. S. 443f.

17 Vgl. W. Suppan: Hymnologie und Volksliedforschung. In: Handbuch des Volksliedes, Bd. 1/II, S. 523.

18 L. Schmidt: Volksgesang und Volkslied. Proben und Probleme. Berlin 1970, S. 109.

19 Vgl. ebd., S. 109.

20 Zur Druckerstadt Steyr sind zwei Arbeiten erschienen: H. O. Kranawetter: Steyr in Oberösterreich als Druckort ‚fliegender Blätter' des 18. und 19. Jahrhunderts. In: Bayerische Hefte für Volkskunde. VI. Jahrgang 1919, S. 35–95. A. Hess vertieft die Ausführungen Kranawetters und erstellt eine umfangreiche Bibliographie der Steyrer Drucke: A. Hess: Steyr eine alte Druckerstadt. Geschichte und Bibliographie. Wien 1950 (Diss. masch.). Auf dem Gebiet der einen größeren geographischen Raum umfassenden Darstellungen hat vor allem Leopold Schmidt verschiedene Arbeiten vorgelegt. Hier sind zu nennen: L. Schmidt: Volkslied und Flugblatt. In: Volksgesang und Volkslied. Proben und Probleme, S. 108–237. In Anlehnung an die Arbeiten von Schmidt haben A. Riedl und K. M. Klier eine umfangreiche Quellenerschließung für das Burgenland geleistet, der man aber den Fundort der Flugschriften nicht entnehmen kann: K. M. Klier, A. Riedl: Lied-Flugblattdrucke aus dem Burgenland. Eisenstadt 1958.

niederösterreichischen Flugblattlieder. Neben den Sammlungen von kleineren Bibliotheken und Museen zog er noch eine Vielzahl von Privatsammlungen heran, über deren Verbleib man heute nur in Einzelfällen unterrichtet ist[21]. Allerdings hat Schmidt bei der Katalogisierung der von ihm ermittelten Liedflugschriftenbestände nur diejenigen Blätter verzeichnet, auf denen mindestens der Druckort angegeben war. Da aber eine Vielzahl der Liedflugschriften des 18. Jahrhunderts keinerlei Hinweis auf die Provenienz des Blattes enthalten, bleiben bei Schmidt viele Quellen unberücksichtigt.

Außer den Versuchen von Schmidt sind noch zwei Dissertationen aus Wien und Graz zu nennen, die wichtige bibliographische Angaben enthalten. Alois Hess beschäftigt sich in seiner 1950 entstanden Dissertation mit der Druckerstadt Steyr[22]. Nachdem er die Bedeutung Steyrs als Druckerstadt herausgearbeitet und wertvolle Hinweise zu den Steyrer Druckern vom 17. bis zum 19. Jahrhundert gegeben hat, bietet der Verfasser eine großangelegte Bibliographie aller in Steyr gedruckten Schriften des gleichen Zeitraums. Darunter befinden sich auch viele Liedflugschriften. In dem von Hess erfassten Bestand ist das Marienlied *Wunderschön prächtige* nur mit einem einzigen Beleg vertreten.

Kurt Lorber untersucht in seiner Arbeit die Flugblattlieder aus öffentlichen Sammlungen in Graz[23]. Lorber hat alle in den verschiedenen Grazer Bibliotheken, Archiven und Museen vorhandenen Flugschriften beschrieben und zum Teil deren erste Seite in Kopie zusammengetragen. Diese umfangreiche Materialerhebung gewährt einen guten Überblick über die Grazer Sammlungen[24].

Mit Hilfe dieser bibliographischen Hinweise ist nach Belegen für das Marienlied *Wunderschön prächtige* gesucht worden. Dabei wurden folgende Bibliotheken, Archive und Museen berücksichtigt:[25]

- Nationalbibliothek Wien
- Stadt- und Landesbibliothek Wien
- Niederösterreichisches Volksliedwerk, Wien

21 Vgl. L. Schmidt: Niederösterreichische Flugblattlieder. In: Jahrbuch für Volksliedforschung. 6. Jahrgang 1938, S. 104-105.

22 A. Hess: Steyr, eine alte Druckerstadt. Geschichte und Bibliographie. Dissertation an der Universität Wien. Wien 1950 (Diss. masch.).

23 K. Lorber: Flugblattlieder aus öffentlichen Sammlungen in Graz. Graz 1950 (Diss. masch.).

24 Diese maschinengeschriebene Dissertation und die umfangreiche Materialsammlung können in der Universitätsbibliothek Graz eingesehen werden. Teilweise stimmen aber die für die einzelnen Liedflugschriften angegebenen Signaturen nicht mehr. Die von Lorber für das Steirische Volkskundemuseum angegebenen Bestände sind mittlerweile um eine große Anzahl von Blättern erweitert worden. Das Volkskundemuseum verfügt über ein Initienverzeichnis der innerhalb dieser Sammlung enthaltenen Lieder.

25 Einzelfunde stammen aus der Kantonsbibliothek Luzern und der Stadt- und Universitätsbibliothek Köln (vor allem Bruderschaftsgesangbücher). Eine Vielzahl von Anfragen bei verschiedenen Bibliotheken und mit der Materie vertrauten Einzelpersonen blieb in bezug auf das Marienlied *Wunderschön prächtige* leider ergebnislos.

- Universitätsbibliothek Graz
- Steiermärkische Landesbibliothek, Graz
- Steiermärkisches Landesarchiv, Graz
- Steirisches Volkskundemuseum, Graz
- Privatsammlung Klier (heute im Stadtarchiv Linz)
- Deutsches Volksliedarchiv, Freiburg.
- Sammlung des Freien Deutschen Hochstifts in Frankfurt am Main

Auch wenn hier nicht der Anspruch erhoben werden kann, eine vollständige Erhebung aller noch vorhandenen Quellen für die Existenz des Marienliedes *Wunderschön prächtige* geleistet zu haben, so bilden die ermittelten Belege dennoch eine solide Arbeitsgrundlage.

2.1.3 Problematik der frühen Gesangbuchüberlieferung

Neben den Liedflugschriften stellen die Bruderschafts- und Wallfahrtsgesangbücher des 18. und frühen 19. Jahrhunderts eine wichtige Quelle für die Überlieferung des ‚Geistlichen Volkliedes' dar.

Diese Gesangbücher, die von verschiedenen Bruderschaften herausgegeben und in Andachten, bei Wallfahrten oder während anderer Zusammenkünfte von den Mitgliedern verwendet wurden, bewahren einerseits das alte, aus den offiziellen Gesangbüchern der Aufklärung ausgesonderte Kirchenliedgut und andererseits das dem Volk vertraute ‚Geistliche Volkslied'. So wurde auch das Marienlied *Wunderschön prächtige* gegen Ende des 18. Jahrhunderts in einige dieser Bücher aufgenommen. Insgesamt lassen sich derzeit acht Gesangbücher aus dem 18. und frühen 19. Jahrhundert nachweisen, die das Marienlied *Wunderschön prächtige* enthalten.

Auch diese Quellengattung ist bislang unzureichend bibliographisch erschlossen und somit nur schwer überschaubar. Das liegt in erster Linie daran, daß es bis heute keine umfassende Bibliographie für die Gesangbücher des deutschen Sprachraumes gibt.[26] Die 1975 herausgegebene Bibliographie zum Deutschen Kirchenlied[27] verzeichnet lediglich diejenigen Gesangbücher, die wenigstens eine einzige Melodie enthalten und bis zum Jahre 1800 gedruckt worden sind. So wird durch diese Bibliographie das 18. Jahrhundert zeitlich zwar vollständig abgedeckt, aber dennoch nur ein kleiner Teil der tatsächlich existierenden Quellen zugänglich gemacht, da der größere Teil der im 18. Jahrhundert erschienenen Gesangbücher keine Noten enthält und somit nicht berücksichtigt worden ist.

---

26 Dieser Mangel wird zur Zeit in einer Forschungseinrichtung an der Universität Mainz behoben. Innerhalb eines von der DFG geförderten Projektes sollen alle deutschsprachigen christlichen Gesangbücher vom 16. Jahrhundert bis zur Gegenwart bibliographisch erfaßt und autopsiert werden. Mit dieser umfangreichen Gesangbuchbibliographie, die zunächst in Form einer Datenbank zugänglich gemacht wird, entsteht eine wichtige Grundlage für die gesamte hymnologische Quellenarbeit.

27 K. Ameln u.a. (Hgg.): Das deutsche Kirchenlied (DKL). Kritische Gesamtausgabe der Melodien, Bd. 1,1: Verzeichnis der Drucke von den Anfängen bis 1800. Kassel u.a. 1975.

Für die übrigen katholischen Gesangbücher aus dieser Zeit ist man bis heute auf das umfangreiche Werk Wilhelm Bäumkers „Das Katholische Kirchenlied in seinen Singweisen"[28] aus den Jahren 1893–1911 angewiesen. Auch wenn einige der dort angegebenen Bücher heute nicht mehr auffindbar sind, stellen Bäumkers Angaben nach wie vor ein wichtiges bibliographisches Hilfsmittel dar.

In diesem Zusammenhang muß auch auf die große Gesangbuchsammlung Wilhelm Bäumkers hingewiesen werden, die ungefähr 1700 Bände umfaßt und gerade für die katholische Gesangbuchgeschichte von großer Bedeutung ist.[29] Die Mehrzahl der für das Marienlied *Wunderschön prächtige* ermittelten Bruderschafts- und Wallfahrtsgesangbücher stammt aus dieser Sammlung.

Außerdem wurden die Bestände weiterer Bibliotheken und Archive[30] durchgesehen. Dennoch blieb die ermittelbare Anzahl von Belegen für das Marienlied *Wunderschön prächtige* innerhalb der Gesangbücher des 18. Jahrhunderts eher gering. Dieser Befund stützt die These, daß für die Verbreitung des ‚Geistlichen Volksliedes' im allgemeinen und für die des Marienliedes *Wunderschön prächtige* im besonderen dem Medium Flugblatt die größere Bedeutung beigemessen werden muß.

2.1.4 Handschriftliche Gesangbücher

Eine häufig nicht beachtete Quelle, die Auskunft über die Tradierungsprozesse von ‚Geistlichen Volksliedern' geben kann, stellen die handschriftlichen Liederbücher dar. Für den Tiroler Raum sind zahlreiche dieser handgeschriebenen Gesangbücher heute noch vorhanden. Sie enthalten hauptsächlich geistliche Lieder und wurden wahrscheinlich von den sogenannten Kirchensingern, die es in dieser Region bis heute gibt, angefertigt.

Bei den Kirchensingern handelt es sich um kleine Gruppen von Sängerinnen und Sängern, die in ihren Kirchengemeinden bei der Messe und während anderer religiöser Verrichtungen – wie zum Beispiel Andachten – fünfstimmig ihre Lieder vortrugen und somit den Gemeindegesang übernahmen oder zumindest unterstützten. Die Melodien und Texte ihrer Lieder kannten die Sängerinnen und Sänger auswendig: Die Fünfstimmigkeit ihres Gesanges kam durch Improvisation zustande und hatte einen eigentümlichen

---

[28] W. Bäumker: Das katholische deutsche Kirchenlied in seinen Singweisen von den frühesten Zeiten bis gegen Ende des siebzehnten Jahrhunderts, Bd. I–IV. Reprint der Ausgabe Freiburg 1883–1911. Hildesheim 1962.

[29] Die Sammlung befindet sich in der Stadt- und Universitätsbibliothek Köln. Ca. 1700 Bände sind bereits in den dortigen Online-Katalog aufgenommen worden und können somit über das Internet recherchiert werden.

[30] Nationalbibliothek Wien, Universitätsbibliothek Wien, Marienbibliothek Halle, Universitätsbibliothek Eichstätt, Universitätsbibliothek Graz, Gesangbucharchiv Mainz, Stadtbibliothek Mainz, Martinusbibliothek Mainz, Universitätsbibliothek Freiburg, Deutsches Volksliedarchiv Freiburg, Universitätsbibliothek Straßburg.

Klang.[31] Das Liedrepertoire wurde von einer Kirchensingergeneration an die nächste weitergegeben. Einige dieser Sänger haben zusätzlich die von ihnen gesungenen Lieder in handgeschriebenen Liederbüchern festgehalten. Diese sind vor allem deswegen eine wichtige Quelle für die Rezeptionsgeschichte der in ihnen enthaltenen Lieder, weil sie den Übergang von einer mündlichen zu einer schriftlich fixierten Tradition dokumentieren.

Die Texte, die sich in diesen Büchern finden, sind poetisch häufig von eher minderer Qualität. Die Orthographie ist uneinheitlich, und die meisten von ihnen sind in Mundart wiedergegeben; so entsteht oftmals der Eindruck, hier seien die Lieder so niedergeschrieben worden, wie der jeweilige Schreiber sie gerade im Ohr hatte. Auch das Marienlied *Wunderschön prächtige* läßt sich in einigen dieser Bücher nachweisen. Die Fassungen unterscheiden sich mehr oder weniger stark voneinander und haben mindestens zwei, manchmal auch bis zu acht Strophen.

Nur wenige der handgeschriebenen Liederbücher können genauer lokalisiert und datiert werden. Manche der Bücher verzeichnen auf einem vom Schreiber angelegten Titelblatt einen Ort oder eine Jahreszahl; hin und wieder befinden sich auch unter einzelnen Liedern Jahresangaben. Mehrere dieser Bücher sind über viele Jahre – oft auch von unterschiedlichen Personen – fortgeschrieben worden. Einige der Bücher stammen aus dem 18. Jahrhundert, die meisten aus dem 19. und 20. Jahrhundert; viele lassen sich zeitlich nicht einordnen.

Bei den für diese Arbeit ausgewerteten Liederbüchern handelt es sich um die Bestände des Tiroler Volksliedwerkes und der Bibliothek des Ferdinandeums in Innsbruck. Unter diesen Büchern gibt es auch einige liebevoll gestaltete Abschriften von bereits gedruckten Gesangbüchern. Diese wurden oft mit großer Sorgfalt hergestellt, wobei sowohl bei der optischen als auch bei der inhaltlichen Gestaltung manche Freiheiten zu verzeichnen sind. Diese mit großer Mühe angefertigten Abschriften zeigen, wie wertvoll Gesangbücher für manche Menschen waren. Außerdem waren Bücher in dieser Zeit sehr teuer und sind häufig nicht in allzu großen Auflagen gedruckt worden, so daß der finanzielle Aspekt ebenso wie die Seltenheit der Bücher als Erklärung dafür herangezogen werden können, warum handschriftliche Kopien dieser Werke angefertigt wurden.

---

31 Sonja Ortner beschreibt, wie der eigentümliche Klang entsteht: „Im Bereich des *Normalen* bewegen sich die beiden Oberstimmen sowie der Baß: Die Melodie liegt im Sopran, der von einer Altstimme, meist in Terz- oder Sextparallelen, begleitet wird. Der Funktionsbass bringt die Grundtöne der Harmonie. Das Besondere des Satzes offenbart sich in den Männerfüllstimmen: Der Tenor hält in der Regel durchgehend den Dominantton fest. [...] Zwischen Tenor und Bass verläuft noch der Bariton in Oktavparallelen zum Sopran." S. Ortner: Das Phänomen „Kirchensinger": Relikte einer mündlich tradierten Mehrstimmigkeit. In: I.A.H. Bulletin, Nr. 30/2004. Graz 2005, S. 148.

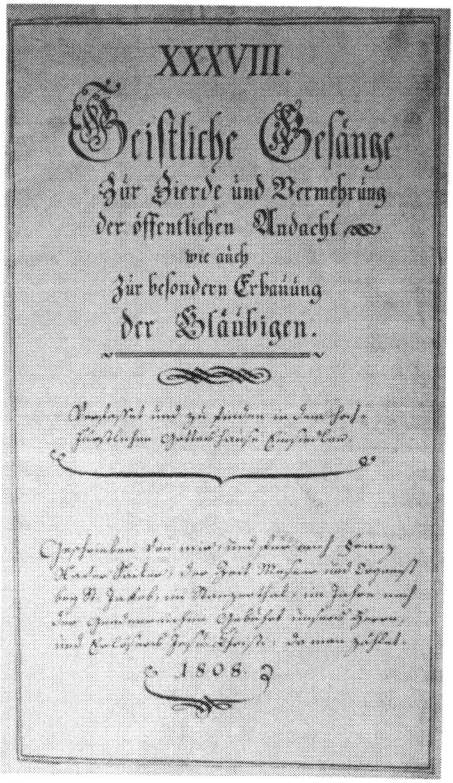

XXXVIII.

Geistliche Gesänge

zur Zierde und Vermehrung

der öffentlichen Andacht

wie auch

zur besondern Erbauung

der Gläubigen.

1808

Abb. 1: Titelblatt eines abgeschriebenen Gesangbuches aus dem Jahr 1808

Auch in diesen abgeschriebenen Büchern läßt sich das Marienlied *Wunderschön prächtige* nachweisen. Die handschriftlichen Liederbücher sind demnach neben den Liedflugschriften und den gedruckten Gesangbüchern eine wichtige Quellengruppe, die mit dazu beitragen kann, die komplizierte und facettenreiche Entstehungs- und Wirkungsgeschichte des Marienliedes *Wunderschön prächtige* im 18. und frühen 19. Jahrhundert ein wenig zu erhellen.

2.2 Systematisierung der Quellen

2.2.1 Die datierten Quellen

Von den insgesamt 23 Liedflugschriften, die für die Existenz des Marienliedes *Wunderschön prächtige* nachgewiesen werden können, sind lediglich sechs Exemplare genau datiert, bei drei weiteren Belegen läßt sich die Datierung mit Hilfe der angegebenen Drucker ungefähr erschließen. Daneben gibt es ein handgeschriebenes sowie insgesamt sieben gedruckte Gesangbücher, deren Datierung ebenfalls bekannt ist. Sie alle enthalten entweder den Text oder die Melodie des Marienliedes *Wunderschön prächtige.*

Die älteste Fassung des Liedes befindet sich in dem einzigen handgeschriebenen Liederbuch, welches sich zeitlich sehr gut einordnen läßt und das zudem noch eine Reihe von Besonderheiten aufweist[32]. Das Buch besteht aus verschiedenen einzelnen Lagen, die nicht zusammengebunden worden sind. Auf dem ersten Blatt wird der Titel des Buches angegeben. Außerdem enthält es einen Vermerk, der darauf hinweist, daß es sich um die Abschrift eines älteren handgeschriebenen Liederbuches handelt. Der Titel lautet: „Geistliches Gesangbiechl Mier BALTHARSAR GRIENTELDER In allen Khreutzgang loblich zu gebrauchen. 1745." Darunter befindet sich ein Zusatz, der vermerkt, an welchem Ort der Abschreiber dieses Buch gefunden hat: „[In der Bibliothek der P.P. Kapuziner zu Brixen a.C. M. SS. gebunden, defekt 8° klein] Im Besitz."[33] Es ist allerdings nicht bekannt, wann diese Abschrift entstanden ist und wer sie angefertigt hat.

Das Buch enthält eine siebenstrophige Fassung (Fassung H1) des Marienliedes *Wunderschön prächtige,* die in einer aus dem österreichischen – möglicherweise aus dem Tiroler Raum stammenden – Mundart gehalten ist. Die Orthographie scheint beliebig. Außerdem weist der Text eine große Anzahl von poetischen Fehlern und Schwächen auf. Er lautet:

1. Wunder schen Prechtige
große und mechtige
liebreich vollmechtige himblische frau.
wälliche auf ebiglich
Stindlich verbint ich mich
ia auch mein leib und Seel genzlich vertrau.
Pilich mein leben
alles bei neben
alles ia alles was Imber ich bin
gib ich mit freiden maria dier hin.

2. Du bist Ja voller Zier
Khein maihl ist an dier,
Du bist maria die schenste allein;
an deiner maiästet
dier nicht manglet und ab geht
Was nur Vollkhomben Und Prechtig khan sein.
mich dier zu schenckhen,
hab kein bedenckhen
bin schon Endt schlossen Es liegt nur an dier,
daß du wilfarest o khinigin mier.

---

32 Ferdinandeum Innsbruck: FB 32.165.

33 Das Buch, das als Vorlage der Abschrift gedient hat, konnte leider nicht ermittelt werden, da es in der genannten Bibliothek nicht mehr zu finden war.

3. Ich glaub ganz Ver gewiß
daß Jener Schlangen Piß,
dich mit der Erbsint niht habe Vergifft.
Ja auch die kleinste Sindt
Pei dier khein Erdlein findt.
an dier nie mallen khein Unheil angstifft.
Dein ganzes Wesen
ist außer lesen
Du bist ein Jungfrau so herlich gemacht,
daß dich Gott seiner selbst wirdig geacht.

4. Die Suhn begleitet dich
Es Unter Wirffet sich
Zu deinen fießen der prechtige man.
Khein Unvolkhomenheit
mein freit die freligkeit,
Umb dein Haupt machen die Sterne ein Chranz.
mit deinen Strallen
duet dich bemallen
der schenst ja der schenste schne*weißiste Glanz,
Prechtig umb dein Haubt der göttliche glanz.

5. Der ganze himblß Pau,
nach gotti hegste frau
ganz meialstätisch wie Pilich Regegierst.
du bist die Khinigin
du bist die Herscherin
Himblß und Erden den ßepter du fierst.
die Englscharen
ihr stim nit sparen
singen frolockhen mit frelichen schall,
dir als der Khinigin huldigen all.

6. maria du allein
bist die ganz macklrein,
Der himblischen Vater sein dochter genänt.
Ja auch der göttlich Sohn
in seinen högsten drohn
Zu seiner mueter fir wirdig Er khant.
Entlich dein Ehren
dier zu Ver mehren
Hat dich zu seiner Erbeltisten Praut,
der heillige geist Jme genzlich Verthraut.

7. maria Jungfrau rein
schenckh uns dein Jesulein,
den du zu Bletähemb geboren in dem Stall.
o was fir seeligkeit
o was fir herzenfreit
wär fir unß mentschen daß allen zu mall

Wanst Unß detst schencken,
Wer woltß Pedenchen,
frelich mier Reisen Zumb himblischen Sall,
fier Uns o Khinigin alle zu mall.

Direkt unter dem Text befindet sich die von der Datierung auf dem Titelblatt abweichende Jahreszahl 1758. Diese unterschiedlichen Jahreszahlen sind ein Beleg dafür, daß das der Abschrift zugrundeliegende Buch vermutlich von 1745 an über mehrere Jahre hinweg weitergeführt worden ist. Ob dabei auch der Schreiber gewechselt hat, läßt sich anhand der Abschrift nicht erkennen. Da sich die Angabe 1758 unmittelbar unter dem Text des Marienliedes *Wunderschön prächtige* befindet, ist der Text wahrscheinlich kurz vor oder in diesem Jahr in das Buch eingetragen worden. Somit muß das Lied auf jeden Fall vor dem Jahr 1758 entstanden sein.

Aber auch wenn es sich hier um die älteste nachweisbare Textfassung des Liedes handelt, stellt dieser Text mit sehr großer Wahrscheinlichkeit nicht den Urtext des Marienliedes *Wunderschön prächtige* dar. Der sprachliche Duktus, die poetischen Mängel und die mundartliche Prägung weisen vielmehr darauf hin, daß hier ein Text durch eine lebhafte mündliche Tradierung bereits „zersungen" worden ist. Wenn diese Annahme zutrifft, war das Lied im Jahre 1758 bereits sehr weit verbreitet und muß daher schon einige Zeit vorher entstanden sein. Diese Vermutung wird durch eine Liedflugschrift gestützt, die nur ein Jahr später – nämlich 1759 – in Wien gedruckt worden ist und die den Ton des Marienliedes *Wunderschön prächtige* überliefert. Der Titel dieses Blattes lautet:

> Ein neues Danklied zu Gott welches Fuer den am 12. Augusti 1759 von der mit den Kaiserl. Koeniglichen Trouppen vereinigt Rußischen Kaiserl. Armee wider den Koenig in Preußen ohnweit Frankfurt an der Oder erfochtenen ruhmvollen Sieg die gebuehrende Danksagung abzustatten, und noch ferneren Seegen fuer die gerechte Kaiserl. Koenigl. und Alliirte Waffen zu erbitten, eine getreue Wiener Burgerschaar bey einer zu diesem Ende angestellten Wallfahrt zu Maria Lanzendorf solenniter abgesungen. Verfast von Anton Ignatz Ulbrich, Kaiserlich=Koeniglichen Hofmusico. Wien, bey Johann Thomas Trattner, Kaiserl. Koenigl. Hofbuchdrucker und Buchhaendler 1759.[34]

Das Initium des Dankliedes lautet: *Auf frommes Oesterreich / Sing deinen Lerchen gleich!* Es umfaßt insgesamt elf Strophen und ist ein Lobgesang auf den bei Kunersdorf errungenen Sieg der Österreicher gegen die Preußen[35]. Das Lied ist überschrieben: „Im Thon Wunder schoen praechtige cc."

---

34 UB Graz I (Rara II) 27948

35 Der sich über alle elf Strophen erstreckende enthusiastische Dank für den glorreichen Sieg bei Kunersdorf richtet sich an Gott selbst. Der vorletzte Vers jeder Strophe lautet *Te deum laudamus* und zitiert damit die Initialzeile des *Te Deum.* Der vollständige Text des Liedes befindet sich im Textanhang. Zur Melodie vgl. Kapitel 2.4.2 „Der Ton: *Wunderschön prächtige*" in dieser Arbeit.

Für die Geschichte des Marienliedes *Wunderschön prächtige* ist diese Flugschrift in zweierlei Hinsicht hochbedeutsam. Zum einen stützt sie den mit Hilfe der Handschrift ermittelten *terminus ante quem* für die Entstehung des Liedes: Wenn nämlich bereits 1759 ein anderer Text im Ton *Wunderschön prächtige* gedichtet werden konnte, so hatte das Lied zu diesem Zeitpunkt mit großer Wahrscheinlichkeit schon einen gewissen Grad an Popularität erreicht und kann demnach nicht mehr ganz neu gewesen sein. Zum anderen wird hier, wie bei fast allen anderen Flugschriften, der Ton nicht nur genannt, sondern die Melodie im dreistimmigen Satz vollständig abgedruckt, so daß wir sehr genau wissen, wie die Melodie des Liedes zu jener Zeit beschaffen war.

Unter den übrigen datierten Belegen für das Marienlied *Wunderschön prächtige* befindet sich ein Gesangbuch mit dem Titel „Geistliche Gesaenge zur Zierde und Vermehrung der oeffentlichen Andacht / wie auch zur besonderen Erbauung der Glaeubigen", welches erstmals 1773 in Einsiedeln gedruckt worden ist. In diesem Buch befindet sich die Melodie des Marienliedes *Wunderschön prächtige,* die dort ebenfalls einem anderen Text zugeordnet ist. Der Text hat das Initium *Kommt her ihr Engel=Choer und macht mit uns die Ehr.* Es ist ein Marienlied, das, wie die Liedüberschrift verrät, in der Adventszeit über den englischen Gruß gesungen werden sollte. Dieses Gesangbuch wurde in der Forschungsliteratur und in den Quellenangaben vieler Gesangbücher - vor allem des 20. Jahrhunderts - immer wieder als der älteste Beleg für die Melodie des *Wunderschön prächtige* herangezogen. Eine ältere Quelle war bislang für die Melodie des Liedes nicht bekannt.

Beide Quellen zeigen, daß der Ton des Marienliedes *Wunderschön prächtige* im 18. Jahrhundert auch losgelöst von seinem ursprünglichen Text eine weite Verbreitung gefunden hat, und daß immer wieder neue Texte auf diese Melodie gedichtet worden sind.

Einen weiteren Hinweis auf den Text des Marienliedes *Wunderschön prächtige* bietet die zweite datierte Liedflugschrift. Sie wurde im Jahre 1765 in „Clagenfurt, [...] bey denen Johann Friedrich Kleinmayer sel. Erben" gedruckt und enthält die folgenden Lieder:

> Das Erste. Ein schoenes Weyhnacht=Lied. Holdseliges JEsulein, mit deinem Aeugelein, sehe uns gnaedig an, u. Das Anderte. Wunderschoen praechtige, grosse und maechtige, liebreich, holdselige u. Beyde in einer Melodey zu singen. Das Dritte. O Himmels Koenigin! Maria dich zu ehren, dein Lob und Ehr zu mehren ist staets mein Will und Sinn, u. In seiner eignen Melodey.[36]

Leider ist diese Flugschrift nicht vollständig erhalten und die Textfassung des *Wunderschön prächtige* komplett verlorengegangen, so daß auch mit Hilfe dieser Quelle nichts über die ursprüngliche Textfassung des Liedes ausgesagt werden kann.

---

36 DVA: Bl. 7740.

Der dritte datierte Flugschriftenbeleg wurde 1779[37] in St. Gallen gedruckt und enthält eine achtstrophige Fassung des Marienliedes *Wunderschön prächtige* (Fassung F1a)[38]. Eine weitere Flugschrift stammt aus dem Jahr 1781 und wurde für die Wallfahrt auf den Rigiberg in der Schweiz gefertigt[39]. Sie verzeichnet eine siebenstrophige Fassung (Fassung F1b)[40] des Marienliedes *Wunderschön prächtige.* Beide Fassungen weisen vom Textbestand her große Ähnlichkeit mit der Fassung H1 aus dem handgeschriebenen Liederbuch auf. Sie stimmen im inhaltlichen Aufbau und in der Struktur weitgehend mit der handgeschriebenen Fassung überein; die gedruckten Fassungen sind jedoch in hochdeutscher Sprache gehalten und poetisch etwas überarbeitet worden. Somit belegen diese Liedflugschriften, daß die mundartliche Fassung H1 vor allem in der Schweiz verbreitet war. Das Flugblatt aus Rigi zeigt, daß diese Fassung in sprachlich bereinigter Form bei der Wallfahrt verwendet worden ist.

Während sich mundartliche Fassungen, die zum Teil auch voneinander abweichen, in verschiedenen handschriftlichen Liederbüchern[41] nachweisen lassen, findet sich die hochdeutsche Übertragung nur auf den beiden oben genannten Flugschriften. Eine darüber hinaus reichende Verbreitung hat anscheinend nicht stattgefunden, so daß hier eine Gruppe von Textfassungen für das Marienlied *Wunderschön prächtige* vorliegt, deren Rezeption in der Hauptsache auf mündlicher Weitergabe und handschriftlichen Aufzeichnungen beruht, dann aber allmählich abbricht.

Zwei weitere Flugschriften, die exakt datiert werden können, stammen vom Anfang des 19. Jahrhunderts[42] und bieten daher einen eher späten

---

37 „Das Singende Herz, Das ist: Anmuethige Geistliche Lieder, alte und neue. Gedruckt in dem Hochfuerstl. Gotteshause St. Gallen, 1779."

38 Der vollständige Text befindet sich im Anhang dieser Arbeit.

39 „Vier schoene und erbauliche Lieder. Vor dem wunderthaethigen Bild der goettlichen Mutter auf dem Rigyberg abzusingen. Gedruckt im Jahre 1781." Luzern: Bürgerbibliothek: K 2070. 8⁰ : 2. A. Benzinger nennt diesen Druck in seiner Dissertation und gibt an, daß er bereits im Jahre 1731 gedruckt worden sei. Vgl. A. Benziger: Beiträge zum katholischen Kirchenlied in der deutschen Schweiz nach der Reformation. Sarnen 1910, S. 83. Bei dieser Angabe handelt es sich, wie die Autopsie gezeigt hat, um einen Druck- bzw. einen Lesefehler, denn das Blatt wurde erst im Jahr 1781 gedruckt.

40 Der vollständige Text befindet sich im Anhang dieser Arbeit.

41 Handschriftliche Liederbücher aus der Bibliothek des Ferdinandeums in Innsbruck und aus dem Volksliedwerk Tirol, die eine mundartliche Fassung oder eine an den mundartlichen Text angelehnte hochdeutsche Fassung des Marienliedes *Wunderschön prächtige* enthalten: FB 19211 (7 Strophen), FB 19216 (2 Strophen), Nachlaß Wallner 243 (8 Strophen).

42 1) „Drey neue Zeller=Lieder, Das Erste: Wunderschoen praechtige, grosse cc. Das Zweyte: Nun weil die Stund ankomen, o Schmerzen ueberaus, cc. Das Dritte: Mariazell, o Gnadenfrau! wir cc. Oedenburg, gedruckt im Jahr 1801." Klier: 54/7/30.
2)„Fuenf schoene Marianische Lieder, Zu der Gnadenreichen Bildnuß MARIAE bey Eisenstadt. Das Erste: Ach was hab ich jetzt vor Freuden, daß cc. Das Zweyte: Wo mein Seel wirst hingehen cc. Das Dritte: Engel schoensten Rosengarten, cc. Das Vierte:

Überlieferungsstand für das Marienlied *Wunderschön prächtige.* Sie können jedoch als rezeptionsgeschichtliche Belege dafür herangezogen werden, daß das Lied bis ins 19. Jahrhundert hinein über Flugschriften verbreitet wurde.

Die oben beschriebenen Quellen erlauben es, erste Aussagen über die Entstehung und die Verbreitung des Marienliedes *Wunderschön prächtige* im 18. Jahrhundert zu machen.

Zunächst gibt das handschriftliche Liederbuch den *terminus ante quem* für die Entstehung des Liedes an. Außerdem liefert diese Quelle eine siebenstrophige Fassung des Marienliedes *Wunderschön prächtige,* die in einer aus dem österreichischen Raum stammenden Mundart abgefaßt ist. Damit ist die Existenz einer bereits „zersungenen" Fassung für das Jahr 1758 erwiesen. Das 1759 in Wien gedruckte Blatt liefert einen vollständigen Melodieabdruck des Tones *Wunderschön prächtige* und ist daher ein für die Geschichte des Liedes bedeutendes Überlieferungszeugnis. Außerdem stützt es die anhand der Handschrift gewonnenen Erkenntnisse über das mögliche Alter des Liedes. Nimmt man die Klagenfurter Flugschrift aus dem Jahre 1765 und das „Einsiedelsche Gesangbuch" von 1773 hinzu, so geben uns diese vier Quellen darüber hinaus wichtige Hinweise auf den Entstehungsort des Liedes.

Die Handschrift stammt aus dem Tiroler Raum und bietet eine im Dialekt gehaltene Fassung, die beiden Liedflugschriften und das Gesangbuch sind ebenfalls in Österreich gedruckt worden, so daß das Marienlied *Wunderschön prächtige* mit großer Sicherheit im österreichischen Raum entstanden sein dürfte.

Die 1779 und 1781 in der Schweiz gedruckten Flugschriften lassen auf eine weite Verbreitung des Liedes schließen und zeigen, daß es zu dieser Zeit bereits in der Schweiz bekannt war. Und auch die auf das frühe 19. Jahrhundert datierten Flugschriften bezeugen seine kontinuierliche Rezeption bis ins 19. Jahrhundert hinein.

So lassen sich mit Hilfe der angeführten Quellen erste Fixpunkte der Geschichte des Marienliedes *Wunderschön prächtige* im 18. und zu Beginn des 19. Jahrhunderts markieren. Dennoch bieten diese frühen Zeugnisse nur sehr ungenügende oder aber gar keine Hinweise darauf, wie der Text des Liedes zum Zeitpunkt seiner Entstehung wohl ausgesehen haben mag. Das handschriftliche Liederbuch bietet zwar die älteste bis heute nachweisbare Textfassung des Liedes. Diese kann aber aufgrund ihrer sprachlichen und poetischen Eigentümlichkeiten kaum am Anfang der Wirkungsgeschichte des Marienliedes *Wunderschön prächtige* gestanden haben. Die datierten Gesangbücher des 18. Jahrhunderts, in denen das Marienlied *Wunderschön prächtige* enthalten ist, verkomplizieren das entstandene Bild noch zusätzlich.

Wunderschoen=praechtige, grosse und cc. Das Fuenfte: Weh mein Herzen voller Schmerzen. Oedenburg, gedruckt im Jahr 1805". Klier: 57/6/44.

Die Gesangbuchüberlieferung des Liedes beginnt mit dem Jahr 1770 – also ungefähr zwölf Jahre nach dem ermittelten *terminus ante quem* für die Entstehung des Liedes. Bei den entsprechenden Gesangbüchern handelt es sich um Bücher, die häufig für einen im Titel des jeweiligen Buches genau benannten Verwendungszweck oder für eine bestimmte Gruppe angefertigt worden sind. So befinden sich darunter Gesangbücher für die Wallfahrt und für die Kinderlehre, oder es handelt sich um Bruderschaftsgesangbücher, die von den Mitgliedern der Bruderschaften bei Andachten, Wallfahrten oder in ihren Zusammenkünften benutzt worden sind.

Die Wirkungsgeschichte des Marienliedes *Wunderschön prächtige* innerhalb dieser „Sondergesangbücher" beginnt mit einem kleinen Liederbuch, welches folgenden Titel trägt:

> Geistliche Lieder, welche das Jahr hindurch bey denen Kinderlehren von der auswendigen Schuljugend deren Ursulinerinnen pflegen abgesungen zu werden. Graetz, gedruckt bey den Widmanstaetterischen Erben, 1770.

Es bietet eine sechsstrophige Fassung des Marienliedes *Wunderschön prächtige* (Fassung G1)[43], die im Vergleich zu den Fassungen H1 und F1a /F1b eine konsequentere Struktur aufweist und poetisch abgerundeter erscheint. Außer dem eigentlichen Text des Marienliedes *Wunderschön prächtige* gibt es in diesem insgesamt nur 31 Lieder umfassenden Gesangbuch noch vier weitere Texte, die auf den Ton *Wunderschön prächtige* gedichtet worden sind[44]. Dies zeigt, wie bekannt und vor allem wie beliebt die Melodie des Liedes zu jener Zeit in Graz gewesen sein muß.

Ein weiteres Gesangbuch, welches nur zwei Jahre später gedruckt worden ist, macht deutlich, daß das Lied zur gleichen Zeit bereits über die Grenzen Österreichs hinaus Verbreitung gefunden hat. Das Buch entstand in der Stadt „Nantzig" – dem heutigen Nancy – und trägt den Titel:

> GEISTLICHE GESAENGER Fuer die Heilige MISSION-ZEIT, Uber die unterschiedliche Jahr=Zeiten / die Buß / das Leyden / die Auferstehung/ die Gegenwarth Jesu im H. Sacrament die Verehrung seiner H. Mutter Mariae / und endlich ueber unterschiedliche Tugenden eines frommen Christens.

In diesem Buch findet sich eine achtstrophige Textfassung des Marienliedes *Wunderschön prächtige* (Fassung G2)[45], die vom Textbestand her Ähnlichkeiten mit der Fassung G1 aufweist, deren Strophen aber zum Teil neu gedichtet und in einer anderen Reihenfolge aneinandergefügt sind. Außerdem werden in diesem Text Motive und Bildlichkeiten verwendet, die in den bisher genannten Liedfassungen noch nicht vorgekommen sind. Somit las-

---

43 Der vollständige Text befindet sich im Anhang dieser Arbeit.

44 Diese Lieder haben die folgenden Initien: Guetigster Schutzpatron! / Helleste Tugendsonn! – Zu dem H. Franciscus Xaver: Was fuer ein schoenes Bild / Wird uns heut aufgeschild, – Vor Mariae Reinigung; Himmlischer Ehrenschmuck! / Johann von Nepomuk! – Zu Ehren des glorwuerdigen Blutzeugen h. Johann von Nepomuck: Jesu! o Jesu! / Du meiner Seelen Ruh.

45 Der vollständige Text befindet sich im Anhang dieser Arbeit.

sen sich bislang insgesamt drei sehr unterschiedliche Textvarianten für das Marienlied *Wunderschön prächtige* belegen. Gleichzeitig bezeugen die bisher vorgestellten Quellen die Verbreitung des Liedes in Österreich, in der Schweiz und in Lothringen.

Die nächste Station innerhalb der frühen Gesangbuchüberlieferung des Liedes führt an den Rhein - nämlich in die Stadt Köln. Dort wurde ein Bruderschaftsgesangbuch mit folgendem Titel gedruckt:

> A**LL**erhe**IL**I**g**stes **WV**n**D**er **D**er **LI**ebe **I**es**V** **D**es Er**L**ösers Das ist Verborgener Gott, Verborgener Mensch in dem hochwürdigsten Sacrament. Am dritten Sonntag jeden Monats in der Kirchen der P.P. Franciscaner Recollecten ad Olivas binnen Köln Bei Morgens, und Abends=Andacht verehret und angebetten.

Das im Titel versteckte Chronogramm (hier durch Fettdruck hervorgehoben) bildet nach Addition aller römischen Zahlzeichen[46] die Zahl 1774 und gibt mit großer Wahrscheinlichkeit das Druckjahr des Buches an. Auch dieses Gesangbuch bietet - ebenso wie das „Nantziger Gesangbuch" - eine achtstrophige Textfassung des Marienliedes *Wunderschön prächtige* (Fassung G3)[47]. Beide Texte stimmen in den Strophen eins bis sechs weitgehend miteinander überein, unterscheiden sich aber in den letzten zwei Strophen sehr deutlich voneinander, so daß zwischen den Fassungen G2 und G3 eine textliche Abhängigkeit festgestellt werden kann, gleichzeitig aber keine identischen Textfassungen vorliegen.

Wiederum in Köln erschien im Jahr 1782 ein anderes Bruderschaftsgesangbuch mit dem Titel:

> Englischer Wegweiser, oder kurzes Gebeth= und Gesangbüchlein, dessen man sich bei den Heil. Schutz=Engelen Bruderschafts-Andachten in der Kirchen der heiligen Engelen, bei den Clarissen am Neumark, durch das ganze Jahr bedienen kann usw.

Dieses Buch enthält eine siebenstrophige Fassung des Marienliedes *Wunderschön prächtige* (Fassung G4)[48], die nur wenige Gemeinsamkeiten mit den beiden siebenstrophigen Fassungen H1 und F1b aufweist. Dafür paßt sie aber sehr gut zu der sechsstrophigen Fassung G1 aus dem „Kinderlehr-Gesangbuch" von 1770. Dem Text G1 fehlt im Vergleich zu G4 lediglich die sechste Strophe, alle anderen Strophen sind, von kleineren Varianten einmal abgesehen, identisch.

Diese siebenstrophige Fassung G4 läßt sich darüber hinaus in einem weiteren Gesangbuch nachweisen. Es wurde im Jahre 1797 in Mainz gedruckt und hat folgenden Titel:

> Katholisches Lehr= Gebeth= und Gesangbuch, mit auserlesenen Beicht= Kommunion= Meß= und andern andaechtigen Gebethen, auch neuen Gesaengen,

---

[46] Der Buchstabe „W" ist als ein zweifaches „V" zu lesen.

[47] Der vollständige Text befindet sich im Anhang dieser Arbeit.

[48] Der vollständige Text befindet sich im Anhang dieser Arbeit.

sonderbar von dem hochwuerdigsten Sakrament des Altars merklich vermehrt, auf bekannte Melodien eingerichtet. Achte Auflage.[49]

Die in diesem Buch enthaltene siebenstrophige Fassung (Fassung G5)[50] stimmt mit dem Text G4 sehr genau überein, so daß sich hier, wenn man auch die sechsstrophige Fassung G1 mit einbezieht, eine sehr konstante Textfassung für das Marienlied *Wunderschön prächtige* herauskristallisiert.

Bei dem letzten Gesangbuchbeleg für das Marienlied *Wunderschön prächtige* aus dem 18. Jahrhundert handelt es sich um ein Buch, das im Jahre 1789 in Straßburg erschienen ist. Sein Titel lautet:

Katholisches Lehr= Gebet= Gesang= und Schulbuch= gesammelt und verfasset von einem Pfarrh. des Metzer Bistums, worinnen Morgens= Abends= Meß= Vesper= Complet= Beicht= Buß= und Kommunion-Gesänge Kirchische Prosen und Lobgesänge mit zahlreichen Liedern auf alle Jahrszeiten und Festtage und allem, was einen eifrigen Christen belehren und vergnügen kann, enthalten sind.

In diesem Buch findet sich eine neunstrophige Fassung des Liedes, die bis auf die Strophenform und das Initium kaum Gemeinsamkeiten mit den bereits erwähnten Textfassungen aufweist[51] und daher bei der Suche nach dem möglichen Urtext des Marienliedes *Wunderschön prächtige* nicht berücksichtigt werden muß.

Die Zusammenschau aller datierten Quellen, die sich für das Marienlied *Wunderschön prächtige* für das 18. Jahrhundert nachweisen lassen, hat ergeben, daß das Lied in den ersten Jahrzehnten seiner Geschichte bereits in höchst unterschiedlichen Fassungen verbreitet war. Im wesentlichen lassen sich drei voneinander abweichende Fassungstypen unterscheiden, die jeweils von mehr als einer Quelle belegt werden:

1) Die siebenstrophige, mundartliche Fassung H1 aus dem handschriftlichen Liederbuch, für die mit den Fassungen F1a[52] und F1b zwei aus der Schweiz stammende hochdeutsche Entsprechungen vorliegen und die sich zusätzlich in einigen undatierten handschriftlichen Liederbüchern aus dem Tiroler Raum wiederfindet. Bei der Fassung H1 handelt es um die älteste, heute noch nachweisbare Fassung des Marienliedes *Wunderschön prächtige.*

---

49 Wann das Buch in erster Auflage erschienen ist und welche Lieder es zu diesem Zeitpunkt bereits enthalten hat, konnte nicht mehr nachvollzogen werden. Das vorliegende Buch enthält zwei verschiedene Approbationen, die aus den Jahren 1739 und 1747 stammen. Das läßt darauf schließen, daß das Buch möglicherweise in den vierziger Jahren des 18. Jahrhunderts erstmals gedruckt worden ist. Ob das Lied *Wunderschön prächtige* schon in einer früheren Auflage dieses Gesangbuches gestanden hat, ist nicht bekannt aber durchaus denkbar.

50 Der vollständige Text befindet sich im Anhang dieser Arbeit.

51 Vgl. Kapitel 4.2.1 „*Wunderschön prächtige* in Lothrigen" dieser Arbeit. Dort wird auf diese Fassung noch näher eingegangen.

52 Die Fassung F1a hat zwar insgesamt acht Strophen, ist aber vom Textbestand her eindeutig von der siebenstrophigen Fassung aus dem handschrifltichen Liederbuch abhängig.

2) Die achtstrophigen Fassungen G2 aus „Nantzig“ 1772 und G3 aus Köln 1774. Beide stimmen zu großen Teilen miteinander überein, können aber nicht als identische Textfassungen angesehen werden.
3) Mit den siebenstrophigen Fassungen G4 aus Köln 1782 und G5 aus Mainz 1797 liegen zwei annähernd identische Textfassungen für das Marienlied *Wunderschön prächtige* vor. Zusätzlich muß auch die sechsstrophige Fassung G1 aus Graz 1770 in diese Gruppe eingeordnet werden, da sie mit G4 und G5 bis auf die fehlende sechste Strophe textlich völlig übereinstimmt.

Philologische und poetische Gründe sprechen dafür, daß die älteste Fassung H1 nicht als die Urfassung des Marienliedes *Wunderschön prächtige* angesehen werden kann. Darüber hinaus erschwert die Fassungsvielfalt, die das Lied bereits in den ersten Jahrzehnten seiner Geschichte entwickelt hat, die Beantwortung der Frage, welcher Text nun tatsächlich am Beginn der Wirkungsgeschichte des Liedes gestanden haben mag. Da die „Urfassung“ im Sinne des von einem Autor geschaffenen Textes für das Marienlied *Wunderschön prächtige* heute nicht mehr ermittelbar ist, kann es bei der Betrachtung und Beurteilung der zum Teil sehr unübersichtlichen Quellenlage für das Lied letztlich nur darum gehen, diejenige Fassung herauszuarbeiten, die nachweisbar die größte Wirkung entfaltet hat. Aus den datierten Quellen geht hervor, daß es sich bei der wirkmächtigsten Fassung für das Marienlied *Wunderschön prächtige* sehr wahrscheinlich um die siebenstrophige Fassung handelt, wie sie in den Fassungen G4 und G5 nachgewiesen werden kann. Unter allen in den datierten Quellen vorgefundenen Fassungen sind die Texte G4 und G5 die einzigen, die textlich - von kleineren Varianten einmal abgesehen - miteinander übereinstimmen und im Vergleich zu den übrigen Texten eine auffallende poetische und theologische Stimmigkeit aufweisen. Zusätzlich wurden sie in zwei voneinander unabhängige Gesangbücher (Köln 1782 und Mainz 1797) aufgenommen. Eine Betrachtung derjenigen Fassungen, die durch die nur ungefähr datierbaren Quellen überliefert werden, soll helfen, diese Vermutung zu stützen, und gleichzeitig dazu beitragen, die verschiedenen Fassungstypen zuverlässiger zu bestimmen und genauer einzuordnen.

2.2.2 Die datierbaren Quellen

Eine ungefähre Datierung kann für insgesamt drei Flugschriften und ein Gesangbuch aus dem 18. Jahrhundert erschlossen werden. Die erste dieser Liedflugschriften enthält zwei Lieder. Das eine Lied ist überschrieben „Froehliches Marianisches Lied“ und bietet eine siebenstrophige Fassung des Marienliedes *Wunderschön prächtige* (Fassung F2)[53]. Das andere ist ein „Gesang von der heiligen Mutter Anna, Mutter der seligsten Jungfrau, und

[53] Der vollständige Text befindet sich im Anhang dieser Arbeit.

Mutter GOttes MARIA."[54] Das Blatt weist auf seine Provenienz hin: „Steyr, gedruckt bey Gregori Menhardt." Der genannte Gregor Menhardt betrieb von 1744 bis 1772 eine Druckerei in Steyr[55]. Die Flugschrift muß also in diesem Zeitraum entstanden sein. Die hier dargebotene Textfassung F2 hat ebenso wie die Fassungen G4 und G5 sieben Strophen, weist aber einige Besonderheiten auf. Der auffälligste Unterschied besteht darin, daß hier eine völlig andere siebte Strophe vorliegt. Sie lautet:[56]

7.
Sieh unser Dienste an!
wie es nur jeder kann,
Geben wir alles von Herzen dir dar.
Mit Freuden opfern wir,
all unsre Herzen dir,
Die immer brinnen vor deinem Altar.
Dies ist das Zeichen,
daß wir nicht weichen,
So lang wir Leben, verbleiben wir dein,
Wollen auch immer und ewig es seyn.

Diese Strophe ist nur auf zwei weiteren Liedflugschriften zu finden. Eine dieser beiden Liedflugschriften bietet keinerlei Hinweis auf Jahr und Ort der Entstehung. Das andere Blatt wurde in Steyr von Michael Haas gedruckt[57]. Michael Haas war zwischen 1837 und 1867 in Steyr als Drucker und Verleger tätig[58]. Das von ihm gedruckte Blatt stammt also aus viel späterer Zeit und weist darauf hin, daß sich in Steyr eine Sondertradition des Marienliedes *Wunderschön prächtige* bis weit ins 19. Jahrhundert hinein erhalten hat.

Die These, es handele sich hierbei um eine lokale Überlieferung, läßt sich zusätzlich dadurch erhärten, daß die beiden Flugschriften jeweils ein Lied enthalten, „welches vor dem Gnadenthron Mariä Schöndorf" zu singen ist. Beide Liedflugschriften sind also mit einer Maria geweihten Kirche in Schöndorf verbunden. Der Ort Schöndorf gehört zu Oberösterreich und liegt in der Nähe von Vöcklabruck. Die Pfarr- und Wallfahrtskirche des Ortes ist erstmals für das Jahr 824 belegt, seit dem 12. Jahrhundert wird von der Kirche in Urkunden berichtet. Das Gnadenbild der Kirche, das aus der Zeit um 1440 stammt, trägt den Namen „Mutter der schönen Liebe" und hat dem Ort Schöndorf vermutlich einst seinen Namen gegeben.[59] Schöndorf liegt ungefähr 80 Kilometer von der Stadt Steyr entfernt, so daß alle drei Liedflug-

54 Klier: 54/7/130.

55 Vgl. D. L. Paisey: Deutsche Buchdrucker, Buchhändler und Verleger 1701–1750. Wiesbaden 1988, S. 169.

56 Zitiert nach Klier: 54/7/130.

57 VKM Graz: 12.277a-o, 1; Klier: 57/2/121.

58 Vgl. A. Hess: Steyr, eine alte Druckerstadt. Geschichte und Bibliographie. Dissertation an der Universität Wien. Wien 1950.

59 R. Fischer, A. Stoll: Kleines Handbuch österreichischer Marienwallfahrtskirchen, 2. Band. Wien 1977, S. 175f.

schriften – entweder wegen ihres Druckortes oder wegen ihres Bezuges auf das nahe Schöndorf – als Steyrer Tradition klassifiziert werden können.

Außerdem weisen alle drei Blätter neben der gemeinsamen siebten Strophe noch weitere übereinstimmende Varianten auf, die eine Zusammengehörigkeit der Fassungen andeuten. So wurden zum Beispiel in allen drei Texten konsequent die Verse vier und fünf der zweiten Strophe: *Auch deiner Majestät / nichts mangelt und abgeht* durch folgende Wendung ersetzt: *All deiner Eigenschaft, ermanglet keine Kraft.* Hier wollte man offensichtlich das Wort Majestät aus dem Text tilgen. Dieser Eindruck wird durch ähnliche Texteingriffe in den Strophen 4,3 und 5,10 erhärtet. Auch dort werden die Wörter *majestätisch* und *Majestät* durch andere Formulierungen ersetzt.

Dieser Befund macht deutlich, daß es sich bei der Fassung F2 um eine regional bedingte Sondertradition des Liedes handelt, die allerdings keine breitflächige Wirkung entfaltet hat. Somit kann auch diese Textfassung des Marienliedes *Wunderschön prächtige* trotz ihres hohen Alters, denn sie muß ja bereits zwischen 1744 und 1772 entstanden sein, nicht als die wirkmächtigste Fassung des Liedes angesehen werden.

Eine andere anhand des Drucknachweises ungefähr datierbare Liedflugschrift trägt den Titel:

> Zwey Celler = Lieder. Das Erste: Wunderschoen praechtige, grosse cc. Das Zweyte: Nun weil die Stund ankommen, o Schmerzen ueberaus, cc. Neustadt, gedruckt bey Joseph Fritsch.[60]

In der Wiener Neustadt gab es im 18. Jahrhundert zwei Drucker, die hier gemeint sein könnten, nämlich Josef Adam Fritsch, der von 1740 bis 1761 eine Druckerei in der Wiener Neustadt besaß, oder dessen Sohn Josef Ignaz Fritsch, der die Druckerei des Vaters bis zu seinem eigenen Tod 1787 weiterführte.[61] Die Flugschrift könnte demnach sowohl vom Vater als auch vom Sohn verlegt worden sein und wurde somit zwischen 1740 und 1787 gedruckt. Das Blatt bietet eine achtstrophige Textfassung des Liedes *Wunderschön prächtige* (Fassung F3)[62]. Im Vergleich zu den Fassungen G4 und G5 wurde zwischen die sechste und siebte Strophe eine weitere eingeschoben:

7. Nun dann o grosse Frau!
mildreich mein Herz anschau,
wie dieses zaertlichst seufzet und bitt,
verlaß nicht den Kaiser,
deinen treuen Diener,
deinen Franzen verlasse doch nicht,
die Waffen leite,
und mit ihm streite,
führe, regiere und staerke sein Heer,
der lieben Christenheit Frieden bescher.

---

[60] VKM Graz: 12267/22.

[61] Vgl. D. L. Paisey: Deutsche Buchdrucker, Buchhändler und Verleger 1701–1750, S. 68.

[62] Der vollständige Text befindet sich im Anhang dieser Arbeit.

Diese Strophe gibt uns einen weiteren Hinweis auf die Datierung des Blattes. Mit „Kaiser Franzen" könnte entweder Franz Stephan von Lothringen gemeint sein, der als Franz I. 1745 zum Kaiser des Heiligen Römischen Reiches deutscher Nation gewählt wurde und 1765 starb. Oder es handelt sich um Franz II., der von 1792 bis 1806 Kaiser des Heiligen Römischen Reiches deutscher Nation war und sich dann 1804, zwei Jahre vor der Auflösung des deutschen Reiches, als Franz I. zum Kaiser von Österreich wählen ließ und dies bis zu seinem Tod im Jahr 1835 blieb.

Bei einem Vergleich der Regierungszeiten der beiden in Frage kommenden Herrscher mit dem zuvor ermittelten Zeitraum für den Druck der Liedflugschrift ergibt sich, daß sich die Strophe an Franz Stephan von Lothringen, den Ehemann Maria Theresias richtet, da die Druckerei Fritsch nur bis 1787 existierte. Da Franz I. 1765 bereits gestorben ist und in der Strophe noch als lebend besungen wird, kann die Fassung auf den Zeitraum zwischen 1745 und 1765 datiert werden.

Setzt man diesen Entstehungszeitraum für die Kaiser-Franz-Strophe in Verbindung mit dem anhand der Tiroler Handschrift (Fassung H1) ermittelten *terminus ante quem* – das Jahr 1758 – für die Entstehung des Liedes *Wunderschön prächtige*, wird deutlich, daß hier eine sehr frühe Fassung für das Lied nachweisbar ist. Gleichzeitig stellt sich die Frage, ob diese achtstrophige Fassung nicht am Anfang der Geschichte des Marienliedes *Wunderschön prächtige* gestanden haben könnte. Diese Frage kann nicht mit letzter Sicherheit verneint werden; es erscheint aber aus philologischen Gründen eher unwahrscheinlich, daß es sich hier um die „Urfassung" des Liedes handelt:

Die eingefügte Herrscherstrophe durchbricht die in den Fassungen G4 und G5 erkennbare Gesamtstruktur des Liedes, die in sich logisch aufgebaut ist. Das gilt poetisch wie inhaltlich. So weisen die Verse drei und sechs jeweils eine Silbe zu wenig auf und reimen nicht miteinander (*bitt* – *nicht*), während in den übrigen Strophen sowohl die Silbenzahl als auch der Reim[63] eingehalten werden. In den Versen vier und fünf passen das daktylische Metrum und die natürliche Wortbetonung nicht zusammen, so daß Tonbeugungen entstehen: *verlaß nicht den Kaiser, / deinen treuen Diener.*

Andererseits befindet sich die auf Kaiser Franz bezogene Strophe zwischen zwei Strophen, die vom Gedankengang her nahtlos aneinander anschließen. In Strophe sechs wird Marias Schutz für das diesseitige Leben thematisiert, Strophe acht hat einen eschatologischen Charakter und hebt Marias Bedeutung in und nach der Todesstunde hervor. Betrachtet man die Sprechsituation dieser beiden Strophen, fällt auf, daß in Strophe sechs von *Allen Bedrängten und Sündern insg'mein* (6,3) die Rede ist, für die Maria *Zuflüchtsstatt* (6,2) sein kann, während in Strophe acht das Personalpronomen in der ersten Person Plural verwendet wird. Man kann also die *Sünder* und *Bedrängten* der Strophe sechs leicht mit dem *wir* der Strophe acht gleichset-

63 Str. 1: Frau – vertrau; Str. 2: allein – sein; Str. 3: genennt – bekennt; Str. 4: regierst – führst; Str. 5: Mon(d) – Kron; Str. 6: insg'mein – mag sein; Str. 8: Not – Tod.

zen und erhält eine logische Verbindung beider Strophen miteinander. Die Herrscherstrophe zerstört diese Zusammengehörigkeit, indem dort die Sprechsituation plötzlich wieder wechselt. Hier steht das Personalpronomen nämlich in der ersten Person Singular. Dieses *ich* bittet Maria um ihren Schutz für Kaiser Franz. Die an dieser Stelle im Lied unerwartete Einführung eines *ich*, welches eine sehr konkrete, auf eine bestimmte Person und ein politisches Anliegen bezogene Bitte vorbringt, läßt die Strophe als „Fremdkörper" im Liedduktus erscheinen und stützt die These, daß sie nachträglich in das Lied eingefügt worden ist. Solche Herrscherstrophen sind auf insgesamt acht Liedflugschriften zu finden. Sie richten sich an Kaiser Franz, an Maria Theresia, Kaiser Ferdinand und das „Haus Österreich-Ungarn".

Diese acht achtstrophigen Liedfassungen des Marienliedes *Wunderschön prächtige* lassen sich in zwei Gruppen unterteilen. Zunächst gibt es vier Blätter, von denen zwei in Graz „bey den Widmannstaett. Erben" gedruckt worden sind[64] und von denen das dritte keinerlei Hinweis auf seine Provenienz enthält[65]. Die Fassungen dieser drei Liedflugschriften stimmen textlich überein und haben jeweils eine an Maria Theresia gerichtete Herrscherstrophe. Sie sind vermutlich zu Lebzeiten Maria Theresias - also vor 1780 - entstanden.

Eine vierte Flugschrift, die zumindest vom Textbestand in diese Gruppe gehört, wurde 1805 in Ödenburg gedruckt.[66] Auch sie enthält eine achtstrophige Fassung des Liedes *Wunderschön prächtige*, die Herrscherstrophe richtet sich diesmal aber an das *Haus Österreich* und das *Erbkönigreich Ungarn*. Der Adressat der Strophe wurde demnach den veränderten zeitlichen und historischen Gegebenheiten angepaßt.

Die zweite Gruppe der achtstrophigen Fassungen des Marienliedes *Wunderschön prächtige* ist die Gruppe der „Mariazeller Wallfahrtslieder"[67]. Insgesamt lassen sich vier Liedflugschriften nachweisen, die das Marienlied *Wunderschön prächtige* eindeutig als Zeller Wallfahrtslied bezeichnen[68].

Eine dieser Flugschriften ist nur als Bruchstück erhalten und überliefert lediglich die ersten beiden Strophen des Liedes. Aufgrund einiger Varianten im Vergleich zu den übrigen Zeller Fassungen und veranlaßt durch den optischen Eindruck des Druckes - zum Beispiel Verwendung der Virgel statt des Kommas - liegt die Vermutung nahe, daß es sich hier um die älteste der bis jetzt nachgewiesenen Zeller Fassungen handeln könnte. In der ersten Strophe dieser Fassung ist der dritte Vers noch unverändert, während in den

---

64 Klier: 56/6/66 und Stmk. LA: 1395/1/11a.

65 VA-NÖ: 43/5a+b.

66 Klier: 57/6/44.

67 Auf die Tradition der Herrscherstrophen und auf das Marienlied *Wunderschön prächtige* im Kontext der Mariazeller Wallfahrtslieder wird in einem gesonderten Kapitel noch genauer eingegangen. Vgl. Kapitel 4.1.2 „*Wunderschön prächtige:* ein Mariazeller Wallfahrtslied" in dieser Arbeit.

68 VKM: 20572; Klier: 55/3/28; Klier: 54/7/30; VKM: 12267/22.

übrigen Zeller Liedfassungen das *Liebreich holdselige himmlische Frau* abgeändert wird in *Liebreich holdselige Zeller Jungfrau*. Der Text wird also seinem Verwendungszusammenhang stärker angepaßt.

Eine weitere wichtige Besonderheit sind die beiden letzten Verse der zweiten Strophe. Statt *gemacht* und *geacht,* wie es eigentlich heißen müßte, steht dort zweimal das Wort *gemacht*. In den folgenden Zeller Liedfassungen ist durch die Korrektur dieses Fehlers eine Textvariante entstanden, die typisch für die Zeller Fassungen ist: Die Worte *gemacht* und *geacht* sind hier miteinander vertauscht worden, so daß die Verse nun lauten *du bist o Jungfrau so herrlich geacht, /daß dich Gott seiner selbst würdig gemacht*[69]. Dieser Befund und weitere Varianten, die nur innerhalb der Zeller Fassungen zu finden sind[70], zeigen deutlich, daß diese achtstrophigen Textfassungen voneinander abhängig sind und wahrscheinlich auf eine gemeinsame Leitfassung zurückgehen.

Darüber hinaus gibt es noch eine weitere Liedflugschrift, über deren Herkunft nichts bekannt ist. Dieser Druck enthält „Zwey schöne geistliche Lieder zur Mutter Gottes"[71]. Eines dieser Lieder ist das *Wunderschön prächtige* in einer den Zeller Fassungen sehr ähnlichen Textgestalt. Die Herrscherstrophe richtet sich diesmal an Kaiser Ferdinand und kann somit eindeutig ins 19. Jahrhundert datiert werden. Mit großer Wahrscheinlichkeit hat eine der Zeller Fassungen diesem Text zugrunde gelegen. Dies würde bedeuten, daß die Zeller Liedfassungen eine Sondertradition für das Marienlied *Wunderschön prächtige* darstellen, die weit bis ins 19. Jahrhundert gewirkt hat.

Vergleicht man diese Gruppe der achtstrophigen Fassungen des Marienliedes *Wunderschön prächtige* mit den ebenfalls achtstrophigen Fassungen G2 und G3, fällt auf, daß sie sich einerseits deutlich voneinander unterscheiden, zugleich aber auch bemerkenswerte Ähnlichkeiten aufweisen. So finden sich zum Beispiel einige Verse aus den Herrscherstrophen in beiden Texten wieder. Dies deutet darauf hin, daß die Fassung G2 aus dem „Nantziger Gesangbuch" und die Fassung G3 aus dem „Kölner Gesangbuch" vom Textbestand her sehr wahrscheinlich von diesen achtstrophigen Fassungen mit eingeschobener Herrscherstrophe abhängig sind. Über welche Stationen das Lied tradiert worden ist, kann allerdings auf der Grundlage der vorhandenen Quellen nicht genau geklärt werden.

Die letzte der ungefähr datierbaren Liedflugschriften hat den Titel:

> Drey schoene geistliche Lieder. Das Erste: Wunder schoen praechtige, große u. Das Zweyte: Die Schoenste aus allen u. Das Dritte: Kommt, ihr Engel! jubilieret u. Der Drucknachweis lautet: „Bamberg bey J. Georg C. Gertner seel. Erben. "[72]

Leider fehlt die Angabe des Druckjahres, so daß die Datierung nur mit Hilfe des angegebenen Druckers ermittelt werden kann. Die Druckerei Gertner

---

69 Zitiert nach: Klier: 55/3/28.

70 Vgl. Kapitel 2.3 „Edition und Textkritik" in dieser Arbeit.

71 Klier: 55/3/94.

72 DVA: Bl. 6854 - B Nat. Univ. Strasbourg R 104 308 III St. 26.

war in Bamberg sehr bedeutend. Sie wurde 1695 von Georg Andreas Gertner gegründet. Nach seinem Tode im Jahre 1751 führte zunächst Gertners Witwe den Betrieb weiter, bis er dann 1753 von dem mittleren Sohn des Druckerei-Stifters Johann Georg Christoph Gertner übernommen wurde. Er leitete die Druckerei bis zu seinem Tode im Jahre 1789. Danach ging die Leitung an seinen Sohn Michael Kasimir Gertner über. Dieser verstarb im Jahre 1798. Seine Witwe heiratete den früheren Geschäftsführer der Göbhardschen Buchhandlung Johann Baptist Reindl, der die Druckerei dann unter eigenem Namen weiterführte.[73]

Daraus ergibt sich für die Datierung des vorliegenden Flugblattdruckes, daß dieser nur in dem Zeitraum zwischen 1789 und 1798 entstanden sein kann. Denn der Drucknachweis verweist eindeutig auf die „Erben" des Johann Georg Christoph Gertner und somit auf die Zeit nach dessen Tod im Jahre 1789. Der *terminus ante quem* ist mit dem Wechsel des Inhabers im Jahre 1798 und der damit verbundenen Namensänderung der Druckerei gegeben.

Diese Liedflugschrift bietet eine siebenstrophige Fassung des Marienliedes *Wunderschön prächtige* (Fassung F4)[74], die vom Textbestand her mit den Fassungen G4 und G5 übereinstimmt. Insgesamt läßt sich das Marienlied *Wunderschön prächtige* in dieser Fassung auf sechs weiteren voneinander unabhängigen Liedflugschriften, in einem handschriftlichen Liederbuch sowie in drei verschiedenen Gesangbüchern des 18. und frühen 19. Jahrhunderts nachweisen[75]. Das handschriftliche Liederbuch ist, wie man zwei Vermerken entnehmen kann, in den Jahren 1799 bis 1802 entstanden und stammt aus Amlach, einem Ort in Obertirol. Die meisten der Flugschriften enthalten keinerlei Hinweis auf ihre Provenienz. Auch aus den auf ihnen abgedruckten Liedern kann man keinen Hinweis auf den Vertriebsort oder den Verwendungszweck entnehmen. Ein konkreter Lokalbezug - wie zum Beispiel bei den Mariazeller Wallfahrtsliedern - liegt hier nicht vor. Lediglich die beiden Gesangbücher haben entweder eine im jeweiligen Gesangbuchtitel benannte Intention oder sind für eine ganz bestimmte Gruppe angefertigt worden. Da beide Bücher in bezug auf ihre Absicht und ihre Zielgruppe keine Gemeinsamkeiten aufweisen, können auch die in ihnen enthaltenen Fassungen G4 und G5 als eigenständige Überlieferungsstationen des Liedes gewertet werden.

Obwohl demnach keine direkten Abhängigkeiten zwischen den einzelnen Fassungen festgestellt werden können, handelt es sich hier um eine sehr

---

[73] Vgl. H. J. Jäck: Denkschrift für das Jubelfest der Buchdruckerkunst zu Bamberg am 24. Juni 1840. Erlangen 1840. - D. L. Paisey: Deutsche Buchdrucker und Verleger 1701-1750. - R. Schmidt: Deutsche Buchhändler. Deutsche Buchdrucker. Nachdruck der Ausgabe Berlin und Eberswalde 1902-1908. Hildesheim, New York 1979. Die Angaben in allen drei Werken weichen leicht voneinander ab (vor allem Paisey).

[74] Der vollständige Text befindet sich im Anhang dieser Arbeit.

[75] DVA: Bl. 6854; FDH: 12675-1; DVA: Bl. 5538; FDH: 12675-4; E 80903; Klier: 56/1/63; Köln 1782, FB: 32307, Mainz 1797 und Geldern ~1800.

konstant überlieferte Textfassung des Marienliedes *Wunderschön prächtige.* Kleinere Varianten und textliche Abweichungen haben keine gemeinsame Wurzel, sondern sie gehen – wie sich in der nachfolgenden Edition zeigen wird – jeweils auf eigene Überlieferungs- oder Druckfehler zurück. Neben der textlichen Konstanz dieser Fassungen des Marienliedes *Wunderschön prächtige* auf den verschiedenen, voneinander unabhängigen Liedflugschriften und in den Gesangbüchern sprechen auch der inhaltliche Aufbau sowie die poetische und theologische Qualität dieser Fassung dafür, daß es sich hier um den von zufälligem Beiwerk freien Kernbestand, mithin um die wirkmächtigste und insgesamt bedeutendste Fassung des Marienliedes *Wunderschön prächtige* handelt.

Die Besprechung und Beurteilung der einzelnen Belege für das Marienlied *Wunderschön prächtige* hat deutlich werden lassen, daß der eigentliche „Urtext" des Liedes heute nicht mehr ermittelt werden kann. Daher soll in der nachfolgenden Edition einerseits der Versuch unternommen werden, die unübersichtliche Quellenlage des Liedes im 18. und frühen 19. Jahrhundert transparent zu machen. Andererseits soll sie den mutmaßlichen Ausgangspunkt für die Breitenwirkung des Liedes rekonstruieren, also die hypothetisch wirkmächtigste Fassung. Der Begriff „wirkmächtig" bedeutet in diesem Zusammenhang allerdings nicht, daß bei der Beurteilung der Textvarianten nur die Häufigkeit ihres Vorkommens beachtet wird. Es geht vielmehr darum, offensichtliche poetische Fehler und inhaltliche Inkonsequenzen weitgehend auszuscheiden, selbst wenn manche Entscheidungen an verschiedenen Stellen gegen die Mehrheit der überlieferten Textzeugen fallen müssen. Auf diese Weise entsteht eine rekonstruierte Textfassung, die sozusagen den Idealtext derjenigen Fassung dokumentiert, die nachweislich die größte Breitenwirkung gehabt hat.

Es ist möglich, daß diese wirkmächtigste Fassung der „Urfassung" sehr nahe kommt, doch ist dies weder mit Sicherheit feststellbar noch für die Zwecke der vorliegenden Untersuchung erforderlich. Wenn „Tradition" ein Vorgang ist, kein Zustand, dann dient auch eine solche wirkmächtigste Fassung nicht als normativer Zeichenbestand, sondern lediglich als Bezugspunkt, der Veränderungen beschreibbar machen, nicht aber sie bewerten will.

Als Textgrundlage für die Edition wird die Fassung F4 der in Bamberg zwischen 1789 und 1798 gedruckten Liedflugschrift dienen. Bei diesem Blatt handelt es sich im Vergleich zu den bisher besprochenen Quellen keineswegs um ein sehr frühes Überlieferungszeugnis für das Marienlied *Wunderschön prächtige,* das erwiesenermaßen bereits vor 1758 entstanden sein muß. Zudem ist das Blatt nicht in Österreich, dem angenommenen Entstehungsort des Liedes, gedruckt worden, sondern in Süddeutschland. Die hier vorliegende Textfassung blickt demnach auf eine mindestens 30 Jahre alte Wirkungsgeschichte zurück. Dennoch erscheint es bei der für das Marienlied *Wunderschön prächtige* vorliegenden Quellenlage legitim, diese Fassung zur Grundlage der Edition zu machen. Die Fassung G4 aus dem Kölner Gesangbuch ist zwar älter als die Fassung F4 der Bamberger Flugschrift, aber das Medium des Flugblattes war – wie die Quellen beweisen – für die Überlieferung des Marienliedes *Wunderschön prächtige* im 18. Jahrhundert von weitaus größerer Bedeutung als das Medium des Gesangbuches. Deshalb wird der Fassung des Flugblattes der Vorrang eingeräumt.

2.2.3 Alle Quellen auf einen Blick

Das Marienlied *Wunderschön prächtige* ist auf insgesamt 23 Liedflugschriften des 18. und frühen 19. Jahrhunderts nachweisbar. Darüber hinaus belegen vier handschriftliche sowie acht gedruckte Gesangbücher die Existenz des Liedes in diesem Zeitraum.

Das Wiener Flugblatt von 1759 und das „Einsiedelsche Gesangbuch" von 1773 überliefern nur den Ton *Wunderschön prächtige*, die Textfassung des Klagenfurter Blattes von 1765 ist verloren und die handschriftlichen Liederbücher tradieren, ebenso wie die Schweizer Flugschriften von 1779 und 1781, Textfassungen, die aufgrund ihrer Besonderheiten bei der Rekonstruktion der wirkmächtigsten Fassung nicht berücksichtigt werden können. Die übrigen Belege für das Marienlied *Wunderschön prächtige* lassen sich in verschiedene Gruppen unterteilen. Insgesamt finden sich siebenstrophige Fassungen des Liedes sowohl auf zehn Liedflugschriften als auch in drei gedruckten Gesangbüchern sowie in einem handschriftlichen Liederbuch. Daneben belegen acht Quellen achtstrophige Fassungen. Die Gruppen der sieben- und achtstrophigen Textfassungen lassen sich ein weiteres Mal untergliedern:

So gibt es im Ganzen drei verschiedene siebenstrophige Fassungen für das Lied. Sechs voneinander unabhängige Liedflugschriften sowie drei Gesangbücher und das handschriftliche Liederbuch belegen diejenige Fassung, die als die wirkmächtigste angesehen werden muß (Fassung 7A). Vier Flugschriften bieten eine andere Fassung (Fassung 7B), die sich am auffälligsten durch eine abweichende siebte Strophe von der Fassung 7A unterscheidet. Die Fassungen der Gruppe 7B sind textlich voneinander abhängig und stellen eine lokale Sondertradition innerhalb der Wirkungsgeschichte des Marienliedes *Wunderschön prächtige* dar.

Darüber hinaus gibt es eine Flugschrift, die eine weitere siebenstrophige Fassung des Liedes bietet (Fassung 7C). Sie unterscheidet sich durch die Vertauschung der Strophen drei und vier sowie durch eine abweichende sechste Strophe von den Texten der Gruppe 7A. Diese Strophe lehnt sich vom Textbestand her an die Herrscherstrophen an, bleibt aber poetisch dahinter zurück[76]. Daher ist dieser Fassung, die zudem nur als Einzelbeleg nachweisbar ist, keine große Bedeutung beizumessen.

---

[76] Vor allem fällt auf, daß innerhalb der Strophe die Reime mit Ausnahme der ersten beiden Verse nicht eingehalten worden sind:
(6.) Nun dann o große Frau, / mildest mein Herz beschau, / wie dieses zärtlich seufzet und bitt, / verlaß uns Arme nicht, / inständig bitten dich, / wend' ab uns von Krieg,

Alle achtstrophigen Fassungen sind dadurch gekennzeichnet, daß sie zwischen der sechsten und siebten Strophe eine eingeschobene Herrscherstrophe aufweisen. Dabei sind auch hier zwei verschiedene Gruppen zu unterscheiden: Die eine Gruppe wird von den Mariazellern Wallfahrtsliedern (Fassung 8A) gebildet und ist mit insgesamt vier Liedflugschriften belegt. Diese Fassungen sind textlich voneinander abhängig und unterscheiden sich durch charakteristische Textvarianten von der zweiten Gruppe der in der „Herrscherstrophen-Tradition" stehenden achtstrophigen Fassungen (Fassung 8B), die sich auf vier Liedflugschriften nachweisen läßt. Zusätzlich gibt es noch zwei Gesangbücher, die jeweils eine achtstrophige Fassung des Marienliedes *Wunderschön prächtige* enthalten. Diese Fassungen sind zwar textlich von den Texten der Gruppen 8A und 8B anhängig, weisen aber so viele singuläre Varianten auf, daß sie in der Edition nicht berücksichtigt werden können.

Folgende Übersicht faßt die verschiedenen Fassungen des Marienliedes *Wunderschön prächtige* noch einmal zusammen:

<table>
<tr><th colspan="6">23 Liedflugschriften, 6 Gesangbücher und 2 handschriftliche Liederbücher</th></tr>
<tr><td colspan="3">Gruppe I: 7 Strophen
15 Nachweise</td><td colspan="2">Gruppe II: 8 Strophen
8 Nachweise</td><td>Gruppe III
8 Nachweise</td></tr>
<tr><td>7A
(10 Nw.)</td><td>7B
(4 Nw.)</td><td>7C
(1 Nw.)</td><td>8A
(4 Nw.)</td><td>8B
(4 Nw.)</td><td rowspan="9">Für die Melodie:
Wien 1759
Einsiedeln 1773

Für den Text:
Klagenfurt 1765
Hs. Grientelder 1745 (1758)
St. Gallen 1779
Rigi 1781
Nantzig 1772
Köln 1774</td></tr>
<tr><td>Str. A1</td><td>Str. A1</td><td>Str. A1</td><td>Str. A1</td><td>Str. A1</td></tr>
<tr><td>Str. A2</td><td>Str. A2</td><td>Str. A2</td><td>Str. A2</td><td>Str. A2</td></tr>
<tr><td>Str. A3</td><td>Str. A3</td><td>Str. A4</td><td>Str. A3</td><td>Str. A3</td></tr>
<tr><td>Str. A4</td><td>Str. A4</td><td>Str. A3</td><td>Str. A4</td><td>Str. A4</td></tr>
<tr><td>Str. A5</td><td>Str. A5</td><td>Str. A5</td><td>Str. A5</td><td>Str. A5</td></tr>
<tr><td>Str. A6</td><td>Str. A6</td><td>Str.~H</td><td>Str. A6</td><td>Str. A6</td></tr>
<tr><td>Str. A7</td><td>Str. B7</td><td>Str. A7</td><td>Str. H</td><td>Str. H</td></tr>
<tr><td></td><td></td><td></td><td>Str. A7</td><td>Str. A7</td></tr>
</table>

Aus der Übersicht läßt sich ablesen, daß die sieben Strophen der ermittelten wirkmächtigsten Fassung (A1–A7) durch die überwiegende Zahl der Quellen belegt werden.

Zusätzlich zu diesen hier aufgeführten Nachweisen werden noch zwei weitere Belege in die Edition aufgenommen: Das Grazer Liederbuch von 1770 und das Bruchstück eines Zeller Liedblattes, welches nur noch zwei

---

Hunger und Noth, / in unsern Nöthen / wollest uns trösten, / Maria Maria, ach stehe uns bey, / wann wir abscheiden von dieser Eitelkeit." - VKM: 7715.

Strophen des Marienliedes *Wunderschön prächtige* überliefert. Die folgende Übersicht listet alle für die Edition verwendeten Quellen auf. Die römischen Ziffern dienen im Variantenapparat als Kürzel für die jeweilige Quelle.

I.	Graz 1770, [6 Str.] = **G1**
II.	VKM 20572 (Bruchstück, Celler-Lieder), [2 Str.]
III.	FDH 12675-1, [7A]
IV.	DVA: Bl. 5538 (Teschen, o.J), [7A]
V.	FDH 12675-4, [7A]
VI.	E 80903, [7A]
VII.	Klier: 56/1/63, [7A]
VIII.	VKM 12.277a-o,1, [7B]
IX.	Klier: 54/7/130 (Steyr: Menhardt, o.J.), [7B] Geschätzte Entstehung: 1744–1772 = **F2**
X.	Klier: 57/2/121 Steyr: M. Haas, o.J), [7B] Entstehung: 1837–1867
XI.	VKM: 7715, [7C]
XII.	Klier: 56/6/66 (Graz: Widmanstätt. Erben), [8B]
XIII.	Stmk LA: 1395a/I/11a (Graz: Widmanstätt. Erben), [8B]
XIV.	Klier: 55/3/28 (Zeller Lieder), [8A]
XV.	Klier: 54/7/30 (Zeller Lieder, Oedenburg 1801), [8A]
XVI.	VKM: 12267/22 (Zeller Lieder, Neustadt: Fritsch, o.J), [8A] Geschätzte Entstehung: 1740–1765 = **F3**
XVII.	Klier: 57/6/44 (Oedenburg, 1805), [8B]
XVIII.	Klier: 55/3/94, [8A]
XIX.	VA-NÖ :43/5a+b, [8B]
XX.	Köln 1782, [7A] = **G4**
XXI.	Mainz 1797, [7A] = **G5**
XXII.	Geldern ~1800, [7A]
XXIII.	FB: 32307 Handschrift aus Amlach, [7A] Entstehung laut Vermerk: 1799-1802

2.3 Edition und Textkritik[77]

Die auf der zwischen 1789 und 1798 in Bamberg gedruckten Liedflugschrift verzeichnete Fassung des Marienliedes *Wunderschön prächtige* dient in der nachfolgenden Edition als Textgrundlage. Die einzelnen Strophen werden zunächst so wiedergegeben, wie sie auf dem Bamberger Blatt notiert sind. Der textkritische Apparat präsentiert dann zu jedem Vers die Varianten aller untersuchten Quellen. Die im Text hellgrau unterlegten Wörter und Verse markieren diejenigen Stellen, die innerhalb der im Anschluß an die Edition abgedruckten rekonstruierten Fassung geändert worden sind.

77 Im kritischen Apparat und bei der Beurteilung der Varianten werden weder die unterschiedliche Schreibung der Umlaute noch die uneinheitliche und auf den Flugblättern sehr vernachlässigte Zeichensetzung berücksichtigt.

2.3.1 Strophe 1

Wunder schoen praechtige,
große und maechtige,
liebreich holdselige himmlische Frau!
welcher auf ewig ich,
kindlich verbinde mich;
Ja auch mit Leib und Seel gaenzlich vertrau.
Billig mein Leben,
alles beyneben,
alles, ja alles, was immer ich bin,
gieb ich mit Freuden, Maria! dir hin.

1,1 I: Wunderschoen / II: Wunderschoen / III: Wunderschoen / IV: Wunderschön / V: Wunterschön VI: Wunderschoen/ VIII: Wunderschön IX: Wunderschoen / X: Wunderschön / XI: Wunderschön / XIV: Wunderschoen / XV: Wunderschoen / XVI: Wunderschoen / XVII: Wunderschoen=Praechtige / XVIII: Wunderschön / XIX: Wunderschoen / XX: Wunderschoen / XXI: Wunderschoen / XXIII: Wunderschoen

1,2 IV: groß / VII: groß

1,3 III: holdseligste / XI: holdseligste / XIV: Zeller=Jungfrau / XV: Zeller=Jungfrau /XVI: Celler=Jungfrau

1,4 II: ewiglich / III: auch ewiglich / IV: auf welche ich / VI: mich / XI: ich […] mich / XIV: ewiglich / XV: ewiglich / XVI: ewiglich / XVIII: welche […] ewiglich / XX: ewiglich / XXI: ewiglich / XXII: ewiglich

1,5 II: stuendlich / IV: ewig mich vertrau / VI: ich / XI: verbind' ich mich / XIV: stuendlich / XV: stuendlich / XVI: stuendlich / XVIII: stündlich / XXII: Kinder verbinden / XXIII: stuendlich

1,6 I: mich / II: mich / III: mich / IV: ja mit Leib […] verbinde / VI: mich / VII: ja mit Leib / VIII: Je mit / IX: mich / X: Der / XI: dir / XII: mich / XIII: mich / XIV: mich / XV: mich / XVI: mich / XVII: mich mit Lieb / XVIII: mich/ XIX: mich / XX: mich / XXI: mich / XXII: mich / XXIII: Ja ganz

1,7 I: Billich / II: billich / IX: Billich / XI: will ich / XII: billich / XIII: billich / XVIII: willig / XXIII: Billich

1,8 II: will ich hergen / XIV: will ich hergeben / XV: will ich hergeben / XVI: will ich hergeben / XVIII: will ich hergeben

1,9 IV: ich bin *fehlt* / VII: ich bin *fehlt* / XIV: ja alles, was immer ich bin / XV: ja alles, was nur immer ich bin / XVI: ja alles, was nur immer ich bin / XVIII: hab / XXII: immer fehlt

1,10 I: Gib / II: gib / IV: geb / V: Geb / VII: gib/ VIII: Gib / X: Gib / XVIII: geb / XX: Gib / XXI: Geb' / XXII: Geb / XXIII: gib

Vers 1:
Das Wort *wunder schoen* ist im Gegensatz zur Mehrheit der Textzeugen in zwei Wörtern geschrieben. Hierbei handelt es sich um eine ungewöhnliche Schreibung, die auf die noch nicht einheitlich geregelte Orthographie zurückzuführen ist. Allerdings kann von der Verwendung dieser Schreibweise nicht auf das Alter der Textfassungen geschlossen werden, die diese Schreibung aufweisen (VII, XII, XII). An dieser Stelle kann die Schreibweise der heutigen Gewohnheit angepaßt werden, ohne daß dadurch der Sinn des Wortes geändert wird.

Vers 3:
Betrachtet man die Varianten zu diesem Vers, fällt auf, daß hier eine insgesamt sehr konstante Überlieferung vorliegt. Um so deutlicher zeigen sich die Varianten der Blätter XIV, XV und XVI. Hier wurde statt der *himmlischen Frau* die *Zeller=Jungfrau* in den Vers eingesetzt; ein offensichtliches Beispiel für eine Anpassung des Liedes an seinen konkreten Verwendungszusammenhang. Interessanterweise ist diese Variante auf der Zeller Liedflugschrift (II), die nur als Bruchstück erhalten ist, nicht zu beobachten. Das könnte ein Hinweis darauf sein, daß hier eine ältere Fassung vorliegt, die allmählich stärker konkretisiert worden ist.

Auch Blatt XVIII, welches vom Textbestand den Zeller Fassungen ähnlich ist, hat diese Variante nicht. Allerdings handelt es sich auch nicht um eine Zeller Liedflugschrift.

Vers 5:
Einige Textzeugen bieten zu Beginn des fünften Verses die Variante *stündlich* anstelle von *kindlich*. Dabei fällt auf, daß dies hauptsächlich nur die Gruppe der Zeller Lieder betrifft - und zwar alle Fassungen (II, XIV, XV, XVI, XVIII). Darüber hinaus findet sich diese Variante auch in dem handschriftlichen Liederbuch (XXIII).

Vers 6:
Hier bietet das Bamberger Blatt die Variante *auch*, während der größte Teil der Textzeugen an dieser Stelle *mich* schreibt. Einige Textzeugen lassen das Wort ganz aus, wodurch das Metrum des Verses nicht mehr eingehalten werden kann, da der Vers eine Silbe zu wenig aufweist. Insgesamt wird deutlich, daß diese Textstelle zur Variantenbildung neigt. Das liegt daran, daß eine Veränderung oder Auslassung an dieser Stelle die Bedeutung des Verses nicht wesentlich verändert oder entstellt.

In der rekonstruierten Fassung wird gegen die Variante des Bamberger Blattes entschieden und das häufiger belegte *mich* eingesetzt. Die kurz aufeinanderfolgende Wiederholung des *mich* am Ende von Vers fünf und zu Beginn des sechsten Verses intensiviert den emphatischen Ton dieser Verse, vor allem im Zusammenhang mit der Interjektion *Ja* am Verseingang.

Vers 8:
Auch dieser Vers weist – wie sich am Variantenapparat gut ablesen läßt – Veränderungen ausschließlich innerhalb der Zeller Fassungen (II, XIV, XV, XVI, XVIII) auf. Statt der wiederholten Beteuerung *alles beineben* steht hier *will ich hergeben:* Eine durchaus sinnvolle Variante, die aber die emphatischen und sich steigernden Wiederholungen von *alles* innerhalb der Verse acht und neun aufgibt und die Anapher der Verse acht und neun zerstört. Insgesamt erscheint diese Variante poetisch schwächer und mindert den eindringlichen Sprachduktus der ersten Strophe.

2.3.2 Strophe 2

Du bist ja voller Zied,
kein Mackel g'funden wird,
du bist Maria, die schoenste allein,
auch deiner Majestaet
nichts mangelt und abgeht,
was nur vollkommen und herrlich mag seyn.
Dein ganzes Wesen
ist auserlesen,
du bist, o Jungfrau! so herrlich gemacht,
daß dich Gott seiner selbst wuerdig gemacht.

2,1 I: Zierd / II: Zierd / III: In dir so voller Zierd / IV: Zierd / V: Zierd / VII: voll Zierd / VIII: Zierd / IX: Zierd / X: Zierd' / XI: Zierd' / XII: Zierd / XIII Zierd / XIV: Zierd / XV: Zierd / XVI: Zierd / XVII: Zierd / XVIII: Zird/ XIX: Zierd / XX: Zierd/ XXII: Zier / XXIII: Zierd

2,2 III: gefunden / IV: gefunden / VII: gefunden / XVIII: gefunden / XXI: gefunden / XXII: gefunden

2,3 XI: o Jungfrau

2,4 II: ach / III: ja / IV: ja / VII: ach / VIII: All deiner Eigenschaft / IX: All deiner Eigenschaft / X: All deiner Eigenschaft/ XII: ach / XIII ach / XIV: ach / XV: ach / XVI: ach / XVII: Ach / XVIII: ach / XX: An / XXI: Ach! / XXII: An

2,5 I: manglet / II: manglet / VIII: Ermanglet keine Kraft / X: Ermanglet keine Kraft / IX: ermanglet keine Kraft / XX: manglet / XXI: noch abgeht

2,6 I: kan / II: kan / III: kann / VI: kann / VII: kann / VIII: Nichts, was vollkommen […] kann / IX: Nichts was vollkommen […] kann / X: Nichts, was vollkommen […] kann / XI: kann / XII: kann / XIII: kan / XIV: kann / XV: kann / XVI: kann / XVII: kann / XVIII: kann / XIX: nun […]kann / XX: kann / XXI: kann / XXII: kann

2,7 XII: Weesen / XIII: Weesen

2,8 XVII: ist *fehlt*

2,9 XIV: geacht / XV: geacht / XVI: geacht / XXI: Du bist ja / XXIII: geacht

2,10 I: geacht / III: geacht / IV: geacht / V: selbst seiner [...] geacht / VI: geacht / VII: geacht / VIII: geacht / IX: geacht / X: geacht / XI: geacht / XII: geacht / XIII: geacht / XIX: geacht / XX: geacht / XXI: geacht / XXII: geacht

Vers 1:
Bei *Zied* handelt es sich eindeutig um einen Druckfehler. Alle anderen Textzeugen überliefern an dieser Stelle einheitlich das Wort *Zierd* (mit Ausnahme von XVIII: *Zird*, XXI: *Zied* und XXII: *Zier*). In der rekonstruierten Fassung wird dieser Fehler korrigiert.

Vers 4:
Der Text bietet an dieser Stelle *auch*. Diese Variante läßt sich in sechs Fällen (I, V, VI, XI, XIX, XXIII) nachweisen. Die Mehrzahl der Quellen bietet dagegen die Variante *ach* (II, VII, XII, XIII, XIV, XV, XVI, XVII, XVIII, XXI).

Vom Sprachduktus her ist der Variante *ach* der Vorzug zu geben. *Auch* muß im Sinne einer Aufzählung verstanden werden und durchbricht die Form der Anrufungen der Verse eins bis drei. Das *Ach*, das sozusagen die überragende Größe des Gegenübers eingesteht und dabei die eigene Kleinheit seufzend einräumt, unterstreicht ausgezeichnet die emphatische Sprache, die den gesamten Text bestimmt.

Neben diesen beiden Varianten bieten drei weitere Belege (VIII, IX, X) an dieser Stelle einen völlig neuen Vers: *All deiner Eigenschaft*. Hier hat man sich bemüht, das Wort *Majestaet* zu umgehen. Ein ähnliches Bestreben, welches typisch für die Fassungen der Gruppe 7B ist, wird noch an anderen Stellen nachzuweisen sein.

Vers 5:
Hier muß nur die der Gruppe 7B eigene Variante *ermanglet keine Kraft* erwähnt werden, die mit der Textänderung des vorherigen Verses zu begründen ist. Denn nur durch einen weiteren Texteingriff konnte der Reim beider Verse eingehalten werden. Ansonsten ist die Überlieferung des Verses konstant.

Vers 6:
Hier bietet der Text – ebenso wie drei weitere Quellen (V, VI, XXIII) – die Variante *mag sein*. Alle anderen Textzeugen schreiben dagegen übereinstimmend *kann sein*. Da das Wort *mag* im Sinne des Wortes *können* verstanden werden kann[78], wird an dieser Stelle, ohne daß dadurch der Sinn des Verses verändert wird, die mehrheitlich belegte Variante *kann* eingesetzt.

---

[78] „mögen: Das *gemeingerm.* Verb (Präteritopräsens) *mhd.* mugen, *ahd.* mugan, *got.* magan, *engl.* may, *schwed.* må geht mit verwandten Wörtern in anderen *idg.* Sprachen auf die Wurzel *magh- »können, vermögen« zurück [...].“ Duden: Etymologie. Herkunftswörterbuch der deutschen Sprache. 2., völlig neu bearbeitete und erweiterte Auflage von

Vers 9 und 10
Innerhalb des Textes endet Vers neun ebenso wie Vers zehn mit *gemacht*. Hier liegt eindeutig ein Fehler vor, der für die rekonstruierte Fassung korrigiert werden muß. Alle anderen Textzeugen - mit Ausnahme der Zeller Liedfassungen (II, XIV, XV, XVI) - überliefern am Ende des zehnten Verses das Wort *geacht*. Dadurch wird die Wortwiederholung aufgehoben, der Reim eingehalten und die Aussage des Verses verständlich. Daher wird innerhalb der rekonstruierten Fassung das *gemacht* in Vers zehn in *geacht* geändert.

Die Zeller Liedfassungen überliefern an dieser Stelle wiederum eine Sondertradition. Das Bruchstück (II) überliefert den gleichen Druckfehler, den der Editionstext aufweist. Auch hier enden die beiden letzten Verse der Strophe zwei auf *gemacht* (ebenso XVIII). Die anderen Zeller Liedflugschriften korrigieren den Fehler, indem sie am Ende von Vers neun *gemacht* in *geacht* ändern. Diese Vertauschung wird bei der Beurteilung anderer Fassungen des Liedes *Wunderschön prächtige* noch von Bedeutung sein.

2.3.3 Strophe 3

Weil du ganz Mackellos,
hat dich, o schoenste Ros!
der himmlisch Vater sein Tochter genennt.
Da auch der goettlich Sohn
in seinem hoechsten Thron
sich zu dir, als seiner Mutter bekennt;
Endlich die Ehren,
noch zu vermehren,
hat dir, als seiner auserwaehlten Braut,
der heilig Geist sich ja selsten vertraut.

II: Strophe nicht erhalten
XI: Strophe 3 = Strophe 4 in dieser Fassung

3,1 I: Mackel los / III: Makel=los / XII: Makel los / XIII: Mackel los / XVII: Mackel los / XIX: Mackel los / XX: Mackel loß / XXII: Mackel loß/ XXIII: Mackl=loß

3,2 III: schoene

3,3 III: himmlische [...] seine / IV: himmlische [...] seine / V: seine / VI: himmlische / X: himmlische [...] genannt / XI: himmlische [...] seine / XIV: himmlische [...] genannt / XV: himmlische [...] genannt / XVI: himmlische [...] genannt / XVIII: himmlische [...] seine [...] genannt / XIX: himmlische / XXII: himmlische [...] genannt

Günther Drosdowski. Mannheim u.a. 1989, S. 465. Vgl. auch: F. Kluge: Etymologisches Wörterbuch der deutschen Sprache. 22. Auflage. Berlin 1989, S. 484.

3,4 I: Ja / III: goettliche / IV: göttliche / VI: ja / VII: ja [...] goettliche / VIII: Ja / IX: Ja / X: Ja / XI: wie [...] göttliche / XII: ja / XIII: ja / XIV: ja / XV: Ja / XVI: ja / XVII: ja / XVIII: ja [...] göttliche / XIX: Ja / XX: Ja / XXI: Ja / XXII: Ja / XXIII: Ja

3,5 V: hächsten / X: Auf / XI: Auf / IX: auf

3,6 III: dich sogar als seine Mutter erkennt / IV: sie dir als seine Mutter bekannt / VII: sir dir als seine Mutter bekannt / X: seine / XIV: bekannt / XV: bekannt / XVI: bekannt / XVII: dich, seine Mutter O Jungfrau bekennt / XVIII: bekannt / XX: gewendt / XXI: gewendt / XXII: als Mutter gewendt

3,7 XI: der Ehren

3,8 XI: Lob zn vermehren / XXIII: Dein Lob vermehren

3,9 I: erwaehltesten / III: erwähltesten / IV: erwähltesten / V: erwähltesten / VI: erwaehltesten / VII: erwaehltesten / VIII: erlesenen / IX: erlesenen / X: erlesenen / XI: dich als [...] erwähltesten / XII: erwaehltesten / XIII: erwaehltesten / XIV: erwaehltesten / XV: erwaehltesten / XVI: erwaehltesten / XVII: erwaehltesten / XVIII: erwählten / XIX: erwaehltesten / XX: erwaehltesten / XXI: erwaehltesten / XXII: erwaehltesten / XXIII: dich alß[...] erwaehltesten

3,10 I: selbsten / III: der Heilige Geist seine Gnad angetraut / IV: heilige [...] selbsten / V: selbsten / VI: heilige Geist sich selbsten / VII: heilige Geist ja selbsten / VIII: selbst / IX selbst anvertraut / X: heilige [...] selbst anvertraut / XI heilige Geist ja selbsten / XII: selbsten / XIII: selbsten / XIV: heilige [...] selbsten / XV: heilige [...] selbsten / XVI: heilige [...] selbsten / XVII: selbsten / XVIII: heilige [...] selbst / XIX: heilige [...] selbsten / XX: sich selbsten / XXI: heil'ge [...] selbsten / XXII: heilige Geist sich selbsten / XXIII: heilige [...] selbsten

Vers 3:
In diesem Vers überliefert eine Reihe von Liedflugschriften die Varianten *himmlische* statt *himmlisch* oder *seine* statt *sein*. An dieser Stelle muß eindeutig zugunsten unseres Ausgangstextes entschieden werden. Sowohl *himmlische* als auch *seine* können nicht eingesetzt werden, da der Vers dadurch eine Silbe zuviel aufweisen würde und so das Metrum des Verses nicht eingehalten wäre.

Die Existenz einer so großen Anzahl von Textzeugen, die hier die nicht apokopierte Form schreiben, ist möglicherweise dadurch zu erklären, daß im Laufe der Zeit die Akzeptanz der grammatisch nicht korrekten Kurzformen nachgelassen hat. Vielleicht wurde aber auch die Viertelnote auf -isch spontan durch zwei Achtel ersetzt.

Vers 4:
An dieser Stelle bieten der Text und zwei weitere Textzeugen (III, V) zu Beginn des Verses die kausale Konjunktion *da*, während der überwiegende Teil der Quellen den Vers mit der Interjektion *ja* beginnen läßt. Die Konjunktion *da* ordnet den Satz dem Hauptsatz *Hat dich, o schoenste Ros* in Parallelität

zu dem Nebensatz *Weil du ganz mackellos* unter. Die Interjektion *ja* dagegen ordnet den Satz dem Hauptsatz bei. Im Gedankengang der Strophe ist die Lesart *ja* vorzuziehen.

Vers 9:
In Vers neun bietet das Bamberger Blatt als einziger Textzeuge die Variante *auserwaehlten*, während alle anderen Quellen – mit Ausnahme der Gruppe 7B – die Variante *erwähltesten* überliefern. Beide Varianten passen sinngemäß sehr gut in die Verszeile. Dennoch ist der Variante *erwähltesten* der Vorzug zu geben. Wenn man *auserwaehlten* in den Vers einsetzt, muß die Betonung auf „er" liegen, während bei *erwähltesten* auf „wähl" betont wird. Somit fällt im letzten Fall die Betonung mit der natürlichen Wortbetonung zusammen.

Die Gruppe 7B setzt an dieser Stelle übereinstimmend *erlesenen* in den Vers ein, wodurch die textliche Zusammengehörigkeit dieser Fassungen ein weiteres Mal deutlich wird.

Vers 10:
Bei *selsten* handelt es sich um einen Druckfehler. Hier ist, wie anhand der überwiegenden Mehrheit der Textzeugen deutlich wird, das Wort *selbsten* gemeint.

2.3.4 Strophe 4

Den ganzen Himmelsbau,
nach Gott, große Frau!
ganz majestaetisch, wie billig regierst;
du bist die Koenigin,
du bist die Herrscherin
Himmels und Erden, den Zepter du fuehrst;
der Engeln=Schaaren,
dein Lob nicht sparen,
singen, frolocken, mit froehlichen Schall,
dir als der Ministerin, huldigen all.

II: Strophe nicht erhalten
XI: Strophe 4 = Strophe 3 in dieser Fassung

4,1 V: Himmels=Bau / VIII: Himmels=Bau / X: Himmels=Bau / XI: Dein ganzer / XVII: Himmels=Bau / XX: Himmels=Bau / XXIII: Dem […] Himmels=Bau

4,2 I: o große / III: o große / IV: o große / V: o große / VI: Nach dir o große / VII. o große / VIII: o grosse / IX: o grosse / X: o große / XI: o große / XII: o grosse / XIII: o grosse / XIV: o grosse / XV: o grosse / XVI: o grosse / XVII: o grosse / XVIII: o große / XIX: o große / XX: o große / XXI: o große / XXII: o große / XXIII: o große

4,3 I: billich / IV: regierest / VIII: ganz mächtig, prächtig [...] regierest / IX: Ganz maechtig, praechtig [...] billich / X: Ganz mächtig, prächtig, / XI: deine ganze Majestät billig / XII: wie billich regirst / XIII: wie billich / XVIII: regierest / XIX: wie billich / XXIII: billich

4,4 XI: Herrscherin / VII: Königen

4,5 XI: Königin

4,6 III: des Himmels / IV: im Himmel / VII: der Scepter / XI: im Himmel

4,7 I: Englen Schaaren / IV: Engel=Schaaren / VI: Engel Schaaren / VII: die / VIII: Die Engel=Schaaren / IX: Die Engelschaaren / X: Die Engel=Schaaren / XI: Engel Schaaren / XII: Engel Schaaren / XIV: die Engel=Sachaaren / XV: die Engelschaaren / XVI: die Engelschaaren / XVIII: die Engelschaaren / XX: Englen=Schaaren / XXI: Engel Scharen / XXIII: Engel=Schaaren

4,8 I: spahren / XII: sparren / XIII: sparren / XiX: spahren

4,9 III: frohloken, mit froehlichem / IV: foehlichem / V: foehlichem / VII: froehlichem / VIII: fröhlichem / IX fröhlichem / X: froehlichem / XI: fröhlichem / XII: froehlichem / XIII: froehlichem / XVII: froehlichem / XVIII: fröhlichem / XX: frolichem / XXI: froehlichem / XXII: froehlichem

4,10 I: Meisterin / III: als Meisterin / IV: Königin / V: Meisterin / VI: Meisterin / VII: Koenigin / VIII: Königinn / IX: Koeniginn / X: Königin / XI: dich als eine Meisterin / XII: Meisterin / XIII: Meisterin / XIV: Kaiserin / XV: Kaiserin / XVI: Kaiserin / XVII: Meisterin / XVIII: Kaiserin / XIX: Meisterin / XX: Meisterinn / XXI: Meisterinn / XXII: Meisterinn / XXIII: Kayserin

Vers 2:
Der Text weist in diesem Vers eine Silbe zu wenig auf. Vergleicht man den Vers mit den anderen Textzeugen, dann fällt auf, daß hier ein *o* vor *große Frau* ausgefallen ist. Innerhalb der rekonstruierten Fassung muß dieses Vokativ-o wieder eingesetzt werden, da nur so das daktylische Metrum des Verses eingehalten werden kann.

Vers 3:
An dieser Stelle ist innerhalb der Gruppe 7B eine auffällige Variante zu beobachten, die wiederum mit dem schon angesprochenen Bestreben in Verbindung steht, das Wort *Majestaet* aus dem Text zu tilgen. Hier geht es um das Adjektiv *majestaetisch*, welches durch die Wendung *ganz maechtig, praechtig [...]* ersetzt worden ist.

Vers 9:
In Vers 9 liegt wiederum ein Druckfehler vor. Das Wort *froehlichen* muß – wie bei den meisten anderen Textzeugen überliefert – im Dativ stehen.

Vers 10:
In diesem Vers ist das Wort *Ministerin* strittig. Diese Variante bietet nur das Bamberger Blatt, zwölf Textzeugen überliefern *Meisterin*, fünf Textzeugen *Königin* und fünf Textzeugen *Kaiserin*. Alle drei Varianten passen sowohl

vom Sinn als auch vom Metrum her besser in den Vers als die Variante des Bamberger Blattes.

Das Wort *Ministerin* ist als Bezeichnung für Maria nicht üblich. Laut Grimm wird *Minister* seit dem 18. Jahrhundert als Bezeichnung für einen Staatsbeamten verwendet, der oberste Dienste betreut. Vorher war es gleichbedeutend mit dem lateinischen *minister* (Diener)[79]. Beide Bedeutungen lassen sich an dieser Stelle des Gedichtes kaum auf Maria übertragen, da ihr weder als ‚Regierungsbeamtin' noch als Dienerin von den Engeln gehuldigt wird. Vielmehr fungiert sie als *Kaiserin, Königin* oder *Meisterin* der himmlischen Scharen. Außerdem besteht das Wort *Ministerin* aus vier Silben, so daß der gesamte Vers eine Silbe zuviel aufweist. Alle anderen Varianten verfügen über nur drei Silben und passen somit sehr gut ins Metrum.

Die Variante *Kaiserin* läßt sich vorwiegend auf den Zeller Liedflugschriften (XIV, XV, XVI, XVIII) und zusätzlich in einem handschriftlichen Liederbuch (XXIII) nachweisen. Die Bezeichnung Marias als *Kaiserin* paßt insgesamt ausgezeichnet zu den Zeller Fassungen, die ja – wie an den Herrscherstrophen sichtbar wird – einen engen Bezug zum österreichischen Kaiserhaus herstellen wollen. Selbst wenn diese Variante inhaltlich durchaus ihre Berechtigung hat und als Bezeichnung für Maria auch an anderen Stellen Verwendung findet, wird an dieser Stelle gegen sie entschieden, da sie für das Marienlied *Wunderschön prächtige* hauptsächlich innerhalb einer lokalen Sondertradition nachzuweisen ist und außerdem ein enger Bezug zur inhaltlichen Ausrichtung dieser Fassungen beobachtet werden kann.

Die Entscheidung zwischen den Varianten *Koenigin* und *Meisterin* fällt schwer. Beide fügen sich sowohl inhaltlich als auch metrisch sehr gut in den Vers ein. Wie schon angedeutet, wird Maria an dieser Stelle als *Koenigin* oder *Meisterin* der himmlischen Scharen angesprochen. Maria wird in ihrer Funktion als *regina angelorum* in zahlreichen Texten verehrt, während der Titel *magistra* in Verbindung mit *coelorum* oder *angelorum* nicht nachgewiesen werden kann. Die Variante *Koenigin* würde demnach direkt auf den Ehrentitel *Königin der Engel* anspielen. Die Verwendung des Titels *Meisterin der Engel* dagegen bezeichnet keinen konkreten und gängigen Ehrentitel Marias.

Die gesamte vierte Strophe entfaltet das Bild der Himmelskönigin Maria und läßt sie als Herrscherin über das Weltganze erscheinen. Dabei wird Maria viermal direkt mit einem Titel angesprochen: In Vers zwei mit *große Frau*, in Vers vier mit *Koenigin*, in Vers fünf mit *Herrscherin* und in Vers zehn mit *Meisterin* oder *Koenigin*, wobei letzteres eine Wiederholung einer bereits gewählten Bezeichnung für Maria darstellt, während *Meisterin* eine weitere, etwas ungewöhnliche aber dennoch sofort verständliche Anrede ist, die in den Bildbereich der *Himmelskönigin* gehört und dieses Bild um eine weitere Nuance bereichert. Dabei kann der Begriff *Meisterin* im Sinne von „Leiterin, Lenkerin" oder „Alleskönnerin" verstanden werden und fügt sich so ausgezeichnet in die Strophe ein. Aus diesen Gründen wird innerhalb der rekon-

79 Vgl. J.,W. Grimm: Deutsches Wörterbuch, Reprint München 1984, Bd. 12, Sp. 2238.

struierten Fassung an dieser Stelle das – in den Quellen am häufigsten überlieferte – Wort *Meisterin* eingesetzt.

2.3.5 Strophe 5

Die Sonn bekleidet dich,
es unterwirfet sich
zu deinen Fueßen der silberne Mond,
kein Unvollkommenheit,
mindert dein Herrlichkeit,
um dein Haupt machen die Sterne ein Kron;
alles, was lebet,
alles was schwebet,
alles was Himmel und Erden schraenkt ein,
muß deiner Majestaet unterthan seyn.

II: Strophe nicht erhalten
XI: Strophe 5 fehlt in dieser Fassung

5,1 I: begleitet / IV: begleitet / VI: begleitet / VII: begleitet / VIII: begleitet / IX: begleitet / X: begleitet / XII: begleitet / XIII: begleitet / XIV: begleitet / XV: begleitet / XVI: begleitet / XVII: begleitet / XVIII: begleitet / XIX: begleitet / XXI: begleitet / XXIII: begleitet

5,2 VI: unterwerfet / X: unterwirft / XVII: unterwirfft / XVIII: unterwerfen / XX: unterwerfet / XXI: unterwerfet / XXII: unterwerfet

5,3 ÷

5,4 IV: keine / VII: keine / XIV: deine Vollkommenheit / XV: deine Vollkommenheit / XVI: deine Vollkommenheit / XVIII: deine Vollkommenheit

5,5 IV: mindere / VII: die / VIII: Leidet / IX: leidet / X: Leidet / XIV: sein / XV: sein / XVI: sein / XVIII: sein

5,6 III: zwoelf Sterne / X: Stern' / XIV: eine / XVIII: eine

5,7 V: lebt

5,8 ÷

5,9 VI: schrenkt / VII: Erde / IX: schrenkt / X: Erde / XIV: schrenkt / XVIII: im Himmel / XX: Erde / XXII: Erde

5,10 IV: Unterthan / VI: Unterthan / VII: Unterthan / VIII: großen G'walt / X: großen G'walt / IX: deinem G'walt / XVIII: Unterthan / XIX: Unterthan / XX: Unterthan

Vers 1:
Hier überliefert das Bamberger Blatt – ebenso wie zwei weitere Liedflugschriften (III, V) und zwei Gesangbücher (XX, XXII) – das Wort *bekleidet*,

während alle anderen Textzeugen die Variante *begleitet* aufweisen. Die konstante Überlieferung von *begleitet* vermittelt den Eindruck, daß die Entscheidung zugunsten dieser Variante fallen müßte, zumal alle ungefähr datierbaren und somit teilweise nachweisbar frühen Liedflugschriften einmütig *begleitet* überliefern.

Von den drei Belegen für *bekleidet* läßt sich nur das der Edition zugrunde gelegte Blatt datieren, die beiden anderen Drucke enthalten keinerlei Hinweise auf ihre Provenienz und gehören sehr wahrscheinlich nicht zu den frühen Quellen für das Marienlied *Wunderschön prächtige*.

Trotz dieser deutlichen Überlieferungslage gibt es aber einen gewichtigen Grund dafür, an dieser Stelle anders zu entscheiden. Die Variante bezieht sich eindeutig auf eine Bibelstelle; dabei handelt es sich um die Beschreibung der apokalyptischen Frau in der Offenbarung des Johannes. Dort heißt es in Kapitel 12,1: „ [...] eine Frau, mit der Sonne bekleidet [...]"[80]. Selbst wenn man annimmt, daß der intendierte Bezug auf die Johannesstelle erst durch nachträgliches Einfügen des Wortes *bekleidet* verdeutlicht worden ist, so muß dieser Lesart dennoch der Vorzug eingeräumt werden, da es sich hier – wenn vielleicht nicht um eine frühe – so aber gewiß um die bessere Variante handelt, nach dem Prinzip: *lectio difficilior* verdient den Vorzug.

Da wir die Urfassung des Marienliedes *Wunderschön prächtige* nicht kennen, ist es andererseits sehr gut möglich, daß an dieser Stelle tatsächlich zuerst das Wort *bekleidet* gestanden hat. Durch den ähnlichen Klang der Worte könnte es dann leicht in der Folge zu einer Verwechslung mit dem Wort *begleitet* gekommen sein, welches bei oberflächlicher Betrachtung und mündlicher Überlieferung durch biblisch nicht immer firme Laien zunächst vielleicht als plausibler empfunden worden ist. Da es bei dieser Edition um die Rekonstruktion der überzeugendsten Fassung des Marienliedes *Wunderschön prächtige* gehen soll, wird an dieser Stelle zugunsten der Variante *bekleidet* entschieden.

Vers 3:
Alle Textzeugen überliefern am Ende dieses Verses das Wort *Mond*. Dennoch wird aus poetischen Gründen in der rekonstruierten Fassung die in der barocken Dichtung durchaus übliche Form *Mon* eingesetzt, und zwar des Reimes auf *Kron* wegen. Der gesamte Text weist ausschließlich reine Reime auf, lediglich in Strophe fünf tritt der unreine Reim zwischen *Kron* und *Mond* auf. Da in der hypothetisch wirkmächtigsten Fassung poetische Fehler weitgehend ausgeschieden werden sollen, fällt diese Entscheidung, obwohl kein einziger Textzeuge die Variante *Mon* überliefert.

Vers 4:
Für diesen Vers überliefert die Gruppe der Zeller Fassungen (XIV, XV, XVI, XVIII) eine eigene Variante. Statt *kein Unvollkommenheit* heißt es hier *deine*

---

80 Dieses und alle folgenden Bibelzitate werden nach der Einheitsübersetzung wiedergegeben.

Vollkommenheit. Dieser Texteingriff wirkt sich auch auf den folgenden Vers aus.

Vers 5:
Entsprechend der Variante zu Vers vier schreiben die Zeller Liedflugschriften (XIV, XV, XVI, XVIII) an dieser Stelle statt *mindert dein Herrlichkeit* den Vers *mindert sein Herrlichkeit.* Das Possessivpronomen *sein* bezieht sich dabei auf die Herrlichkeit des in Vers drei erwähnten Mondes, die durch die *Vollkommenheit* (V. 4) Marias gemindert wird, während die anderen Fassungen diesen Rückbezug auf den Mond nicht herstellen, sondern die durch nichts zu mindernde Herrlichkeit Marias thematisieren. Anhand dieser beiden Verse wird zum wiederholten Male die Einmütigkeit der Zeller Liedfassungen in bezug auf die für sie typischen Varianten deutlich.

Die Liedflugschriften der Gruppe 7B bieten zu Beginn des fünften Verses statt *mindert* das Verb *leidet.* Auch hier läßt sich die Zusammengehörigkeit dieser Überlieferungszeugen anhand einer kleinen Variante aufzeigen.

Vers 6:
Zu diesem mehrheitlich konstant überlieferten Vers gibt es eine bemerkenswerte Variante. Eine Liedflugschrift (III) bietet die Wendung *zwoelf Sterne.* Dies ist wiederum ein direktes Zitat der schon erwähnten Bibelstelle aus der Offenbarung des Johannes, in der es heißt: „[...] und ein Kranz von zwölf Sternen auf ihrem Haupt [...]" (Offb 12,1). Diese Variante ist in Analogie zum ersten Vers der Strophe vier entstanden, für den die genannte Flugschrift (III) in konsequenter Weise *bekleidet* überliefert. Der Bearbeiter des Liedes hat demnach den Bezug der Strophe vier auf die Offenbarung des Johannes erkannt und durch seine Textentscheidung deutlich gemacht. Während er aber dadurch in Vers eins die eigentliche Bedeutung wieder herausgestellt und möglicherweise einen Überlieferungsfehler (eventuell bedingt durch die lautliche Ähnlichkeit der Worte) korrigiert hat, ist der Texteingriff in Vers sechs für das Verständnis des hier gezeichneten Marienbildes nicht notwendig. Wäre *zwölf Sterne* ursprünglich, dann wäre der Verlust eines so charakteristischen Zahlworts in sämtlichen anderen Belegen kaum zu erklären. Es wird deshalb hier gegen die Einführung des Zahlworts entschieden.

Vers 10:
Anhand dieses Verses läßt sich ein weiteres Mal die Tendenz der Fassungen innerhalb der Gruppe 7B nachweisen, das Wort *Majestaet* systematisch tilgen zu wollen. Statt *deiner Majestaet* findet sich an dieser Stelle die poetisch und vor allem sprachlich wesentlich schwächere Wendung *großen G'walt,* die aufgrund des Metrums auf eine Synkope nicht verzichten kann.

2.3.6 Strophe 6

1 Gott dich erwaehlet hat
2 zu einer Zufluchtsstadt,
3 allen Bedrangten und Suendern insgemein;
4 du bist die Helferin,
5 du bist die Retterin,
6 so groß nur immer der Jammer mag seyn,
7 von allen G'fahren
8 kannst uns bewahren,
9 ein ganzes Kriegsheer vertilget gar bald
10 dein uneingeschraenkter und himmlischer Gewalt.

I: Strophe 6 fehlt
II: Strophe nicht erhalten
XI: Strophe 6 = Strophe 5 in dieser Fassung

6,1 VIII: gesetzet / IX: gesetzet / X: gesetzet /XXII: erwaehlt

6,2 III: Zufluchtstatt / IV: Zuflucht=Stadt / V: Zufluchts=Stadt / VI: Zuflucht=Stadt / VII: Zuflucht Stadt / VIII: Zufluchtstatt / X: Zufluchts=Statt / XI: deiner Zuflucht Statt / XIV: Zufluchtstadt / XVII: Zuflucht Stadt / XVIII: Zufluchtstadt / XIX: Zufluchtsstadt / XX: Zufluchts Stadt / XXII: Zufluchts Stadt / XXIII: Zuflucht=Statt

6,3 III: Bedraengten […] gemein / IV: Bedrängten und Sünder / VI: Bedraengten / VII: Bedraengten / III: Bedrängten / IX: insgmein / X: Bedrängten […] insg'mein / XI: Bedrängten ... ins Gemein / XIII: insgmein / XIV: insg'mein / XV: insg'mein / XVI: insg'mein / XVII: insg'mein / Bedraengten […] ins'mein / XXIII: inßgmein

6,4 ÷

6,5 VIII: Du die Beschützerin / IX: du die Beschuetzerin / X: Du bist die Beschützerinn /

6,6 III: auch / XI: ein Jammer / XIV: auch / XV: auch / XVI: auch / XX: auch […] kann seyn / XXI: Wie groß / XXII: auch […] kann seyn

6,7 III: Gefahren / IV: Gefahren / V: Gefahren / VII: Gefahren / VIII: Gefahren / IX: Von den Gefahren /X: Gefahren / XI: Gefahren / XVIII: Gefahren / XX: all' Gefahren / XXI: Gefahren

6,8 III: du uns / IV: du / VI: du / VII: du / IX: du / X: du / XI: du / XII: Du / XIII: kanst du / XIV: du / XV: du / XVI: du / XVII: du / XVIII: du / XIX: kanst du / XX: du / XXII: du uns

6,9 XV: din / XVIII: vertilgen / XXIII: gar bald

6,10 III: unumschraenkte und himmlische G'walt / IV: deine uneingeschränkte und himmlische / V: unbeschrenkter / VI: uneingeschrenkter […] G'walt / VIII: G'walt / IX: uneing'schrenkter […] G'walt / X: Dein' uneing'schränkte

u. himlische G'walt. / XI: uneingeschränkte und himmlische / XII: u-neingschraenkten und himmlischen Gwalt / XIII: Gwalt / XIV: G'walt / XV: ein [...] Himmelischer G'wald / XVI: G'walt / XVII: uneingeschrenkter [...] G'walt / XVIII: deine unbeschränkte und himmlische / XIX: G'walt / XX: Unumschraenkter und himmlischer G'walt / XXI: unumshraenkter und himmlischer G'walt / XXII: Deine unumschraenkte und himmlische gewalt / XXIII: uneingschraenkte und himmlische Gwalt

Vers 1:
Die Fassungen der Gruppe 7B weisen hier die Variante *gesetzet* statt *gewaehlet* auf.

Vers 2:
Für diesen Vers sind die Varianten *Zufluchtsstadt* und *Zufluchtsstatt* überliefert. Laut Grimm war das Wort Stadt „ursprünglich identisch mit mhd. stat. [...] die schreibung stadt erkannte schon Adelung als ein lediglich orthographisches unterscheidungsmerkmal gegenüber statt“[81]. Erst im 16. Jahrhundert bekommt das Wort Stadt seine heutige Bedeutung; beide Wörter werden aber noch lange nebeneinander verwandt. Dies spiegelt sich auch in den Varianten zu diesem Vers wider. Da es sich bei der Schreibung -stadt nur um eine orthographische Unregelmäßigkeit handelt, während -stätte gemeint ist, muß an dieser Stelle die heute übliche Schreibweise *Zufluchtsstatt* eingesetzt werden.

Vers 3:
Am Ende dieses Verses muß statt der Variante *insgemein* die synkopierte Form *insg'mein* eingesetzt werden, da der Vers sonst eine Silbe zuviel aufweist und nicht mehr ins daktylische Metrum paßt.

Vers 5:
Hier überliefern die Flugschriften der Gruppe 7B anstelle von *Retterin* das Wort *Beschützerin.*

Vers 8:
In diesem Vers ist das Wörtchen *uns* strittig. Die große Mehrheit der Textzeugen überliefert anstelle des Personalpronomens in der ersten Person Plural das Personalpronomen in der zweiten Person Singular. Maria wird also direkt mit *du* angesprochen.

Die Entscheidung zwischen beiden Varianten hängt unmittelbar mit der Frage nach der Sprechsituation des ganzen Liedes und insbesondere innerhalb der Strophen sechs und sieben zusammen. Diese stellt sich folgendermaßen dar:

Zunächst ist in der Strophe sechs davon die Rede, daß Maria *Zufluchtsstatt* für alle *Bedrängten und Sünder insg'mein* (6,3) ist. Diese *Sünder* und *Bedrängten* kann man mit dem *wir* der siebten Strophe gleichsetzten und erhält

[81] J., W. Grimm: Deutsches Wörterbuch, Bd. 17, Sp. 420f.

so eine logische Verbindung beider Strophen miteinander. Innerhalb der Strophe sechs würde demnach der Sprecherwechsel von der ersten Person Singular zur ersten Person Plural eingeleitet.

Dabei ist bemerkenswert, daß der Sprecher nur in der ersten Strophe ausdrücklich erwähnt wird, während ab der zweiten Strophe das Personalpronomen nur noch in der zweiten Person Singular erscheint und der Sprecher selbst außerhalb der Strophen bleibt. Erst in Strophe sieben wird der Sprecher in Form des *wir* wieder eigens erwähnt und wiederholt genannt. Das *uns* im achten Vers der sechsten Strophe hebt den am Beginn der Strophe eingeleiteten Sprecherwechsel hervor, ist aber für das Verständnis nicht unbedingt notwendig.

Da in der ganzen übrigen Strophe das Personalpronomen ausschließlich in der zweiten Person Singular verwendet wird, erscheint es eher wahrscheinlich, daß auch in diesem Vers das *du* zu stehen hat. Daher wird an dieser Stelle gegen die – insgesamt auch wenig belegte – Variante des Bamberger Blattes entschieden.

Vers 10:
Dieser Vers weist zwei Besonderheiten auf. Zunächst wird das Wort *Gewalt* maskulin aufgefaßt. Dies war im mittelhochdeutschen Sprachgebrauch vor allem im oberdeutschen Raum üblich und hat sich in einigen dialektalen Formen erhalten: „[…] So leisten die denkmäler auch sonst dem femininum widerstand. es ist die zur gemeinsprache entwickelte schriftsprache, die das maskulin erst sehr allmählich zurückdrängt und die es in den mundarten bis heute nicht ganz überwältigt hat."[82]

Dieses sich allmähliche Durchsetzen der femininen Form von *Gewalt* zeigen die zu diesem Vers aufgeführten Varianten deutlich. Da es bei der Edition nicht um die Rekonstruktion der Urfassung geht, kann an dieser Stelle die heute übliche weibliche Form von *Gewalt* eingesetzt werden, ohne dadurch der Aussage des Verses zu schaden. Zum anderen besteht die Verszeile aus insgesamt zwölf Silben, obwohl sie wie die unmittelbar voranstehende, metrisch gleichgebaute Verszeile nur über zehn Silben verfügen dürfte. Hier liegt also eine Textverderbnis vor, die sich vor allem auf das Metrum auswirkt. Schaut man sich die Varianten zu diesem Vers an, fällt auf, daß dieser metrisch so problematische Vers innerhalb seiner Überlieferungsgeschichte oftmals zur Variantenbildung geführt hat. Das liegt daran, daß sich diese Störung des Metrums nur beheben läßt, wenn man in die Verszeile zwei Synkopen einbaut; das Wort *uneingeschränkter* müßte durch *uneing'schränkter* und *Gewalt* durch *G'walt* ersetzt werden.

Im Vergleich zum gesamten Liedtext erscheint diese Änderung nicht unwahrscheinlich, da Kurzformen dieser Art auch an anderen Stellen eingesetzt werden, um das Metrum einhalten zu können, zum Beispiel in 2,2 (*g'funden*) oder in 6,7 (*G'fahren*). Dennoch ist eine derartige Häufung von

82 J., W. Grimm: Deutsches Wörterbuch, Bd. 6, Sp. 4987.

Kurzformen innerhalb einer einzigen Verszeile ungewöhnlich und poetisch eher als Notlösung anzusehen. Daher folgt die rekonstruierte Fassung an dieser Stelle dem Textzeugen III, der wenigstens eine Kurzform geschickt umgeht; dort heißt es: *dein unumschraenkte und himmlische G'walt* (vgl. auch Textzeugen XX, XXI und XXII).

2.3.7 Strophe 7

1 In diesem Jammerthal
2 seufzen wir allzumal,
3 zu dir, o Jungfrau! in Elend und Noth,
4 Maria! du allein
5 wollst unsre Mutter seyn,
6 wann die Seel scheidet vom Leibe der Tod.
7 Wann wir hinreisen,
8 thu uns erweisen
9 Gnad und Barmherzigkeit bey deinem Thron,
10 bitt fuer uns Jesum deinen liebsten Sohn.

I:	Strophe 7 = Strophe 6 in dieser Fassung
II:	Strophe nicht erhalten
VIII–X	Strophe 7 fehlt in diesen Fassungen
XII–XVIII:	Strophe 7 = Strophe 8 in der jeweiligen Fassung

7,1	VI: diesen
7,2	XIII: wir wir / XVI: all zumal
7,3	I: im Elend / VII: im Elend / XVIII: im Elend
7,4	I: nur allein / III: nur du, o Jungfrau, rein / XIV: Maria=Zell / XV: Mariazell / XVI: Maria=Cell
7,5	I: unser / III: sollst unsre Mittlerin seyn. / IV: wollest unser' / VI: *fehlt* / VII: wollest uns're /XI: unsere / XII: unser / XIII: unser / XIV: sollst unser / XV: sollst unser / XVI: sollst unser / XVII: unser / XVIII: sollst unsere / XIX: unser / XX: unser / XXII: unser
7,6	III: Seele / IV: wenn / VII: wenn / XI: vom Leben zum Tod / XVII: von Leben / XXII: Leib
7,7	IV: wenn
7,8	IV: thue / VII: thue / XIII: er weisen / XVII: thue / XXI: beweisen
7,9	÷
7,10	I: dein goettlichen / III: dein'n maechtigsten / IV: dein göttlichen / V: deinen liebreichen / I: dein göttlicher / VII: goettlichen / XI: deinen göttlichen Sohn / XIII: dein goettlichen / XII: dein goettlichen / XIV: dein goettlichen / XV: dein goettlichen / XVI: dein goettlichen / XVII: den goettlichen / XVIII: Jesu […] göttlichen / XIX: dein goettlichen / XX: dein'n goettlichen / XXII: dein'n goettlichen / XXIII: dein göttlichen

Vers 4:
Die Zeller Liedflugschriften (XIV, XV, XVI) schreiben an dieser Stelle analog zum dritten Vers der ersten Strophe *Maria-Zell allein* und stellen somit auch hier einen direkten Bezug zum Ort ihrer Verwendung her.

Vers 7:
Zu der Wendung *deinen liebsten Sohn* werden von den anderen Textzeugen verschiedene Varianten geboten. Der größte Teil der Textzeugen schreibt *dein göttlichen*, während V *deinen liebreichen* und III *dein'n maechtigsten* überliefert. Hier fällt die Entscheidung schwer, da zwei grundsätzlich verschiedene, gleichwohl aber mögliche Aussagen über Marias Sohn und ihre Beziehung zu ihm gemacht werden.

Die meisten Varianten stellen die Macht und Göttlichkeit Jesu deutlich heraus. Dadurch wird die Funktion der Mittlerschaft Mariens besonders betont. Maria soll zwischen den Menschen und dem strengen göttlichen Richter vermitteln und Fürsprache bei ihm einlegen - denn nur sie allein hat die Fähigkeit und die Macht dazu.

Auch bei den anderen Varianten wird der Gedanke von der Mittlerschaft Mariens formuliert. Dennoch erhält er eine andere Gewichtung. Maria soll nun vor allem aufgrund ihrer innigen Beziehung zu Jesus Fürsprache leisten, denn ihr *liebster Sohn* wird ihr keine Bitte abschlagen können.

Betrachtet man allerdings das Metrum und die Melodie der letzten Verszeile, zeigt sich, daß bei der letztgenannten Variante die Betonung auf der Silbe *deinén* liegt. Dadurch wird eine Nebensilbe durch Betonung besonders hervorgehoben. Bei den meisten anderen Textzeugen erscheint die Verteilung der Betonungen sinnvoller. Setzt man *dein göttlichen* in die Verszeile ein, fallen Betonung und natürlicher Wortakzent zusammen, und es wird ein sinntragendes Wort akzentuiert. Deswegen fällt an dieser Stelle die Entscheidung zugunsten der Lesart *dein göttlichen*.

Die Diskussion der einzelnen Textvarianten hat an einigen Stellen deutlich werden lassen, daß in manchen Versen sprachliche Besonderheiten des Marienliedes *Wunderschön prächtige* im Verlaufe seiner Wirkungsgeschichte häufig zu Textveränderungen geführt haben.

Am deutlichsten läßt sich das am Beispiel der Kurzformen nachweisen. Im Text des Marienliedes *Wunderschön prächtige* werden an einigen Stellen Synkopen und Apokopen verwendet, die dem Zweck dienen, das Metrum zu glätten (z. B. 2,2; 3,3f.; 5,6; 6,7; 6,10 u. a.). Dabei fällt vor allem die Verwendung der Synkopen auf, die Martin Opitz in seiner Poetik ablehnt:

> Es soll auch das e zuweilen nicht auß der mitten der woerter gezogen werden; weil durch die zuesammenziehung der sylben die verse wiederwertig und unangenehme zue lesen sein.[83]

[83] M. Opitz: Buch von der Deutschen Poeterey (1624). Stuttgart 1991, S. 45.

Während sich die Poetik des Martin Opitz hauptsächlich in den protestantischen Landesteilen durchgesetzt hat, wurde sie in den katholischen Gebieten Oberdeutschlands kaum angenommen. Hier wurde eher der Versreform Friedrich Spees der Vorrang eingeräumt:

> Die konfessionelle Spaltung bewirkt eine *sprachliche Polarisierung* und mit ihr auch eine Polarisierung im Bereich der Dichtkunst. Während die Poeten der protestantischen Territorien Oberdeutschlands sich der Opitzschen Versreform anschließen, gehen die Poeten der katholischen Territorien eigene Wege. Entweder bleiben sie bei der freieren romanischen Tradition des Versbaus des 16. Jahrhunderts [...]. Oder sie folgen der Versreform *Friedrich Spees* (1591–1639), der der gleichen Generation wie Opitz angehört und auf einem ganz anderen Weg zu einer Regulierung des volksprachigen Verses gelangt.[84]

Friedrich Spee hat seinem Gedichtzyklus „Trvtz-Nachtigal" (1634) „Ettliche Mercpünctlein für den Leser" vorangestellt, in denen er seine eigene kleine Poetik entfaltet. Im Unterschied zu Opitz betont Spee, daß in seinen Gedichten Synkopen und Apokopen erlaubt sind und auch verwendet werden:

> Und derohalben solle man auffmerken ob exempelweis geschrieben seye *Drauff,* oder *Darauff: Drumb* oder *Darumb. Lieb* oder *Liebe: Grab* oder *Grabe. Stehn* oder *stehen* und dergleichen, dan sonsten die poëtische zahl der syllaben nicht bestehen wurde.[85]

Insgesamt deuten die im Text wiederholt verwendeten Kurzformen darauf hin, daß er im oberdeutschen Sprachraum entstanden ist. Dies hat in der Folge zu sprachlichen Veränderungen des Textes geführt, die sich zwar manchmal negativ auf die metrische Gestaltung, kaum aber auf die inhaltliche Aussage ausgewirkt haben. Die Varianten der verschiedenen Textzeugen lassen die Tendenz erkennen, grammatikalisch nicht korrekte Kurzformen zu ersetzen. Dies zieht in den meisten Fällen - und darauf weist Spee ja sehr deutlich hin - eine Störung des Metrums nach sich. Der letzte Vers der sechsten Strophe zeigt dies überdeutlich. So führen im Verlauf der Wirkungsgeschichte eines Liedes häufig nicht nur inhaltliche Gründe, sondern auch regionale sprachliche Besonderheiten zu Texteingriffen.

2.3.8 Zusatzstrophen

Im folgenden werden alle Zusatzstrophen und alle diejenigen Strophen dargeboten, die in den für die Edition verwendeten Quellen nachgewiesen werden konnten, die aber keine Aufnahme in die eigentliche Edition gefunden haben. Diese Strophen sind den verschiedenen Gruppen zugeordnet, in die die einzelnen Fassungen des Marienliedes *Wunderschön prächtige* in Kapi-

---

84 D. Breuer: Deutsche Metrik und Versgeschichte. München 1981, S. 172f. Hervorhebungen sind original.

85 F. Spee: Trvtz-Nachtigall. Kritische Ausgabe nach der Trierer Handschrift. Hrsg. von Th. G. M. van Oorschot. Stuttgart 1985, S. 6.

tel 2.2.3[86] eingeteilt worden sind. Die römische Ziffer über der jeweiligen Strophe gibt an, von welcher Quelle sie stammt[87]. So können mit Hilfe der Edition und den hier angegebenen Strophen die Fassungen aller verwendeten Quellen genau nachvollzogen werden.

2.3.8.1 Gruppe 7B

7. *VII*
Sieh unsere Dienste an.
Wie es nur jeder kann.
Geben wir alles vom Herzen dir dar.
Mit Freuden opfern wir
All unsre Herzen dir,
Die immer brennen vor deinem Altar.
Dieß ist das Zeichen,
Daß wir nicht weichen,
So lang wir leben, verbleiben wir dein,
Wollen auch immer und ewig es seyn.

7. *X*
Sieh' uns're Dienste an
Wie es nur Jeder kann
Geben wir Alles von Herzen dir dar.
Mit Freuden opfern wir
All' uns're Herzen dir,
Die immer brennen vor deinem Altar.
Dieß ist das Zeichen,
Daß wir nicht weichen'
So lang wir leben verbleiben wir dein,
Wollen auch immer und ewig es seyn.

7. *IX*
Sieh unser Dienste an!
wie es nur jeder kann,
Geben wir alles von Herzen dir dar.
Mit Freuden opfern wir,
all unsre Herzen dır,
Die immer brinnen vor deinem Altar.
Dies ist das Zeichen,
daß wir nicht weichen,
So lang wir Leben, verbleiben wir dein,
Wollen auch immer und ewig es seyn.

2.3.8.2 Gruppe 7C

(6.) *XI*
Nun dann o große Frau,
mildest mein Herz beschau,
wie dieses zärtlich seufzet und bitt,
verlaß uns Arme nicht,
inständig bitten dich,
wend' ab uns von Krieg, Hunger und Noth,
in unsern Nöthen
wollest uns trösten,
Maria Maria, ach stehe uns bey,
wann wir abscheiden von dieser Eitelkeit.

---

86 Vgl. Kapitel 2.2.3 „Alle Quellen auf einen Blick" in dieser Arbeit.

87 Vgl. die Übersicht in Kapitel 2.2.3 „Alle Quellen auf einen Blick" in dieser Arbeit.

2.3.8.3 Gruppe 8A

7. *XIV*
Nun dann o grosse Frau!
mildreich mein Herz anschau,
wie dieses zaertiglichst seufzet und bitt,
verlaß nicht d' Kaiserinn,
dein treue Dienerinn,
deine *Theresiam* verlasse doch nicht,
die Waffen leite,
und mit ihr streite,
fuehre, regiere, und staerke ihr Heer,
der lieben Christenheit Frieden bescherr.

7. *XV*
Nun dann o grosse Frau!
mildreich mein Herz anschau,
wie dieses zaertlichst seufzet und bitt,
verlaß nicht den Kaiser
deinen treuen Diener,
deinen *Franziskus* verlasse doch nicht,
die Waffen leite,
und mit ihm streite,
fuehre, regiere und staerke sein Heer,
der lieben Christenheit Frieden bescher.

7. *XVI*
Nun dann o grosse Frau!
mildreich mein Herz anschau,
wie dieses zaertlichst seufzet und bitt,
verlaß nicht den Kaiser,
deinen treuen Diener,
deinen *Franzen* verlasse doch nicht,
die Waffen leite,
und mit ihm streite,
führe, regiere und staerke sein Heer,
der lieben Christenheit Frieden bescher.

7. *XVIII*
Nun dann o grosse Frau,
milde mein Herz anschau,
wie dieses zärtlich seufzet und bitt,
verlaß den Kaiser nicht,
der dein treuer Diener ist,
deinen Kaiser *Ferdinand* verlasse doch nicht,
die Waffen leite,
hilf ihm im Streite,
führe, regiere und stärke sein Heer,
der lieben Christenheit Frieden jederzeit bescher.

2.3.8.4 Gruppe 8B

7. *XII*
Nun dann, o grosse Frau!
mildest mein Herz beschau,
wie dieses zaertlich ist seufzet, und bitt:
verlaß die Kaiserin
deine treue Dienerin,
deine *Theresiam* verlaß doch nicht,
die Waffen leite,
mit Ihro streite,
fuehre, regiere und staerke ihr Heer,
der lieben Christenheit Frieden bescher.

7. *XIII*
Nun dann: o grosse Frau,
mildest mein Herz beschau,
wie dieses zaertlichst seufzet und bitt,
verlaß die Kaiserin,
dein treue Dienerin,
deine *Theresiam* verlaß doch nicht:
die Waffen leite,
mit Ihro streite,
fuehre, regiere und staerke ihr Heer,
der lieben Christenheit Frieden bescher.

7. *XVII*
Nun dann O grosse Frau!
mildest mein Herz beschau,
wie dieses zaertlichst seufzet und bitt:
verlaß *Haus Oesterreich*,
und sein Erbkoenigreich,
das ganz dein *Ungarland* verlaß doch nicht;
die Waffen leite,
mit Ihnen streite,
fuehre, regire, und staerke ihr Heer,
der lieben Christenheit Frieden bescher.

7. *XIX*
Nun dann, o große Frau!
Mildest mein Herz beschau,
Wie dieses zaertlich ist seufzet und bitt;
Verlaß die Kaiserinn,
Dein treue Dienerinn,
Deine *Theresiam* verlaß doch nicht;
Die Waffen leite,
Mit ihro streite:
Fuehre, regiere, und staerke iht Heer,
Der lieben Christenheit Frieden bescher.

2.4 Die rekonstruierte Fassung

Die hier abgedruckte rekonstruierte Fassung wurde auf der Grundlage von insgesamt 24 Quellen für das Marienlied *Wunderschön prächtige* aus dem 18. und frühen 19. Jahrhundert erstellt. Über die vorgenommenen Texteingriffe ist innerhalb der vorangegangenen Edition Rechenschaft abgelegt worden. Die Orthographie des Textes ist moderat modernisiert und die auf den Liedflugschriften stark vernachlässigte Zeichensetzung verbessert worden.

1. Wunderschön prächtige,
große und mächtige,
liebreich holdselige himmlische Frau!
Welcher auf ewig ich
kindlich verbinde mich,
ja mich mit Leib und Seel gänzlich vertrau.
Billig mein Leben,
alles beineben,
alles, ja alles, was immer ich bin,
geb ich mit Freuden, Maria, dir hin.

2. Du bist ja voller Zierd,
kein Makel g'funden wird,
du bist Maria, die schönste allein!
Ach deiner Majestät
nichts mangelt und abgeht,
was nur vollkommen und herrlich kann sein!
Dein ganzes Wesen
ist auserlesen;
du bist, o Jungfrau, so herrlich gemacht,
daß dich Gott seiner selbst würdig geacht.

3. Weil du ganz makellos,
hat dich, o schönste Ros,
der himmlisch Vater sein Tochter genennt.
Ja auch der göttlich Sohn
in seinem höchsten Thron
sich zu dir als seiner Mutter bekennt.
Endlich die Ehren
noch zu vermehren,
hat dir als seiner erwähltesten Braut,
der heilig Geist sich ja selbsten vertraut.

4. Den ganzen Himmelsbau,
nach Gott, o große Frau,
ganz majestätisch, wie billig regierst.
Du bist die Königin,
du bist die Herrscherin
Himmels und Erden, den Zepter du führst.

Der Engel Scharen
dein Lob nicht sparen,
singen, frohlocken mit fröhlichem Schall,
dir als der Meisterin huldigen all.

5. Die Sonn bekleidet dich,
es unterwirfet sich
zu deinen Füßen der silberne Mon.
Kein Unvollkommenheit
mindert dein Herrlichkeit;
um dein Haupt machen die Sterne ein Kron.
Alles was lebet,
alles was schwebet,
alles was Himmel und Erden schränkt ein,
muß deiner Majestät untertan sein.

6. Gott dich erwählet hat
zu einer Zufluchtsstatt
allen Bedrängten und Sündern insg'mein;
du bist die Helferin,
du bist die Retterin,
so groß nur immer der Jammer mag sein.
Von allen G'fahren
kannst du bewahren;
ein ganzes Kriegsheer vertilget gar bald
dein unumschränkte und himmlische G'walt.

7. In diesem Jammertal
seufzen wir allzumal
zu dir, o Jungfrau, in Elend und Not.
Maria, du allein
wollst unsre Mutter sein,
wann die Seel scheidet vom Leibe der Tod.
Wann wir hinreisen,
tu uns erweisen
Gnad und Barmherzigkeit bei deinem Thron,
bitt für uns Jesum dein göttlichen Sohn.

2.4.1 Analyse

Formale Analyse

Das Lied setzt sich aus insgesamt sieben Strophen zusammen, die metrisch alle gleich gebaut sind. Das Versmaß ist rein daktylisch, wobei die Verse entweder aus zwei oder aus vier Daktylen gebildet sind. Die Verse, die aus vier Daktylen bestehen (V. 3, 6, 9, 10), haben einen katalektischen Ausgang. Dabei fallen die beiden nicht betonten Silben des letzten Daktylus weg, so daß diese Verse jeweils auf der betonten Silbe enden. Dagegen enden die aus nur zwei Daktylen bestehenden Verse (V. 1, 2, 4, 5, 7 und 8) alle auf einer nicht betonten Silbe, wobei auch in Vers sieben und acht jeweils der letzte

Daktylus um eine unbetonte Silbe verkürzt ist. Der metrische Aufbau des Liedes stellt sich wie folgt dar:

Metrisches Schema	*Reimschema*	
x́ xx x́ xx	a	Stollen
x́ xx x́ xx	a	
x́ xx x́ xx x́ xx x́	b	
x́ xx x́ xx	c	Stollen
x́ xx x́ xx	c	
x́ xx x́ xx x́ xx x́	b	
x́ xx x́ x	d	Abgesang
x́ xx x́ x	d	
x́ xx x́ xx x́ xx x́	e	
x́ xx x́ xx x́ xx x́	e	

Wenn man den Aufbau dieser Strophe genauer betrachtet und dabei das zugrundeliegende Reimschema berücksichtigt, fällt auf, daß es sich bei der vorliegenden Strophenform um eine kunstvoll gebaute Kanzonenstrophe handelt, die aus zwei Stollen (V. 1–3 und V. 4–6) und einem Abgesang (V. 7–10) besteht.

Metrik und Reimschema passen - wie aus der Gegenüberstellung ersichtlich wird - gut zueinander, denn jeweils nur Verse gleichen Metrums sind durch Reim miteinander verbunden. Insgesamt wird hier eine für das Volkslied übliche Strophenform durch das zugrundegelegte metrische Schema in eine reizvolle poetische Form gebracht.

Simulierte Kommunikationssituation und Zeitstruktur

Die fiktive Kommunikationssituation[88] des Marienliedes *Wunderschön prächtige* ist die eines Gebetes, wobei der Sprachmodus des Textes zwei verschiedene Arten des Gebetes erkennen läßt.

In der ersten Strophe wendet sich ein nicht genau zu bestimmender Sprecher in der ersten Person Singular an Maria und lobpreist sie. Die Sprechweise ist indikativisch, und die verwendeten Personalpronomen wechseln zwischen *ich* und *du*. Diese Sprechsituation bleibt in den folgenden Strophen erhalten, wobei zu bemerken ist, daß ab Strophe zwei das Personalpronomen nur noch in der zweiten Person Singular erscheint und somit lediglich der Gebetsadressat konkret benannt wird, während der Sprecher außerhalb der Strophe bleibt. Nach wie vor scheint es sich um den Sprecher in der ersten Person Singular aus Strophe eins zu handeln.

[88] Die fiktive Kommunikationssituation gibt an, wer im Text wo und wann zu wem spricht. Sie ergibt sich aus der im Text verwendeten Personaldeixis und dem Sprachmodus. Vgl. A. Greule: So sie's nicht verstehen, so sollten sie's nicht singen? Über den Beitrag der Sprachwissenschaft zur Kirchenliedforschung. In: Kirchenlied interdisziplinär. Frankfurt M. 1999, S. 61 und Ders.: Die Sprache im neuen geistlichen Lied. In: Ebd., S. 86 und H. Ühlein: Kirchenlied und Textgeschichte, S. 26.

Dies ändert sich in Strophe sechs. Dort ist zunächst davon die Rede, daß Maria Zufluchtsstatt für alle *Bedrängten und Sünder(n)* (6,3) ist. Mit diesen *Sündern* und *Bedrängten* kann man das in der siebten Strophe unvermittelt auftretende *wir* gleichsetzen und erhält dadurch eine logische Verknüpfung beider Strophen miteinander. Der sich im Lied vollziehende Sprecherwechsel wird demnach in der sechsten Strophe auf der inhaltlichen Ebene vorbereitet und schließlich in Strophe sieben durch die Einführung des Personalpronomens in der ersten Person Plural vollzogen.

Außerdem ändert sich innerhalb der siebten Strophe der Sprachmodus: Ausgehend vom Indikativ (V. 1–3), der den augenblicklichen Zustand beschreibt, wird der Sprachmodus in den Konjunktiv I (V. 5) als Ausdruck eines Wunsches übergeleitet, bevor dann schließlich der Imperativ (V. 7–10) eingeführt wird. Durch die Verwendung des Konjunktivs, vor allem aber des Imperativs in der letzten Strophe, wandelt sich die bis dahin durchgängig doxologische Sprechsituation am Schluß des Liedes in eine deprekative.

Die Zeitstruktur des Liedes *Wunderschön prächtige* ist ähnlich einfach gestaltet wie die Sprechsituation. Alle Aussagen des Liedes stehen im Präsens bzw. im resultativen Perfekt. Lediglich die Bitte am Ende ist auf etwas Zukünftiges gerichtet. In den Strophen eins bis sechs werden demnach allgemeingültige Aussagen zum Lobpreis der Adressatin gemacht, mit deren Hilfe die abschließende Bitte sozusagen legitimiert wird.

Sprechsituation und Zeitstruktur machen deutlich, daß das Marienlied *Wunderschön prächtige* gewissermaßen aus zwei Teilen besteht: Die Strophen eins bis sechs bilden eine Einheit, während Strophe sieben für sich alleine steht. Der erste Teil des Liedes dient dem Lobpreis Marias, Strophe sieben formuliert eine Bitte an sie.

Sprache und Stilistik

Den einzelnen Strophen des Marienliedes *Wunderschön prächtige* liegt – wie wir bereits gesehen haben – ein daktylisches Versmaß zugrunde. Der Daktylus wird aufgrund seines „erregenden, tänzelnden Elementes" in der deutschen Dichtung oft zum Ausdruck einer lebhaften Gemütsbewegung – wie zum Beispiel Jubel – verwendet[89]. So wird im Falle von *Wunderschön prächtige* der lobpreisende Charakter des Textes durch das Metrum in ausgezeichneter Weise unterstützt.

Auch die sprachliche Gestaltung des Textes verdeutlicht den jubelnden, von innerer Anteilnahme getragenen Ton des Liedes. So lassen sich vor allem in der ersten Strophe Elemente geradezu emphatischer Sprache nachweisen. Der sechste Vers setzt zum Beispiel mit der beteuernden Interjektion *ja* ein, die im neunten Vers nochmals wiederholt wird. Gleichzeitig wird in den Versen acht und neun dreimal das Wort *alles* verwendet. Vergegenwärtigt man sich den Inhalt dieser Verse, wird deutlich, um welche Art von emphatischer Regung es sich hier handelt. Der Sprecher in der ersten Person

89 Vgl. G. v. Wilpert: Sachwörterbuch der Literatur. Stuttgart 1989, S. 168f.

Singular versichert ab Vers vier der zuvor Gepriesenen seine Hingabe. Durch das - aufgrund der metrischen Gestaltung zu betonende - *ja* zu Beginn von Vers sechs wird der ganze Vers schon als Steigerung und Weiterführung dieses Hingabeversprechens gekennzeichnet. Der Sprecher verbindet sich nicht nur *auf ewig* mit Maria, sondern er vertraut ihr vollkommen - und zwar mit *Leib und Seel.*

In Vers sieben wird dieser Gedanke fortgeführt und zum Höhepunkt gebracht. Der Sprecher übereignet Maria sein Leben - und beteuert dies auf emphatische Weise, indem er das, was *Leben* bedeutet, durch zwei anaphorisch mit *alles* eingeleitete Verse noch einmal wiederholend konkretisiert und innerhalb von Vers neun durch die eindringlich gesteigerte Verdoppelung von *alles* besonders betont: *alles beineben, / alles, ja alles was immer ich bin* (1,8f.).

Die erste Strophe des Marienliedes *Wunderschön prächtige* ist somit in ihrem Sprachduktus von einer kunstvoll in den Vers gebrachten Emotionalität geprägt. Nachdem in Strophe eins die Adressatin des Liedes benannt worden ist und der Sprecher dargelegt hat, in welcher Beziehung er zu ihr steht, folgen die Strophen zwei bis fünf, in denen die Angesprochene, also Maria, genauer beschrieben wird. Maria bleibt während des ganzen Liedes Adressatin, das heißt, von ihr wird immer in der zweiten Person Singular gesprochen. Zusätzlich wird sie wiederholt direkt angerufen, so zum Beispiel in dem drei Verse umspannenden Lobpreis der ersten Strophe und in den über das ganze Lied verteilten Vokativen; zweimal wird sie mit ihrem Namen *Maria* (1,10; 2,3) angesprochen, insgesamt viermal werden O-Anrufe verwendet: *o Jungfrau* (2,9; 7,3), *o schönste Ros* (3,3) und *o große Frau* (4,3). Der Sprecher bleibt, indem er Maria durchgängig mit „Du" anspricht, während des ganzen Liedes eng mit ihr verbunden. Diese Verbundenheit wird dadurch intensiviert, daß er sie zusätzlich direkt beim Namen nennt oder sich mit mehreren durch ein Vokativ-O verstärkten Anrufen an sie wendet. Dies läßt darauf schließen, daß der Sprecher sich mit großer innerer Anteilnahme Maria zuwendet. Demnach ist nicht nur die erste Strophe von einer impulsiven Emotionalität geprägt, sondern vielmehr das ganze Lied: Dem Dichter gelingt es meisterhaft, diese gefühlsbetonte Hinwendung in metrisch gestalteter Form zur Sprache zu bringen.

Die zweite Strophe beginnt mit der Wendung *Du bist...*, welche in derselben Strophe noch zweimal wiederholt wird (2,3 und 9). Auch in den Strophen vier und sechs werden jeweils zwei Verse auf diese Weise eingeleitet (4,4 und 5; 6,4 und 5). Es werden demnach sieben Seins-Prädikationen über Maria angeführt. Durch diese Aussagen werden drei wesentliche Eigenschaften Marias benannt:

- In der zweiten Strophe wird auf ihre Schönheit und Auserwähltheit hingewiesen, wobei die Qualität der Schönheit bis hin zur Gottwürdigkeit gesteigert wird.

– In der vierten Strophe werden die Macht und Herrschaft Marias in den Vordergrund gestellt, indem Maria in zwei aufeinanderfolgenden Versen als *Königin* und *Herrscherin* (4,4 und 5) bezeichnet wird.

– Der Bereich der Gnade und Mittlerschaft kommt in den Titeln *Retterin* und *Helferin* (6,4 und 5) der Strophe sechs zum Ausdruck.

In den Seins-Prädikationen werden Maria demnach die Eigenschaften zugewiesen, aufgrund derer sie verehrungswürdig erscheint: Dadurch sind die das Lied bestimmenden Themen festgelegt und benannt.

Die im Lied verwendete Sprache hebt die Sprechereinstellung besonders deutlich hervor. Vor allem die Seins-Prädikationen, aber auch die in den Strophen zwei bis sechs durchgängig verwendeten nicht-modalisierten Indikative bezeichnen eine Sprechereinstellung des FÜR-WAHR-HALTENS. Diese das Lied dominierende Einstellung des Sprechers gegenüber dem Gesagten wird durch die schon beschriebene Einstellung der BEGEISTERUNG, die durch Interjektionen und direkte Invokationen zum Ausdruck kommt, verstärkt.[90]

Bildlichkeit und biblische Bezüge

Das Marienlied *Wunderschön prächtige* wird von drei Themenbereichen bestimmt, die das dem Text zugrundeliegende Marienbild prägen: das Thema der »besonderen Auszeichnung« , der »Herrschaft« und der »Gnade« Mariens. Im folgenden soll nun näher darauf eingegangen werden, auf welche Weise und mit welcher Bildlichkeit diese Themen auf Maria übertragen werden.

In der zweiten Strophe ist zunächst von der Schönheit Mariens die Rede. Dabei ist zu beachten, daß es sich hier zugleich um die äußere Schönheit – *Du bist ja voller Zierd* (2,1) – und um die innere Schönheit Marias – *kein Makel g'funden wird* (2,2) – handelt. Diese beiden Arten der Schönheit werden schließlich in der Wendung zusammengenommen: *Dein ganzes Wesen ist auserlesen* (2,7–8).

Die Vorstellung von der äußeren Schönheit der Gestalt Mariens wird durch den Gedanken der ihr inneres Wesen betreffenden Makellosigkeit gesteigert. Der Begriff der Makellosigkeit ist dem Hohenlied entnommen und wird dort in bezug auf die Braut verwendet, so zum Beispiel Hld 4,7: „Alles an dir ist schön meine Freundin, kein Makel haftet an dir." Diese Beschreibung der Braut des Hohenliedes ist vielfach auf Maria übertragen worden:

> Wie das Hohelied im allegorischen Literalsinn die Vermählung Christi mit der Menschheit resp. mit der Kirche schildert, so ist ohne Zweifel in der hier auftretenden Braut speziell Maria mitverstanden […]. Mit vollstem Rechte werden da-

---

90 Zu den Begriffen der Sprechereinstellung des FÜR-WAHR-HALTENS und der Einstellung der BEGEISTERUNG vgl. A. Greule: So sie's nicht verstehen, so sollten sie's nicht singen? In: Kirchenlied interdisziplinär, S. 61f.

> her besonders die Schilderungen der Braut […] im ganzen Kapitel 4 […] auf Maria bezogen […].[91]

Der Begriff „Makellosigkeit" deutet darauf hin, daß Maria ohne den Makel der Erbsünde empfangen wurde. Dabei handelt es sich um eine schon sehr alte und oft diskutierte Lehre, die gleichwohl erst 1854 von Papst Pius IX. in der Bulle „Ineffabilis Deus" als Dogma verkündet wurde:

> Zur Ehre der heiligen und unteilbaren Dreifaltigkeit, zur Zierde und Auszeichnung der Jungfrau und Gottesgebärerin, zur Erhöhung des katholischen Glaubens und zum Wachstum der christlichen Religion, kraft Autorität unseres Herrn Jesu Christus, der seligen Apostel Petrus und Paulus und Unserer <eigenen>, erklären, verkünden und definieren Wir, daß die Lehre, welche festhält, daß seligste Jungfrau Maria im ersten Augenblick ihrer Empfängnis durch die einzigartige Gnade und Bevorzugung des allmächtigen Gottes in Hinblick auf die Verdienste Christi Jesu, des Erlösers des Menschengeschlechtes, von jeglichem Makel der Unschuld unversehrt bewahrt wurde, von Gott geoffenbart und deshalb von allen Gläubigen fest und beständig zu glauben ist.[92]

Die Vorstellung von der Unbefleckten Empfängnis Marias bildet sich, wenn man dem Text der Strophe zwei folgt, in ihrer äußeren Gestalt ab und erhebt sie über alle Geschöpfe – und zwar derart, daß Gott sie seiner selbst würdig erachtet. Marias innere und äußere Schönheit ist demnach die Grundlage für ihre herausgehobene Stellung. Genau dieser Gedanke wird in Strophe drei thematisiert.

Diese dritte Strophe beginnt mit der kausalen Konjunktion *weil* und leitet somit eine Begründung ein. Zugleich erfolgt ein Rückgriff auf die vorangegangene Strophe. Eben weil Maria – wie schon in Strophe zwei ausführlich dargelegt – *ganz makellos* (3,1) ist, wird sie von Gott erwählt und steht daher in einer besonderen Beziehung zu ihm.

Zuerst wird sie als die *Tochter* des himmlischen Vaters bezeichnet. Hier kommt ihre Eigenschaft zum Ausdruck, ein Geschöpf Gottes zu sein. Diese Vater-Kind-Beziehung gilt aber nicht ausschließlich für Maria, sondern zugleich auch für alle anderen personalen Geschöpfe Gottes; denn jeder von Gott Geschaffene ist als ein „Kind Gottes" aufzufassen. Marias Bedeutung geht allerdings weit darüber hinaus, denn sie ist als die Tochter des göttlichen Vaters zugleich die Mutter des Sohnes Jesus Christus. Dabei ist zu beachten, „[…] daß von Maria nicht der trinitarische Gott geboren (wird), sondern nur der menschgewordene Logos als Sohn Mariens"[93].

Dazu tritt noch eine weitere Besonderheit Marias in ihrem Verhältnis zu Gott – denn sie ist auch die Braut des Heiligen Geistes. Dieser Begriff geht

---

[91] M. J. Scheeben: Handbuch der Dogmatik, Bd. VI/2. Freiburg 1954, S. 317f.

[92] H. Denzinger: Kompendium der Glaubensbekenntnisse und kirchlichen Lehrentscheidungen. Verbessert, erweitert, ins Deutsche übertragen und unter Mitarbeit von H. Hopping hrsg. von P. Hünermann. 37. Auflage. Freiburg im Breisgau 1991, Nr. 2803, S. 76.

[93] Marienlexikon, Bd. 2, S. 685.

auf das Lukasevangelium zurück. Dort heißt es in Lk 1,35: „Der Engel antwortete ihr: Der Heilige Geist wird über dich kommen, und die Kraft des Höchsten wird dich überschatten." Durch die Kraft des Heiligen Geistes wird Maria also zur Mutter des Herrn, das heißt, beide wirken bei der Menschwerdung Gottes zusammen.

Maria wird in der dritten Strophe unter dem Bild verwandtschaftlicher Beziehungen in eine direkte Beziehung zu jeder Person der göttlichen Dreifaltigkeit gestellt - es wird sozusagen eine „marianische Trinität" entfaltet. Dabei ist allerdings zu beachten, daß diese besondere Würde nicht aus Maria selbst hervorgeht, sondern ihr jeweils von Gott Vater, Sohn und Heiligem Geist zuerkannt wird. *Der himmlisch Vater* (hat Maria) *sein Tochter genennt, der göttlich Sohn* (hat sich zu Maria) *als seiner Mutter bekennt* und der *heilig Geist* (hat sich Maria) *als seiner auserwähltesten Braut ja selbsten vertraut*[94]. Maria bekommt ihre Bedeutung also von Gott verliehen; somit kann sie einerseits *Gott würdig* sein und sogar trinitarischen Charakter haben, bleibt aber andererseits Gott immer untergeordnet, da sie all ihre Würde letztlich von ihm empfangen hat.

In der vierten Strophe werden die Konsequenzen deutlich, die sich aus der unvergleichlichen Würde Marias ergeben. Denn eine Frau, die eine so erhabene Stellung einnimmt, verfügt zugleich über große Macht und Herrschaft. So wird in Strophe vier Maria als die Regentin des Himmels und der Erde beschrieben. Dies kommt in den Bezeichnungen Marias zum Ausdruck. Sie wird *große Frau, Königin, Herrscherin* und *Meisterin* genannt, die *Himmels und Erden den Zepter* führt und der alle *huldigen*.

Auffällig ist, daß der Ehrentitel *Herrscherin* oder *Königin* in bezug auf Maria in der Heiligen Schrift nicht vorkommt. Allerdings taucht er schon sehr früh in der kirchlichen Überlieferung auf und fand zunächst bei den Theologen der Karolingerzeit und später auch in der Gesamtkirche Verbreitung[95] - besonders markant im *Salve Regina*. Der Begriff „Königin" deckt sich dem wesentlichen Sinn nach mit dem Begriff „Herrin", wobei „Königin" auf eine glanzvollere Herrschaft hinweist.

> [W]enn es sich um das Herrschertum über das Weltganze, über Himmel und Erde handelt, verwendet man lieber Königin, wenn es um die einzelnen geht, bevorzugt man Herrin.[96]

Maria erscheint in Strophe vier demnach als Herrscherin über das Weltganze. Dabei ist zu beachten, daß ihre Herrschaft der Herrschaft Gottes nachgeordnet bleibt, denn es heißt zu Beginn der vierten Strophe: *Den ganzen Himmelsbau, nach Gott, o große Frau, ganz majestätisch, wie billig regierst* (4,1–3).

---

94 *Vertrauen* ist hier wohl im Sinne von „verloben, vermählen" aufzufassen. Laut Grimm wurde das Wort vor allem in der mhd. Periode mit dieser Bedeutung verwendet. Der Gebrauch bleibt aber auch nach 1700 vereinzelt nachweisbar. Vgl. J. W. Grimm, Deutsches Wörterbuch, Bd. 25, Sp. 1951.

95 Vgl. Marienlexikon, Bd. 3, S. 161.

96 Marienlexikon, Bd. 3, S. 162.

Marias herausgehobene Position resultiert also aus der ihr von Gott verliehenen Würde und Macht, so daß sie nicht in Konkurrenz zu ihm tritt, sondern ihm immer untergeordnet bleibt.

Die fünfte Strophe schließt an diesen Gedanken an und führt ihn weiter aus. Maria erscheint nun als kosmische Gestalt: *Die Sonn bekleidet dich, es unterwirfet sich, zu deinen Füßen der silberne Mon. [...] Um dein Haupt machen die Sterne ein Kron* (5,1–3 und 6). Dieses Bild entspricht sehr genau der Darstellung der apokalyptischen Frau in der Offenbarung des Johannes: „Dann erschien ein großes Zeichen am Himmel: eine Frau mit der Sonne bekleidet; der Mond war unter ihren Füßen und ein Kranz von zwölf Sternen auf ihrem Haupt." (Offb 12,1)

An dieser Stelle wird in der Offenbarung des Johannes eine ungewöhnliche Erscheinung mit kosmischer Dimension eingeführt, die das endzeitliche Geschehen bewirkt. Bei dieser Erscheinung handelt es sich um das Bild der Himmelskönigin, die von Sonne, Mond und den Sternen geschmückt wird. Das Bild der apokalyptischen Frau, das schon in vorchristlicher Zeit überliefert ist[97], wurde im frühen Mittelalter auf Maria übertragen, da man das Kind, welches von der apokalyptischen Frau geboren wird, mit Jesus identifiziert hat. Daraus resultiert auch die Darstellung Mariens als Himmelskönigin in der Bildenden Kunst.

Die fünfte Strophe des Marienliedes *Wunderschön prächtige* entwirft demnach das Bild der Himmelskönigin Maria, die sowohl über den Kosmos als auch über die Erde regiert, und bedient sich dabei eines bereits im Neuen Testament vorgeformten Bildes.

Die sechste Strophe stellt eine ganz andere Eigenschaft Mariens in den Vordergrund. Jetzt geht es um die gnädige Maria, die dem Menschen Schutz und Hilfe bieten kann. Demzufolge wird sie als *Zufluchtsstatt, Helferin* und *Retterin* bezeichnet. Diese Hilfe kann sie deshalb leisten, weil sie über die dazu notwendige Macht und *G'walt* verfügt. *Allen Bedrängten und Sündern* kann Maria beistehen, *so groß nur immer der Jammer mag sein. Alle G'fahren* kann sie abwenden und sogar ein *ganzes Kriegsheer* schlagen – so weit reicht ihre Kraft. Aber auch diese Fähigkeiten hat Gott Maria verliehen: Dies wird zu Beginn von Strophe sechs zum Ausdruck gebracht: *Gott dich erwählet hat* (6,1) – gerade deshalb ist ihr Beistand für den Menschen so hilfreich und wichtig.

---

[97] „Dieses Bild stammt aus der astralreligiösen Welt (vgl. das Sternbild der Jungfrau). So ist Isis, die als göttliche Mutter in Ägypten, aber auch an vielen anderen Stellen der alten Welt verehrt wurde, als kosmische Erscheinung vorgestellt worden, die alles umgreift, Licht und Dunkel, Tag und Nacht, Feuer und Wasser, Leben und Tod, Anfang und Ende (Plutarch, Isis und Osiris). In der jüdischen Apokalyptik gewann das Bild der Himmelskönigin eine veränderte Bedeutung. Denn im Judentum wurde den Gestirnen keinerlei göttliche Würde mehr zuerkannt." E. Lohse: Die Offenbarung des Johannes. Übersetzt und erklärt. Göttingen 1976, S. 69. Vgl. auch: U.B. Müller: Die Offenbarung des Johannes. Gütersloh u. Würzburg 1984, 226–245.

Diesem Gedanken folgend, schließt sich nun die siebte Strophe an, die die Bitte der Menschen formuliert. Dabei handelt es sich um Bitten, die das Sterben und das jenseitige Leben betreffen. Die Schlußstrophe hat also einen eschatologischen Charakter. Zunächst werden Welt und irdisches Leben in dem Begriff *Jammertal* zusammengefaßt. Diese Wendung stammt aus Psalm 84,7, in dem es nach der wirkmächtigen Übersetzung Martin Luthers heißt: „[...] die durch das Jammertal gehen [...]." Von dort ist der Begriff in den allgemeinen Sprachgebrauch gelangt und wird vor allem in Gebeten verwendet, in denen der Betende sein elendes Leben beklagt und um Erlösung bittet.[98]

Auch in dem Marienlied *Wunderschön prächtige* kommt ein ähnlicher Gedanke in der Schlußstrophe zum Tragen. Die Bittenden *seufzen in Elend und Not* und bitten Maria: *Maria, du allein / wollst unsre Mutter sein* (7,5). Hier wird die geistliche Mutterschaft angesprochen, die sich auf alle Menschen bezieht.

> Aus den neueren Untersuchungen erweist sich der Begriff der geistlichen Mutterschaft Mariens in der Sprache der Tradition und des Lehramtes als außerordentlich komplex; er faßt vielfältige Elemente zusammen: Instrumental- und Verdienstursächlichkeit, erlösende Mittlerschaft, außerdem ordentliche Fürbittmacht und mütterliche Barmherzigkeit.[99]

Im Zusammenhang des Liedes geht es vor allem um den Aspekt der erlösenden Mittlerschaft und um die mütterliche Barmherzigkeit. Allerdings wird nicht um die Besserung der Lebensumstände gebeten, sondern vielmehr um Marias Beistand in der Todesstunde und um ihre Fürsprache am Tage des Gerichtes bei Jesus Christus dem Sohn Gottes.

Durch die im Lied verwendete Bildlichkeit wird der Majestätsgedanke in bezug auf Maria stark betont. Der ganze mit Marias Auszeichnung und Herrschaft verbundene Bildbereich wird entfaltet und ausgemalt. Die Jungfräulichkeit Mariens wird nur dann thematisiert, wenn ihre besondere Erwähltheit verdeutlicht werden soll. Marias Eigenschaft als Mutter ihres Sohnes Jesus Christus bringt diesen Gedanken ebenfalls zum Ausdruck, Marias geistliche Mutterschaft spielt nur im Zusammenhang mit der an sie formulierten Bitte eine Rolle.

Das Marienlied *Wunderschön prächtige* legitimiert Maria als mächtige Herrscherin über das Weltganze und verleiht ihrer Fürbittmacht besonderes Gewicht. Aber trotz aller Attribute der Macht und Herrlichkeit wird Maria im Text Gott immer untergeordnet. Sie ist von Gott auserwählt und für würdig befunden worden; sie ist zwar Regentin, aber sie regiert *nach Gott* (Str. 6); bei aller Großartigkeit des im Lied entworfenen Bildes der mächtigen Himmelskönigin trifft der Text alle notwendigen theologischen Unterscheidungen.

---

[98] Vgl. J., W. Grimm: Deutsches Wörterbuch, Bd. 10, Sp. 2260/2261.

[99] Marienlexikon, Bd. 4, S. 563.

2.4.2 Der Ton: *Wunderschön prächtige*

Melodieabdruck nach dem Flugblatt Wien 1759

Die Melodie des Marienliedes *Wunderschön prächtige* wird für das 18. Jahrhundert durch zwei verschiedene Quellen belegt. Die älteste ist ein Wiener Flugblatt aus dem Jahre 1759[100]. Es enthält ein Danklied auf den triumphalen Sieg Maria Theresias über Friedrich II. von Preußen in der Schlacht von Kunersdorf mit dem Initium: *Auf frommes Oesterreich! Sing deinen Lerchen gleich.* Dieses Lied steht, wie in der Kopfzeile zu lesen ist, im „Thon: *Wunderschön prächtige*". Außerdem wird die Melodie im dreistimmigen Satz vollständig abgedruckt. In der Abbildung sind der Anschaulichkeit wegen die Melodie und die obere Begleitstimme im Violinschlüssel dargestellt, während sie im Original im Sopranschlüssel notiert sind.

Dieser dreistimmige Satz, der aus einer Singstimme und zwei instrumentalen Begleitstimmen besteht, ist wahrscheinlich eine musikalische Bearbeitung des zu dieser Zeit geläufigen Tones *Wunderschön prächtige.* Sie geht – wie vermutlich auch der elfstrophige Text – auf den im Titel der Flugschrift als Verfasser genannten kaiserlich-königlichen Hofmusiker Anton Ignatz Ullbrich († 1796) zurück, der dieses Arrangement eigens für eine zum Dank für den Sieg bei Kunersdorf in der Kirche Maria Lanzendorf abgehaltene Wallfahrt angefertigt hat. Daher mischen sich hier der volkstümliche Charakter des eigentlichen Tones *Wunderschön prächtige* mit musikalischen Elementen, die eher einen Kunst- oder Aufführungscharakter intendieren.

Es handelt sich hier um eine für Volks- und Kirchenlieder typische dreiteilige Liedform, die aus zwei Stollen und einem Abgesang besteht – um die sogenannte BAR-Form. Die BAR-Form bietet die Möglichkeit, die kunstvoll gebaute Kanzonenstrophe des Marienliedes *Wunderschön prächtige* adäquat ins Musikalische zu übertragen.

Die Melodie ist durchgehend im 3/8-Takt notiert und erhält ihre rhythmische Prägung durch ein Motiv (vgl. Takt 1 und 2), das aus der Tanzmusik der Renaissance stammt. Die beiden Stollen enden – wie es für das Volkslied üblich ist – auf der Dominante. Außerdem neigt die Melodie zu einer stark ausgeprägten Sequenzbildung, das heißt, es werden melodische Phrasen auf unterschiedlichen Tonhöhen wiederholt. Die Tonart der Melodie ist F-Dur und ihr Tonraum schöpft die Oktave voll aus. Der tonale Höhepunkt wird in der Mitte des Abgesanges erreicht; dort schwingt sie sich langsam nach oben und gipfelt am Ende von Takt 16 im f''. Mit diesem Ton setzt dann auch der nächste Takt ein, bevor die Melodie über drei Takte hinweg allmählich wieder abfällt und schließlich auf dem Grundton endet.

Ullbrich hat diese Melodie mit zwei Instrumentalstimmen versehen; die obere Instrumentalstimme begleitet die Singstimme vorwiegend in Terzen und imitiert sie kanonartig, während die untere Stimme den dazugehörigen Generalbaß verkörpert. Die Terzparallelen der ersten Begleitstimme sind charakteristisch für die Volksmusik im allgemeinen und für das ‚Geistliche Volkslied' im besonderen. Die musikalische Bearbeitung deutet ebenso wie die Hinweise „Aria" und „Andante", mit denen der Satz überschrieben ist,

---

100 Vgl. auch Kapitel 2.2.1 „Die datierten Quellen" in dieser Arbeit.

darauf hin, daß das Lied bei dem besonderen Anlaß, für den es entstanden ist, vorgetragen wurde. Zumindest erinnert die musikalische Form in ihrer Anlage an die vor allem in der Hausmusik verwendete Form der Solo-Arie mit begleitendem Generalbaß.

Für die Singstimme des Liedes gilt, daß die rhythmische Gestaltung, die starke Akzentik, die Sequenzen und das ausgeprägte Dur gut dazu geeignet sind, den lobpreisenden und zuweilen durchaus auch emphatischen Ton, der den Text des Marienliedes *Wunderschön prächtige* bestimmt, zum Ausdruck zu bringen. Aus dem gleichen Grund war dieser Ton auch geradezu prädestiniert für ein triumphales Danklied, wie es uns in dem Lied *Auf frommes Oesterreich, sing deinen Lerchen gleich* begegnet. Insgesamt handelt es sich bei der Melodie des Marienliedes *Wunderschön prächtige* um eine leicht singbare und einprägsame Volksliedmelodie, die sehr gut zu dem ihr zugehörigen Text paßt.

Die zweite Quelle ist ein 1773 in Einsiedeln erschienenes Gesangbuch[101]. Dort findet sich ebenfalls ein Melodieabdruck des Tones *Wunderschön prächtige*. Der beigegebene Text hat das Initium *Kommt her ihr Engel=Choer / und macht mit uns die Ehr*:

Abb. 2: Melodie nach W. Bäumker: Das katholische deutsche Kirchenlied

Die Melodie, die im „Einsiedelschen Gesangbuch" im Sopranschlüssel notiert ist, wurde hier, den heutigen Gewohnheiten entsprechend, im Violinschlüssel widergegeben. Sie unterscheidet sich in einigen Takten von der

101 Vgl. auch Kapitel 2.2.1 „Die datierten Quellen" in dieser Arbeit.

Melodie des Wiener Flugblattes von 1759. So sind in den Takten 10–17 Abweichungen in der Melodieführung zu beobachten, die aber eher als kleine Varianten beurteilt werden können und den Charakter der Melodie nicht wesentlich verändern. Außerdem ist sie im Vergleich zum Wiener Druck im 3/4 Takt notiert. Allerdings muß sich diese Vorgabe nicht unbedingt auf das reale Singtempo ausgewirkt haben, da auch die Wiener Melodie, wie man der Angabe „Andante" entnehmen kann, trotz des 3/8 Taktes eher in einem getragenen Tempo gesungen worden sein dürfte.

Diese beiden Quellen zeigen, daß auch der Ton *Wunderschön prächtige* im Verlauf seiner Wirkungsgeschichte Veränderungen unterworfen war. Zugleich wird aber auch deutlich, daß die Melodie des Liedes bereits im 18. Jahrhundert sehr bekannt und beliebt gewesen sein muß, da sie zahlreiche Kontrafakturen hervorgebracht hat. Neben den bereits genannten Versionen gibt es noch einige andere: So wurden Lieder wie *Guetigster Schutzpatron / Helleste Tugendsonn; Was fuer ein schoenes Bild / Wird uns heut aufgeschild; Himmlischer Ehrenschmuck! / Johann von Nepomuk* und *Jesu! o Jesu / Du meiner Seelen Ruh* (alle Graz 1770) oder etwa *Ihr Lefzen oeffnet euch, Und singet freudenreich* (Stmk. LA: 1395/I/32), *Maria Jungfrau rein Heiligste Mutter mein* (VKM 160737 und VKM 3625) und *Holdseliges Jesulein, mit deinen Aeugelein* (DVA: Bl. 7740) auf die Melodie von *Wunderschön prächtige* gesungen.

Alle diese Texte können nur durch vereinzelte Quellen belegt werden und haben – im Gegensatz zu dem Marienlied *Wunderschön prächtige* – keine größere Rezeption erfahren. Dennoch zeigen sie, daß der populäre Ton *Wunderschön prächtige* mit Sicherheit mitverantwortlich war für die lange und vor allem so produktive Wirkungsgeschichte des Liedes.

3 Vom ‚Geistlichen Lied' zum ‚Geistlichen Volkslied': Die Elegie *Sonnenschön prächtige* und das Marienlied *Wunderschön prächtige*

Über die genaue Herkunft sowie über den Verfasser des Marienliedes *Wunderschön prächtige* lassen sich – wie im letzten Kapitel nachgewiesen wurde – keine zuverlässigen Angaben machen. Diesem Befund scheinen die Quellenangaben verschiedener katholischer Gesangbücher des 20. Jahrhunderts zu widersprechen, die im Zusammenhang mit dem Lied *Wunderschön prächtige* auf die „Mirantische Mayen-Pfeiff" des Laurentius von Schnüffis aus dem Jahre 1692 verweisen.[1]

Auch Wilhelm Bäumker behauptet in seiner Bibliographie „Das katholische deutsche Kirchenlied in seinen Singweisen", daß das Lied *Sonnenschön prächtige,* welches in der „Mirantischen Mayen-Pfeiff" des Laurentius von Schnüffis aus dem Jahre 1692 steht, als Grundlage für das spätere Kirchenlied *Wunderschön prächtige* gedient habe.[2]

Vielfältig sind die Spekulationen darüber, auf welche Weise beide Lieder – das *Sonnenschön prächtige* und das *Wunderschön prächtige* – miteinander in Verbindung stehen. So stellt Kunigunde Büse in ihrer Studie zum „Marienbild in der deutschen Barockdichtung" die Vermutung an, das Marienlied *Sonnenschön prächtige* gehe auf ein älteres Kirchenlied mit dem Initium *Wunderschön prächtige* zurück:

> Gerade in dem Lied *Sonnenschön prächtige* zeigt sich Laurentius abhängig von dem älteren Bestand eines Kirchenliedes, das sich noch heute in dem Lied *Wunderschön prächtige* erhalten hat, freilich in überarbeiteter Fassung, die wiederum von der Umformung des Laurentius beeinflußt ist.[3]

Diese These erscheint aus zwei Gründen unwahrscheinlich. Zum einen bieten die Quellen, die für das Lied *Wunderschön prächtige* heute noch nachgewiesen werden können, keinerlei Hinweis auf einen Text, der älter als die Elegie *Sonnenschön prächtige* ist. Auch Büse selbst macht keine Angaben darüber, auf welche Quelle sie sich stützt und um welchen Text es sich hierbei handeln könnte, so daß sich die Vermutung durch keinen konkreten Beleg untermauern läßt.

---

1 So zum Beispiel im Gotteslob 1975 (Diözesan-Anhang Hildesheim), S. 969. Dort heißt es: „T: Str. 1 nach Mirantische »Mayen-Pfeiff« von F. Laurentius von Schnüffis, Dillingen 1692."

2 „Das Lied ist von Laurentius von Schnüffis und steht in dem oben angeführten Buch (Mirantische Mayen-Pfeiff) auf Seite 321. Ich habe dasselbe nur des historischen Interesses wegen hier aufgeführt, weil es das Vorbild der späteren Dichtung *Wunderschön prächtige* ist." – Wilhelm Bäumker: Das katholische deutsche Kirchenlied, Bd. III, S. 223.

3 K. Büse: Das Marienbild in der deutschen Barockdichtung. Düsseldorf 1956, S. 42.

Zum anderen läßt aber auch – wie sich noch zeigen wird – der Textvergleich beider Lieder einen solchen Schluß nicht zu. Bei der Elegie *Sonnenschön prächtige* handelt es sich um einen metrisch kunstvoll gestalteten sowie formal und inhaltlich klar durchdachten und hoch komplexen Text, der sich zudem von seiner Anlage her nahtlos in die Gesamtkonzeption der „Mirantischen Mayen=Pfeiff" einfügt. Diese Tatsache spricht eher dafür, daß es für die Elegie *Sonnenschön prächtige* keine Kirchenliedvorlage gegeben hat, sondern daß Laurentius von Schnüffis als der Urheber des Textes angesehen werden muß.

Walter Pass hingegen wertet das Marienlied *Wunderschön prächtige* als Indikator für die ungebrochene Bedeutung, die Laurentius von Schnüffis seiner Meinung nach bis heute hat:

> So können wir an einem Lied wie dem *Wunderschön prächtige* (Im Original *Sonnenschön prächtige*) beobachten, wie Johann Martins [Laurentius von Schnüffis] fiktionale Texte nicht nur für die Nachwelt bis in unsere Gegenwart eine als richtig angesehene Form von Glaubensbewußtsein darstellte. Trotz oder, besser gesagt, gerade wegen allen „Zersingens" und „Zerlesens", spiegelt sich doch gerade an Phänomenen wie diesen die über Jahrhunderte reichende, ungebrochene Pflege des Liedes wider. Mehr noch: mußte doch der Wandel im Musikverständnis ebenso wie in der sprachlichen Formulierung zwangsläufig seine Spuren hinterlassen, übrigens auch jener in der theologischen Aussage, ist doch Theologie als zentraler Begriff des Glaubensverständnisses nie statisch, sondern ständig im Zustand der Veränderung und Entwicklung befindlich, ambivalent und nicht immer und nicht zu allen Zeiten auf eine bestmögliche Auslegung der Offenbarung ausgerichtet.[4]

Daß Kirchenliedtexte dem Prozeß des „Zersingens" und „Zerlesens" unterworfen sind, ist richtig. Allerdings sind die Unterschiede zwischen der Elegie *Sonnenschön prächtige* und dem geistlichen Volkslied *Wunderschön prächtige* so gravierend, daß sie kaum auf einen zufälligen Vorgang der allmählichen Textveränderung oder Textverderbnis zurückgeführt werden können.

Irmgard Scheitler deutet in ihrem Aufsatz über Laurentius von Schnüffis in einem kurzen Abschnitt an, in welchem Verhältnis beide Lieder tatsächlich zueinander stehen könnten:

> So ist es denn auch ein Lied, das, wenn auch textlich schwer entstellt, als einziges Zeugnis der poetischen Kunst unseres Autors im Bewußtsein der Zeitgenossen fortlebt. Das Kirchenlied „Wunderschön prächtige". Nur die erste Strophe schließt sich dem Text des Laurentius von Schnüffis an. Achim von Arnim und Clemens Brentano hatten das Lied mit vier Strophen in ihre Volksliedsammlung aufgenommen. Von dort gelangt es in Gärtners berühmte Sammlung geistlicher Lieder »Te deum laudamus« und verbreitet sich noch im 19. Jahrhundert in den Gesangbüchern. Die Entstehung der Kirchenliedfassung ist höchst kompliziert und vielleicht auch nicht mehr ganz rekonstruierbar. Wichtig erscheint mir je-

4 W. Pass: Laurentius von Schnifis. Musiker und Komponist. In: Laurentius von Schnifis. Bregenz 1983, S. 41f.

> doch, daß das Lied, das von seinem Autor für den häuslichen Gesang Gebildeter gedacht war, bei seinem Übergang in die kollektive Rezeption durch eine Kirchengemeinde seinen Text und seine Strophenform simplifizierte und eine neue, einfachere Sangesweise erhielt.[5]

Zwar ist auch hier von einer „schweren Entstellung" des von Laurentius von Schnüffis verfaßten Textes die Rede, die jedoch nicht näher erläutert oder vorgeführt wird. Dabei werden aber immerhin zwei bedeutsame Punkte hervorgehoben. Zum einen wird herausgestellt, daß sich lediglich die erste Strophe der Elegie *Sonnenschön prächtige* in dem Marienlied *Wunderschön prächtige* wiederfindet. Zum anderen wird behauptet, daß das Lied *Wunderschön prächtige* im Vergleich zur Elegie *Sonnenschön prächtige* sowohl eine einfacher gehaltene Strophenform als auch eine geläufigere Melodie besitzt. Scheitler beschreibt, daß dieser Prozeß der Vereinfachung eng mit der Rezeption des Liedes verbunden ist. Richtete sich die Elegie des Laurentius noch an einzelne „gebildete Leser", so war das Kirchenlied für den gemeinsamen Gebrauch des allgemeinen Volkes bestimmt. Somit mußten sowohl der Text als auch die Melodie des Liedes anderen Ansprüchen gerecht werden. Scheitler beschreibt dabei, wie aus einem barocken Lied, das in erster Linie der privaten Erbauung dient, ein Kirchenlied wird, das für eine „kollektive Rezeption" innerhalb einer Kirchengemeinde geeignet ist. Dabei macht sie einen zeitlichen Sprung vom ausgehenden 17. Jahrhundert bis ins 19. Jahrhundert hinein, denn erst in der Mitte des 19. Jahrhunderts beginnt – wie sich im Verlauf dieser Arbeit noch herausstellen wird – die eigentliche Rezeption des Liedes innerhalb der offiziellen Kirchengesangbücher. Die für das Lied seit der Mitte des 18. Jahrhunderts belegbare Flugblattüberlieferung und seine Ansiedlung im Bereich der paraliturgischen Volksfrömmigkeit bleiben unerwähnt. Dadurch ändert sich an der grundsätzlich richtigen Beschreibung des Rezeptionsvorganges nichts. Da sich aber die auf den Flugblättern des 17. Jahrhunderts tradierte Fassung von den Textfassungen der Kirchengesangbücher des 19. Jahrhunderts sehr deutlich unterscheidet, muß der von Scheitler angedeutete Wandel vom ‚Geistlichen Lied' zum ‚Kirchenlied' um eine Stufe erweitert werden und zunächst der Übergang vom ‚Geistlichen Lied' des 17. Jahrhunderts hin zum ‚Geistlichen Volkslied' des 18. Jahrhunderts genauer untersucht werden.

3.1 Die „Mirantische Mayen=Pfeiff" des Laurentius von Schnüffis

> Mirantische Mayen=Pfeiff. Oder Marianische Lob=Verfassung / In Welcher Clorus / ein Hirt / der Großmaechtigsten Himmels=Koenigin / und Mutter GOttes Mariae unvergleichliche Schoen= Hoch= und Vermoegenheit anmuthig besingt.

[5] I. Scheitler: Laurentius von Schnüffis. In: Die österreichische Literatur. Teil II. Graz 1986, S. 1227f.

> Geist= und Weltlichen / auch Predigern / sehr nutzlich / und annehmlich zu lesen. Mit schoenen Kupffern / und gantz neuen Melodeyen gezihrt. Durch P. Laurentium von Schnueffis / vorder Oesterreichischen Provintz Capucinern / und Predigern. Mit Roem. Kaeyserl. Majest. Gnad und Freyheit / auch Bewilligung deren Oberen. Dillingen / Bey Johann Caspar Bencard / Acad. Buchhandlern. Anno 1692.

So lautet der vollständige Titel des Buches. Verfaßt wurde es von dem Kapuziner Laurentius von Schnüffis. Laurentius hieß mit bürgerlichem Namen Johannes Martin und wurde im Jahre 1633 in Schnüffis (heute Schnifis) im Vorarlberger Land geboren. Zunächst reist Johannes Martin in der Zeit von 1654 bis 1662 als Mitglied verschiedener Schauspielgruppen durch das Land, bevor er sich nach einer schweren Krankheit von der Welt abkehrt und 1663 zum Priester weihen läßt. Zwei Jahre später tritt er in den Orden der Kapuziner ein, der im 17. Jahrhundert vor allem in Süddeutschland eine große Rolle spielte. Bei seinem Ordenseintritt nimmt er den Namen Laurentius an. Am 7. Januar 1702 stirbt er im Alter von 68 Jahren in Konstanz.

Die meisten der Werke des Laurentius von Schnüffis sind während seiner Ordenszeit entstanden. Neben zwei Romanen[6] hat er eine Reihe von erbaulichen Werken[7] verfaßt. Der Schwerpunkt im Gesamtwerk des Laurentius liegt auf geistlichen Dichtungen, die der Verkündigung dienen und im Dienst der Seelsorge stehen. Dafür kann die „Mirantische Mayen=Pfeiff" – die für die Entstehung des Marienliedes *Wunderschön prächtige* von besonderer Bedeutung ist – als Beispiel dienen.

Bei der „Mirantischen Mayen=Pfeiff" handelt es sich um ein erbauliches Liederbuch, dessen Aufbau ein einheitliches Prinzip erkennen läßt.[8] Das

---

6 Diese beiden Romane – der „Philotheus" von 1665 und „Des Miranten wunderlicher Weg" von 1689 – erzählen die Geschichte des „Miranten", der als Schauspieler die Vorzüge des weltlichen Lebens, vor allem der lebensfrohen Bürgerwelt Straßburgs und Kölns, kennenlernt und sich dann nach schwerer Krankheit und großer Not von den Versuchungen der Welt abwendet. Diese Handlung weist gewisse Parallelen zu der Biographie des Dichters auf. Dazu kommt, daß sich hinter dem „Mirant" ein Anagramm zu Laurentius' bürgerlichem Namen Martin verbirgt. Dennoch handelt es sich bei diesen Werken nicht um autobiographische Romane, sondern um Texte, in denen biographische Einzelheiten bewußt gestaltet werden. – Vgl. dazu: E. Thurnher: Das Dichtertum des Laurentius von Schnifis. In: Laurentius von Schnifis. Schnifis 1983, S. 35f.

7 Dazu gehören das „Mirantische Flötlein" (1682) und die später entstandenen Werke „Mirantische Mayen-Pfeiff" (1692), „Mirantische Maul=Trummel" (1695) und das „Futer über die Mirantische Maul=Trummel" (1699). Vgl. I. Scheitler: Laurentius von Schnüffis. In: Die österreichische Literatur. Teil II, S. 1204. Außerdem gibt es von Laurentius von Schnüffis ein geistliches Spiel „Ludus mirabilis" und ein Gebetbuch mit dem Titel „Vilfärbige Himmel=Tulpian" . Diese beiden Werke erschienen posthum. Die 1688 veröffentlichte „Mirantische Wald=Schallmey" „[...] sperrt sich gegen jede Gattungsbestimmung". – Ebd., S. 1206.

8 Aufbau und Gliederung der „Mirantischen Mayen=Pfeiff" entsprechen weitgehend dem Aufbau und der Gliederung der anderen Erbauungsbücher des Laurentius von

Werk besteht aus insgesamt drei Teilen, wobei jeder einzelne Teil aus zehn Elegien mit jeweils 20 Strophen gebildet ist. In seiner Vorrede zur „Mayen=Pfeiff" weist Laurentius von Schnüffis darauf hin, daß jede dieser Elegien als Einheit anzusehen ist:

> Es beliebe zu wissen / daß unter allen disen Elegien keine der andern eigentlich anhaengig / [...] damitnemblich die Jenige / welche die Elegien nicht nacheinander / sondern einschichtig bald dise / bald jene lesen / in einer jeden fuer die Seelen einen sonderbaren Nutzen / und Trost finden / wohin auch das gantze Wercklein naechst Gottes / und seiner werthesten Mutter Ehr hauptsaechlich zihlet.[9]

Jede dieser 30 Elegien stellt demnach eine Einheit dar, die der Erbauung des Lesers dienen soll. Alle diese Einheiten sind gleich strukturiert. Zunächst wird in der Überschrift kurz der Inhalt und die Aussageabsicht angegeben. Daran schließt sich ein kurzes Bibelzitat an, welches sowohl in lateinischer als auch in deutscher Sprache dargeboten wird. Der überwiegende Teil dieser Zitate stammt aus den Schriften des Alten Testaments. Am häufigsten – insgesamt 19mal – wird das Hohelied zitiert, während sich die übrigen Zitate auf verschiedene andere alttestamentliche Bücher verteilen und nur ein einziges Mal das Neue Testament herangezogen wird. Dies zeigt, wie stark das Gedankengut und die Bildlichkeit des Hohenliedes das Marienbild des Laurentius geprägt haben. Jedes der angeführten Bibelworte ist eng mit dem Inhalt und der Intention der zugehörigen Elegie verknüpft. Oft wird es im Verlauf des Gedichtes wörtlich aufgegriffen und weiter ausgeführt.

Allen Elegien wird eine Melodie vorangestellt, die aus einer Singstimme und dem Generalbaß besteht. Außerdem ist jeder Elegie ein Kupferstich beigegeben, der das im Text Ausgesagte ins Bild setzen soll.[10] Eugen Thurnher beschreibt diese Konzeption folgendermaßen:

> Die Gedichtsbücher des Laurentius von Schnifis sind jedoch nicht nur Kunstwerke, die das Einzelne und das Ganze in genau ausgewogene Proportion und streng harmonische Einheit bringen, sondern die auch die einzelnen Künste selbst in einer umfassenden Ganzheit zusammenwirken lassen, was erst ihre volle Wirkung verbürgt. Wort, Bild und Ton bilden einen harmonischen Dreiklang. Wer diese einheitlich komponierten Bände nur als Dichtungen wertet, wird ihrer Bedeutung nicht voll gerecht.[11]

Inhaltlich geht es in der „Mirantischen Mayen=Pfeiff" um das Lob der „Großmaechtigsten Himmel=Koenigin / und Mutter Gottes", deren „un-

---

Schnüffis. Vgl. I. Scheitler: Laurentius von Schnüffis. In: Die österreichische Literatur. Teil II, S. 1204.

9 L. v. Schnüffis: Mirantische Mayen=Pfeiff. Dillingen 1692, Vorrede.

10 Leider fehlen diese Kupferstiche in der mir vorliegenden Ausgabe der *Mirantischen Mayen=Pfeiff* fast vollständig, so daß die ursprünglich geplante Einheit von Text, Melodie und Bild nur noch rudimentär nachzuvollziehen ist.

11 E. Thurnher: Laurentius von Schnifis. Barocke Frömmigkeit. In: L. v. Schnifis: Philotheus oder des Miranten Weg. Hrsg. v. E. Thurnher. Bregenz o.J., S. XXVI.

ver= gleichliche Schoen= Hoch= und Vermoegenheit" (Titel) der Hirte Clorus besingt.

Irmgard Scheitler gibt in ihrem Aufsatz über Laurentius von Schnüffis eine treffende Beschreibung des Inhaltes, wobei sie zu zeigen versucht, daß auch der „Mirantischen Mayen=Pfeiff" - entgegen der Aussage des Dichters in seiner Vorrede - eine gewisse Ordnung und inhaltliche Zusammengehörigkeit der einzelnen Elegien zugrunde liegt:

> Gleichwohl läßt sich auch in der *Mayen=Pfeiff* eine Verdichtung der Gefühle gegen Ende des Büchleins beobachten. Clorus, der Hirte und Liebhaber Mariens, vergleicht im ersten Teil die Mutter Gottes mit irdischen Dingen (Garten, Frühling, Lilie, Rose, Zeder, der Spende von Brot und Wein); in einem zweiten Teil vergleicht er sie mit himmlischen Erscheinungen (Mond, Morgenstern, Morgenröte, Sonne und dem Meer) und betrachtet ihre Macht (Gott schlägt ihr keine Bitte ab, ihre Feinde werden zuschanden); nachdem Clorus im dritten Teil die Mutter Gottes als Geliebte Gottes, Allerseligste und Freundlichste gepriesen hat, begehrt er nach Nähe und Vereinigung mit dem himmlischen Gegenstand seiner Liebe. Selbst wenn wir die *Mayen=Pfeiff* nicht in ein Schema pressen wollen, so geht doch auch hier über die fortschreitende Erkenntnis (Via illuminativa) der Weg zum Verlangen nach unio. Clorus sagt sich, nachdem er die Schönheit der Gottesmutter in vollem Umfang erkannt hat, von der Welt los und bekennt sich [...] zu dem unvergleichlich würdigeren, besseren und zuverlässigeren Liebesobjekt.[12]

Und gerade diese Abkehr von der diesseitigen Welt und die volle Hingabe an Maria, deren wahre Schönheit erst im jenseitigen Leben wahrhaft erfahren und genossen werden kann, ist das Thema der letzten Elegie in der „Mirantischen Mayen=Pfeiff": *Sonnenschön prächtige.* Dabei handelt es sich um jene Elegie, die wiederholt als Textgrundlage für das geistliche Volkslied *Wunderschön prächtige* bezeichnet worden ist.

3.2 Die Elegie *Sonnenschön prächtige*

3.2.1 Text

Die der Elegie beigegebene Überschrift lautet: „Clorus wegen grosser Lieb verlangt höchlich daß allerholdseeligste Angesicht der Mutter Gottes zu sehen"[13]. Schon hier wird der zentrale Gedanke des Gedichtes aufgezeigt. Das beigegebene Bibelzitat „Ostende mihi faciem tuam. Zeige mir dein Angesicht"[14], welches dem Hohenlied Kapitel 2 Vers 14 entnommen ist, unterstreicht diese Intention. Das Gedicht selbst lautet folgendermaßen:

12 I. Scheitler: Laurentius von Schnüffis. In: Die österreichische Literatur. Teil II, S. 1205f.

13 Laurentius von Schnüffis: Mirantische Mayen=Pfeiff. Dillingen 1692, S. 323.

14 Ebd., S. 323.

1. SOnnen=schoen praechtige/
Uberaus maechtige
Himmlische Frau/
Welcher auff ewig ich
Knechtlich verbindend mich
Billich mein Leben/
Alles beyneben/
Kindtlich vertrau':
Fuer dise Treu=gethane Pflicht
Nur zeige mir dein Angesicht.

2. Aegle/ (a) Corinthia (b)
Chloris/ (c) und Cynthia (d)
Hatten das Lob/
Trefflich/ ja ungemein/
Lieblich/ und schoen zu seyn/
Welche vor meinen
Augen doch scheinen
Haeßlich/ und grob:
Dann/ wo die keusche Lieb abgeht/(e)
Der Wangen Schoenheit uebelsteht.

3. Lieblich der Amethist/
Wann er geschnitten ist/
Schuemmert/ und spihlt/
Welcher bey vielen zwar/
Weilen er sonderbar
Pfleget mit vilen
Farben zu spihlen/
Sonders vil gilt:
Was aber schihlet/ will mir nicht (f)
Schoen fallen in das Angesicht.

a) Die schoenste der Nymphen. Virg: in Sileno.
b) Lais / welche wegen unvergleichlicher Schoenheit von dem Vatterland Corinthia genennt worden.
c) die Blumen=Goettin / die sehr schoen.
d) Deß Propertius Liebste wurde der Schoenheit halber von ihme Cynthia genent.
e) Absq; pudicitia formae est monstrosa venustas. Die Schoenheit / wo die Lieb unrein / Unflaetig mehr / als schoen / wird seyn.
f) Zweyfaerbige Ding heißt man Schiler.

4. Indische Perl seynd
Listige Seelen=Feind/
Ob sie schon blaich/
Bringen sie manchen doch
Under das Liebes=Joch:
Machen/ an Ohren
Hangend/ der Thoren
Hertze gantz waich:
Was aber blaich/ verwerff' ich rund/
Weil selten blaiche Farb gesund.

5. Glaentzende Diemantstein
Nemmen die Hertzen ein/
Weil sie vil Werth/
Offtermahl aber nur
Listig an einer Schnur
Halß=herumb hangen/
Wo man zufangen
Menschen begehrt:
Als halt' ich wenig auff die Wahr/
Die mich nur locket in Gefahr.

6. Auch die Rubinen nicht
Lass' ich fuer mein Gesicht/
Wie sie auch theur/
Massen sie mannigfalt/
Ob sie schon selber kalt/
Junge Leuth brennen/
Die sie nicht kennen/
Aerger/ als Feur:
Dann/ wo man mit Rubinen prangt/ (g)
Die Liebes=Brunst weit umb sich langt.

7. Auch du/ Carfunckel/ weich'/
Welcher zwar Strahlenreich
Scheinest bey Nacht/
Aber so bald herein
Tringet deß Tages Schein/
Wegen der kahlen
Farben nachmahlen
Deiner man lacht:
Wann dich zuschanden macht der Tag/
Ich dich auch nicht anschauen mag.

g) Flammas imitante pyropo. Ovid. 2. met.

8. Silber/ und alles Gold/
Welchen man naerrisch hold/
Halt ich fuer Kath/
Massen mein freyes Hertz (h)
An dem so schnoeden Aertz/
Welches beschweret/
Abwerts begehret/
Keine Freud hat:
Das Gold verblendt fast jedermann/
Wie kan ich es anschauen dann?

9. Weiche/ veraltete/
Runtzel=gefaltete/
Haeßliche Welt/
Welche mit liegenden/
Augen=betruegenden
Farben bestrichen/
Dannoch verblichen/ (i)
Keine Farb haelt:
Die von dem bundten Ehren=Glantz
Zwar schuemmert/ doch betrueglich gantz.

10. Weiche/ veraechtliche/
Diebisch=verdaechtliche/
Truegliche Welt/
Welche den Suenderen/
Waichen Welt=Kinderen/
Allerhand schnoede/
Nichtig- und bloede
Freuden vorhaelt/
Die man zwar schoen zu seyn vermeint/
Doch nur Verblendten also scheint.

11. Deine Bewogenheit
Stincket von Eitelkeit/
Oder Betrug:
Alles ist Blenderey/
Woerter/ und nichts darbey/
Welche Ursachen
Fliehen mich machen
Ohne Verzug:
Ich will hinfuero schauen an/
Was mich niemahl betriegen kan.

12. Sonn/ und Mond weichen hin/
Wann ich betruebet bin/
Also daß ich
Immer in Finsternuß
Schmertzlicher Kuemmernuß/
Lebend in Suenden
Ohne Trost=finden
Kraencken muß mich:
Und kommen sie schon widrumb her/
Bleibt mir mein Hertz doch immer schwer.

13. Nichtes auff gantzer Welt/
Weder Ehr/ Gut/ noch Gelt
Troesten mich kan:
Alles/ wie schoen es auch/
Fliehet hin/ wie der Rauch:
Schoenste Gestalten
Ziehen die Falten
Vor der Zeit an:
Wer heut den Rosen bluehet gleich/
Ist Morgens schon offt eine Leich.

14. Eine ist uebrig doch/
Die mich kan troesten noch
Wann ich betruebt/
Weil ich sie aber/ ach!
Welt=verwirrt tausendfach/
Wenig bißhero/
Thumer/ als Ero/ (k)
Habe geliebt/
Als hette sie auch sicherlich
Nicht Ursach vil zu troesten mich.

15. Weilen sie aber sehr/
Guetig/ der schlechter Ehr
Nimmer gedenckt/
Sonderlich weil ich jhr/
Wie es zustaendig mir/
Neulich mich kindlich/
Ewig verbindlich/
Habe geschenckt/
Als ist in solcher Mutter Schooß
Ja meine Freud unsaeglich groß.

16. Eine Trosts volle Kist
Nemblich Maria ist:
Dise wird mich/
Wann ich von hinnen weich'/
Schauen an gnadenreich:
Also mir zaigen/
Weil ich jhr aigen/
Muetterlich sich:
Da wird' ich dann/ verliebt in sie/
Von jhr mein Aug abwenden nie.

---

h) Num queat ad superos volitare cor aere gravatum,
Cum vix deposito pondere detur iter ?
Wie kan ein Herz / mit Gelte beschwehrt
Doch nach dem Himmel fliegen /
Da es doch / allem Last entfehrt /
Hett' noetig einer Stiegen?

i) Mentitur stabiles fallaci fronte colores
Was nur ist angestrichen /
Erscheinet bald verblichen.

k) Ero hat sich in das Meer gestuerzt.

17. Etwan/ wie liebe Freund
Hoechlich erfreuet seynd/
Die sich vorher
Eine geraume Zeit/
Immer entfehret weit/
Niemahl gesehen/
Endlich geschehen
Ohnegefaehr/
Wo dann mit stethem schauen an
Ersaettigen sich keiner kan.

18. Sollte nicht meine Seel/
Schwimmend im Nectar=Oehl/
Lieblich vergehn/
Wann ich vor Angesicht/
Wo so gar Phoebus nicht
Doerffte mit seinen
Strahlen erscheinen/
Werde dort stehn?
Und sehen jenen Schoenheit=Glantz/
Vor dem man wird verzucket gantz.

19. Ey so dann/ schoenste Frau/
Welche mit Gnaden=Thau
Meine Seel traenckt/
Wann ich von allerhand
Creutzen im Elend=Stand/
Die mich von allen
Winden anfallen/
Werde bekraenckt/
Will ich dich lieben inniglich/
Daß du niemahl verlassest mich.

20. Deine Gnad wird mir dein
Angesicht muessen seyn/
Weil ich hier bin/
Massen unwuerdig ich/
Voellig zusehen dich/
Biß ich zu deiner
Gegenwarth reiner
Schaiden wird' hin:
Allwo ich dann wird' ewiglich/
O schoenste Frau/ anschauen dich.

3.2.2 Analyse

Formale Analyse

Die Elegie *Sonnenschön prächtige* besteht aus insgesamt 20 Strophen, die alle gleichartig gebaut sind. Jede dieser Strophen besteht aus zehn Versen, wobei die Verse eins bis acht aus je zwei Daktylen gebildet sind, die zum Teil katalektischen Ausgang haben (V.3,6,7,8), während den beiden letzten Versen ein vierhebiger Jambus zugrunde liegt. Es werden zwei Arten des Versschlusses verwendet. So enden die Verse drei und sechs auf der Betonung (V.3: Frau / V.6: vertrau), das heißt, die beiden unbetonten Silben fallen aus, während die Verse sieben und acht unbetont enden (V.7: Leben / V.8: beyneben), das heißt, es fällt jeweils nur eine unbetonte Silbe aus. Es liegt also folgender metrischer Aufbau vor:

Metrisches Schema:	*Reimschema:*
x́ xx x́ xx	a
x́ xx x́ xx	a
x́ xx x́	b
x́ xx x́ xx	c
x́ xx x́ xx	c
x́ xx x́ x	d
x́ xx x́ x	d
x́ xx x́	b
xx́ xx́ xx́ xx́	e
xx́ xx́ xx́ xx́	e

Der metrische Aufbau und das Reimschema passen in ausgezeichneter Weise zueinander - der metrische Aufbau spiegelt sich im Reimschema wider: Jeweils zwei Verse gleichen Metrums reimen miteinander, wobei die beiden einzigen auf der Betonung endenden Verse sozusagen den Mittelteil der Strophe umklammern und zugleich der daktylische Teil zu einem Ende gebracht wird - bevor sich dann die beiden jambischen Verse anschließen.

Diese formale Struktur stimmt mit der inhaltlichen Gliederung der einzelnen Strophen überein. Die durch den Wechsel des Metrums entstehende Zäsur wird auch an den verwendeten Satzzeichen (: und /) deutlich. Der im ersten Teil entfaltete Gedanke wird zu einem vorläufigen Abschluß gebracht, bevor dann in den beiden jambischen Versen die Kernaussage der Strophe entweder folgernd, begründend oder kontrastiv herausgestellt wird. Inhalt und Form der Strophen bilden demnach eine harmonische Einheit.

Sprechsituation und Zeitstruktur

In der ersten Strophe der Elegie liegt die fiktive Sprechsituation des Gebetes vor: Clorus wendet sich in der ersten Person Singular direkt an sein Gegenüber Maria - und zwar auf zweierlei Weise: der erste, daktylische Teil der Strophe enthält eine direkte Anrede (1,1-3: *himmlische Frau*), die lobpreisenden Charakter hat und zugleich die Hingabe und Ergebenheit des Preisenden einschließt, während die beiden jambischen Schlußverse in Form einer Bitte gestaltet sind. Diese Unterscheidung läßt sich an den verschiedenen Modi des Textes ablesen. Der Sprachmodus des ersten Strophenteils ist indikativisch und weist auf eine doxologische (lobpreisende) Sprechsituation hin, während der zweite Teil imperativisch ist und somit eine deprekative (bittende) Sprechsituation erzeugt.

Die folgenden Strophen (Str. 2–8) weisen eine vollkommen andere Sprechsituation auf. Clorus führt wiederum in der ersten Person Singular verschiedene auf den gleichen Zweck gerichtete Beispiele an. Diese Exempel beurteilt er und hebt seine eigene Meinung über den Wert der zum Vergleich herangezogenen Dinge und Personen bewußt von der allgemein üblichen Bewertung ab. Mit Ausnahme der Strophe sieben, die eine direkte Anrede an einen Gegenstand (7,1: *Auch du / Carfunckel / weich'*) enthält, sind alle Strophen rein indikativisch gestaltet und verfügen lediglich über Personal- oder Possessivpronomina der ersten Person im Singular.

Die hier zugrundeliegende Sprechsituation läßt sich als Bericht klassifizieren, wobei zu beachten ist, daß es sich um einen wertenden Bericht handelt, der den Charakter einer Argumentation hat. Auch Strophe sieben fügt sich in dieses Bild ein, nimmt aber zugleich eine neue Sprechsituation vorweg, die dann vor allem in den Strophen neun und zehn evident wird. Beide Strophen setzen mit einem Imperativ (9,1 und 10,1: *weiche*) ein und benennen den Adressaten (9,3 und 10,3: *Welt*). Danach wechselt der Modus wieder in den Indikativ. Auf den ersten Blick scheint die hier vorliegende Sprechsituation derjenigen der ersten Strophe zu entsprechen, was aber nicht der Fall ist: Denn während es sich in Strophe eins um Lobpreis und Bitte handelt, geht es hier um direkte Anklagen und wiederholte Befehle.

Strophe elf führt die Anklage der vorangegangenen Strophen fort. Danach tritt wieder die Sprechsituation des Berichtes ein. Allerdings bleibt der wertende Charakter, der den Strophen zwei bis acht eigen ist, nicht erhalten. Der Sprecher hebt sich nun nicht mehr von der allgemeinen Meinung ab, sondern berichtet über sein eigenes Erleben und Empfinden. Erst in den Strophen 19 und 20 tritt wieder eine direkte Anrede auf. Wie schon in Strophe eins wird Maria angesprochen (19,1: *Ey so dann / schoenste Frau*); der Sprachmodus ist indikativisch. Hier wiederholt sich demnach jene doxologische Sprechweise, mit der die Elegie begonnen hat.

Die Sprechsituation der gesamten Elegie stellt sich folgendermaßen dar: Lobpreis / Bitte (Str. 1) * Bericht / Argumentation (Str. 2–8) * Befehl / Anklage (Str. 9–11) * Bericht (Str. 12–18) * Gebet / Lobpreis (Str. 19/20).

Betrachtet man die dem Gedicht zugrundeliegende Zeitstruktur, ergeben sich weitere nützliche Erkenntnisse, mit deren Hilfe die Gesamtstruktur der Elegie noch genauer nachvollzogen werden kann.

Die Strophen eins bis zehn sind überwiegend im Präsens formuliert. Die elfte Strophe, die ebenfalls größtenteils im Präsens steht, weist in Vers neun erstmals eine auf die Zukunft gerichtete Aussage auf (11,9: *Ich will hinfuero schauen an*). Die folgenden Strophen 12 bis 15 sowie Strophe 17 sind wiederum rein präsentisch aufzufassen, während in den Strophen 16, 18 und 19 futurische Zeitformen dominieren. Die gesamte Elegie wird somit von präsentischen und futurischen Zeitformen bestimmt, wobei die futurischen Formen gehäuft im letzten Teil des Textes auftreten.

Fügt man diesen Befund mit der erarbeiteten Sprechsituation des Gedichtes zusammen, ergibt sich ein interessantes Bild: Im ganzen ersten Teil der Elegie wird die präsentische Zeitform verwendet; die Zeitform ändert sich erst, nachdem in den Strophen neun bis elf die Sprechsituation des Befehls und der Anklage eingetreten ist. Die Anklage endet am Schluß der Strophe elf mit einer auf die Zukunft gerichteten Aussage. Das zum jetzigen Zeitpunkt als falsch Erkannte soll in Zukunft nicht mehr beachtet werden. Die sich daran anschließenden berichtenden Strophen stehen überwiegend im Präsens und manchmal auch im resultativ aufzufassenden Perfekt. Erst in Strophe 16 tritt das Futur wieder auf, welches dann auch die letzten drei Strophen der Elegie beherrscht. Daran kann man ablesen, daß die Berichtsstrophen gegen Ende eine auf die Zukunft gerichtete Wendung nehmen, an die sich dann folgerichtig die beiden doxologischen – ebenfalls futurischen – Strophen anschließen.

Die wertenden Berichtsstrophen des ersten Teils gipfeln in den Befehls- und Anklagestrophen und führen zu einer Abwendung des Sprechers vom bis dahin beschriebenen Gegenstand hin zu etwas Neuem. Dies wird vor allem in den berichtenden – hauptsächlich auf die Zukunft gerichteten – Strophen des zweiten Teils beschrieben und benannt. Die Gebetsstrophen (Str.1 und 19f.) umrahmen das Ganze und halten es zusammen.

Narrative Ebene
Vergegenwärtigt man sich nun den inhaltlichen Aufbau der Elegie, wird deutlich, daß dieser der formalen Struktur entspricht.

Die erste Strophe beginnt mit dem lobpreisenden Anruf Marias. Nachdem Clorus ihr seine treue Ergebenheit versichert hat, bittet er sie um Lohn für seinen Dienst: *Fuer dise Treu=gethane Pflicht / Nur zeige mir dein Angesicht* (1,9f.). Damit greift er das der Elegie beigegebene Bibelmotto wörtlich auf und führt in den folgenden Strophen aus, welche Bedeutung es für ihn hat. Die Gebetsstrophe mündet hier in die berichtend-argumentativen Strophen des ersten Teils.

Clorus führt in den folgenden Strophen den Beweis, daß allen irdischen Dingen, seien sie auch vordergründig noch so schön und verlockend, in Wahrheit etwas zutiefst Häßliches und Abstoßendes anhaftet. Dazu wählt er verschiedene Beispiele aus der antiken Mythologie und aus dem Bereich der Naturkunde. So nennt er in der zweiten Strophe einige mythische Frauengestalten aus der antiken Dichtung, die vor allem wegen ihrer außerordentlichen Schönheit in hohem Ansehen standen (2,3-5: *Hatten das Lob / Tefflich / ja ungemein / Lieblich und schoen zu seyn*). Clorus allerdings setzt sich von diesem allgemeinen Konsens ab. Vor seinen Augen erscheinen diese Frauen *Haeßlich / und grob* (2,9), weil für ihn wahre Schönheit untrennbar mit *keuscher Lieb* (2,9) verbunden ist; eine Tugend, über die diese Gestalten nachweislich nicht verfügten.

In den Strophen drei bis acht wählt Clorus Exempel aus dem Bereich der Mineralogie und geht auf verschiedene Edelsteine und Edelmetalle ein. Auch ihre allgemein anerkannte Schönheit und Faszination stellt Clorus grundsätzlich in Frage und entlarvt sie als trügerisch, gefährlich und abgrundtief häßlich: Silber und Gold hält er zum Beispiel *fuer Kath* (8,3). Die berichtenden Strophen zwei bis acht führen den Nachweis, daß alle irdischen Dinge, die den Menschen vordergründig schön erscheinen, bei genauerem Hinsehen keine wirklich bleibende Bedeutung haben und in Wahrheit durch ihre äußere Pracht von ihrem trügerischen und bisweilen sogar abstoßenden Wesen ablenken. Irdische Schönheit vermag viele zu blenden und in Gefahr zu bringen:

5. Glaentzende Diemantstein
Nemmen die Hertzen ein/
Weil sie vil Werth/
Offtermahls aber nur
Listig an einer Schnur
Halß=herumb hangen/
Wo man zufangen
Menschen begehrt:
Als halt' ich wenig auff die Wahr/
Die mich nur locket in Gefahr.

Die Entlarvung der Nichtigkeit aller irdischen Güter gipfelt schließlich in den sprachgewaltigen Befehls- und Anklagestrophen, die gegen die Welt selbst gerichtet sind. Sowohl die neunte als auch die zehnte Strophe beginnen mit dem Imperativ *weiche* (9,1 und 10,1). Clorus befiehlt der Welt, von ihm zu weichen, und begründet seine entschiedene Ablehnung alles Weltlichen mit Hilfe deutlicher Anklagen. Für ihn ist die Welt von Grunde auf *häßlich* (9,3) aber zugleich auch *trüglich* (10,3) und *diebisch-verdächtlich* (10,2), da sie ihre Häßlichkeit mit *Augen-betrübenden Farben* (9,5–6) überdeckt und sich somit eine trügerische Schönheit verleiht. Dazu kommt, daß sie außer *allerhand / Nichtig und blöde(n) Freuden* (10,6–8) nichts zu bieten hat. Diese Anklagen setzen sich in Strophe elf fort. Clorus benennt die *Eitelkeit* (11,2), den *Betrug* (11,3) und die *Blenderey* (11,4) der Welt als Ursache dafür, daß er sich *ohne Verzug* (11,8) von den irdischen Dingen abwenden will, und er beschließt: *Ich will hinfüro schauen an/ Was mich niemahl betriegen kann* (11,9f.). Clorus möchte fortan seine Aufmerksamkeit auf etwas Wahrhaftiges und Beständiges richten. Da die Welt so etwas aber nicht zu bieten hat, fällt Clorus in den folgenden Strophen in eine tiefe Traurigkeit. So stellt er in Strophe 13 betrübt – alles zuvor Erkannte noch einmal zusammenfassend – die Vergänglichkeit und somit die Nichtigkeit aller irdischen Güter fest und macht die daraus für ihn resultierende Trostlosigkeit deutlich: *Nichts auff gantzer Welt / Weder Ehr / Gut / noch Gelt Trösten mich kann* (13,1-3).

In Strophe 14 kommt Clorus auf den einzigen Trost, der ihm geblieben ist, zu sprechen. Dabei handelt es sich um Maria, die gleichsam als Gegenbild zu der gerade geschilderten Nichtigkeit des gesamten irdischen Lebens erscheint. Ihr wendet Clorus sich zu, um von ihr gnädig aufgenommen und getröstet zu werden (Str. 15). Allerdings weiß Clorus, daß er Maria zu Lebzeiten nicht schauen kann, und richtet seine Hoffnung auf das jenseitige Leben. Erst nach seinem Tode – so glaubt er – wird er Maria in ihrer vollen Schönheit erkennen und erfahren können. Dies wird in Strophe 16 formuliert. Die inhaltlich auf das Jenseitige gerichtete Strophe weist also folgerichtig eine überwiegend futurische Zeitstruktur auf. Nachdem Clorus in Strophe 17 die Freude, die er beim Anblick Marias haben wird, mit der Wiedersehensfreude guter Freunde nach einer langen Trennung verglichen hat, malt er sich in Strophe 18 die Glückseligkeit aus, die ihm zuteil werden wird, wenn er endlich zu Maria gelangt sein wird.

In den Strophen 12 bis 18 berichtet Clorus demnach von seiner endgültigen Abwendung von der Welt (Str. 12–13) und von seiner Hinwendung zu Maria (Str. 14–15), bevor er dann ab Strophe 16 darauf zu sprechen kommt, daß Maria nur nach dem Tode wirklich erfahren werden kann. Clorus wendet sich also vom Gegenwärtigen ab und dem Zukünftigen zu, wobei er das Gegenwärtige mit dem Diesseits und das Zukünftige mit dem Jenseits gleichsetzt.

Abschließend richtet Clorus seine Worte noch einmal direkt an Maria, verspricht ihr, daß er sie von nun an lieben will (Str. 19) und knüpft in Strophe 20 an seine Bitte aus Strophe eins an, indem er sagt: *Deine Gnad wird mir dein Angesicht müssen seyn / Weil ich hier bin* (20,1–3). Erst jetzt wird deutlich, welche Bedeutung das *Ostende mihi faciem tuam* für Clorus wirklich hat.

Die ganze Elegie ist darauf angelegt, den Bereich des Weltlichen und den des Geistlichen, der für Clorus durch Maria repräsentiert wird, kontrastiv einander gegenüber zu stellen. Dies läßt sich sowohl auf der inhaltlichen als auch auf der formalen Ebene des Textes beobachten.

Betrachtet man die Sprechsituationen, fällt auf, daß dem auf Maria bezogenen Lobpreis und der an sie gerichteten Bitte die gegen die Welt erhobene Anklage und ein wiederholt an die Welt gerichteter Befehl gegenüberstehen. Inhaltlich stellt sich das so dar: Während Maria sich zeigen soll, wird von der Welt verlangt zu weichen; während Maria durch wahre Schönheit und Pracht gekennzeichnet ist, zeichnet sich die Welt durch Häßlichkeit und Blenderei aus. Vergleicht man die Zeitstrukturen miteinander, so wird alles, was mit dem irdischen Leben verbunden ist, der Gegenwart zugeordnet, während Maria dem Zukünftigen angehört. Daraus ergibt sich, daß dem Gegensatz von Welt und Maria der Gegensatz zwischen Diesseits und Jenseits entspricht.

Da Clorus erkannt hat, daß das diesseitige Leben ihm außer Blenderei und Betrug nichts zu bieten hat, richtet er sein Streben und Hoffen auf das jenseitige Leben. Dieses Leben wird in seinen Augen von Maria verkörpert. Damit er aber – trotz seiner Weltverachtung – den Rest seines diesseitigen Lebens ertragen kann, bittet er Maria, die Kluft zwischen dem „Jetzt" und dem „Noch nicht" zu überbrücken, indem sie ihm ihr Angesicht zeigen möge. Damit sie ihm aber diese Gnade erweist, stellt er sein Leben von nun an ganz in ihren Dienst. Clorus verfügt jetzt, nachdem er die Torheit der Weltbezogenheit erkannt und entlarvt hat, über die Weisheit der Frömmigkeit und des rechten Lebenswandels. Die Elegie *Sonnenschön prächtige* greift damit einen Gegensatz auf, der das gesamte Werk des Laurentius von Schnüffis prägt.[15]

3.3 „Ach, ach! wann werd ich sehen dich?" – Oder: Clorus hat eine Marienerscheinung

Zu jeder Elegie innerhalb der „Mirantischen Mayen=Pfeiff" gehört eine Illustration, die das Gesagte ins Bild setzt, vertieft und zur meditativen Betrachtung einlädt. Der zu der Elegie *Sonnenschön prächtige* gehörende Kupferstich stellt den Moment dar, in dem Maria dem Clorus erscheint.

Im Vordergrund des Bildes sieht man wie Clorus, der einen langen Wanderstab im linken Arm hält, gerade überwältigt zu Boden sinkt. Er befindet sich auf einem Weg, der wahrscheinlich zu einer nahegelegenen Stadt führt. Zumindest sind im Hintergrund bereits die Umrisse einer großen Kirche zu

15 Vgl. I. Scheitler: Laurentius von Schnüffis. In: Die österreichische Literatur. Teil II, S. 1206.

erkennen. Der auf den Weg gestürzte Clorus blickt gebannt nach oben zum Himmel, an dem sich große dunkle Wolken auftürmen. Um besser sehen zu können, schaut er mit dem rechten Auge durch ein langes Fernrohr. Dieses Fernrohr ist auf eine weibliche Gestalt gerichtet, die auf einer großen Wolke sitzt. Sie ist mit einem wallenden Gewand bekleidet, das sich in seinem Faltenwurf den fließenden Bewegungen der Wolke anpaßt. Ihr gekröntes Haupt wird von einem Strahlenkranz umgeben, dessen Lichtschein die ansonsten dunkle Szene etwas aufhellt und der ganzen Szenerie einen geheimnisvollen Glanz verleiht.

Abb 3: Illustration zu „Sonnenschön prächtige"

Bei dieser Gestalt handelt es sich eindeutig um Maria, die sich gerade dem Clorus offenbart. Sie wendet sich ihrem Betrachter zu und hat ihre rechte Hand zum Segen erhoben. Gleichzeitig lüftet sie mit der anderen Hand ihren Schleier, den sie vor ihrem Gesicht trägt, und gibt Clorus dadurch Gelegenheit, ihr Antlitz zu schauen.

Außer Clorus befinden sich noch eine weibliche und eine männliche Gestalt auf dem Weg. Bei diesen beiden handelt es sich anscheinend um Weggefährten des Clorus, denn beide sind schon ein kleines Stück vorausgegangen und schauen sich nun suchend um. Während die Frau ihren Blick auf Clorus richtet, der versunken am Boden kniet und zum Himmel schaut, wendet ihr Begleiter sich der Sonne zu, die am rechten Bildrand hinter einer Wolke hervorschaut. Beide können die Marienerscheinung am Himmel nicht sehen, da von ihrem Blickwinkel aus Maria vollständig von der Wolke, auf der sie sitzt, verdeckt wird.[16]

Unter dem Bild steht der Sehnsuchtsruf des Clorus: „Ach ach! wann werd ich sehen dich / In deiner Glori Ewiglich?". Auf diese Weise wird auch in der Illustration der bereits im Text der Elegie entfaltete Bogen zwischen dem „Jetzt" und dem „Noch nicht" geschlagen. Das Bild stellt den Moment dar, in dem sich die als Motto über die ganze Elegie gesetzte Bitte aus dem Hohenlied „Ostende mihi faciem tuam. Zeige mir dein Angesicht" (Hld 2,14) erfüllt. Maria erscheint dem Clorus und erhört, indem sie ihm ihr Angesicht zeigt, seinen an sie gerichteten Bittruf: *Fuer dise Treu=gethane Pflicht / Nur zeige mir dein Angesicht. (1,9f.)* Damit hat sich aber die eigentliche Sehnsucht des Clorus noch nicht erfüllt, denn solange er noch im Diesseits lebt - so heißt es in der Elegie - kann er Maria in ihrer ganzen Vollkommenheit und Schönheit nicht schauen. Und genau dieses große Verlangen des Clorus drückt sich in der dem Bild beigegebenen Bildunterschrift deutlich aus. Erst in der Ewigkeit werden sich die Wolkenschleier, die Maria jetzt noch umhüllen, lüften, und erst dann wird er sie in ihrer „Glori Ewiglich" sehen können.

Ein interessantes Detail der Illustration stellt das Fernrohr dar, durch das Clorus Maria ins Angesicht blickt. Das Fernrohr war zu Beginn des 17. Jahrhunderts erfunden und im Laufe des Jahrhunderts immer weiter verbessert worden. Galileo Galilei und Johannes Keppler hatten mit Hilfe des Fernrohres die Gestirne beobachtet und so das von Nikolaus Kopernikus berechnete heliozentrische Weltbild durch eigene Anschauung beweisen können. Damit gerieten sie freilich in Konflikt mit der Lehre der katholischen Kirche, die das heliozentrische Weltbild lange Zeit strikt ablehnte. Vor diesem Hintergrund stellt das Fernrohr sicher kein geeignetes Instrument dar, um eine Marienerscheinung zu beobachten. Dennoch findet sich in Zedlers Universallexikon aus dem Jahre 1735 ein Eintrag zu dem Stichwort „Fern=Glaß", der uns einen Hinweis darauf gibt, wie das Fernrohr in der Illustration zur Elegie *Sonnenschön prächtige* gedeutet werden kann:

---

[16] Ikonographisch ist die Anspielung auf Apg 9,1-9 nicht zu übersehen: Wie Paulus auf dem Weg nach Damaskus vom Licht umstrahlt zu Boden fällt, sinkt auch Clorus auf dem Weg zu einer nahegelegenen Stadt zu Boden und ist transzendental überwältigt.

> Es [das Fernglas] ist dieses eine vortreffliche Erfindung vorigen Seculi, wodurch denen Weltweisen die Augen der Gestalt eröffnet worden, daß sich der Himmel bey ihnen in eine gantz andere Gestalt, wie sie ihm sich sonst eingebildet haben, verwandelt, und die Natur dadurch gezwungen, dasjenige eröffnet hat, was sonst weit vor unseren Augen verborgen würde geblieben seyn.[17]

Sicher spielt auch dieses Zitat darauf an, daß mit Hilfe des Fernglases das heliozentrische Weltbild im 17. Jahrhundert eindeutig bewiesen werden konnte. Dennoch bietet die Formulierung im Zusammenhang mit der Illustration zu *Sonnenschön prächtige* einen Deutungshorizont, der dazu in einem reizvollen Gegensatz steht. Ein Blick in das Fernglas „zwingt" nämlich die Natur dazu, etwas offenbar werden zu lassen, „was sonst weit vor unseren Augen verborgen geblieben" wäre. Clorus kann also durch ein Fernrohr, das eigentlich dafür konstruiert worden ist, verborgene naturwissenschaftliche Wahrheiten ans Licht zu bringen, eine Marienerscheinung betrachten, für die es niemals einen wissenschaftlichen Beweis geben kann. Seinen Begleitern, die kein Fernrohr zu Hilfe nehmen, bleibt diese Erscheinung verborgen. Ein naturwissenschaftliches Instrument wird entgegen seiner ursprünglichen Bestimmung in dieser Illustration dazu benutzt, ein zutiefst religiöses Erlebnis zu ermöglichen. Dieses liebevoll eingearbeitete Detail, ohne das die Intention des Bildes ebenso deutlich geworden wäre, verleiht dieser Darstellung eine ganz besondere Ausdruckskraft.

3.4 Die Melodie: Eine kunstvolle Solo-Arie

Jede der Elegien aus der „Mirantischen Mayen=Pfeiff" besitzt eine eigene Melodie. In der Forschung ist häufiger davon ausgegangen worden, daß Laurentius von Schnüffis diese Melodien selbst komponiert hat.

> Es ist unangefochtene *communis opinio* der Forschung, daß Laurentius von Schnüffis selbst Schöpfer dieser Melodien sein müsse. [...] Nun wird sicher kein Zweifel darüber bestehen können, daß Laurentius musikalisch war und selbst auch musiziert hat. [...] Jedoch läßt sich nicht mit letzter Sicherheit beweisen, daß Laurentius selbst der Komponist seiner Texte gewesen ist.[18]

Auch wenn Laurentius von Schnüffis die Melodien der „Mayen=Pfeiff" möglicherweise nicht selbst komponiert hat, so sind sie dennoch gut auf die Texte abgestimmt. Alle diese Melodien bestehen aus einer Singstimme und dem Generalbaß, der im 17. Jahrhundert innerhalb der Hausmusik entstanden war. Vor allem der Generalbaß deutet darauf hin, daß die Elegien der „Mayen=Pfeiff" nicht für die Rezeption in größeren Gruppen, sondern vielmehr für den häuslichen Privatgebrauch gedacht waren. Dies trifft auch für die Elegie *Sonnenschön prächtige* zu.

---

17 Grosses vollständiges Universal Lexikon, Bd. 9. Halle und Leipzig 1735, Sp. 591.
18 I. Scheitler: Laurentius von Schnüffis. In: Die österreichische Literatur. Teil II, S. 1228f.

Bei der Melodie des *Sonnenschön prächtige* handelt es sich demnach um eine für die Hausmusik des 17. Jahrhunderts übliche Solo-Arie, die aus einer Singstimme und dem begleitenden Generalbaß gebildet wird. Die Singstimme, die in der „Mirantischen Mayen=Pfeiff" im Sopranschlüssel notiert ist, wurde für den folgenden Abdruck in den Violinschlüssel gesetzt. Die Baßstimme wird unverändert wiedergegeben.

Sonnenschön Prächtige
Laurentius von Schnüffis

Melodieabdruck nach: „Mirantische Mayen=Pfeiff. Oder Marianische Lob-Verfassung [...] Durch P. Laurentium von Schnüffis, Dillingen 1692"

Die Tonart der Melodie bewegt sich zwischen g-Moll und g-dorisch und markiert damit den für das 17. Jahrhundert typischen Übergang von den bis dahin allgemein gebräuchlichen Kirchentonarten zu dem sich dann allmählich durchsetzenden Dur/Moll-System, das bis heute gültig geblieben ist. Der Tonraum der Melodie reicht vom f' bis zum f'' und umfaßt somit eine Oktave. In ihrem Aufbau orientiert sich die Melodie an der Strophenform des Textes und ist somit wie diese zweiteilig aufgebaut. Der erste Teil der Melodie steht im ¾ Takt und wird im wesentlichen geprägt durch ein rhythmisches Motiv (vgl. Takt 1 und 2), das aus der Tanzmusik der Renaissance stammt. Sowohl der ¾ Takt als auch das durch die punktierte Note gekennzeichnete Tanzmotiv sind sehr gut geeignet, das daktylische Metrum des ersten Strophenteils musikalisch umzusetzen. Mit dem zweiten Teil setzt dann ein Taktwechsel vom ¾ zum 2/2 Takt ein, wobei der Grundschlag der gleiche bleibt. Dieser Taktwechsel geht mit dem Wechsel des Metrums im zweiten Strophenteil einher: Aus dem dreisilbigen Daktylus des ersten Teils wird nun ein zweisilbiger Jambus. Die Melodie paßt sich somit in ihrer rhythmischen Struktur ganz der kunstvoll gebauten Strophenform der Elegie an und bildet mit ihr eine Einheit.

Vor allem die rhythmisch schwierige und nur schwer singbare Melodieführung des zweiten Teils zeigt, daß diese Melodie für die solistische Aufführung oder allenfalls für das Singen in kleinen, musikalisch geschulten Gruppen komponiert wurde. Für den gemeinsamen Gesang einer größeren Gruppe eignet sie sich nicht.

3.5 Die Elegie *Sonnenschön prächtige* und das Marienlied *Wunderschön prächtige* – ein Vergleich

Wenn man den wohldurchdachten Aufbau, den komplexen Gedankengang und die kunstvolle metrische Gestalt der Elegie betrachtet, zeigt sich, daß Laurentius von Schnüffis sein Gedicht nicht für das „einfache Volk" oder gar für den allgemeinen Kirchen- oder Volksgesang geschrieben hat. Er wendet sich vielmehr an ein gebildetes und literarisch geschultes Publikum. Dafür sprechen neben dem Kunstcharakter des Gedichtes auch die Anspielungen auf die antike Mythologie und der für einen solchen Text eher ungewöhnliche Anmerkungsapparat, in dem Beispiele aus dem Text erläutert oder aber auch mit Hilfe lateinischer Zitate untermauert werden. Eine solche Art von Texten dürfte hauptsächlich für den Privatgebrauch und die persönliche Erbauung gedacht gewesen sein.

Nimmt man noch die dem Gedicht beigegebene, kunstvoll komponierte und mit einer Baßstimme versehene Melodie hinzu und berücksichtigt, daß auch dieser Elegie ein Kupferstich beigefügt worden ist, der den zentralen Gedanken des Textes aufgreift und verbildlicht, wird deutlich, daß Laurentius von Schnüffis sich hier an ganz bestimmte Rezipientengruppen wendet. Eine dieser Gruppen nennt er in seiner Vorrede zur „Mirantischen Mayen=Pfeiff" selbst:

> Ich hab mich meistens der Vernunfft=Beweisungen / da ich doch einen Uberfluß deren heiligen Vattern haette beybringen koennen / in diesm Wercklein gebraucht / auff daß die Jenige / welche wegen Schwachheit des Glaubens die heilige Vaetter wenig achten / und nichts / als was sie durch Vernunfft fassen koennen / glauben wollen / auf das wenigste / durch die unverwerffliche

> Vernunfft=Beweisungen ueberzeuget / der Wahrheit nicht werden widersprechen koennen.[19]

Laurentius von Schnüffis wendet sich mit seinem Werk nicht zuletzt an eine intellektuelle Leserschaft, die der Tradition - insbesondere den Lehren der Kirchenväter - skeptisch gegenübersteht. Diese Zweifler will er durch „Vernunfft=Beweisungen" mit der Wahrheit konfrontieren. Deshalb setzt er nur solche Beweise ein, die ganz aus der Vernunft gezogen sind und nicht die gläubige Akzeptanz religiöser Autoritäten voraussetzen.

> Unter „Beweis" versteht der Kapuziner, der Terminologie der Zeit gemäß, daß (vom exemplum zu unterscheidende) argumentum der rhetorischen Logik. In unserer heutigen Terminologie könnten solche „argumenta" freilich allenfalls als illustrative Beispiele gewertet werden.[20]

Laurentius verwendet in seinen Texten solche „illustrativen Beispiele" sehr häufig und stellt mit ihrer Hilfe seinen Gedankengang anschaulich und verständlich dar. Im Falle der Elegie *Sonnenschön prächtige* wären da zum Beispiel die mythischen Frauengestalten und die Edelsteine zu nennen, die zu dem Zwecke angeführt werden, das Defizit alles Zeitlichen und zugleich die unübertreffliche Schönheit Marias - und somit des Ewigen - deutlich zu machen. Laurentius von Schnüffis will mit seinen Texten also bewirken, daß seine Leser sich intensiv mit ihnen auseinandersetzen und sie gedanklich durchdringen.

Seiner Meinung nach kann das auch in Form einer Predigt geschehen. Darauf weist Laurentius von Schnüffis im Titel der „Mirantischen Mayen=Pfeiff" ausdrücklich hin: „Geist= und Weltlichen / auch Predigern / sehr nutzlich und annehmlich zu lesen". Die „Mirantische Mayen=Pfeiff" ist also ein Werk, daß von seiner gesamten Konzeption her darauf angelegt ist, einerseits den Lesern einen „sonderbaren Nutzen | und Trost" (Vorrede) zu bieten und andererseits mit Hilfe von „Vernunfft=Beweisungen" die rationalistischen Zweifler angesichts der Wahrheit verstummen zu lassen.

Daran wird deutlich, daß die Texte der „Mirantischen Mayen=Pfeiff" für den Gebrauch als ‚Geistliches Volkslied' oder als ‚Kirchenlied' nicht gedacht waren und dafür auch nicht geeignet sind. Ein Vergleich mit dem Marienlied *Wunderschön prächtige* belegt diese These in mehrfacher Hinsicht:

Vergleicht man den formalen Strophenaufbau des Liedes *Wunderschön prächtige* mit dem der Elegie *Sonnenschön prächtige,* zeigen sich auffällige Parallelen, aber auch wesentliche Unterschiede. Beide Strophenformen sind aus insgesamt zehn Versen gebildet, bei beiden reimen jeweils nur metrisch gleichgebaute Verse miteinander und bei beiden stehen längere und kürzere Verse im Wechsel. Die Grundprinzipien beider Strophenformen sind demnach ähnlich.

---

19 Laurentius von Schnüffis: Mirantische Mayen=Pfeiff. Dillingen 1692, Vorrede.

20 Vgl. I. Scheitler: Laurentius von Schnüffis. In: Die österreichische Literatur. Teil II, S. 1219.

Allerdings weist die Strophenform der Elegie *Sonnenschön prächtige* eine metrisch kompliziertere Struktur auf als die Strophenform des Marienliedes *Wunderschön prächtige*. Während den Strophen des Marienliedes *Wunderschön prächtige* ein rein daktylisches Versmaß zugrunde liegt, findet bei *Sonnenschön prächtige* ein Wechsel zwischen daktylischem und jambischem Versmaß statt. Auch das Reimschema variiert zwischen beiden Fassungen. In den Strophen der Elegie *Sonnenschön prächtige* umschließt der b-Reim zwei Paarreime, während im Falle des Liedes *Wunderschön prächtige* eine reine Schweifreimstrophe vorliegt, die „[...] der älteren Lieddichtung, insbesondere dem geistlichen Lied des 16. und 17. Jahrhunderts [...]“[21] entstammt.

Durch diese Veränderung wird die Symmetrie des ursprünglichen Reimschemas aufgelöst und der erste Strophenteil um zwei Verse verkürzt.

Sonnenschön prächtige	*Wunderschön prächtige*
a	a
a	a
b	b
c	c
c	c
- - - - - - -	
d	b
	- - - - - - -
d	d
b	d
e	e
e	e

Zwischen beiden Strophenformen besteht eine Verbindung, die sich anhand der ähnlichen Gesamtstruktur nachweisen läßt. Die Abweichungen der Strophenform des *Wunderschön prächtige* resultieren aus der Vereinfachung der metrisch und formal sehr komplizierten sowie spielerisch angelegten Strophe des *Sonnenschön prächtige*. Dies ist vor allem deshalb wahrscheinlich, weil die dem Marienlied *Wunderschön prächtige* zugrundeliegende Strophenform zwar volksliedhafte Züge aufweist, von ihrer ganzen Anlage her aber im Vergleich zu üblichen Volks- und Kirchenliedstrophen recht kompliziert erscheint[22]. Die Strophenlänge von zehn Zeilen, vor allem aber die metrische Gestaltung weisen darauf hin, daß hier eine schon vorgeformte Strophe dem Volksliedgebrauch durch Vereinfachung angepaßt wurde.

In einer ähnlichen Beziehung wie die Strophenformen der beiden Lieder stehen auch ihre Melodien zueinander. Während es sich bei der Melodie der

---

21 H.J. Frank: Handbuch der Strophenformen. Tübingen 1993, S. 407.

22 Frank weist keine zehnzeilige Strophe nach, die eine solch kunstvolle metrische Gestaltung wie das Lied *Wunderschön prächtige* aufweist. Vgl. H. J. Frank: Handbuch der Strophenformen, S. 691-714.

Elegie *Sonnenschön prächtige* um eine rhythmisch eher anspruchsvolle Solo-Arie handelt, die in der häuslichen Musik ihren Ort hat, kann der Ton des Marienliedes *Wunderschön prächtige* als eine gut singbare Volksliedmelodie beschrieben werden, die sich für den Gesang einer größeren Gruppe eignet.

Obwohl beide Melodien sich in ihrer Anlage und in ihrem Anspruch deutlich voneinander unterscheiden, weisen sie dennoch auch kleinere Gemeinsamkeiten auf. So verwenden beide das gleiche rhythmische Motiv (vgl. Takt 1 und 2) und beide neigen zur Sequenzbildung. Ob aber der Schöpfer des Tones *Wunderschön prächtige* sich von der Melodie des *Sonnenschön prächtige* hat inspirieren lassen und ob er sie überhaupt gekannt hat, kann nicht eindeutig entschieden werden, zumal gerade das rhythmische Tanzmotiv auch durch die ähnliche metrische Gestaltung beider Texte hervorgerufen worden sein könnte.

Stellt man die Sprechsituationen beider Texte vergleichend gegenüber, wird deutlich, daß auch hier eine Vereinfachung stattgefunden hat. Denn lediglich die Sprechweise des Gebetes findet in dem Marienlied *Wunderschön prächtige* Verwendung, während Bericht und Anklage - wie sie in der Elegie *Sonnenschön prächtige* vorkommen - nicht aufgegriffen werden. Bei genauer Betrachtung beschränkt sich die in dem ganzen Lied *Wunderschön prächtige* zugrundegelegte Sprechweise auf die in der ersten Strophe der Elegie *Sonnenschön prächtige* verwendete. Dort wird an das lobpreisende Gebet direkt die Bitte angefügt. Diese Sprechsituation wird im Falle des *Wunderschön prächtige* auf sieben Strophen ausgedehnt.

Auf der Inhaltsebene lassen sich zwischen den beiden Texten mehr Unterschiede als Ähnlichkeiten entdecken. In der Elegie *Sonnenschön prächtige* wendet sich der Hirte Clorus in der Hoffnung an Maria, zu Lebzeiten ihr Angesicht sehen zu dürfen, bevor er sie dann nach dem Tode wahrhaft erkennen und ihrer Gegenwart teilhaftig werden kann. Diese Hinwendung zu Maria resultiert aus der entschiedenen Abwendung von der Welt sowie von allen mit der Welt verbundenen Dingen und Freuden. Somit ist das Gedicht in höchstem Maße auf das Jenseits gerichtet. Der Sprecher sehnt sich nach dem jenseitigen Leben, welches für ihn allein durch Maria repräsentiert wird - somit ist sie der alleinige Zielpunkt seines ganzen Hoffens und Strebens. Hier geht es um die ganz persönliche Beziehung eines Individuums zu einer tief verehrten und geliebten Gestalt; einer Gestalt, die der transzendenten Sphäre angehört und diese in den Augen des Sprechers allein verkörpert. Für Gott selbst ist in dieser Beziehung kein Platz: Er bleibt unerwähnt!

Auch das Marienlied *Wunderschön prächtige* hat letztlich eschatologischen Charakter - jedoch auf ganz andere Weise als die Elegie des Laurentius von Schnüffis. In dem Marienlied *Wunderschön prächtige* wird Marias besondere Würde, ihre Macht und ihre Gnade in einem sechsstrophigen Lobpreis vorgestellt. Dadurch wird sie als eine geeignete Adressatin für die abschließende Bitte ausgewiesen. Maria soll in ihrer Funktion als Mittlerin den Sterbenden beistehen und für sie Fürsprache bei Jesus Christus – dem Weltenrichter

- einlegen. Somit ist zwar Maria die alleinige Adressatin, aber nur in ihrer Funktion als mächtige Fürsprecherin der Menschen bei Gott.

Das Marienlied *Wunderschön prächtige* ist demnach nicht auf Maria als alleinigen Zielpunkt, sondern vielmehr auf Gott bzw. den *göttlichen Sohn* ausgerichtet. Hier geht es auch nicht mehr ausschließlich um die persönliche Beziehung eines Individuums zu Maria - wie das in der gesamten Elegie *Sonnenschön prächtige,* aber auch in der ersten Strophe von *Wunderschön prächtige* zum Ausdruck kommt -, sondern um die Beziehung zwischen allen *Bedrängten und Sündern* und Maria, für die sie *Retterin* und *Helferin* sein kann.

Beide Texte verfügen also über eine grundsätzlich voneinander abweichende Intention und nehmen damit auch vollkommen verschiedene Funktionen ein. Die Elegie des Laurentius von Schnüffis dient der persönlichen Erbauung eines Einzelnen, während das Marienlied *Wunderschön prächtige* als Lobpreis und Bitte einer Gemeinschaft aufgefaßt werden kann.

Trotz dieser gravierenden Unterschiede gleichen sich die ersten Strophen beider Texte in auffälliger Weise. Wie bereits nachgewiesen, lehnt sich die Strophenform des Marienliedes *Wunderschön prächtige* an diejenige der Elegie *Sonnenschön prächtige* an. Dazu muß dem Verfasser des *Wunderschön prächtige* allerdings nur die erste Strophe der Elegie geläufig gewesen sein, da alle Gestaltungsprinzipien - wie Strophenlänge, Metrum und Reimschema - an ihr ablesbar sind. Auch lassen sich in Hinblick auf die Sprechsituation und die inhaltliche Aussage Übereinstimmungen nur zwischen den ersten Strophen beider Texte nachweisen. Ansonsten unterscheiden sich beide Texte deutlich voneinander und verfolgen grundsätzlich verschiedene Aussageabsichten.

Ist es aber überhaupt vorstellbar, daß der Verfasser des *Wunderschön prächtige* lediglich die erste Strophe der Elegie *Sonnenschön prächtige* gekannt hat? Die Wirkungsgeschichte der Texte des Laurentius von Schnüffis - insbesondere derjenigen aus der „Mirantischen Mayen=Pfeiff" - kann diese These stützen: Irmgard Scheitler weist nach, daß die erbaulichen Werke des Laurentius von Schnüffis von Geistlichen und Ordensleuten, vor allem innerhalb des Kapuzinerordens, rezipiert worden sind. In diesem Zusammenhang erwähnt Scheitler auch, daß der Kapuziner Mauritius von Mentzingen sich bei der Abfassung seines Erbauungsbuches „Philomela Mariana"[23] von

23 Philomela Mariana. Die Marianische Nachtigall / Welche da Underschidlich = schoene Lob= und Liebs=Gesaetzlein der allerschoensten und holdseeligsten Himmels=Koenigin Mariae. Zu schuldigem Lob / Preyß und Ehren=Schall schlagend und singende Hertzen thut erquicken cc. In sechs und dreyssig Lieder. Verfasset / mit beygefuegten Musicalischen Noten, schoenen Lob=Spruechen auß H. Schrift und W.H. Vaettern / auch vil außerlesnen ueberauß trostreichen Exemplen geziert und an den Tag gegeben. Durch P.F. Mauriz von Mentzingen. Capucinern der Schweytzerischen Provinz. In ejus amore delectare jugiter. Prov. 5. Ergetze dich in ihrer Liebe immerdar. V. 19. Zug. Verlegts Carl Franz Haberer in der Rosischen Truckerey. Anno 1713.

der „Mirantischen Mayen=Pfeiff" hat inspirieren lassen.[24] In diesem Buch findet sich ein Gesang mit dem Initium *Frohlockend singen all / Mit vollem Freuden=Schall*. Die zweite Strophe dieser Dichtung lautet:

Sonnen=schoen praechtige/
Und schier allmaechtige
Mutter des Hoechsten und
Jungfrau geehrt!
Wer wollt mit fatem Fug
Lob'n dich und preisen gnug?
Ein Engel=reiner Mund
Darzu gehoert.

Diese Strophe ist mit großer Sicherheit von der Elegie *Sonnenschön prächtige* beeinflußt worden. Weitere Übereinstimmungen zwischen den beiden Texten lassen sich aber nicht feststellen. Dies zeigt, daß die Werke des Laurentius von Schnüffis - darunter auch die *Mirantische Mayen=Pfeiff* - zu seiner Zeit bekannt und verbreitet waren.[25] Außerdem wird an diesem Beispiel deutlich, daß gerade die erste Strophe der Elegie *Sonnenschön prächtige* isoliert weitergegeben und in anderen Zusammenhängen aufgegriffen worden ist.

Ob nun die ganze Elegie *Sonnenschön prächtige* oder nur deren erste Strophe dem Dichter des Marienliedes *Wunderschön prächtige* vorgelegen hat, kann mit Hilfe der erhaltenen Quellen nicht geklärt werden. Der Vergleich beider Texte zeigt aber, daß in dem Marienlied *Wunderschön prächtige* nur die erste Strophe der insgesamt zwanzigstrophigen Elegie tatsächlich rezipiert wurde.

---

24 Vgl. I. Scheitler: Laurentius von Schnüffis. In: die österreichische Literatur. Teil II, S. 1225 / Anm. 201.

25 So erschien auch die „Mirantische Mayen=Pfeiff" 1702 in zweiter Auflage.

4 Erste Überlieferungsstationen: Wallfahrts- und Bruderschaftskontext

4.1 *Wunderschön prächtige:* ein österreichisches Wallfahrtslied

Der Ursprung des Marienliedes *Wunderschön prächtige* verliert sich im Dunkel der Geschichte. Die frühesten Quellen für das Lied geben lediglich Auskunft darüber, daß es um die Mitte des 18. Jahrhunderts im österreichischen Herrschaftsgebiet entstanden sein muß. Verbreitet wurde es in den ersten Jahrzehnten seiner Geschichte hauptsächlich mit Hilfe von Liedflugschriften. Diese Art der Überlieferung ist typisch für ein Lied, das der Gattung des ‚Geistlichen Volksliedes' angehört. Viele ‚Geistliche Volkslieder' sind im 17., vor allem aber im 18. Jahrhundert über das Medium der Flugschrift weitergegeben worden. Die große Anzahl von Druckorten, die sich für diese Blätter nachweisen lassen, läßt darauf schließen, daß die Herstellung und Distribution solcher Druckerzeugnisse ein beliebtes und wahrscheinlich auch einträgliches Geschäft darstellte.

> Von Wien und Augsburg, von Straubing, Steyr, Linz und Znaim, von Ödenburg oder Chrudim – um nur einige der wichtigsten Druckorte wahllos herauszugreifen – gehen die zahllosen „schönen neuen Gesänge(r)" aus, die auf Jahrmärkten und an Konkurstagen ihre Käufer suchen und finden. Kaum ein Gnadenort von nur einigem Gewicht, für den nicht irgendein Seelsorger, Amtsschreiber oder Schulmeister ein eigenes Lied gefertigt und nicht irgendein Winkelverleger Lieddruck und -vertrieb übernommen hätte. Den Großwallfahrtsstätten kam dabei besondere Bedeutung zu, allen voran Mariazell, dessen „Zeller Lieder" beinahe zur Gattungsbezeichnung überhaupt wurden.[1]

So beschreibt Schroubek in seinem Aufsatz zum „Wallfahrts- und Prozessionslied" die Entstehung und den Vertrieb der Flugschriften. Auch wenn er seine Angaben mit Quellen nicht weiter belegt und absichert, bietet er doch wichtige Hinweise vor allem zu den Orten, für die diese Blätter mit ‚Geistlichen Volksliedern' bestimmt und an denen sie besonders gut abzusetzen waren. Er nennt hier neben den „Jahrmärkten" vor allem die „Gnadenorte" und „Großwallfahrtsstätten" und hebt die herausragende Bedeutung des Wallfahrtsortes Mariazell hervor.

Die für das Marienlied *Wunderschön prächtige* ermittelten Liedflugschriftenbelege bestätigen die von Schroubek aufgestellte Behauptung. Sie wurden – soweit ihr Druckort bekannt ist – in Graz, Klagenfurt, Ödenburg, Steyr, Teschen, Wien und der Wiener Neustadt gedruckt. Neun der insge-

---

1 G. R. Schroubek: Das Wallfahrts- und Prozessionslied. In: Handbuch des Volksliedes, Bd. I. München 1973, S. 451f.

samt 23 Blätter enthalten einen konkreten Hinweis auf einen bestimmten Gnaden- oder Wallfahrtsort. Allein fünf dieser Quellen beziehen sich auf den von Schroubek bereits angesprochenen Wallfahrtsort Mariazell und ordnen das Marienlied *Wunderschön prächtige* in die große Gruppe der „Zeller Lieder" ein.

Für die Wallfahrt nach Mariazell sind seit dem 17. Jahrhundert eigene Flugschriften entstanden. Diese Blätter unterscheiden sich in ihrer graphischen Gestaltung kaum von den sonstigen Liedflugblattdrucken. Ihr Wiedererkennungswert wird lediglich dadurch erhöht, daß sich auf dem Titelblatt der Zeller Flugschriften in den überwiegenden Fällen eine Abbildung der Mariazeller Gnadenmutter befindet. Manchmal wird sie zusammen mit der Mariazeller Wallfahrtskirche dargestellt.

Vier schöne-neue 5663

Zeller-Lieder /

Das Erste:

Seyt getröst all Sünder / weil nun / etc.

Das Anderte:

O Gnadenreiches Zell / du flüst wie / etc.

Das Dritte:

Ach wie ring ist meinem Hertzen / mein Seel / etc.

Das Vierdte:

Es ist die Zeit zum scheiden / JEsus Maria rein / etc.

Steyr / Gedruckt bey Joseph Grünenwald.

Vier schöne Geistliche 1

Zeller-Lieder /

Welche

Die Hochlöblichist- und vor-alte Ertz-Bruderschafft Corporis Christi allhier zu Grätz beym Heil. Blut nach MARIÆ Zell in Steuermarck bey der Procession anheuer zu singen pflegt.

BEATA VIRGO CELENSIS.

Abb. 4: Titelblätter von zwei „Zeller Flugschriften"

Die Liedflugschriften enthalten in der Regel zwischen zwei und fünf Liedern; es gibt aber auch Blätter, die nur ein einziges Lied verzeichnen. Die verschiedenen Lieder entsprechen inhaltlich häufig den verschiedenen Stationen, die während der Wallfahrt nach Mariazell durchlaufen wurden und vermitteln zugleich einen guten Überblick über das Liedgut, das auch für andere Wallfahrten üblich war: So gibt es Lieder anläßlich des Auszuges vom Heimatort, Lieder für die Wanderung, Lieder beim Anblick von Mariazell, Lieder für den Einzug in die Gnadenkirche, Lieder zum Auszug aus der Gnadenkirche und schließlich Lieder zur Rückkehr an den Heimatort. Daneben existieren noch zahlreiche andere Lieder, die am Wallfahrtsort während der dort abgehaltenen Gottesdienste und Bittandachten gesungen wurden. Dabei handelt es sich oft um Bittgesänge, in denen die Pilger ihre kollektiven geistlichen und weltlichen Anliegen vortrugen. Schroubek charakterisiert diese Gruppe von Liedern folgendermaßen:

> Je nach Dauer des Aufenthalts der Pilgerschar am Wallfahrtsort wurde hier eine kleinere oder größere Anzahl von Gottesdiensten abgehalten [...]. Auch für sie gab es besondere Lieder, keine Wallfahrtsgesänge im engeren Begriff, dennoch in vielen Textbüchern ausdrücklich als solche bezeichnet; durch ihren vorzugsweisen Gebrauch bei der Wallfahrt wurden eben auch andere religiöse Lieder zu „Wallfahrtsliedern".[2]

Schroubek unterscheidet hier zwischen denjenigen Liedern, die in ihrer brauchmäßigen Funktion ganz konkret auf die verschiedenen Etappen der Wallfahrt bezogen sind, und denjenigen Liedern, die auch unabhängig von der jeweiligen Wallfahrt bzw. dem bestimmten Wallfahrtsort verwendet werden können. Im Unterschied zu den Wallfahrtsliedern im engeren Sinne, die oft nur eine regional begrenzte Tradierung[3] erfahren haben, verfügen diese allgemeinen religiösen Volkslieder zumeist über eine breitere und bedeutendere Wirkungsgeschichte.

Das Marienlied *Wunderschön prächtige* gehört - wenn man dieser Differenzierung des Wallfahrtsliedbegriffes folgt - in die Gruppe der allgemeinen geistlichen Volkslieder, die zugleich auch als Wallfahrtslieder Verwendung gefunden haben. Damit ist ein wesentlicher Überlieferungskontext des Liedes benannt.

---

2 G. R. Schroubek: Das Wallfahrts- und Prozessionslied. In: Handbuch des Volksliedes, Bd. I, S. 455.

3 In diese Gruppe sind diejenigen Zeller Lieder einzuordnen, die Suppan folgendermaßen beschreibt: „Da dieses Liedgut auf die einmalige Situation zugeschnitten war, lebte es naturgemäß nicht über diese hinaus; es blieb gleichsam ephemere Erscheinung. Weder spätere Kirchenliederbücher noch handschriftliche Gesangbücher von Vorbetern und bäuerlichen Wallfahrtsführern konnten es bewahren." W. Suppan: Vorbericht über die geplante Ausgabe der Mariazeller Liedersammlung des Stiftes St. Lambrecht. In: Zeitschrift des historischen Vereins für Steiermark. Graz 1977, S. 283.

Ausgehend vom frühen Christentum hatte sich im Laufe der Zeit ein ausgeprägtes Wallfahrts- und Pilgerwesen entwickelt. Während im Mittelalter die großen Pilgerfahrten einzelner nach Jerusalem, Rom und Santiago de Compostela das Wallfahrtswesen bestimmten, entstanden am Übergang zur Neuzeit auch gemeinschaftlich organisierte Wallfahrten.

> Ihr Träger war das Volk, ihr innerer Antrieb die neue Marienfrömmigkeit, der Anlaß meist ein Mirakel, die Ausweitung zu einzelnen Bewegungen oft das Verdienst des herrschaftlich zuständigen Fürsten oder Klosters.[4]

Mit dem Konzil von Trient (1545–1563) erhielt die von den Reformatoren stark kritisierte und abgelehnte Heiligenverehrung sowie das mit ihr verbundene Wallfahrtswesen einen erneuten Aufschwung. Gerade die marianischen Wallfahrten entwickelten sich in der Zeit der Gegenreformation zum Kennzeichen katholischer Erneuerung und wurden zum pastoralen Instrument der innerkatholischen Reform. Die Wallfahrten an alte und neue Gnadenorte sollten dem Volk die Grundlehren des Glaubens wieder näherbringen und zum Mitvollzug von Liturgie und Sakramenten anregen.

> Eine von der Zeit geforderte lebensnotwendige Abgrenzung zur anderen Konfession in Lehre und Praxis, eine neue Einstellung zur Kirche als Mutter und Hort der Wahrheit, sichtbar in Papst, Bischöfen und Priestern repräsentiert, sowie eine stärkere Vergegenständlichung der Religion auf katholischer Seite durch Liturgie-, Kult- und Brauchformen kamen einer Erneuerung der Marienfrömmigkeit und des Wallfahrtswesens entgegen.[5]

Zu Beginn des 17. Jahrhunderts entwickelte sich die Marienfrömmigkeit zu einem religiös-politischen Erkennungszeichen. Sie prägte die katholische fürstliche und adelige Frömmigkeit nachhaltig und wurde zum Ausdruck konfessionell-politischer Gegensätze. Aus diesem Grunde erhielten die alten und neuen Wallfahrtsorte Unterstützung durch die Herrschaft, und Maria wurde zur Schutzfrau der katholischen Lande erhoben.[6] So wurde im späten 16. und 17. Jahrhundert im süddeutsch-österreichischen Raum die Praxis des Marienkultes sehr stark von der politischen und kirchlichen Geschichte bestimmt. Im Kampf gegen die Türken (1571) und in den konfessionellen gegenreformatorischen Auseinandersetzungen zwischen Liga und Union im Dreißigjährigen Krieg wurde Maria zum Zeichen des Sieges gegenüber allen Feinden des Glaubens ernannt.

> Im Bild des Apokalyptischen Weibes (Offb 12,1–14) und der neuen Eva (Gen 3,15), die der Schlange den Kopf zertritt, wurde ihre Macht zur großen Verheißung auch im Kampf der Konfessionen. Als „Mondsichel-Madonna" vom Typ der *Immaculata* erfuhr sie gerade am Ende der Epoche neue Verehrung.[7]

---

4 K. Guth: Geschichtlicher Abriß der marianischen Wallfahrtsbewegungen im deutschsprachigen Raum. In: Handbuch der Marienkunde, Band 2. Regensburg 1997, S. 367.

5 Ebd., S. 377.

6 Vgl. ebd., S. 379–383.

7 Ebd., S. 385. Hervorhebungen sind original.

Einige Wallfahrtsorte stiegen im Laufe des 17. Jahrhunderts zu Nationalheiligtümern ihres Landes auf. So zum Beispiel Mariazell, das sich im Zeitalter der katholischen Reform zum Großwallfahrtsort der Habsburger, des Adels und der Residenzstadt Wien entwickelte. Wie die Quellen zeigen, spielt der Wallfahrtsort Mariazell innerhalb der Überlieferungsgeschichte des Marienliedes *Wunderschön prächtige* eine besondere Rolle.

4.1.1 Mariazell: das Staatsheiligtum der Habsburger

Die Anfänge und die Gründung von Mariazell - dem größten Wallfahrtsort Österreichs und der am meisten besuchten Gnadenstätte des Landes - sind nur aus der Legende bekannt.

Von dem Benediktinerstift St. Lambrecht aus wurde Mariazell am Beginn des 12. Jahrhunderts als ein Missionskloster in den zum damaligen Zeitpunkt noch unerschlossenen Gebieten des Aflenz- und Mürztales gegründet. Die Legende berichtet, daß ein von St. Lambrecht ausgesandter Mönch namens Magnus, der eine aus Lindenholz geschnitzte Marienstatue mit Kind bei sich hatte, im Jahre 1157 an diesem Ort eine erste Zelle aus Holz errichtet haben soll. Ihren eigentlichen Aufschwung erhielt die Pilgerfahrt nach Mariazell aber durch ein anderes Ereignis, von dem ebenfalls in der Legende berichtet wird. Herzog Heinrich I. Wladislaw von Mähren (1198–1222) soll zusammen mit seiner Gemahlin eine Pilgerfahrt zu der Holzkapelle von Mariazell unternommen haben und so von einer Krankheit geheilt worden sein. Zum Dank dafür habe er um 1200 für den Bau einer romanischen Kirche an diesem Ort gesorgt. Die früheste urkundliche Erwähnung dieser ersten Kirche von Mariazell stammt aus dem Jahre 1243; eine fortgesetzte Bautätigkeit ab 1300 wird durch zahlreiche Ablaßurkunden belegt.

König Ludwig I. von Ungarn (1342–1382) besiegte im Jahre 1377 die Türken und führte den positiven Ausgang der Schlacht auf die Hilfe der Gnadenmutter von Mariazell zurück. Dadurch stieg die Bedeutung des Ortes erheblich und Mariazell entwickelte sich zum größten Wallfahrtsort der Ungarn. Auch die Nähe zu Wien und die frühzeitige Förderung durch die Habsburger ließen den Zustrom der Pilger anwachsen und trugen dazu bei, daß der Gnadenort schon von Beginn an überregionales Ansehen erlangte.[8]

Vor allem seit der Gegenreformation erfuhr Mariazell die besondere Fürsorge der Habsburger Dynastie. Der Ort war das Staatsheiligtum der Habsburger und gewann seit Leopold I. (1658–1705) kontinuierlich an Einfluß und Geltung.

Gerade in Zeiten höchster Bedrängnis und in dynastischen Nöten wandten sich zahlreiche Herrscher an das Gnadenbild von Mariazell und erhiel-

---

[8] Vgl. zu diesem Abschnitt: K. Guth: Geschichtlicher Abriß der marianischen Wallfahrtsbewegungen im deutschsprachigen Raum. In: Handbuch der Marienkunde, Band 2, S. 337f. - J. Risbek: Mariazell. In: LThK², Sp. 56. - G. Guggitz: Österreichs Gnadenstätten in Kult und Brauch. Band 4, Kärnten und Steiermark. Wien 1956, S. 197–201. - G.M. Lechner: Mariazell. In: LThK³, Sp. 1354f.

ten Hilfe. Auch Kaiser Karl VI. (1711–1740) trug seine Anliegen der Gnadenmutter von Mariazell vor. So bat er unter anderem 1715 zusammen mit seiner Gattin Elisabeth um die Geburt eines Thronerben. Als 1717 die lang ersehnte Erbprinzessin Maria Theresia geboren wurde, stiftete er eine Dreifaltigkeitsgruppe, die auf dem Hochaltar aufgestellt wurde. Auch Maria Theresia blieb zeit ihres Lebens mit dem Wallfahrtsort verbunden.

> In Maria Theresia lebt die Anhänglichkeit an Mariazell ungebrochen weiter, und hier empfiehlt die Regentin ihr eheliches und familiäres Glück [...] und die Sorge um ihre dynastische Existenz und ihre Länder Maria an. Kostbar waren ihre Schenkungen, über die sie dem Abt von St. Lambrecht gegenüber bemerkt: „Ich bin wohl mehrer unserer Gnadenmutter Mariazell schuldig." War sie doch auch erfüllt von dem Gedanken, daß die Erhaltung ihres Reiches ein Wunder war.[9]

So beschreibt Coreth in ihrer bedeutenden Abhandlung „Pietas austriaca"[10] die Beziehung Maria Theresias zu Mariazell. Zugleich weist sie aber auch darauf hin, daß sich die Marienfrömmigkeit der Regentin im Vergleich zur Epoche des Hochbarock, in der Maria als Kaiserin und Königin der österreichischen Lande verehrt wurde, bereits um eine Nuance verschoben hatte:

> Maria Theresia, die Landesmutter, sieht in Maria vorwiegend die „Gnadenmutter" und Schutzfrau, deren Stellung als Herrscherin und Königin aber verblaßt. Es gilt auch hier, daß „ganz naiv und nahezu unbewußt bereits ein Element der Kritik an den ehrwürdigen Grundbegriffen" religiösen Herrscherbewußtseins einfloß, und daß man sich zwar im Übernatürlichen eine Hilfe suchte, jedoch darin nicht mehr die Basis allen Herrschertums sah.[11]

Obwohl Maria Theresia die Heiligen- und Marienverehrung persönlich pflegte und auch die Prozessionen und Wallfahrten für sie von großer Bedeutung waren, entgingen ihr dennoch auch die zahlreichen Mißstände nicht, die gerade das Prozessions- und Wallfahrtswesen mit sich brachte. Die vielen Feiertage und die oft mehrere Tage dauernden Wallfahrten verursachten einen hohen Verlust an Arbeitszeit. Außerdem war es vor allem auf längeren Wallfahrten zu Ausschweifungen gekommen. Maria Theresia erließ daher 1772 ein Dekret, in dem alle Prozessionen, die sich über Tag und

---

9 A. Coreth: Pietas Austriaca. Österreichische Frömmigkeit im Barock. Zweite, erweiterte Auflage. Wien 1982, S. 68.

10 Der Begriff „Pietas austriaca" wurde von Anna Coreth geprägt und beschreibt die Frömmigkeit des Hauses Habsburg. Die „Pietas austriaca" beschränkt sich nicht nur auf die Frömmigkeit einzelner Herrscher, sondern bezieht sich auch auf die beständige Verwirklichung einer Katholizität habsburgischer Prägung innerhalb der Bevölkerung. Vgl. dazu K. Schmal: Die Pietas Maria Theresias im Spannungsfeld von Barock und Aufklärung: religiöse Praxis und Sendungsbewußtsein gegenüber Familie, Untertanen und Dynastie. Frankfurt a. Main 2001, S. 22 und S. 197.

11 A. Coreth: Pietas Austriaca. Österreichische Frömmigkeit im Barock. Zweite, erweiterte Auflage, S. 69. Vgl. auch L. Hüttl: Marianische Wallfahrten im süddeutsch-österreichischen Raum. Köln, Wien 1985, S. 160.

Nacht hinzogen, verboten wurden. Davon ausgenommen wurden lediglich die Wallfahrten, die von den Hauptstädten aus nach Mariazell gingen.[12]

Joseph II. (1765–1790) lehnte die barocke Heiligen- und Marienverehrung entschieden ab und verschärfte nach dem Tod seiner Mutter die von ihr verfügten Beschränkungen des Wallfahrtswesens.

> Veränderte religiöse Gesichtspunkte sowie rationalistische Sparmaßnahmen waren für die nun einsetzenden Verordnungen maßgebend, denen nicht nur alle Bruderschaften, zahlreiche der Gottesmutter geweihte Ordenshäuser und Kirchen und fast sämtliche Wallfahrten zum Opfer fielen.[13]

Auch die Wallfahrt nach Mariazell wurde verboten. Dennoch kann auch für Joseph II., der während seiner Kindheit und auch als König und Kaiser 1764, 1766 und 1767 Mariazell besucht hatte, dieser Ort nicht ganz ohne Bedeutung gewesen sein. Denn als er einmal dort erschien und sah, daß die Altäre ohne Schmuck waren und die sakralen Gegenstände in der versiegelten Schatzkammer standen, ordnete er an, die alte Ordnung wiederherzustellen.[14]

Nach dem Tod Joseph II. bemühten sich andere Kinder Maria Theresias, dem Wallfahrtsort wieder zu altem Glanz zu verhelfen. Kaiser Franz bewilligte 1796 die erste Wiener Wallfahrtsprozession nach Mariazell. Auch Marie-Christine und Erzherzog Ferdinand begaben sich 1797 an den Gnadenort, der für die Wiener Stadtbevölkerung aber auch für Österreich-Ungarn zum Hauptwallfahrtsort wurde. Bis heute pilgern – Schätzungen zufolge – etwa 500.000 Pilger im Jahr nach Mariazell.

4.1.2 *Wunderschön prächtige:* ein Mariazeller Wallfahrtslied

Die Zeller Fassungen des Marienliedes *Wunderschön prächtige* spiegeln in ihren Texten einen kleinen Teil der Geschichte des Wallfahrtsortes Mariazell wider. Zum einen wurde der Text durch geringe Veränderungen seinem konkreten Verwendungszusammenhang stärker angepaßt.[15] Zum anderen verfügen alle Zeller Fassungen im Vergleich zur rekonstruierten Fassung über eine zusätzliche Bittstrophe, in der um das Schlachtenglück der jeweiligen Herrscher gebeten wird. Viele Kaiser seit Maria Theresia und Franz Stephan von Lothringen werden bis weit ins 19. Jahrhundert hinein in diesen Strophen erwähnt – eine bedeutende Ausnahme bildet Joseph II., der nicht berücksichtigt wurde. So finden die meisten Regenten, die in einer engeren Beziehung zum Wallfahrtsort Mariazell standen, in den Zeller Fas-

---

12 K. Schmal: Die Pietas Maria Theresias im Spannungsfeld von Barock und Aufklärung, S. 157.

13 A. Coreth: Pietas Austriaca. Österreichische Frömmigkeit im Barock. Zweite, erweiterte Auflage, S. 69.

14 Vgl. A. Coreth: Pietas Austriaca. Österreichische Frömmigkeit im Barock. Zweite, erweiterte Auflage, S. 69 und K. Schmal: Die Pietas Maria Theresias im Spannungsfeld von Barock und Aufklärung, S. 171.

15 Vgl. Kapitel 2.3 „Edition und Textkritik" in dieser Arbeit.

sungen des Marienliedes *Wunderschön prächtige* innerhalb einer gesonderten Strophe Erwähnung.

Die Struktur des gesamten Textes weist aber ebenso wie die poetische Schwäche der Herrscherstrophen darauf hin, daß es sich um nachträgliche Ergänzungen handelt.[16] Exemplarisch für alle Zeller Fassungen wird an dieser Stelle der Text nach der Flugschrift XIV (Klier: 55/3/28) abgedruckt:

1. Wunderschoen praechtige,
grosse und maechtige,
liebreich, holdselige Zeller=Jungfrau!
welcher auf ewiglich,
stuendlich verbinde mich,
ja mich mit Leib und Seel gaenzlich vertrau,
billig mein Leben,
will ich hergeben,
ja alles, was immer ich bin,
gieb ich mit Freuden Maria dir hin.

2. Du bist ja voller Zierd,
kein Mackel g'funden wird,
du bist Maria die schoenste allein,
ach deiner Majestaet
nichts mangelt und abgeht,
was nur vollkommen und herrlich kann seyn,
dein ganzes Wesen,
ist auserlesen,
du bist o Jungfrau so herrlich geacht,
daß dich Gott seiner selbst wuerdig gemacht.

3. Weil du ganz mackellos,
hat dich o schoenste Ros!
der himmlische Vater sein Tochter genannt,
ja auch der goettlich Sohn,
in seinem hoechsten Thron,
sich zu dir, als seiner Mutter bekannt,
endlich die Ehren,
noch zu vermehren,
hat dir als seiner erwaehltesten Braut,
der heilige Geist sich ja selbsten vertraut.

4. Den ganzen Himmelsbau,
nach Gott o grosse Frau!
ganz majestaettisch, wie billig regierst,
du bist die Koeniginn,
du bist die Herscherinn,
Himmels und Erden den Scepter du fuehrst,
die Engel=Sachaaren,
dein Lob nicht sparen,

---

16 Vgl. dazu Kapitel 2.2 „Die datierbaren Quellen" in dieser Arbeit.

singen, frohlocken mit froehlichem Schall,
dir als der Kaiserinn huldigen all.

5. Die Sonn begleitet dich,
es unterwirfet sich,
zu deinen Fuessen der silberne Mond,
deine Vollkommenheit,
mindert sein Herrlichkeit,
um dein Haupt machen die Sterne eine Kron,
alles was lebet,
alles was schwebet,
alles was himmel und Erden schrenkt ein,
muß deiner Majestaet unterthan seyn.

6. Gott dich erwaehlet hat,
zu einer Zufluchtstadt,
allen Betrangten und Suendern insg'mein,
du bist die Helferinn,
du bist die Retterinn,
so groß auch immer der Jammer mag seyn,
von allen G'fahren,
kannst du bewahren,
ein ganzes Kriegsherr vertilget gar bald,
dein uneingeschraenkter und himmlischer G'walt.

7. Nun dann o grosse Frau!
mildreich mein Herz anschau,
wie dieses zaertiglichst seufzet und bitt,
verlaß nicht d' Kaiserinn,
dein treue Dienerinn,
deine Theresiam verlasse doch nicht,
die Waffen leite,
und mit ihr streite,
fuehre, regiere, und staerke ihr Heer,
der lieben Christenheit Frieden bescherr.

8. In diesem Jammerthal
seufzen wir allzumal,
zu dir o Jungfrau in Elend und Noth,
Maria=Zell allein,
sollst unser Mutter seyn,
wann die Seel scheidet vom Leibe der Tod,
wann wir hinreisen,
thu uns erweisen,
Gnad und Barmherzigkeit bey deinem Thron,
bitt fuer uns Jesum dein goettlichen Sohn.

In der Herrscherstrophe dieser Textfassung wird um Beistand für die Kaiserin Maria Theresia gebeten. Außerdem werden die Waffen und das Heer der Regentin Maria anempfohlen; sie soll es unter ihren Schutz stellen, damit alle Anfechtungen erfolgreich abgewehrt werden können und endlich Frieden einkehre. Diese Bitte um Schlachtenglück läßt die Frage anklingen, ob nicht möglicherweise eine ganz bestimmte Schlacht oder kriegerische Auseinandersetzung diese Strophe inspiriert hat. Hermann Kurzke stellt in seiner Besprechung des Marienliedes *Wunderschön prächtige* einige Vermutungen über den möglichen Entstehungskontext des Liedes an und kommt dabei auch auf die politischen Zusammenhänge zu sprechen.

> Der Autor des Liedes wird irgendein volksmissionarisch tätiger Geistlicher gewesen sein, vielleicht ein talentierter Kapuzinermönch der Doppelmonarchie, der den Österreichischen Erbfolgekrieg vor Augen hatte (1740–1748), besonders die ersten zwei Schlesischen Kriege, als Österreich gegen Preußen verlor, vielleicht auch die Schlacht von Dettingen (1743), als es gegen Frankreich gewann.[17]

Die frühe Quellenlage, so Kurzke, weise auf diesen politischen Kontext hin, da sich unter den frühesten Drucken für das Marienlied *Wunderschön prächtige* bereits Fassungen mit einer eingeschobenen Maria-Theresia-Strophe befänden.[18] Allerdings läßt sich das Alter der Drucke, die eine Fassung des Liedes mit einer solchen Maria-Theresia-Strophe belegen, nicht genau bestimmen. Mit großer Sicherheit ist die Strophe aber zu Lebzeiten der Kaiserin - also vor 1780 - in das Lied aufgenommen worden. Darüber hinaus gibt es eine weitere Textfassung, die eine ähnliche, auf Franz Stephan von Lothringen bezogene Strophe enthält. Diese Fassung kann auf den Zeitraum zwischen 1740 und 1765 datiert und daher mit Recht als sehr frühes Textzeugnis für das Lied angesehen werden. Es ist sogar sehr gut möglich, daß die Kaiser-Franz-Strophe zeitlich vor der Maria-Theresia-Strophe einzuordnen ist; sicher ist das allerdings nicht.

Kurzke benennt demnach mit den Österreichischen Erbfolgekriegen einen durchaus denkbaren Entstehungskontext für das Lied. Zusätzlich fragt er nach der möglichen Inspirationsquelle des Dichters.

> Hatte er die Kaiserin Maria Theresia vor Augen, jene schöne und prächtige, große und mächtige, herrliche Frau, unser erdachter Kapuziner, als er seinen Hymnus auf die Gottesmutter dichtete? In die Vorstellung, die von den majestätischen Bildern des Liedes hervorgerufen wird, mochte sich die Kaiserin ununterscheidbar mit eingemischt haben. Die Gottesmutter mochte Anschauung von der Kaiserin, aber auch die Kaiserin zusätzlich Anschauung von der Gottesmutter geliehen haben. Die Struktur des Liedes läßt zwar den sicheren Schluß zu, daß die (poetisch minderwertige) Maria-Theresia-Strophe ein Zusatz ist. Das siebenstrophige ursprüngliche Lied wird schon vor solcher Konkretisierung existiert haben. Dennoch macht es entstehungsgeschichtlich einen guten Reim, wenn man Maria-Theresia als heimliche Mitinspiratorin des Textes begreift. Es wäre leicht gewesen,

---

17 H. Kurzke: Wunderschön prächtige. In: Geistliches Wunderhorn. Hrsg. von H.Becker, A. Franz, J. Henkys, H. Kurzke, Ch. Reich und A. Stock. München 2001, S. 347f.

18 Vgl. ebd., S. 347f.

> dieses Heimliche in jener Zusatzstrophe, die ein wenig begabter Festordner aus aktuellem Anlaß verfertigt haben mag, offenbar zu machen.[19]

Kurzke entwirft hier ein reizvolles, aber zugleich auch gewagtes Gedankenspiel. Er versucht, auf die wahrscheinlich nie vollständig lösbare Frage, wie und aus welchem Anlaß das Marienlied *Wunderschön prächtige* tatsächlich entstanden ist, eine Antwort zu geben. Dazu wertet er einige Fakten aus, die sich aus den für das Lied nachweisbaren Quellen ergeben und setzt sie in Bezug zu den herrschaftlichen Verhältnissen der damaligen Zeit. Dabei geht er vor allem davon aus, daß sich in der Vorstellung des Liedschöpfers das Bild der Kaiserin Maria Theresia mit dem Bild der Gottesmutter vermischt haben könnte. Das Bild, das der Dichter in seinem Text von Maria entwirft, könnte demnach stark von dem Erscheinungsbild und der Persönlichkeit der Kaiserin beeinflußt worden sein: Maria Theresia als geheime Inspirationsquelle für ein Marienlied?!

In ihrer Dissertation über die „Pietas Maria Theresias im Spannungsfeld von Barock und Aufklärung" beschreibt Kerstin Schmal, daß Maria Theresia gerade als Frau im patriarchalisch geprägten Staatsdenken eine eher ungewöhnliche Stellung zukommt: „Die Bevölkerung war hauptsächlich auf Maria Theresia als Landesmutter fixiert, was durch die große Bedeutung der Gottesmutter innerhalb der Bevölkerung verstärkt wurde."[20] War es demnach nicht vielleicht gerade umgekehrt? Hat nicht das seit der Gegenreformation und vor allem im Reformkatholizismus so stark von majestätischen und herrschaftlichen Attributen gekennzeichnete Bild der Gottesmutter das Ansehen der weltlichen Landesmutter Maria Theresia positiv beeinflußt?

Bereits unter Leopold I. (1658–1705) ist Maria als Kaiserin und Königin verehrt worden. Nach seiner Krönung 1658 hat Leopold „[...] in Altötting unter feierlichen Zeremonien und bei Empfang des Altarsakramentes »von Maria allhie, der Himmels-Kayserin, fuer das newe angetrettene Kaiserthumb ... Lehen nemmen, sich und seine undergebne Land und Leuth unter den Schutz Mariae wider seine Feind bestermassen befehlen wollen, maßen es auch durch abgelegte eyfferige Andacht lobwurdig geschehen«."[21]

Vollkommenheit, Größe, Vortrefflichkeit, Majestät und Triumph – das sind die Begriffe, mit denen Maria in der marianischen Literatur des 17. Jahrhunderts beschrieben wird.[22] Der Einfluß, der ihr zugemessen wird, ist unendlich groß. Sie, die Königin des Himmels und der Erde, wird „[...] für Österreich selbst und für seine Heere als das »Große Zeichen, das am Himmel erscheint, mit der Sonne umkleidet, dem Mond unter den Füßen«

---

19 H. Kurzke: Wunderschön prächtige. In: Geistliches Wunderhorn, S. 348.

20 K. Schmal: Die Pietas Maria Theresias im Spannungsfeld von Barock und Aufklärung, S. 162.

21 A. Coreth: Pietas Austriaca. Österreichische Frömmigkeit im Barock. Zweite, erweiterte Auflage, S. 57.

22 Vgl. S. De Fiores: Maria in der Geschichte von Theologie und Frömmigkeit. In: Handbuch der Marienkunde, Band 1. Hrsg. von Wolfgang Beinert und Heinrich Petri. Regensburg 1996, S. 183f.

verherrlicht."[23] Auch in den bildhaften Darstellungen Marias finden sich diese Elemente wieder. Die religiöse Kunst des Hochbarock greift mit Vorliebe das Motiv der Himmelfahrt Mariä auf. Gerade in Süddeutschland und Österreich kam die barocke Kultur zur vollen Entfaltung:

> Wien, München, Mannheim, Salzburg, Prag werden zu Residenzen barocker und fürstlicher Repräsentanz. Der Herrscher, die siegreiche Kultur, formten ihr Dankes-Votiv im Zeichen der Immaculata in den Kirchen, gestalteten es als Maria vom Sieg, die auf der Weltkugel stehend mit dem Kreuzstab in der Hand der Schlange den Kopf durchsticht. Erdball, Mondsichel, die Auffahrt zum Himmel sind Sinnbild und Attribut der herrscherlichen Frau und Abbild eines oberschichtlich geförderten Kultes.[24]

Betrachtet man die Mariensäulen der großen Städte und die Gemälde und Statuen vieler österreichischer oder bayrischer Barockkirchen, so begegnen einem dort fast überall die angeführten Darstellungen[25]. Das Bild von der mächtigen Himmelskönigin Maria war in dieser Epoche so weit verbreitet, daß die Inspirationsquelle des Marienliedes *Wunderschön prächtige* mit größerer Wahrscheinlichkeit in diesen Mariendarstellungen als in der Person Maria Theresias zu suchen ist.

Außerdem entspricht das in dem Lied gezeichnete Marienbild sehr genau der Mariologie, die in den theologischen Schriften des 17. Jahrhunderts entworfen wird. In seinem Aufsatz „Maria in der Geschichte von Theologie und Frömmigkeit" beschreibt Stefano De Fiores die Stellung Marias folgendermaßen:

> Im barocken Universum ragt Maria trotz ihrer weiblichen Bedingtheit über alle anderen Geschöpfe heraus, und zwar aufgrund ihrer engsten Verbundenheit mit dem Vater, ihrer vollkommenen Heiligkeit und der wichtigen Funktion, die sie wahrnimmt. Hoch erhaben über alle Geschöpfe steht sie in äußerster Nähe zu Gott, ohne zu ihm in Wettbewerb zu treten, denn all ihre Titel setzen stets eine göttliche Herkunft voraus.[26]

Alle diese Aspekte – die Größe und Erhabenheit und zugleich aber auch die Unterordnung unter Gott – finden Ausdruck in dem Marienlied *Wunderschön prächtige*, das dadurch als eine Dichtung charakterisiert werden kann,

---

23 A. Coreth: Pietas Austriaca. Österreichische Frömmigkeit im Barock. Zweite, erweiterte Auflage, S. 62.

24 K. Guth: Geschichtlicher Abriß der marianischen Wallfahrtsbewegungen im deutschsprachigen Raum. In: Handbuch der Marienkunde, Band 2, S. 398f.

25 „Die Münchner Mariensäule stellt Maria als gekrönte Schutzfrau, die Wiener Mariensäule jedoch als Immaculata dar, da die Verehrung der Unbefleckten Empfängnis im Rahmen der vielgestaltigen Pietas Austriaca eine besonders vorrangige Stellung einnimmt. Die Münchner und Wiener Mariensäulen wurden ihrerseits Vorbild für zahlreiche Nachahmungen, die im ganzen Land aufgestellt wurden." L. Hüttl: Marianische Wallfahrten im süddeutsch-österreichischen Raum, S. 116.

26 S. De Fiores: Maria in der Geschichte von Theologie und Frömmigkeit. In: Handbuch der Marienkunde, Band 1, S. 186. – Vgl. auch: Hermann Maria Meister: Maria eine Göttin? Notizen zu Mariologie und Volksfrömmigkeit. In: Mainzer Mariologischer Bote, 60. Jg. 2003, S. 2–15.

die der Marienfrömmigkeit des 17. Jahrhunderts außerordentlich stark verpflichtet ist.

Aus der besonderen Erwählt- und Erhabenheit resultiert auch die bergende Funktion, die Maria im Lied und in der allgemeinen Frömmigkeit der Zeit zugewiesen wurde. Daher richtet man seine Bitten und Anliegen an sie. Das gilt - wie wir gesehen haben - sowohl für die Herrscher als auch für das Volk. So vertrauten nicht nur die Herrscher Maria die Geschicke ihres Landes an, sondern auch die Bevölkerung bat Maria für ihre Regenten und ihr Land. So wurden in die Wallfahrtslieder - neben eigenen persönlichen Anliegen - häufig auch Bitten für das Herrscherhaus und die allgemeinen politischen Belange integriert. Solche Bitten lassen sich gerade unter den Mariazeller Wallfahrtsliedern häufig nachweisen:

Auf einer bereits 1709 in Graz gedruckten Flugschrift befindet sich ein Lied mit dem Initium *Sey gegrüst zu tausendmahlen / Mutter GOttes hier zu Zell.*[27] Das Lied enthält mehrere Strophen, die sich auf die damalige politische Situation und auf das Kaiserhaus beziehen. Zwei davon lauten:

12. Seegne auch deß Kaeysers Waffen/
Seine Scepter / seine Cron.
Thu Ihm Frid und Ruhstand schaffen:
Seegne Ihn auff seinem Thron/
Uber sein Durchleuchtigst Hauß
Braite deinen Mantel auß.

13. Daß er ruhig uns regiere/
Mach Ihm von den Feinden loß:
Und ein langes Leben fuehre/
Bleib vor GOtt und Menschen groß/
Diß erhalte Ihm von GOtt/
Steh Ihm bey in aller Noth.

Da der Druck zuverlässig datiert ist, können sowohl der *Kaeyser* als auch die *Feinde* genau identifiziert werden. Es handelt sich um Kaiser Josef I. (1705-1711) und um die Auseinandersetzungen im Zusammenhang mit den Spanischen Erbfolgekriegen (1701-1714).

Eine andere Flugschrift, deren Alter nicht bekannt ist, enthält ein Lied mit dem Initium *Maria=Zell, o Gnadenfrau.*[28] Die dritte Strophe dieses Liedes bittet für das Land und das Kaiserhaus:

---

27 Graetzer Auff Mariae=Zell gehendter Kirchfahrter=Gesaenger/ Unter Anführung Der Hochloebl. Ertz=Bruderschaft deß Allerheiligsten Fronleichnams vnsers HErrn JESU CHRISTI In der Stadt=Pfarr allda in Augustmonat An: 1709. Gedruckt bey den Widmanstaetterischen Erben. Stmk. Lb.: A518031/ I 72 a.

28 Vier Zeller=Lieder. Das Erste. Nun so bin ich kommen an, o Koenigin! cc. Das Zweyte. Sey gegrueßt zu tausendmalen, holdseliges cc. Das Dritte. Maria=Zell, o Gnadenfrau! wir rufen cc. Das Vierte. Wann mein Schifflein wird anlanden cc. Gedruckt in diesem Jahr. - VKM Graz: 12.281.

3. Beschütz das Haus von Oesterreich,
und unser Kaiserpaar,
gib ihm ein starke Hand zugleich,
wieder den Feind fürwahr,
daß es die möcht vertreiben,
die wieder sie seynd auf,
Maria=Zell mit deiner Macht,
den Feind von uns verjag.

Da die Entstehungszeit des Druckes in diesem Fall nicht ermittelbar ist, kann auch nicht genau angegeben werden, auf welche konkreten Personen und Auseinandersetzungen hier Bezug genommen wird.

Es ließe sich noch eine Reihe solcher Strophen anführen, die deutlich machen, daß gerade die Wallfahrts- und insbesondere die Marienlieder Raum boten, auch für die jeweiligen Herrscher und um Beistand in den aktuellen Auseinandersetzungen zu bitten. Dabei waren die Herrscherpersönlichkeiten ebenso austauschbar wie die Feinde, gegen die man sich durchsetzen wollte. Dies zeigen die verschiedenen Herrscherstrophen des Marienliedes *Wunderschön prächtige* sehr deutlich.

Insgesamt lassen sich acht Fassungen des Marienliedes *Wunderschön prächtige* nachweisen, die über eine solche Herrscherstrophe verfügen. Neben den vier Zeller Fassungen gibt es noch vier weitere, die textlich weitgehend mit ihnen übereinstimmen. Drei dieser Textfassungen finden sich auf Flugblättern, die in Graz gedruckt worden sind. Da viele Zeller Flugblattdrucke ebenfalls in Graz entstanden sind, kann durchaus von einer Zusammengehörigkeit dieser achtstrophigen Textfassungen des Marienliedes *Wunderschön prächtige* ausgegangen werden. Im ganzen gibt es vier Herrscherstrophen, in denen für Maria Theresia gebeten wird. Daneben existiert jeweils eine Strophe für Kaiser Franz Stephan von Lothringen, für Kaiser Franz I., für Kaiser Ferdinand I. und für das ganze *Haus Oesterreich* sowie das *Ungarland*. Je nachdem, zu welchem Zeitpunkt und in welcher Situation das Lied gesungen worden ist, wurden auch die im Liedtext genannten Feinde jeweils anders gedeutet. Die Möglichkeiten sind zahlreich: Maria Theresia und später auch ihr Gemahl Franz Stephan mußten sich im Österreichischen Erbfolgekrieg (1740-1748) mit Bayern, Frankreich und vor allem mit Preußen auseinandersetzen. Friedrich II. blieb auch im Siebenjährigen Krieg (1756-1763) der Hauptgegner Österreichs. Franz II. (1792-1806) kämpfte im Ersten Koalitionskrieg (1792-1797) gegen Frankreich, das Österreich 1792 den Krieg erklärt hatte. Ferdinand I. (1835-1848) wird gleichzeitig mit den Aufständen Oberitaliens und Ungarns konfrontiert, in deren Verlauf er schließlich abdankt und sein Neffe Franz Joseph I. den Thron besteigt.

Bei der Vielzahl der Schlachten, die im Verlauf der zahlreichen kriegerischen Auseinandersetzungen ausgefochten wurden, mag das Marienlied *Wunderschön prächtige* – mit seinen unterschiedlichen Herrscherstrophen – in so manchen bedrückenden Stunden mit besonderem Nachdruck erklungen sein. Zumal das im Lied besungene Marienbild ganz der in Österreich verbreiteten Vorstellung entsprach, die in der mächtigen himmlischen Frau ein Zeichen des Sieges gegen alle Feinde sah. Ihr, der Schutzfrau der österreichischen Lande, traute man genügend Macht zu, für einen siegreichen Ausgang der Schlachten und für das Wohl des Landes zu sorgen. Gerade die berühmten Wallfahrtsorte erschienen den Menschen als geeignete Orte, ihre Bitten und Anliegen vorzubringen – allen voran das Nationalheiligtum Mariazell. Denn gerade dieser Gnadenort war im Verlauf seiner Geschichte immer besonders eng mit dem österreichischen Herrscherhaus verbunden, und die Gnadenmutter von Mariazell hatte sich – wie man glaubte – bereits häufig als Retterin und Helferin im Kampf gegen die Feinde erwiesen. Daher ist es nicht verwunderlich, daß viele der Mariazeller Wallfahrtslieder ganz konkrete politische Anliegen enthalten. Auch die Zeller Fassungen des Marienliedes *Wunderschön prächtige* sind um eine solche Bittstrophe erweitert worden und können deshalb als Zeugnis dafür dienen, daß die Verehrung Mariens im 17. wie auch im 18. Jahrhundert als Bestandteil der österreichischen Frömmigkeit eine nationale Prägung erhielt.

4.2 *Wunderschön prächtige* in den Bruderschaftsgesangbüchern des 18. Jahrhunderts

Die verschiedenen Gesangbücher des 18. Jahrhunderts, in denen das Marienlied *Wunderschön prächtige* enthalten ist, bestätigen einerseits die Verwendung des Liedes als Wallfahrtslied und geben andererseits auch Hinweise darauf, in welchen Kontexten es darüber hinaus Verwendung gefunden hat. In diesem Zusammenhang ist vor allem die Aufnahme des Liedes in die Gesangbücher verschiedener Bruderschaften von großer Bedeutung. Die kirchlichen Bruderschaften „[...] sind ein durchweg aus Laien bestehender, aber von der kirchlichen Autorität errichteter Verein, dessen Leben durch eine Satzung geregelt ist und der neben Werken der Frömmigkeit und der Nächstenliebe zur Mehrung und Intensivierung des Gottesdienstes beitragen will“[29].

Die Anfänge des Bruderschaftswesens reichen bis in das 4. Jahrhundert zurück. Damals entstanden erste Verbrüderungen, die es sich zur Aufgabe gemacht hatten, Verstorbene bei der Bestattung zu begleiten und ihrer zu gedenken. Im Mittelalter erstarkte diese Bewegung, deren Mitglieder sich zum wechselseitigen Gebet verpflichteten und sich zugleich gesellschaftlich und sozial engagierten. Diese häufig nach Berufen gegliederten Bruderschaften hatten viel mit den mittelalterlichen Zünften gemeinsam, unterschieden sich aber in ihrer geistlichen Ausrichtung von ihnen. Nachdem das Bruderschaftswesen in der Reformationszeit stark zurückgedrängt worden war, erlebte es mit dem Erstarken der barocken Volksfrömmigkeit eine neue Blüte, so daß die Zahl der Bruderschaften wieder deutlich zunahm. Dabei er-

---

29 E. Hegel: Geschichte des Erzbistums Köln, Bd. IV. Köln 1979, S. 339.

freuten sich vor allem die marianischen Vereinigungen einer zunehmenden Beliebtheit.[30]

In dieser Zeit hatte sich die schon seit dem Mittelalter bestehende Kluft zwischen der Liturgie und dem gläubigen Volk weiter vertieft. Es war – veranlaßt durch die barocke Prachtentfaltung, die sich sowohl auf das Gotteshaus als auch auf die Gestaltung des Gottesdienstes ausgewirkt hatte – eine deutliche Diskrepanz zwischen dem offiziellen kirchlichen Gottesdienst und der Frömmigkeit des einfachen Volkes entstanden. Der Bedarf an außerliturgischen Formen, die dieser Frömmigkeit Ausdruck verleihen konnten, stieg und wurde zumeist von den Bruderschaften bedient.[31] So spielten sie eine bedeutende Rolle bei der innerkirchlichen Erneuerung und sorgten für die religiöse Aktivierung vieler Gläubigen. Ihre Aktivitäten sahen folgendermaßen aus:

> Gewöhnlich hielten die Bruderschaften an einem bestimmten Sonntag im Monat ihre Versammlung ab, die in einer Kirche stattfand. Sie bestand aus Andacht und Predigt, die oft mit einer sakramentalen Prozession durch die Kirche oder über den Friedhof verbunden war. Auch eine monatliche Messe für die Verstorbenen der Bruderschaft gehörte vielfach zu den religiösen Verpflichtungen der Mitglieder. Höhepunkt des jährlichen Bruderschaftslebens war das Bruderschaftsfest.[32]

Außerdem waren es gerade die Bruderschaften, die große Wallfahrten entweder zu den kleineren Gnadenorten in ihrer unmittelbaren Umgebung oder aber zu bedeutenden Wallfahrtsorten, die auch weiter entfernt liegen konnten, organisierten. Dieses Wirken der Bruderschaften führte zu einer Hochblüte des Wallfahrtswesens insgesamt und trug auch mit dazu bei, daß neue marianische Wallfahrten entstanden.[33]

Die Bruderschaften waren bedeutende Träger des gesamten volksfrommen Brauchtums und des religiösen Lebens außerhalb der eigentlichen Pfarrgemeinde. Dies führte in der Zeit der Aufklärung zu einer Zurückdrängung des Bruderschaftswesens, wodurch zwar die Mitgliederzahlen stark abnahmen, keineswegs aber die dauerhafte Auflösung der Vereinigungen herbeigeführt werden konnte.[34]

Für die Durchführung ihrer Andachten und Wallfahrten besaßen die Bruderschaften eigene Gebet- und Gesangbücher, die feststehende Gebetstexte, aber auch Lieder beinhalteten. Darin finden sich zahlreiche Lieder, die

---

30 Vgl. B. Goy: Aufklärung und Volksfrömmigkeit in den Bistümern Würzburg und Bamberg. Würzburg 1969, S. 191.

31 Vgl. W. Müller: Liturgie und Volksfrömmigkeit. Neue Orden. In: Handbuch der Kirchengeschichte. Hrsg. von H. Jedin. Freiburg im Breisgau 1970, S. 600.

32 E. Hegel: Geschichte des Erzbistums Köln, Bd. IV, S. 339.

33 Vgl. W. Müller: Liturgie und Volksfrömmigkeit. In: Handbuch der Kirchengeschichte, S. 600f.

34 Vgl. B. Goy: Aufklärung und Volksfrömmigkeit in den Bistümern Würzburg und Bamberg, S. 203 – H. Hochenegg: Bruderschaften und ähnliche religiöse Vereinigungen in Deutschtirol bis zum Beginn des zwanzigsten Jahrhunderts. Innsbruck 1984, S. 22–24.

zuvor bereits mit Hilfe von Liedflugschriften verbreitet worden waren. So ist auch das Marienlied *Wunderschön prächtige* am Ende des 18. Jahrhunderts in einige dieser Bruderschaftsgesangbücher aufgenommen worden. Damit ist ein weiterer Überlieferungskontext des Liedes benannt, der zugleich deutlich macht, über welches Medium und in welchen Fassungen das Lied in den ersten Jahrzehnten seiner Geschichte über das österreichische Herrschaftsgebiet hinaus verbreitet worden ist.

4.2.1 *Wunderschön prächtige* in Lothringen

Bei dem ersten nichtösterreichischen Gesangbuch, in dem sich das Marienlied *Wunderschön prächtige* nachweisen läßt, handelt es sich nicht um ein Bruderschaftsgesangbuch, sondern vielmehr um ein Liederbuch, das für die Durchführung einer Volksmission geschaffen worden ist. Darauf weist der Titel „Geistliche Gesaenger / Fuer die Heilige Mission-Zeit“[35] eindeutig hin.

Volksmissionen dienten der feierlichen Erneuerung des religiösen kirchlichen Lebens und wurden im 18. Jahrhundert in den deutschsprachigen Pfarreien der Diözese Metz häufig durchgeführt. Sie gehen zurück auf eine Stiftung des entthronten Polenkönigs Stanislaus Leczinsky, der 1738 Herzog von Lothringen geworden war. Seit dieser Zeit wurden „Königliche Missionen“ in den Städten und Dörfern Lothringens abgehalten. Auch nach dem Tode von König Stanislaus im Jahr 1771 hielt sein Schwiegervater Ludwig XV., der durch den Tod des Schwiegersohnes Souverän von Lothringen geworden war, an den Missionen fest und erteilte den Bischöfen den Auftrag, vier Weltpriester, die sowohl über deutsche als auch über französische Sprachkenntnisse verfügten, als Missionare einzusetzen.[36]

Die Lieder, die während dieser Volkmissionen in den deutschsprachigen Gebieten Lothringens gesungen wurden, sind in verschiedenen, eigens zu diesem Anlaß herausgegebenen Liederbüchern festgehalten worden. Das bereits genannte Gesangbuch ist das erste dieser lothringischen Missionsgesangbücher. Es wurde 1772 in Nancy gedruckt und enthält keine kirchliche Approbation, die einen Hinweis auf die genaueren Umstände seiner Entstehung und Entwicklung geben könnte. Joseph Brauner und Louis Pinck weisen in ihrer Abhandlung über das „Katholische deutsche Kirchenlied in Lothringen“ nach, daß es noch zwei weitere Bücher dieser Art gegeben haben muß. Das eine erschien 1774 ebenfalls in Nancy und hatte den Titel: „Auserlesene geistliche Gesänge, welche bei Ihrer Majestät Stanislaus, König in Polen und Herzog von Lothringen gestifteten Missionen pflegen gesungen zu werden.“[37] Das andere Buch trägt den Titel: „Geistliche Gesänge,

---

35 Vgl. auch Kapitel 2.2.1. „Die datierten Quellen“ in dieser Arbeit.

36 Vgl. dazu J. Brauner, L. Pinck: Katholische deutsche Kirchengesangbücher in Lothringen. Straßburg 1938, S. 13f.

37 Dieses Buch ist heute nicht mehr nachweisbar. Auch Brauner und Pinck kannten es nur – wie sie in einer Fußnote anmerken – aus dem Vorwort des Lothringischen Liederhor-

Welche Bey der Königlichen Mission In Lothringen Pflegen gesungen zu werden. Nanzig M.DCC.LXXVIII."[38] Diese drei Liederbücher stehen in folgendem Verhältnis zueinander:

> Die erste Ausgabe enthält 65 Lieder. Von der zweiten, die 90 Lieder enthalten soll, liegt ein Exemplar nicht vor. Die dritte Ausgabe enthält 92 Lieder. Von den Liedern dieser Ausgabe sind 43 mit denen der ersten Ausgabe gleichlautend. An Stelle der 22 nicht übernommenen Lieder sind 49 neue getreten, was demnach einen bekannt gewordenen Liederschatz von insgesamt 144 Liedern ausmacht.[39]

Aus der sich bei Brauner und Pinck nun anschließenden Liederliste kann man entnehmen, daß das Marienlied *Wunderschön prächtige* sowohl in der ersten Ausgabe von 1772 als auch in der dritten von 1778 vorkommt. Somit ist es durchaus möglich, daß es auch in der verschollenen zweiten Ausgabe zu finden war. Sicher jedoch ist, daß das Lied in den siebziger Jahren des 18. Jahrhunderts im Umfeld der lothringischen Volksmissionen anzutreffen ist und zwar in einer – wie das heute noch existierende „Nantziger Gesangbuch" von 1772 beweist – achtstrophigen Fassung. Sie lautet:

1. Wunderschoen Praechtige/
Heilig und maechtige/
Liebreich / holdseelige Koenigin Jungfrau!
Welcher auff ewiglich/
Stuendlich verbinde mich/
Ja mich mit Leib und Seel gaentzlich vertrau.
Billig mein Leben/
Will ich ergeben/
Alles / ja alles / was immer ich bin/
Geb ich mit Freuden Maria dir hin.

2. Du bist die schoenste Zierd/
Kein Mackel gefunden wird/
Du bist Maria! die Schoenste allein.
Auch deiner Majestaet/
Nichts mangelt / und abgeht/
Was nur vollkommen und herrlich mag seyn.
Dein gantzes Wesen/
Ist auserlesen/
Du bist / O Jungfrau! so herrlich gemacht/
Daß dich Gott seiner selbst wuerdig geacht.

3. Weil du gantz Mackel los
Hat dich / O schoenste Ros!
Der himmlisch Vatter sein Tochter genannt;
Wie auch der goettlich Sohn/

tes. Vgl. J. Brauner, L. Pinck: Katholische deutsche Kirchengesangbücher in Lothringen, S. 15.

38 Dieses Buch befindet sich in der Stadt- und Universitätsbibliothek Köln (Sammlung Bäumker: BAEU1483).

39 J. Brauner, L. Pinck: Katholische deutsche Kirchengesangbücher in Lothringen, S. 16.

In seinem hoechsten Thron/
Dich als fuer seine Mutter erkannt.
Endlich die Ehren/
Noch zu vermehren/
Hat dich zu seiner erwaehltesten Braut/
Der heilig Geist sich ja selbsten vertraut..

4. Die Sonn bekleidet dich/
Es unterwerfet sich/
Zu deinen Fueßen der silberne Mond:
Kein Unvollkommenheit/
Mindert dein Herrlichkeit/
Um dein Haupt machen die Sternen ein Kron:
Alles was lebet/
Alles was schwebet/
Alles was Himmel und Erden schraenkt ein/
Muß deiner Majestaet unterthan seyn.

5. Du bist die Koenigin/
Du bist die Herrscherin/
Himmels und Erden den Scepter du fuehrst.
Du hast von Anbeginn/
Als ein Groß=Meisterin/
Der Hoellen Schlange den Kopf gantz zerknirscht.
Die Engel Schaaren/
Dein Lob nicht sparen/
Singen / frolocken mit froehlichem Schall/
Dir als der Koenigin huldigen all.

6. Gott dich erwaehlet hat/
Zu einer Zufluchtstadt/
Allen Bedrangten und Suendren insg'mein.
Du bist die Helferin/
Du bist die Retterin
So groß als immer der Jammer mag seyn.
Von all'n Gefahren/
Kanst du verwahren/
Ein gantzes Kriegsheer vertilgen kanst bald:
Macht dein unbeschraenckt himmlischer Gewalt.

7. In diesem Jammerthal/
Seufzen wir allzumahl/
Zu dir o Jungfrau! in Elend und Noth:
Zu dir fliehen wir hin
O beste Helferin!
Wann Gott uns Suender will strafen im Tod;
Durch dein Fuerbitten/
Wollst uns erquicken/
Wollest zur Reu und Buß leithen das Hertz/
Daß wir nicht leiden den ewigen Schmertz.

8. Nun dann / o grosse Frau!
Mildreich mein Hertz beschau/
Wie ich so zärtlich seuftze zu dir;
Maria Schuetzerin/
Seye mein Mittlerin/
Wann Tod will scheiden das Leben von mir.
Wann wir hinreisen/
Thu uns beweisen/
Gnad und Barmherzigkeit bey deinem Sohn/
Bitt fuer uns jetzt bey dem goettlichen Thron.

Diese Textfassung weist im Vergleich zur siebenstrophigen geistlichen Volksliedfassung einige Unterschiede auf. In der Fassung aus Nancy fehlt die vierte Strophe, so daß die fünfte Strophe der Volksliedfassung an deren Stelle rückt. Anstelle der ehemaligen Strophe fünf werden, ergänzt um einen neuen Gedanken, Teile der zuvor ausgelassenen Strophe vier in den Text eingefügt. Von der ursprünglichen siebten Strophe bleiben lediglich die ersten drei Verse unverändert, während die übrigen ganz neu gefaßt worden sind. Die achte Strophe beginnt in den ersten drei Versen mit einer – wahrscheinlich aus den Zeller Fassungen stammenden – Herrscherstrophe und endet von kleineren Varianten abgesehen mit den Versen vier bis zehn der eigentlichen siebten Strophe.

Neben den Versen aus der Herrscherstrophe lassen einige weitere Varianten der Fassung aus Nancy darauf schließen, daß eine der achtstrophigen Zeller Fassungen die Vorlage für diesen Text gebildet hat. So endet der dritte Vers der ersten Strophe mit der Wendung *Koenigin Jungfrau,* die das in den Zeller Fassungen an dieser Stelle stehende und direkt auf ihren Verwendungskontext bezogene *Celler Jungfrau* ersetzt. Im fünften Vers der ersten Strophe findet sich der ebenfalls für die Zeller Fassungen typische Vers *Stuendlich verbinde mich* wieder, und auch am Ende der zweiten Strophe weist der Text aus Nancy eine sonst nur für die Zeller Fassungen übliche Variante auf – nämlich die Vertauschung der Reimworte *geacht* und *gemacht.*[40] Auf welchen Wegen die achtstrophige Zeller Textfassung des Liedes nach Lothringen gelangt ist und wer sie bearbeitet hat, ist nicht bekannt und kann auch aus den Quellen nicht erschlossen werden. Allerdings gibt es unter den Zeller Fassungen eine mit einer Herscherstrophe[41], die für das Schlachtenglück von Franz Stephan von Lothringen bittet. Möglicherweise ist gerade dieser Text in Lothringen bekannt gewesen.

Durch die Umstellungen, Auslassungen und Hinzufügungen, die an dem Text im Vergleich zu einer möglichen Ausgangsfassung vorgenommen wurden, ändert sich das im Lied entworfene Marienbild. Indem die ehemaligen Strophen vier und fünf in der neuen Fassung miteinander vertauscht

40 Vgl. dazu Kapitel 2.2.1 „Die datierbaren Quellen" und Kapitel 2.3 „Edition und Textkritik" in dieser Arbeit.

41 Vgl. dazu Kapitel 2.2.2 „Die datierbaren Quellen" und Kapitel 4.1.2 „*Wunderschön prächtige*: ein Mariazeller Wallfahrtslied" in dieser Arbeit.

werden, wechseln genau diejenigen Strophen ihren Platz, die das Thema der »Herrschaft« Mariens behandeln. Dadurch wird Maria nicht mehr zuerst als *Königin* und *Herrscherin* bezeichnet, die über Himmel und Erde regiert, sondern sie wird gleich als die von allen verehrte Himmelskönigin im Bild der apokalyptischen Frau eingeführt.

Die Strophe fünf beginnt nun mit den Versen drei bis sechs der ehemaligen Strophe vier. Hierbei handelt es sich um die Seins-Prädikationen *Du bist die Königin, Du bist die Herrscherin Himmels und Erden den Zepter du führst* (5,1–3). Der Gedanke, daß Maria *nach Gott* den *ganzen Himmelsbau regiert* (4,1–3) wird ausgelassen, da er die Aussage der vorangestellten Strophe wiederholt. Dafür wird ein neuer Aspekt eingeführt. Maria wird als *ein Groß=Meisterin* bezeichnet, die *der Hoellen Schlange den Kopf gantz zerknirscht* (5,4–6).

Dieses Bild bezieht sich auf das 3. Kapitel des Buches Genesis, in dem von dem Sündenfall Adams und Evas berichtet wird. In Vers 15 verflucht Gott die Schlange, die Adam und Eva in Versuchung geführt hat, mit folgenden Worten: „Feindschaft setze ich zwischen dich und die Frau, zwischen deinen Nachwuchs und ihren Nachwuchs. Er trifft dich am Kopf und du triffst ihn an der Ferse." Diese Stelle kann typologisch gedeutet werden. In der Typologie wird Maria als die neue Eva verstanden. Eva hat durch ihr Verhalten die Sünde und damit den Tod über die Menschen gebracht. Maria hingegen hat den Sohn Gottes geboren, der auf die Welt gekommen ist, um die Menschen von ihrer Sündenlast zu befreien. Dadurch, daß sie den Erlöser geboren hat, vernichtet sie die Sünde, und in diesem Sinn kann Maria als die Besiegerin der Schlange angesehen werden.

Die Strophen vier und fünf zeichnen ein Bild von Maria, das sich auch in zahlreichen ikonographischen Darstellungen wiederfindet. Dort wird Maria als Himmelskönigin dargestellt, die in Gestalt der apokalyptischen Frau den Kopf der Schlange zertritt. In diesem Darstellungstyp werden die Elemente der apokalyptischen Frau mit denen der Immaculata verbunden. Indem auf diese Weise auf Marias Beitrag zur Erlösung der Menschheit hingewiesen wird, tritt ihre soteriologische Bedeutung stärker in den Vordergrund.

In den neugefaßten Versen der siebten Strophe wird konkret Bezug genommen auf den eigentlichen Verwendungszweck des Gesangbuches – nämlich die Volksmission. Volksmissionen dienten der Pflege und Vertiefung der Frömmigkeit. Sie wurden oft von Ordensmitgliedern abgehalten, die an verschiedenen Orten Station machten, predigten, Vorträge hielten und die Beichte hörten. Zum Abschluß dieser meist mehrere Tage dauernden Veranstaltungen wurde die allgemeine Kommunion gefeiert und ein vollkommener Ablaß gewährt.[42] Zentrales Grundanliegen dieser Missionen war es, das Volk zur Umkehr und zu einem gottesfürchtigen Leben zu be-

[42] Vgl. K. Nowack: Geschichte des Christentums in Deutschland. Religion, Politik und Gesellschaft vom Ende der Aufklärung bis zur Mitte des 20. Jahrhunderts. München 1995, S. 103.

wegen. Dabei zögerten die Volksmissionare nicht, den Teilnehmern vor allem das Letzte Gericht in plastischer Bildhaftigkeit auszumalen. Wenn Maria in dieser Fassung nun als *beste Helferin* (7,5) bezeichnet wird, die den Sündern gerade dann beistehen soll, wenn sie im Tod vor Gott stehen (7,6–8), kann das ebenso wie die Bitte, Maria möge das Herz der Singenden zu Reue und Buße anleiten (7,9), direkt mit den Lehren und Absichten der Volksmission in Verbindung gebracht werden.

In der Fassung des Marienliedes *Wunderschön prächtige* aus dem „Nantziger Missions-Gesangbuch" wird demnach die Tradition der Sonderstrophen - wie wir sie schon aus anderen Fassungen kennen - aufgegriffen. Durch Textänderungen wird das Lied auch hier seinem Gebrauchskontext stärker angepaßt und fügt sich so sehr gut in die Konzeption des Gesangbuches ein.

Auch in anderen Gesangbüchern aus dem Lothringer Raum finden sich Textfassungen des Marienliedes *Wunderschön prächtige*, die solche Konkretisierungstendenzen aufweisen. So erschien 1789 in Straßburg ein Gesangbuch mit dem Titel:

> Katholisches Lehr= Gebeth= Gesang= und Schulbuch= gesammelt und verfasset von einem Pfarrh. des Metzer Bistums, worinnen Morgens= Abends= Meß= Vesper= Complet= Beicht= Buß= und Kommunion-Gesänge Kirchische Prosen und Lobgesänge mit zahlreichen Liedern auf alle Jahrszeiten und Festtage und allem, was einen eifrigen Christen belehren und vergnügen kann, enthalten sind. Mit höchst gnädiger Genehmhaltung und Freyheit der Obern. Straßbourg 1789.

Bei dem im Titel als Verfasser angegebenen „Pfarrh. des Metzer Bistums" handelt es sich, wie einem Gesangbuch mit dem Titel „Sions heilige Gesänge" aus dem Jahr 1829 zu entnehmen ist, um einen Pfarrer namens Johann Nikolaus Philipp[43].

Das Gesangbuch ist - wie der Titel ausdrücklich betont - ein „Lehr-, Gebeth-, Gesang- und Schulbuch". Die Vorrede weist darauf hin, daß das Buch zur Belehrung und Unterrichtung der Christen allgemein, insbesondere aber der Schulkinder dienen soll:

> Dieses Werk zwecket dahin ab, den lehrbegierigen Christen annehmlich zum forschen, überlegen, nachfragen zu reizen. [...] Eben darum ist der allgemeine Wunsch der Geistlichkeit, daß dieses Buch möge in die Schulen eingeführt werden, nicht allein, damit die Kinder mögen recht deutsch lesen und singen lernen, sondern auch die Schulvorgesetzten zu reizen, ihrer lieben Jugend durch Erziehung der angeregten h. Geschichten, Erklärung der Vorbilder und Weissagungen den Weg zur völligen Erkänntniß der Glaubens- und Sittenlehre zu bahnen, damit ihre Kinder, wie der h. Timotheus und unzählbare andere mehr, die von Ju-

---

43 Johann Nikolaus Philipp (1730–1809) war Pastor von Münster im Kanton Allesdorf. Philipp war pädagogisch und literarisch tätig und arbeitete am Aufbau von katholischen Pfarrschulen. Außerdem setzte er sich für die Lehrerausbildung ein. Vgl.: J. Brauner, L. Pinck: Katholische deutsche Kirchengesangbücher in Lothringen, S. 29.

gend an die h. Schrift gelernet haben, mögen zu festgegründeten Christen aufwachsen.[44]

Die Kinder sollen mit Hilfe dieses Gesangbuches nicht nur „deutsch lesen und singen lernen", sondern sie sollen vor allem „zur völligen Erkänntiß der Glaubens- und Sittenlehre" gelangen. Diese dem Buch von Pastor Philipp zugeschriebene Wirkungsabsicht entspricht den Zielen der ab der Mitte des 18. Jahrhunderts in Deutschland einsetzenden katholischen Aufklärung:

> Die Katholische Aufklärung, von der von etwa 1750 an gesprochen werden kann, hielt grundsätzlich an den dogmatischen Grundlagen von Glaube und Kirche fest, versuchte jedoch, der vernunftbestimmten Reflexion im Leben und in der Lehre der Kirche mehr Raum zu geben, denn allgemein war angesichts der wissenschaftlich-technischen Fortschritte des Zeitalters die mittelalterlich-rückständige Verfassung des gesamten Kirchenwesens ins Bewußtsein getreten. Für die Entwicklung des Kirchenlieds waren vor allem jene Reformbestrebungen wichtig, die auf das praktische religiöse Leben zielten. Hier sollten nach dem Willen der Reformer durch umfassende Seelsorge die Laien mit den Pflichten des Christentums im Alltag vertraut gemacht und zur kirchlichen Arbeit herangezogen werden.[45]

Diese Ziele sollten unter anderem auch mit Hilfe einer umfassenden Erneuerung des Kirchenliedes und der Gesangbücher erreicht werden. Daher entstanden in der zweiten Hälfte des 18. Jahrhunderts zahlreiche neue Gesangbücher. Diese präsentierten einerseits einen kleinen Teil des alten Liedgutes in einer stilistisch und inhaltlich stark revidierten Form und boten andererseits eine Fülle von neugeschaffenen Liedern, die dem aufgeklärten Glaubensverständnis entsprachen. Auch in Lothringen erschienen am Ende des 18. Jahrhunderts die ersten im Geist der Aufklärung abgefaßten Kirchenliedsammlungen; darunter das „Philippsche Gesangbuch" von 1789. In diesem Gesangbuch befindet sich eine Fassung des Marienliedes *Wunderschön prächtige*. Sie steht unter der Rubrik „Marianische Gesänge" und hat eine eigene Überschrift, die angibt, mit welcher Absicht das Lied von wem gesungen werden sollte: „Die Jungfräuliche Versammlung huldiget Maria ihrer Mutter und Königin, und erneuert den Vorsatz der Aufnahm".

Der Text[46] umfaßt insgesamt neun Strophen und stellt eine komplette Neubearbeitung der geistlichen Volksliedfassung dar, die nur noch über wenige wörtliche Anklänge verfügt. Die Textfassung betont Marias Mutterschaft, ihr Königtum, ihre Jungfräulichkeit sowie ihre Bedeutung und Funktion für die marianische Versammlung.

Schon die erste Strophe macht die im Vergleich zur geistlichen Volksliedfassung veränderte Intention des Liedes deutlich. Der lobpreisende Anruf der ersten drei Verse richtet sich an Maria als *Jungfrau und Mutter und göttli-*

---

44 Vorrede: hier zitiert nach: J. Brauner, L. Pinck: Katholische deutsche Kirchengesangbücher in Lothringen, S. 34f.

45 M. Härting: Das Kirchenlied unter dem Einfluß der kirchlichen Aufklärung. In: Geschichte der katholischen Kirchenmusik, Bd. 2. Hrsg. v. G. Fellerer. Kassel 1976, S. 173.

46 Der Text befindet sich im Anhang dieser Arbeit.

che Braut. In dieser Aufzählung werden die das ganze Lied bestimmenden Eigenschaften Marias benannt. Aus ihrer Funktion als Jungfrau wird ihre Vorbildlichkeit abgeleitet – ein Vorbild, das zu einem keuschen und tugendreichen Leben auffordern soll (Str. 8). Die Mutter Maria soll sich ihrer *Kinder(n)* annehmen (Str. 5), sie zugleich leiten und ihnen vorangehen (Str. 9). Die Bezeichnung *Braut Gottes* gibt an, in welcher Beziehung die *Töchter der Reinigkeit* (gemeint ist die marianische Versammlung) zu Maria und zu Gott selbst stehen (7,6: *Ihr seid mit ihm und der Mutter vermählt*).

Während der Text der Volksliedfassung einen allgemeinen Lobpreis mit angeschlossener Bitte darstellt und von jeder gläubigen Gemeinschaft gesungen werden kann, handelt es sich bei der Fassung aus dem Straßburger Gesangbuch von 1789 um ein Bündnislied, welches konkret auf eine marianische Versammlung bezogen ist. Dabei wird Maria dieser Gemeinschaft als leuchtendes Vorbild vorangestellt. Sie ist die erste unter den Jungfrauen und vereinigt alle Tugenden auf sich. Indem man ihr nahe ist, ist man gleichzeitig auch eng mit Gott verbunden. Selbst die Beziehung, die Maria zu Gott und Christus einnimmt, wird zum Leitbild und kann auf die einzelnen Mitglieder der Versammlung übertragen werden. Vor allem der Gedanke der Jungfräulichkeit wird in dieser Textfassung deutlich in den Vordergrund gerückt. Maria wird zur *Jungfrauen Königin* (8,1) erhoben, und allen Jungfrauen wird die Ehre zuteil, von Gott selbst auserwählt worden zu sein. Dadurch wird der Eindruck vermittelt, daß Keuschheit und die Bewahrung der Jungfräulichkeit zwei der höchsten Ziele im Leben des christlichen Menschen sein sollten. Hier ist eine stark erzieherische Tendenz ablesbar: Indem Marias Jungfräulichkeit und Keuschheit dem Menschen als leuchtendes Beispiel vor Augen gestellt wird, soll jede Christin und jeder Christ zur Nachahmung ermuntert werden.

In den Marienliedern der Aufklärung wird Maria häufig als Tugendvorbild vorgestellt. So auch in den folgenden Strophen eines Marienliedes aus dem „Neuen christlichen Gesang=, und Gebetbuch für die Mainzer Erzdiöces“ von Franz Xaver Turin, welches 1787 in Mainz erschienen ist und zu den Gesangbüchern der katholischen Aufklärung gezählt wird:

4. Es lebt' ohne Makel
und ganz ohne Tadel
die Mutter des Herrn,
es strahlte von Jugend
in ihr jede Tugend,
sie diente Gott gern.

5. Ihr einzigs Bestreben
war, heilig zu leben,
unschuldig und rein;
ihr Herz Gott zu schenken,
an nichts zu gedenken,
als Gott sich zu weih'n.

6. O Christen! betrachtet
ihr Beispiel und achtet
nichts hoeh'r in der Welt,
als Gott stets zu lieben,
und Tugend zu üben,
die Gott nur gefällt.[47]

Auch wenn die Fassung aus dem „Philippschen Gesangbuch" Maria nicht ausschließlich auf ihre Tugendhaftigkeit beschränkt, wie dies in den zitierten Strophen der Fall ist, enthält das in ihr gezeichnete Marienbild dennoch deutliche Spuren einer „aufgeklärten" Mariologie. So werden in diesem Text hauptsächlich Marias Keuschheit, ihre Jungfräulichkeit und ihre sittliche Vorbildlichkeit betont. Mit dieser Aufforderung zu tugendhafter Nachfolge Mariens illustriert das entsprechend veränderte Marienlied *Wunderschön prächtige* die typisch aufklärerische pädagogische Intention des Gesangbuches insgesamt.

Das „Katholische Lehr=, Gebeth=, Gesang= und Schulbuch" von Philipp erfreute sich in Lothringen großer Beliebtheit, so daß die erste Auflage bald vergriffen war und eine Neuauflage benötigt wurde.[48] Da allerdings keine Einigung darüber bestand, ob lediglich eine neue, kaum veränderte Auflage oder eine weiterreichende Bearbeitung herausgegeben werden sollte, entstanden im Jahre 1829 gleich zwei verschiedene Neuauflagen des Buches, die in unterschiedlichen Diözesen[49] benutzt wurden.

Für den deutschsprachigen Teil der Dözese Nancy erschien ein kaum veränderter Neudruck des Philippschen Gesangbuches von 1789 mit dem Titel: „Katholisches Lehr=, Gebet=, Gesang= und Schulbuch, von einem Pfarrer des Metzer Bisthums. 2. verbesserte Ausg. Zabern 1829."

> Diese neue Ausgabe entspricht in ihrer ganzen Einrichtung, bis auf sehr geringfügige sprachliche Umstellungen, vollständig der Originalausgabe. [...] In der sprachlichen Fassung der Lieder ist nichts geändert, nur die Rechtschreibung war dem neueren Sprachgebrauch angepasst worden.[50]

So stimmt auch die in dem Buch unter der Rubrik „Marianische Gesänge" enthaltene Fassung des Marienliedes *Wunderschön prächtige* wörtlich mit derjenigen aus dem „Philippschen Gesangbuch" von 1789 überein.

---

47 Neues christkatholisches Gesang= und Gebetbuch für die mainzer Erzdiöces. Mainz 1787, S. 324f. Das Lied steht unter der Nr. 308 und hat das Initium *Der du uns das Leben.*

48 Vgl. J. Brauner, L. Pinck: Katholische deutsche Kirchengesangbücher in Lothringen, S. 5.

49 Im Napoleonischen Konkordat von 1801 wurden die Diözesangrenzen mit den Departementsgrenzen zusammengelegt. So wurden Teile der Diözese Metz an die Diözese Straßburg und an die neu eingerichtete Diözese Nancy angegliedert. Vgl. J. Brauner, L. Pinck: Katholische deutsche Kirchengesangbücher in Lothringen, S. 45.

50 Ebd., S. 48f.

Im selben Jahr kam im deutschsprachigen Teil der Diözese Metz eine andere Neuauflage des Philippschen Gesangbuches heraus. Sie trug den Titel:

> Sions heilige Gesänge, den unheiligen Liedern Babylons, wie auch dem ungläubigen Zeitgeiste entgegengesetzt. In einem vollständigen katholischen Gesangbuche, neu herausgegeben von einem Priester des Metzer Bisthumes. Nach einem Plane, der den katholischen Lehrbegriff im Ganzen zur Uebersicht darstellet, und die gottesdienstlichen Gesaenge nach der Metzer Liturgie aufnimmt. Mit notierten Melodien. Mit hoher bischöflicher Genehmigung und Empfehlung. Sargemünde 1829.

Bei diesem Buch handelt es sich um eine grundlegende Neubearbeitung des Philippschen Gesangbuches. Die dem Buch vorangestellte Vorrede gibt Aufschluß über den Anspruch, der dieser Neubearbeitung zugrunde liegt:

> Daß man bei dem Nachdrucke dieses Werkes gethan, was bei jedem andern Werke, das neu aufgelegt werden soll, auch zu geschehen pflegt: daß nämlich die ältere frühere Ausgabe entweder vom Verfasser selbst oder von einem andern nachgesehen wird, hat also als allgemeine Regel, nichts so Auffallendes, daß die Verehrer des alten beliebten Buches eine Übersicht desselben übel deuten sollten, die Sache mit unpartheiischem Auge betrachtet und voraus gesetzt, daß ja kaum ein Buch, von Menschen verfaßt, gleich anfangs ein Meisterwerk wird. Eine Uebersicht schien eben nicht unnöthig. Manches Dunkle verlangte mehr ins Licht gestellt zu seyn, um gemeinfaßlicher zu werden. Anderes, das nur mager bearbeitet schien [...] bedurfte mehr genährt zu sein. [...] Oft vermißt man auch mehr Würde und Stärke im Ausdrucke, hinsichtlich der Materie, einmal erhabener als das andere Mal - sodann einen edlern oder wenigsten minder trivialen Schreibstyl, der selbst zuweilen ins Komische verfallen ist. Die Auswahl der Worte ist beinebst nicht jedesmal die glücklichste gewesen.[51]

Ziel dieser Neuausgabe des Philippschen Gesangbuches von 1789 war also eine umfassende Verbesserung des alten Buches. Am Beispiel des Marienliedes *Wunderschön prächtige* zeigt sich diese Absicht anhand einer auffallenden Erscheinung. Das Lied wurde nämlich gleich zweimal in das Buch aufgenommen.

Auf Seite 450 befindet sich das Lied in der neunstrophigen Fassung des „Philippschen Gesangbuches". Der Text weist an einigen Stellen kleinere Veränderungen auf, die hauptsächlich den sprachlichen Ausdruck verbessern sollen, die Intention aber unangetastet lassen. Nur die dem Lied beigegebene Überschrift lautet etwas anders und wurde um ein Bibelzitat erweitert: „Die marianische Versammlung huldiget Maria, unter Bundeserneuerung, als Mutter und Königinn. - Dein Namen ist ein ausgegossenes Oel: darum lieben dich die Jungfrauen (Hoh. Lied 1,1)".

Dieses Zitat aus dem Hohenlied bezieht sich im biblischen Text auf den Bräutigam, unter dem schon in altchristlicher Zeit Christus verstanden wurde. Auch im Kontext des Liedes kann sich der Vers nur auf Christus selbst beziehen, der in Strophe sieben als Bräutigam Marias und aller Jungfrauen

---

51 Sions heilige Gesänge. Sargemünde 1829. Vorrede, S. IVf.

beschrieben wird. Daran wird deutlich, daß sich das Lied zwar in erster Linie an Maria richtet, daß aber der mit Maria geschlossene Bund letztlich darauf hinzielt, zu Gott zu gelangen. Damit wird die theozentrische Ausrichtung des Weiheakts betont. Die totale Hingabe an Maria ist nämlich letztlich auf Christus allein ausgerichtet: Ihm will man, indem man sich Maria hingibt, ganz gehören. Auf diese Weise wird die für die barocke Marienfrömmigkeit übliche Marienweihe in die stark christologisch ausgerichtete Marienfrömmigkeit der Aufklärung integriert.[52]

Da das Lied direkt auf eine marianische Versammlung zu beziehen ist, die innerhalb des Liedes ihren Bund mit Maria erneuert, wurde dieser Liedfassung eine weitere angefügt; diese kann - wie schon aus der Überschrift deutlich wird - von allen Christen gesungen werden: „Mariae, der Himmelskoeniginn, huldiget unter allgemeiner Verlobung auch die ganze Christenheit". Das beigefügte Bibelzitat stammt ebenfalls aus dem Hohenlied und lautet: „Eine ist meine Vollkommene...Die Toechter sahen sie und priesen sie ueber alles gluecklich (Hoh. Lied 6,9)." Die „Vollkommene" ist in diesem Zusammenhang mit Maria gleichzusetzen. Sie wird von den Töchtern gepriesen. Und genau auf diesen Lobpreis ist das ganze Lied ausgerichtet.

Der Text[53] dieser Fassung des Marienliedes *Wunderschön prächtige* umfaßt insgesamt acht Strophen. Der Aufbau und die Struktur des Textes stimmen weitgehend mit der Liedfassung aus dem „Nantziger Missions-Gesangbuch"[54] von 1772 überein. Allerdings weichen beide Texte an einigen Stellen etwas voneinander ab. So ist zum Beispiel am Beginn der dritten Strophe die Wendung *Weil du gantz Mackel los Hat dich /o schoenste Ros* (Nancy 3,2) durch die Formulierung ersetzt worden *Weil du ganz makellos - bist und durchaus so groß*. Auf diese Weise ist die Metapher der „schönsten Rose" aus dem Text eliminiert worden. An ihre Stelle ist eine sprachlich und poetisch nicht geglückte Platitüde getreten. In der vierten Strophe ist der auf das 12. Kapitel der Offenbarung zurückgehende Vers *Um dein Haupt machen die Sternen ein Kron* (Nancy 4,6) folgendermaßen umformuliert worden: *Gott mit der glänzensten Krone dich lohnt*. Dadurch wird das Handeln Gottes stärker betont und zugleich das Bild der Sternenkrone ausgelassen. In den beiden letzten Strophen wird die Aussage im Vergleich zu der Fassung aus Nancy etwas abgemildert. Während es zum Beispiel im „Nantziger Missions-Gesangbuch" heißt *Wann Gott uns Suender will strafen im Tod* (Nancy 7,6), steht in der Fassung aus Saargemünd *Wann Gott uns Sünder will strafen mit Noth*. Hier werden Tendenzen sichtbar, die Hermann Kurzke in seinem Aufsatz „Kirchenlied und Literaturgeschichte. Die Aufklärung und ihre Folgen"

---

52 Vgl. S. De Fiores: Maria in der Geschichte von Theologie und Frömmigkeit. In: Handbuch der Marienkunde, Bd. 1, S. 199f.

53 Der vollständige Text befindet sich im Anhang dieser Arbeit.

54 Zu dem Gesangbuch vgl. S. 35 und S. 123 dieser Arbeit. Ein Abdruck der Liedfassung befindet sich auf S. 124 dieser Arbeit.

als typische Interessen der Aufklärung bezeichnet: Die Entmetaphorisierung und die Entmythisierung, die sich insbesondere in einem fehlenden Verhältnis zur Eschatologie zeigt.[55]

Trotz dieser Textveränderungen stimmt die Fassung aus dem „Nantziger Missions-Gesangbuch" in ihrer Grundintention mit der bearbeiteten Fassung aus Saargemünd überein. Beide Texte betonen vor allem die heilsgeschichtliche Bedeutung der Gottesmutter und verweisen auf ihre Funktion als mächtige Fürsprecherin der Menschen beim Weltenrichter. Letzteres kommt vor allem in den Strophen sieben und acht deutlich zum Ausdruck: Dort wird zunächst an die Sündenstrafen erinnert, die Gott den Menschen auferlegt. Gleichzeitig wird darauf verwiesen, daß dem Sünder, wenn er seine schlechten Taten bereut und Buße tut, Vergebung zuteil wird. Maria kommt dabei eine zweifache Funktion zu: Zum einen soll sie Fürbitte bei ihrem Sohn, dem strengen Richter, für die sündigen Menschen einlegen. Zum anderen soll sie die Menschen zu Reue und Buße führen. Auf diese Weise kann sie mit dazu beitragen, daß die sündigen Menschen letztlich auf ihre Rettung hoffen dürfen. Hier kommt eine Heilsgewißheit zum Ausdruck, die sich in vielen Kirchenliedern aus der Epoche der katholischen Aufklärung nachweisen läßt.

Die Textfassung, die im „Nantziger Missions-Gesangbuch" ganz eng mit dem Verwendungszweck des Buches in Zusammenhang stand, ist für das Gesangbuch aus Saargemünd deshalb ausgewählt worden, weil sie im Gegensatz zu der Philippschen Fassung allgemeiner formuliert ist und somit von einem größeren Kreis rezipiert werden kann. Gleichzeitig entspricht die im „Nantziger Gesangbuch" formulierte Zuversicht auf die Erlösung aller reuigen Sünder der Heilslehre der katholischen Aufklärung. Daher war es nicht schwer, diese Textfassung durch kleinere Texteingriffe so zu verändern, daß sie sich gut in die von der Lehre und dem Geist der Aufklärung getragene Konzeption des Gesangbuches einfügen ließ.

4.2.2 *Wunderschön prächtige* in den katholischen Gebieten entlang des Rheins

Das Marienlied *Wunderschön prächtige* verbreitete sich über Lothringen bis an den Nieder-Rhein. So läßt es sich nachweisen in einem Kölner Bruderschaftsgesangbuch mit dem Titel:

> ALLerheILIgstes WVnDer Der LIebe IesV Des ErLösers Das ist Verborgener Gott, Verborgener Mensch in dem hochwürdigsten Sacrament. Am dritten Sonntag jeden Monats in der Kirchen der P.P. Franciscaner Recollecten ad Olivas binnen Köln Bei Morgens, und Abends=Andacht verehret und angebetten. Cum Permissa Superiorem. Kölln, Gedr. bei Balthasar Wilms.

---

[55] H. Kurzke: Kirchenlied und Literaturgeschichte. Die Aufklärung und ihre Folgen. In: Jahrbuch für Liturgik und Hymnologie (35) 1994/95, S. 124–135.

Das Buch kann mit Hilfe des im Titel angelegten Chronogramms auf das Jahr 1774 datiert werden. Außerdem gibt er Auskunft darüber, daß es sich um ein Gesangbuch der Franziskaner-Rekollekten handelt, die sich die besondere Verehrung des heiligsten Sakramentes zur Aufgabe gemacht haben.

Der Text[56] trägt die Überschrift „Ein Huldigungslied" und umfaßt insgesamt acht Strophen. Die Fassung stimmt in den Strophen eins bis sechs – von kleineren Varianten einmal abgesehen – mit dem Text aus dem „Nantziger Missions-Gesangbuch"[57] von 1772 überein, weicht aber in den letzten beiden Strophen deutlich von ihm ab. So sind von der siebten Strophe lediglich die ersten drei Verse erhalten geblieben, während die folgenden Bitten neu formuliert worden sind: Maria soll die *Bürgerschaft, sein treue Dienerschaft* und die *Versammlung* nicht verlassen. Die Gemeinschaft der Bittenden wird hier genau benannt; die Mitglieder der Bruderschaft der Franziskaner-Rekollekten erflehen von Maria Hilfe und Beistand. Maria soll die Mitglieder der Gemeinschaft „leiten", „mit ihnen streiten", sie „führen", „regieren" und ihnen schließlich dazu verhelfen, daß sie *einstens eingehen zum himmlischen Saal.* Von ihrer sprachlichen und inhaltlichen Gestaltung her, weist die Strophe auffällige Parallelen zu den Herrscherstrophen des 18. Jahrhunderts auf:

Zeller Lieder (Klier: 55/3/28)	Köln 1774
Nun dann o große Frau!	In diesem Jammerthal
mildreich mein Herz anschau,	Seufzen wir allzumahl,
wie dieses zaertiglichst seufzet und bitt,	Zu dir o Jungfrau ! in Elend und Noth,
verlaß nicht d' Kaiserinn,	Verlaß nicht die Bürgerschaft
dein treue Dienerinn,	Sein treue Dienerschaft
deine Theresiam verlasse doch nicht,	Dein Versammlung verlasse doch nicht!
die Waffen leite,	Uns alle leite,
und mit ihr streite,	Und mit uns streite,
fuehre, regiere und staerke ihr Heer	Führe, regiere, verschaffe, daß all
der lieben Christenheit Frieden bescherr.	Wir einstens eingehen zum himmlischen Saal.

Die offensichtlichen Übereinstimmungen zwischen diesen beiden Strophen zeigen, daß die Kölner Textfassung – ebenso wie schon der Text aus Nancy 1772 – eine der Zeller Liedfassungen zur Vorlage gehabt haben muß. Über welche Stationen die Kölner Fassung und der Text aus Nancy überliefert worden sind und ob beide Texte in einer direkten Abhängigkeit voneinander stehen, läßt sich mit Hilfe der vorliegenden Quellen nicht klären.

Die Fassung aus dem „Kölner Bruderschaftsgesangbuch" endet mit einer Strophe, die keinerlei Ähnlichkeiten mit der entsprechenden Strophe der Fassung aus Nancy aufweist. Ihr Text ist wahrscheinlich neu gedichtet worden. Die Gemeinschaft bittet in der ersten Person Plural Maria nochmals

56 Der vollständige Text befindet sich im Anhang dieser Arbeit.

57 Zu dem Gesangbuch vgl. S. 35 und S. 123 dieser Arbeit. Ein Abdruck der Liedfassung befindet sich auf S. 124 dieser Arbeit.

darum, die in den vorangegangenen Strophen vorgetragenen Anliegen auch wirklich zu erhören und zu erfüllen. Gleichzeitig versichern die Mitglieder Maria ihre Hingabe und Ergebenheit in allen Lebenslagen (8,9: *Im Leben, in Freuden, in Kummer und Noth*) bis in den Tod. Hier wird das in der ersten Strophe bereits in der ersten Person Singular vorgebrachte Hingabeversprechen nochmals für alle Mitglieder der Gemeinschaft wiederholt. Indem man sich vollkommen an Maria verschenkt und sich ihr unterwirft, erhofft man sich gleichzeitig von ihr die Erhörung und Erfüllung der vorgebrachten Anliegen als Lohn.

Die Textfassung des Kölner Bruderschaftsgesangbuches betont ebenso wie die Fassung aus Nancy Marias soteriologische Bedeutung. Außerdem werden die an sie gerichteten Bitten konkretisiert, indem sie auf eine bestimmte - im Titel des Buches genau benannte - Gemeinschaft bezogen werden. Gleichzeitig wird der Gedanke der völligen Hingabe verstärkt und in der achten Strophe mit einer berechtigten Hoffnung auf Erhörung verbunden. So zeigt sich auch am Beispiel des Kölner Bruderschaftsgesangbuches die im Verlauf der Überlieferungsgeschichte des Liedes wiederholt festgestellte Tendenz, daß der Text des Marienliedes *Wunderschön prächtige* gut dazu geeignet ist, seinem jeweiligen Rezeptionskontext angeglichen zu werden.

Neben dem Kölner Bruderschaftsgesangbuch von 1772 lassen sich für den Kölner Raum noch zwei weitere Gesangbücher nachweisen, die das Marienlied *Wunderschön prächtige* enthalten. In beiden Büchern wird das Marienlied *Wunderschön prächtige* in einer siebenstrophigen Fassung dargeboten, die mit der rekonstruierten wirkmächtigsten Fassung weitgehend übereinstimmt. Das erste dieser beiden Gesangbücher wurde 1782 gedruckt und hat den Titel:

> Englischer Wegweiser, oder kurzes Gebeth= und Gesangbüchlein, dessen man sich bei den Heil. Schutz=Engelen Bruderschafts-Andachten in der Kirchen der heiligen Engelen, bei den Clarissen am Neumark, durch das ganze Jahr bedienen kann. Mit beigefügter kurzer Erklaerung, Taegen und Stunden, gemelter Andachten, und des von Ihro Päbstlicher Heiligkeit BENDICTO XIII. mitgetheilten Bruderschafts=Ablaß. Zu Hoechster Ehr Gottes, und der hh. Engelen, allen andaechtigen Brueder und Schwestern, zu heiliger Uebung und ewigen Seelen Heil zusammengetragen. Koeln, gedruckt bey Franz Nicolaus Bourell oben Marktporten, 1782 und zu haben bey zeitlichen Vorsteheren und Brudermeisteren bemeldter Bruderschaft.

Das zweite stammt aus Geldern und heißt:

> Marianischer Pilgerstab zum Gebrauch der Kevelaerischer Marianischer Bruderschaft dessen man sich auf allen Bittfahrten, als: nach Kevelaer, Scharvenhoevel, Werl', Alenhoven, Marienheyden, Nivenheim und andern Gnadenoerten im Hin= und Rueckweg bedienen kann. Darinnen die geistreichesten Morgens= Abends= Meß= Beicht= Communion Gebether Litaneyen und Gesaengen begriffen sind. Zur hoechsten Ehre Gottes und der allerseligsten Jungfrau Maria. Geldern, gedruckt und zu bekommen bey G.N. Schaffrath [~1800].

Beide Gesangbuchtitel geben jeweils sehr genau Auskunft darüber, für welche Rezipientengruppe das Buch bestimmt war und bei welchen Gelegenheiten die in ihnen gesammelten Lieder gesungen werden sollten.

Das Kölner Gesangbuch war für die Andachten der Heiligen-Schutzengel-Bruderschaft gedacht, die in der Kirche der heiligen Engel am Kölner Neumarkt abgehalten worden sind. Diese genauen Angaben weisen ebenso wie der Hinweis, daß das Buch bei den „zeitlichen Vorstehern und Brudermeistern bemeldter Bruderschaft" zu erhalten sei, auf einen ganz konkreten Wirkungskreis des Buches hin. Auch das Gesangbuch aus Geldern hat einen fest umschriebenen Sitz im Leben. Es enthält diejenigen Lieder, die von der Kevelaerisch Marianischen Bruderschaft bei ihren Wallfahrten nach Kevelaer und an andere Gnadenorte im weiteren Umkreis unter anderem auf dem „Hin= und Rueck-Weg" gesungen worden sind.

Kevelaer hatte sich seit 1642 allmählich zu einem der bedeutendsten regionalen Wallfahrtsorte entwickelt und war ein beliebtes Ziel der niederrheinischen Wallfahrer aus dem Kölner Erzbistum. So entstanden im gesamten Bistum schon früh Kevelaerbruderschaften, die es sich zur Aufgabe gemacht hatten, jährlich eine Wallfahrt an den Gnadenort zu organisieren.

Das Marienlied *Wunderschön prächtige* kann – wie das Gelderner Gesangbuch belegt – ab dem Ende des 18. Jahrhunderts zu den Liedern gezählt werden, die im Umfeld der Kevelaerer Wallfahrt Verwendung gefunden haben. In einer volkskundlichen Studie, die sich mit der Kevelaer-Wallfahrt in Liedern und Gedichten beschäftigt, wird nachgewiesen, daß das Marienlied *Wunderschön prächtige* im 19. Jahrhundert als „Kevelaerer Wallfahrtslied" bezeichnet worden ist und in Kevelaer bis heute gerne gesungen wird.[58]

Das Kölner und das Gelderner Gesangbuch zeigen, daß die siebenstrophige geistliche Volksliedfassung hauptsächlich in solche Gesangbücher aufgenommen worden ist, deren Verwendungszweck im Prinzip mit dem der Flugschriften übereinstimmt. Diese Bücher gehören ebenso wie die Liedflugschriften in den Kontext der katholischen Volksfrömmigkeit, die den

58 Vgl. K. Keller: Die Kevelaer-Wallfahrt in Liedern und Gedichten. Eine volkskundliche und kulturgeschichtliche Studie. Geldern 1991, S. 140–157. Der Autor weist hier vor allem die Verwendung des Marienliedes *Wunderschön prächtige* bei der Kevelaerer Wallfahrt für das 19. und 20. Jahrhundert nach und zählt dabei eine Reihe verschiedener Fassungen für das Lied auf. Eine dieser Fassungen des 19. Jahrhunderts schreibt er mit Recht Johannes Kardinal von Geissel zu (vgl. Kapitel 5.2.1.1 „Die Neudichtung des Johannes Kardinal von Geissel" in dieser Arbeit). Über die Herkunft und das Alter der anderen Fassungen macht Keller nur unzureichende Angaben. Am Ende seiner Betrachtung über das Lied gestattet er sich folgenden Hinweis in Frageform: „Sollte es nicht möglich sein sämtliche mittlerweile bekannten Strophen [nach Kellers Zählung insgesamt 16] zu einem einheitlichen Lied zusammenzufassen? Bei weiterem Suchen würde man vielleicht noch weitere Strophen finden. Man könnte es den Wallfahrern auf ihrem zum Teil sehr langen Pilgerweg nach Kevelaer als Pilgergesang empfehlen." Ebd., S. 157.

Nährboden für die Verbreitung des Marienliedes *Wunderschön prächtige* im 18. Jahrhundert bildete.

4.3 Die frühe Überlieferung: Rück- und Ausblick

Das Marienlied *Wunderschön prächtige* ist im 18. Jahrhundert vorwiegend über Liedflugschriften, handschriftliche Liederbücher, Schul-, Missions- und Bruderschaftsgesangbücher verbreitet worden. Es entsteht um die Mitte des 18. Jahrhunderts im österreichischen Herrschaftsgebiet und gelangt von dort aus in die Schweiz, nach Lothringen und an den Nieder-Rhein. Besonders häufig ist das Lied im Umkreis von bedeutenden Wallfahrtsorten anzutreffen - allen voran in Mariazell, aber auch in Maria Schöndorf, bei der Wallfahrt auf den Rigiberg und in Kevelaer. Der Gebrauchskontext des Liedes, der sich neben der Wallfahrt auch auf Andachten, insbesondere von Bruderschaften oder marianischen Kongregationen, auf Volksmissionen und die schulische Unterweisung erstreckt, hat sich häufig konkret auf den Text des Liedes ausgewirkt. Schon früh bildet sich mit den Bittstrophen für die Angehörigen des österreichischen Herrscherhauses eine Sonderstrophentradition aus, die Textänderungen und Konkretisierungen im deprekativ ausgerichteten Teil des Liedes evoziert. Damit ist einer der Gründe benannt, warum das Lied in den ersten Jahrzehnten seiner Verbreitung eine so große Fassungsvielfalt ausgebildet hat.

Das Marienlied *Wunderschön prächtige* ist ein Zeugnis für die spätbarocke katholische Volksfrömmigkeit, die ihre Wirkung besonders in den süddeutsch-österreichischen Gebieten mit überwiegend katholischer Prägung entfalten konnte. Ab der Mitte des 18. Jahrhunderts wurde im Dienste der Aufklärung allmählich damit begonnen, durch Reformen und Verbesserungen das kirchliche Alltagsleben von der barocken Prachtentfaltung zu befreien. So gab es zum Beispiel Bestrebungen, das in der Barockzeit entstandene Übermaß an Kirchenfesten oder die oft mehrere Tage dauernden Wallfahrten zu beschränken:

> Am augenfälligsten war dies im Einflußbereich des Josephinismus in den Habsburger Erblanden der Fall. Als Erneuerung des Staatswesens von innen gedacht, galt hier das Bestreben zur Ausrichtung des Gesellschaftslebens auf Rationalität und kollektive Wohlfahrt, auf das Ideal von Volkserziehung, Bildung, Toleranz und Freiheit auch unmittelbar für den religiösen Bereich. Zahlreiche Maßnahmen, die, von Maria Theresia in die Wege geleitet, unter Joseph II. in den Jahren 1780 bis 1790 weitergeführt wurden, nahmen der Kirche mit Gewalt jenes barocke Gewand, das einst das Lebensgefühl so umfassend bestimmt hatte.[59]

[59] M. Ries: Vom freien Denken herausgefordert. Katholische Theologie zwischen Aufklärung und Romantik. In: Die Kirche im 19. Jahrhundert. Hrsg. von M. Weitlauff. Regensburg 1998, S. 56f.

Zu diesen Maßnahmen zählten neben der Beschränkung der Wallfahrten das Verbot von Bruderschaften, die Reform des Gottesdienstes und die Einführung des „Normalmeßgesanges“. Die neuen Gesangbücher - zum Beispiel das Gesangbuch „Geistliche Lieder zum Gebrauche der hohen Metropolitankirche [...]“ von Michael Denis oder das „Katholische Gesangbuch auf allerhöchsten Befehl Ihrer k.k. apost. Majestät Marien Theresiens [...]“, beide 1774 in Wien erschienen - enthielten neue, im Sinne der Aufklärung abgefaßte Kirchenlieder. Das Marienlied *Wunderschön prächtige* sucht man in diesen Büchern vergebens. Dennoch hat es vom Zeitpunkt seiner Entstehung in der Mitte des 18. Jahrhunderts an eine ungebrochene Überlieferung bis ins 19. Jahrhundert hinein erfahren. Dies deutet darauf hin, daß es trotz aller Bemühungen der Obrigkeit nicht gelungen ist, die noch stark vom Barockkatholizismus geprägte Volksfrömmigkeit ganz zurückzudrängen. Die Spannung zwischen katholischen Aufklärungsbestrebungen und barocker Volksfrömmigkeit wird am Beispiel der Person Maria Theresias sichtbar. Einerseits stand sie dem Barockkatholizismus sehr nahe, andererseits konnte sie sich aber der geistigen Neuorientierung nicht verschließen. So besuchte sie beispielsweise wiederholt das Nationalheiligtum Mariazell, zu dem sie sich sehr hingezogen fühlte, und ordnete gleichzeitig - nicht zuletzt aus ökonomischen Gründen - Beschränkungen des allzu ausschweifenden Wallfahrtswesens an.

Das Marienlied *Wunderschön prächtige* wurde am Ende des 18. und zu Beginn des 19. Jahrhunderts außerhalb der offiziell für den katholischen Kirchengesang eingeführten Gesangbücher tradiert. Die Wallfahrts- und Bruderschaftsgesangbücher, in die das Lied zunächst aufgenommen wurde, gehörten ebenso in den Bereich der Volksfrömmigkeit wie die Liedflugschriften. In den bedeutenden Gesangbüchern der katholischen Aufklärung läßt es sich nicht nachweisen. Lediglich in Lothringen hat das Lied in ein Gesangbuch (Straßburg 1789) Eingang gefunden, das in seiner Konzeption und Intention den Ideen der Aufklärung folgte. Für dieses Buch ist der Text des Marienliedes *Wunderschön prächtige* so umgedichtet worden, daß er sich gut in die aufgeklärte Zielrichtung des Buches einfügen ließ. Auch in den späteren Ausgaben dieses Gesangbuches (vor allem Saargemünd 1829) läßt sich eine solche Vorgehensweise beobachten. Hier liegt eine regional begrenzte Rezeption des Marienliedes *Wunderschön prächtige* vor, die von der Aufklärung beeinflußt worden ist. Am deutlichsten tritt diese aber in einem weiteren Gesangbuch aus dem frühen 19. Jahrhundert in Erscheinung. Bei diesem Gesangbuch handelt sich um das von dem Domkapitular und späteren Generalvikar Sebastian Pörtner erstellte und bearbeitete

> Katholische Gesangbuch für den öffentlichen Gottesdienst im Bißthume Wuerzburg; oder Sammlung aelterer und neuerer Kirchengesaenge zur Verherrlichung des katholischen Gottesdienstes und zur Befoerderung der Andacht bei demselben mit besonderer Rüchsicht auf den dermaligen Bestand des Kirchengesanges im Bisthume Wuerzburg, und auf das Beduerfnis dieser Dioezese frei bearbeitet

und herausgegeben von Sebastin Poertner; Domkapitular zu Wuerzburg. Wuerzburg 1828.

Dieses Buch, das trotz seiner offiziellen Approbation als Privatveröffentlichung galt, war neben anderen Privatgesangbüchern im Bistum Würzburg weit verbreitet.[60]

In diesem Gesangbuch befindet sich das Marienlied *Wunderschön prächtige* unter der Rubrik „Maria die selige Jungfrau und Himmels-Königin". Das Lied selbst ist überschrieben mit „Lob Mariae mit Bitte" und gibt damit bereits die Sprechsituation des Liedes an. Die Liedfassung[61] umfaßt insgesamt fünf Strophen und stellt eine starke Bearbeitung bzw. eine teilweise Neudichtung der geistlichen Volksliedfassung dar. Die engsten Bezüge zwischen beiden Fassungen lassen sich in den ersten Strophen feststellen, da beide bis auf wenige kleinere Veränderungen miteinander übereinstimmen. Die Strophen zwei bis vier sind dagegen neu gedichtet worden, während zwischen der fünften Strophe der Pörtner-Fassung und der siebten Strophe des Ausgangtextes deutliche Parallelen zu beobachten sind.

Das in der Pörtner-Fassung gezeichnete Marienbild unterscheidet sich klar von dem der geistlichen Volksliedfassung. So wird Maria in diesem Text nicht als mächtige Himmelskönigin beschrieben, sondern sie erscheint in erster Linie als leuchtendes Tugendvorbild: Gerade der Begriff „Tugend", der im Ausgangstext kein einziges Mal vorkommt, wird in den neugedichteten Strophen zwei bis vier der Pörtner-Fassung auffallend oft verwendet: So wird Maria in Strophe zwei durch *Tugend und Frömmigkeit | Zur hohen Stufe des Himmels gefuehrt* (2,5/6) und soll den Menschen ein *leuchtendes Vorbild* (2,9) sein. In Strophe drei erscheint sie als *Urbild der Tugend von himmlischer Art* (3,3) und in Strophe vier wird sie als *Nimmer versiegende | Quelle an himmlischen Tugenden reich* (4,6) bezeichnet.

Während der Tugendbegriff neu in den Text eingeführt wird, kommt das Thema der »Herrschaft« Marias nicht mehr vor. Vielmehr wird sie als *der Sterblichen Zierd* (2,3) bezeichnet und dadurch vor allem ihr „Menschsein" betont. Marias Beziehung zu den Menschen erhält in dieser Fassung ein besonderes Gewicht. Das kommt vor allem in der vierten Strophe zum Ausdruck, in der Maria als *Gnaden=Gewährerin* (4,1) und als *Mutter der Liebe* (4,7) bezeichnet wird, die *auf uns Kinder mit liebendem Sinn* (4,10) herabschauen soll.

Maria wird in der Pörtner-Fassung im Vergleich zum Ausgangstext sozusagen „entherrlicht" und „vermenschlicht". Gleichzeitig wird sie zum Tugendvorbild stilisiert, an dem sich die Gläubigen orientieren können. Aufgrund ihrer zwar menschlichen, aber dennoch deutlich herausgehobenen Stellung, die eng mit ihrer Gottesmutterschaft verbunden ist, soll sie gewissermaßen die Brücke zwischen den Menschen und Gott darstellen.

---

60 Vgl. K. Küppers: Diözesan-Gesang- und Gebetbücher des deutschen Sprachgebietes. Münster 1987, S. 24f.

61 Der vollständige Text ist auf S. 171f. dieser Arbeit abgedruckt.

Daraus resultiert auch die starke Betonung der geistlichen Mutterschaft Marias innerhalb dieser Fassung.

Das Lied endet ähnlich wie die geistliche Volksliedfassung mit einer eschatologisch ausgerichteten Strophe, in der Maria um Trost im Leiden (5,7), Beistand im Sterben (5,8) und um die Fürsprache bei Jesus Christus am Tage des Gerichtes (5,10) gebeten wird. So ist auch diese Liedfassung letztlich eschatologisch ausgerichtet, und zwar auf zweifache Weise: Maria soll einerseits den Menschen zu einem tugendhaften und frommen Leben anleiten und ihm den Weg zum Heil zeigen (Str. 2-4), andererseits soll sie ihm in der Todesstunde und auch nach dem Tode beistehen und Fürsprache für ihn einlegen (Str. 5).

Die gesamte Anlage des Textes weist eine unübersehbar aufklärerische Tendenz auf. Das Bestreben, Maria nicht mehr als Herrscherin über das Weltganze zu betrachten, sondern sie zu einem Tugendvorbild der Menschen zu machen und ihre menschlichen Züge stark zu betonen, zeigt, wie sich das Marienbild in der Aufklärung gewandelt hat. Rupert Gießler formuliert diesen Zusammenhang folgendermaßen:

> Das ist das Marienerlebnis dieser Zeit. Maria ist nicht mehr ein Glied des theozentrischen Glaubensaufbaues, als Mutter des Erlösers, sondern anthropozentrisches Tugendvorbild in ihren rein menschlichen Eigenschaften.[62]

Gießler beurteilt die Marienfrömmigkeit der Aufklärung zu einseitig. Das wird auch am Beispiel der Pörtner-Fassung des Marienliedes *Wunderschön prächtige* deutlich. Maria wird in diesem Text zwar durchaus als „Tugendvorbild mit menschlichen Eigenschaften" beschrieben, doch wird ihr die Gottesmutterschaft und ihre besondere Stellung im Heilsplan Gottes nicht abgesprochen. Stefano De Fiores stellt die wesentlichen Aspekte der Marienfrömmigkeit im Zeitalter der Aufklärung differenzierter dar:

> Sie unterstützen vor allem die Marienfrömmigkeit, indem sie Marias Mitwirkung an der Erlösung verteidigen, ebenso ihre geistliche Mutterschaft und ihre universale Mittlerschaft. Daraus folgt, daß der Kult Marias, ihre Verehrung, Anrufung und Nachahmung, keine einfache Praxis der Übergebühr ist, sondern eine zum Heil notwendige Haltung. Die marianische Frömmigkeit ist somit ein Zeichen der Erwählung unter der Voraussetzung, daß sie *emendativa vitae* ist und der Fromme die anderen zum Heil notwendigen Mittel nicht zurückweist.[63]

Das Marienlied *Wunderschön prächtige* erfährt im späten 18. und 19. Jahrhundert eine kontinuierliche Tradierung. Damit wird ein in Inhalt und Intention der spätbarocken Volksfrömmigkeit verpflichtetes Lied zu einer Zeit rezipiert, in der barockes Denken von der Aufklärung in seine Schranken verwiesen wird. Die Lothringer Gesangbücher und das Gesangbuch von Sebastian Pörtner enthalten dagegen Textfassungen des Liedes, die deutliche

---

[62] R. Gießler: Die Geistliche Lieddichtung der Katholiken im Zeitalter der Aufklärung. Augsburg 1929, S. 102.

[63] S. De Fiores: Maria in der Geschichte von Theologie und Frömmigkeit. In: Handbuch der Marienkunde, Band 1, S. 193.

Bearbeitungsspuren im Sinne der Aufklärung aufweisen. Allerdings haben diese Texte keine weite Verbreitung gefunden.

Die geistliche Volksliedfassung hat die Wirkungsgeschichte des Marienliedes *Wunderschön prächtige* demnach im 18. Jahrhundert nachhaltig geprägt und findet innerhalb der Volksliedsammlungen des 19. Jahrhunderts ihre Fortsetzung. Am Übergang zum 19. Jahrhundert kündigt sich mit der Fassung des Pörtnerschen Gesangbuches schon leise ein Rezeptionsprozeß an, der die Geschichte des Liedes innerhalb der Gesangbücher des 19. Jahrhunderts bestimmen wird.

5 *Wunderschön prächtige* im 19. Jahrhundert

Das Marienlied *Wunderschön prächtige* hat im 19. Jahrhundert eine vielschichtige und produktive Rezeption erfahren. Dabei lassen sich für diese Zeit im wesentlichen zwei große Traditionsstränge nachweisen. Zum einen gelangt das Lied, ausgehend von seiner Aufnahme in die Sammlung „Des Knaben Wunderhorn" von Achim von Arnim und Clemens Brentano, in viele bedeutende Volksliedsammlungen des 19. Jahrhunderts, zum anderen setzt um die Mitte des 19. Jahrhunderts seine Kirchenliedtradition im engeren Sinne ein. Diese Rezeption ist stark beeinflußt von den das 19. Jahrhundert prägenden Strömungen der Romantik und der Restauration.

So entwickelt sich zu Beginn des 19. Jahrhunderts eine romantische Volksforschung und Volkstumsbegeisterung, die schließlich dazu führt, daß man sich nun auch auf wissenschaftlicher Ebene mit dem Volk und dem ihm eigenen Volkstum beschäftigt.

> Die Hinwendung zum eigenen Volk und das Erwachen eines historischen Bewußtseins brachte eine Begeisterung für die Traditionsgüter der Vergangenheit mit sich, einen Enthusiasmus für das Aufsammeln der Volksüberlieferungen auf zahlreichen Gebieten, der dieser Zeit mit Recht ihre große Rolle in der Geschichte der Volkskunde zuweist.[1]

Neben der Erforschung von Festen und Sitten der einfachen Landbevölkerung, wandte man sich auch der Volkspoesie zu und sammelte zunächst die Lieder und später auch die Märchen und Sagen des Volkes. Das Interesse am Volkslied zeigte sich zunächst in der Liedersammlung „Des Knaben Wunderhorn" und sorgte schließlich dafür, daß im Laufe des 19. Jahrhunderts zahlreiche Volksliedsammlungen entstanden, die sowohl weltliche als auch geistliche Volkslieder enthielten. Diese Sammlungen verfolgten unterschiedliche Ziele. Einerseits sollte die Volkspoesie bewahrt werden, die am Ende eines aufgeklärten Zeitalters in der Gefahr stand, in Vergessenheit zu geraten. So schreibt Arnim am Ende des ersten Bandes der Sammlung „Des Knaben Wunderhorn" in seiner „Nachschrift an den Leser":

> Wär ich ein Bienenvater, ich würde sagen, es war der lezte Bienenstock, er wollte eben wegschwärmen, es hat uns wohl Mühe gemacht ihn in einem alten Hause zu sammeln, bewahrt ihn, stört ihn nicht, genießt seines Honigs wie recht.[2]

Andererseits gab es das Bestreben, den in dieser Zeit immer stärker werdenden Nationalgedanken zu fördern, indem man sich zurückbesann auf eine Dichtung, die scheinbar im Volk entstanden war und somit als Eigentum des ganzen Volkes angesehen werden konnte. Diese beiden Ziele wur-

---

1 I. Weber-Kellermann, A. C. Bimmer: Einführung in die Volkskunde. Stuttgart ²1985, S. 22.

2 Des Knaben Wunderhorn. Kommentierte Gesamtausgabe, Bd.1. Stuttgart 1987, S. 415.

den zur Motivation für die große Sammelleidenschaft, die im 19. Jahrhundert so typisch war,

> [...] für Nationalgefühl und Freiheitsdrang, für Kontinuitätssehnsucht und die Anbindung an die historische Vergangenheit des eigenen Volkes, für die romantische Entdeckung von dessen Seele und Schöpferkraft auf der einen Seite – und für eine neue, ständeüberbrückende demokratische Gesinnung als Konsequenz aus dem Gedankengut der Französischen Revolution auf der anderen[3].

Diese im 19. Jahrhundert entstandene Sammelbegeisterung ist in ihrer Rückwendung zur historischen Vergangenheit dem Gedanken der Restauration verpflichtet. Durch das Zusammentragen des alten, fast vergessenen Liedgutes sollte an das Vergangene angeknüpft und Althergebrachtes in der eigenen Zeit wieder wirksam werden. Vor diesem Hintergrund muß auch der romantische Volksliedbegriff verstanden werden. Ziel war nicht, das vom Volk Gesungene unverfälscht zu präsentieren – auch wenn die Vorreden der Liedsammlungen oftmals einen anderen Eindruck zu vermitteln bemüht sind. Vielmehr wurde auf das in älteren Liedersammlungen und auf Flugschriften abgedruckte Liedgut zurückgegriffen. Die dort vorgefundenen Lieder wurden so verändert, daß sie den romantischen Vorstellungen des Volkstümlichen stärker entsprachen. Auf diese Weise entstand unter dem Etikett der Wiederherstellung des bereits in Vergessenheit Geratenen ein neues Liedgut, das es in dieser Form vorher nicht gegeben hatte.

Solche restaurativen Bestrebungen schlugen sich nicht nur in den Volksliedsammlungen nieder, sondern wirkten sich auch auf die Kirchengesangbücher aus. Um die Mitte des 19. Jahrhunderts entstanden zahlreiche Gesangbücher, deren Liedbestand sich deutlich von dem der aufklärerischen Gesangbücher abhob und sich zu großen Teilen aus Texten des 16. und 17. Jahrhunderts zusammensetzte. Dieser Versuch, alte Traditionen wieder aufleben zu lassen, wurde in zahlreichen Gesangbuchvorreden, Abhandlungen und in zeitgenössischen Zeitschriften erklärt und gerechtfertigt. Oft waren diese Ausführungen von einer einseitigen Kritik an den Gesangbüchern der Aufklärung und den darin enthaltenen Liedern bestimmt.

Restaurative Bestrebungen in bezug auf den Kirchengesang gab es sowohl innerhalb der evangelischen als auch auf Seiten der katholischen Kirche. Für die Wirkungsgeschichte des Marienliedes *Wunderschön prächtige* ist allerdings nur die katholische Kirchenliedrestauration von Bedeutung. Sie manifestiert sich in den Gesangbüchern und theoretischen Äußerungen von Heinrich Bone, Joseph Mohr und Guido Maria Dreves, die als die Wegbereiter der katholischen Gesangbuchrestauration angesehen werden und deren Leistungen in der Literatur oft schwärmerisch beschrieben worden sind:

> Altes, echtes Volksgut wurde jetzt der Vergangenheit und Vergessenheit entrissen, und unter vielem Anderen wurden die reichen Schätze des alten Kirchenliedes wieder ans Tageslicht gebracht. Bahnbrecher dieser ganz anders gearteten

---

3 I. Weber-Kellermann, A. C. Bimmer: Einführung in die Volkskunde, S. 28.

> Epoche waren namhafte Männer wie Heinrich Bone, Joseph Mohr und Guido Maria Dreves; diese griffen über das Zeitalter der Aufklärung hinweg zurück auf die große Blütezeit, die das deutsche Kirchenlied vor der Aufklärung erlebt hatte. [...] So wuchs wieder die Freude am gläubigen Festhalten der Offenbarungsweisheiten. Daß gläubiges Singen nicht nur private Erbauung, sondern Anbetung und Verherrlichung Gottes sei, daß des Menschen Ziel über seine staatlichen Verpflichtungen hinaus das Wirken für Gottes Reich sein müsse, daß man Gott nicht nur mit dem Verstande, sondern mit dem ganzen Herzen dienen soll, all dies zeigten die gläubigen Lieder, die nun der Vergangenheit wieder entstiegen. Eine große, aber schwere Aufgabe hatten sich diese Männer gestellt; doch taten sie es mit einem Idealismus, wie er für ein solches Vorhaben erforderlich war, und sie prägten damit das religiöse Angesicht ihrer Zeit.[4]

Dieses Zitat aus einer Dissertation über die Geschichte des Freiburger Diözesangesangbuches stammt aus dem Jahre 1956. Dennoch werden hier die Anliegen der Gesangbuchrestauratoren und ihre Bedeutung ganz aus der Perspektive des 19. Jahrhunderts dargestellt und beurteilt. Der Autor spricht vom „alten, echten Volksgut", von der „großen Blütezeit des deutschen Kirchenliedes vor der Aufklärung", von den „gläubigen Liedern, die der Vergangenheit entstiegen sind" und bezeichnet Bone, Mohr und Dreves als „Bahnbrecher", die mit großem „Idealismus" der Restauration zu ihrem Durchbruch verholfen haben. Hier werden die Forderungen und Ziele der Restauration genauso dargestellt, wie man das auch im 19. Jahrhundert getan hätte. Insofern zeigt dieser Textabschnitt die hinter der katholischen Restauration stehenden Grundanschauungen und Werturteile auf. Die romantische Vorstellung vom Volkslied und seine Bedrohung durch die Aufklärung werden auf den kirchlichen Bereich übertragen. Der alte Kirchenliedschatz soll wieder gehoben werden. Doch werden dabei die alten Lieder – ebenso wie in den Volksliedsammlungen – nicht unverändert in die Gesangbücher übernommen. Häufig werden sie von den Gesangbuchrestauratoren sprachlich und inhaltlich überarbeitet. Denn Kirchenlieder sollten einerseits für das einfache Volk verständlich und zudem sprachlich richtig sein, andererseits durften sie aber auch nichts enthalten, was der Lehre der Kirche widersprach. Dreves charakterisiert das Kirchenlied in seiner Schrift „Ein Wort zur Gesangbuchfrage" daher folgendermaßen:

> Wenn die Poesie mit Recht von dem Kirchenliede fordert, daß es wahrhaft volksthümlich sei, dann fordert mit mindestens demselben Rechte die Kirche, daß es sich für den kirchlichen Gebrauch eigne, wahrhaft kirchlich sei. Ganz von selbst versteht sich, daß ein Kirchenlied inhaltlich von allem frei sein muß, was gegen Lehre und Geist der Kirche verstößt, nach Aufklärungsdusel schmeckt, oder eine Huldigung an den modernen Zeitgeist bedeutet.[5]

Das Interesse am alten volkstümlichen Liedgut, das Bestreben diese Lieder wieder neu zu entdecken und nicht zuletzt mit Hilfe von Textänderungen in

---

4 B. Aman: Geschichte des Freiburger Diözesangesangbuches. Freiburg im Breisgau 1956, S. 37–39.

5 G. M. Dreves: Ein Wort zur Gesangbuchfrage. Freiburg im Breisgau 1884, S. 50.

der eigenen Zeit rezipierbar zu machen, darin lassen sich deutliche Parallelen zwischen der Volkslied- und der Kirchenliedtradition erkennen. Allein auf der inhaltlichen Ebene unterscheiden sich Volks- und Kirchenlied voneinander; ein Kirchenlied muß im Gegensatz zum Volkslied dogmatisch korrekt sein und dem Geist der Kirche entsprechen.

Das Marienlied *Wunderschön prächtige* ist im 19. Jahrhundert sowohl in viele Volksliedsammlungen als auch in die meisten der offiziellen Diözesangesangbücher aufgenommen worden. Ob sich das Lied beim Übergang von der Volkslied- in die Kirchenliedtradition verändert, inwiefern sich beide Traditionen beeinflussen, wo sie über Gemeinsamkeiten verfügen und wo sie sich eventuell voneinander unterscheiden, soll am Beispiel der Wirkungsgeschichte des Marienliedes *Wunderschön prächtige* im 19. Jahrhundert genauer beleuchtet werden.

5.1 Die Volksliedtradition im 19. Jahrhundert

5.1.1 Die Sammlung „Des Knaben Wunderhorn" und ihre Rezeption

Achim von Arnim und Clemens Brentano hatten in den Jahren 1805 bis 1808 eine dreibändige Liedersammlung erarbeitet und unter dem Titel „Des Knaben Wunderhorn. Alte deutsche Lieder" der Öffentlichkeit vorgestellt, die das Interesse am deutschen Liedgut weckte und eine ganze Generation von Volkslied- und Volksliteratursammlungen nach sich zog. Dabei kommt der Begriff ‚Volkslied' weder in der Titelei des Buches vor, noch war er für die Konzeption des gesamten Werkes von tragender Bedeutung.[6]

Arnim hatte ohne Wissen Brentanos am Ende des ersten Bandes einen Aufsatz mit dem Titel „Von Volksliedern" abgedruckt, den er in gekürzter Form bereits in Reichardts „Berlinischer Zeitung" Anfang 1805 publiziert hatte.[7] Eine allgemeingültige, theoretisch klar umgrenzte Definition des Volksliedbegriffes existierte zu dieser Zeit noch nicht, und auch die von Arnim in seinem Aufsatz gegebene Bestimmung des Volksliedbegriffes blieb eher undeutlich. Romantische Mystifizierung und ein sich deutlich abzeichnender Nationalgedanke bilden die Folie, vor der er seine Vorstellung vom ‚Volkslied' entwirft. Dabei treten offensichtliche Widersprüche auf:

So ist es für Arnim ein unerläßliches Merkmal des Volkliedes, daß es im Volk entstanden sein muß. Das Volk ist dabei mit der Schicht der „Ungelehrten" gleichzusetzen. Hier äußert sich Arnims Kritik an der aufklärerischen Gelehrsamkeit, die das Wesen des Volksliedes nicht erkennen könne und somit zu seinem Untergang beigetragen hätte: „Doch dieses wie so manches

---

6 Vgl. H. Rölleke: „Des Knaben Wunderhorn" und seine Stellung zu Volks- und Kirchenlied. In: Jahrbuch für Liturgik und Hymnologie (1984), S. 30.

7 Vgl. H. Rölleke: Kommentar. In: Des Knaben Wunderhorn. Kommentierte Gesamtausgabe, Bd.1, S. 551.

andere wunderbare Lied ist aus den Ohren des Volkes verklungen, den Gelehrten allein übrig blieben, die es nicht verstehen, [...]."[8]

Dieses Unverständnis der Gelehrten dem Volk gegenüber liege in einer Sprachtrennung[9] begründet. Und nur dort, wo die „vornehme Sprache" der Gebildeten einer einfacheren Sprache Platz mache, könnten wieder wahre Volkspoesie und echte Volkslieder entstehen:

> Nur wegen dieser Sprachtrennung in dieser Nichtachtung des besseren poetischen Theiles vom Volke mangelt dem neueren Deutschlande großentheils Volkspoesie, nur wo es ungelehrter wird, [...], da entsteht manches Volkslied, das ungedruckt und ungeschrieben zu uns durch die Lüfte dringt, wie eine weisse Krähe.[10]

Dieses unerklärliche Entstehen eines Volksliedes aus dem Volk und seine wundersame Verbreitung stehen im Widerspruch zu der Erzählung Arnims über seine erste Begegnung mit dem Volkslied. Er zitiert dort einige Verse des Liedes *Auf, auf ihr Brüder und seyd stark!* und bemerkt dazu, daß er beim Hören dieses Liedes „zuerst die volle, thateneigene Gewalt und den Sinn des Volksliedes vernahm"[11]. Allerdings handelt es sich bei diesem Lied nicht um ein Volkslied, sondern vielmehr um ein von Schubart 1787 gedichtetes und komponiertes Kunstlied.[12] Das Lied war sehr bekannt und verfügte über eine breite Flugblattüberlieferung. Ob Arnim wußte, daß dieses Lied von Schubart zu einem ganz konkreten Anlaß geschaffen worden war, ist nicht bekannt. Dennoch widerlegt er, indem er diesem Lied die Wirkung eines wahren Volkliedes zuspricht, seine eigene verklärende Entstehungstheorie des Volksliedes aus dem ungebildeten Volk heraus.

Auch die genaue Untersuchung der Quellenlage, wie sie im Rahmen der historisch-kritischen Ausgabe des „Wunderhorns" von Heinz Rölleke geleistet wurde, macht diesen Widerspruch deutlich. Rölleke verweist darauf, daß von den insgesamt 723 Liedern des „Wunderhorns" 440 Lieder bereits in gedruckter Form vorlagen, sei es in Büchern oder auf Fliegenden Blättern. Weitere 40 Lieder stammen aus handschriftlichen Codices und nur 250 Texte wurden von zeitgenössischen Gewährsleuten, die sich aber oft auf in Büchern oder auf Fliegenden Blättern abgedruckte Lieder stützten, eingeschickt oder diktiert.[13] Für einen großen Teil der ins „Wunderhorn" aufgenommenen Lieder lag demnach eine literarische Vorlage vor. Dieser Befund veranlaßt Rölleke dann auch zu der Aussage: „Das *Wunderhorn* ist alles andere als nur ein poetischer Spiegel dessen, was um 1800 im deutschen Volksgesang

---

8 Ebd., Bd. 1, S. 402.
9 Vgl. ebd., S. 402.
10 Ebd., Bd.1, S. 403.
11 Ebd., Bd.1, S. 382.
12 Vgl. ebd., Bd.1, S. 521f.
13 Vgl. H. Rölleke: Des Knaben Wunderhorn. In: Jahrbuch für Liturgik und Hymnologie (1984), S. 30.

lebendig gewesen ist."[14] Das „Wunderhorn" enthält vielmehr einen hohen Anteil an Lyrik aus der Epoche des Mittelalters und des Barock. Alle Lieder, die Arnim und Brentano in das „Wunderhorn" aufgenommen haben, sind von ihnen mehr oder weniger stark bearbeitet worden. Mit Hilfe dieser Textveränderungen gelang es den beiden Herausgebern, einen einheitlichen romantischen Volksliedton zu schaffen. Dieser künstlich herbeigeführte Volksliedton wurde das charakteristische Merkmal der Liedsammlung und trug entscheidend zur Wirkmächtigkeit des Werkes bei:

> Der Versuch, einem sehr heterogenen Material volksläufiger Lieder vieler Epochen, Schichten und Tendenzen einen spezifischen Volksliedton abzugewinnen – teils in der ehrlichen Absicht durch Kontamination und Restauration verderbter Texte einem hypothetischen Ideal näherzukommen, teils aber auch, um bisher weithin verachtete Schätze des poetischen Volksvermögens durch romantische Überfirnissung erst wieder rezipierbar zu machen –, ist die epochale Leistung Arnims und Brentanos, die damit zugleich den Sammlungen der Brüder Grimm und vieler anderer den Weg wiesen.[15]

Achim und Brentano ist es mit dem „Wunderhorn" folglich gelungen, dem von ihnen als volkstümlich erachteten Liedgut eine weitere Rezeption zu ermöglichen.

Allerdings ist das „Wunderhorn" nie von den Bevölkerungsschichten rezipiert worden, für die es eigentlich bestimmt war – nämlich vom einfachen Volk.[16] Dennoch verfügt es über eine bedeutende und weitreichende Wirkungsgeschichte. Einerseits kam das Werk bei dem gelehrten Publikum sehr gut an. Es hatte Vorbildfunktion für einzelne Dichter und regte eine Vielzahl von Komponisten zu Vertonungen verschiedener Texte an. Außerdem entstanden im 19. Jahrhundert zahlreiche Volksliedsammlungen nach dem „Vorbild" des „Wunderhorns", und viele seiner Texte finden sich in diesen Sammlungen wieder, wobei nicht immer auf das „Wunderhorn" als Quelle verwiesen wird[17].

Arnim und Brentano nahmen, im Gegensatz zu früheren Volksliedsammlungen, nicht nur weltliche, sondern auch geistliche Lieder in das „Wunderhorn" auf. In einem von Arnim nur sehr unvollständig zusammengestellten Liedverzeichnis, welches er am Ende des dritten Bandes mit der Überschrift „Uebersicht des Inhalts einiger Lieder" angehängt hat, führt er an erster Stelle die Rubrik „Geistliche Lieder" an und ordnet ihr 19 Lieder zu, beendet diese Aufzählung aber mit der Abkürzung „u.f." und deutet

---

14 H. Rölleke: Nachwort. In: Des Knaben Wunderhorn. Kommentierte Gesamtausgabe, Bd. 3, S. 574.

15 Ebd., Bd. 3, S. 572.

16 Vgl. H. Rölleke: Des Knaben Wunderhorn. In: Jahrbuch für Liturgik und Hymnologie (1984), S. 31.

17 Vgl. H. Rölleke: Nachwort. In: Des Knaben Wunderhorn. Kommentierte Gesamtausgabe, Bd. 3, S. 578f.

damit das Vorhandensein weiterer Lieder mit geistlichem Inhalt an.[18] Die Sammlung „Des Knaben Wunderhorn" tradiert demnach neben weltlichen auch geistliche Volkslieder. Diese werden nicht getrennt voneinander, sondern in einer bunten Mischung präsentiert. Viele der späteren Volksliedsammlungen enthalten ebenfalls geistliche Lieder. So spielt das „Wunderhorn" eine bedeutende Rolle für die Überlieferung sowohl des geistlichen als auch des weltlichen Liedgutes im 19. Jahrhundert.

Auch das Marienlied *Wunderschön prächtige* ist in die Sammlung „Des Knaben Wunderhorn" aufgenommen worden. Das Lied hat im zweiten Band die Nummer 179 und ist überschrieben mit: „Maria, Gnadenmutter zu Freyberg". Rölleke weist im Kommentar der von ihm betreuten historisch-kritischen Wunderhornausgabe nach, daß „Freyberg" von den Herausgebern eingesetzt wurde, da diese den eigentlichen Ort Tryberg - wie er in den Quellen zum „Wunderhorn" belegt ist - nicht kannten.[19]

Rölleke gibt auch die von Brentano und Arnim bearbeitete Quelle für das Marienlied *Wunderschön prächtige* an: „q: Heid. Hs. 2110, 38, Nehrlichs Quarths., Bogen D."[20] Hierbei handelt es sich um eine handschriftliche Einsendung, die von Carl Nehrlich[21], einem der wichtigsten Beiträger des „Wunderhorns", stammt. Neben dieser Handschrift existiert für das Lied - nach Röllekes Angaben - noch eine gedruckte Quelle:

> *Die Überschrift und einzelne Lesarten erweisen q eindeutig als Vorlage, obwohl ein Fl. Bl. (Yd 7923, 20.2,* Drey schöne Gesänge zu Ehren der allerseligsten Jungfrau. III. Vertrauen zu Maria[22] *- vielleicht die Vorlage Nehrlichs, wie der korrigierte Abschreibfehler nach v. 10 vermuten läßt) ebenfalls sehr genau zum* Wunderhorn *stimmt (in V. 13, 24 und 25 sogar mit denselben rhythmischen Besserungen).*[23]

Beide Hinweise zusammen lassen also den Schluß zu, daß Nehrlich den Text des Marienliedes *Wunderschön prächtige* von dem genannten Flugblatt abgeschrieben hat. Daraus ergibt sich, daß eine handschriftliche Quelle nicht unbedingt als Hinweis auf eine mündliche Tradierung gedeutet werden kann.

---

[18] Vgl. H. Rölleke: Des Knaben Wunderhorn. In: Jahrbuch für Liturgik und Hymnologie (1984), S. 30f. und S. Gruber: Brentano und das geistliche Lied. Tübingen und Basel 2002, S. 26. Hier wird von rund 100 Liedern mit einer vorwiegend religiös-geistlichen Thematik gesprochen.

[19] „Tryberg (Triberg) im Schwarzwald […], seit 1906 badisch, vorher österreichisch, ist durch die Wallfahrtskirche Maria in der Tanne berühmt, in der sich seit 1645 ein Gnadenbild befindet." C. Brentano: Sämtliche Werke und Briefe. Bd. 9,2. Köln 1977, S. 296f.

[20] Ebd., S. 296f.

[21] Carl Nehrlich war Romanschriftsteller und Lyriker. Auf ihn können 93 der insgesamt 250 von zeitgenössischen Gewährsleuten eingesandten Lieder des „Wunderhorns" zurückgeführt werden. Er erhielt als einziger ein Honorar für seine Mitarbeit am „Wunderhorn". Vgl. H. Rölleke: Nachwort. In: Des Knaben Wunderhorn. Kommentierte Gesamtausgabe, Bd. 3, S. 577f.

[22] FDH: 12675-4.

[23] C. Brentano: Sämtliche Werke und Briefe. Bd. 9,2, S. 296.

Die von Nehrlich eingesandte Fassung des Marienliedes *Wunderschön prächtige* entspricht in ihrem Textbestand der zu Beginn dieser Arbeit edierten Ausgangsfassung bis auf einige wenige Abweichungen. Allerdings wurde der eingereichte Text nicht unbearbeitet in das „Wunderhorn" aufgenommen. Neben einigen sprachlichen und metrischen Besserungen, die sich anhand des kritischen Apparates von Rölleke[24] nachvollziehen lassen, besteht der Hauptunterschied zwischen beiden Fassungen in der Kürzung des Liedtextes um drei Strophen. Nur vier der ehemals sieben Strophen des Marienliedes *Wunderschön prächtige* fanden in das „Wunderhorn" Eingang. Die dort abgedruckte Fassung lautet:

Maria, Gnadenmutter zu Freyberg.

1. Wunderschön Prächtige
Große und Mächtige,
Liebreich holdselige, himmlische Frau,
Welcher auf ewiglich
Kindlich verbinde mich,
Ja mit Leib und Seel gänzlich vertrau.
Billig mein Leben,
Alles beyneben,
Alles, ja alles, was immer ich bin,
Geb ich mit Freuden, Maria, dir hin.

2. Weil du ganz mackellos
Hat Gott dich Gnaden-Ros,
Der himmlische Vater sein Tochter genannt,
Ja auch der göttlich Sohn,
In seinem höchsten Thron
Sich zu dir, dich als Mutter bekannt,
Endlich die Ehren
Noch zu vermehren
Als dir als seiner erwählten Braut,
Heiliger Geist sich dir selber vertraut.

3. Die Sonn begleitet dich,
Es unterwirfet sich,
Zu deinen Füßen der silberne Mond,
Kein Unvollkommenheit
Mindert dein Herrlichkeit,
Um dein Haupt machen die Sterne ein Kron;
Alles was lebet,
Alles was schwebet,
Alles was Himmel und Erden schränkt ein,
Muß deiner Majestät unterthan seyn.

24 Vgl. ebd., S. 296/97.

4. In diesem Jammerthal
Seufzen wir allzumahl,
Zu dir, o Jungfrau, in Elend und Noth;
Maria du allein,
Wollst unsre Mutter seyn,
Wenn die Seel scheidet vom Leib der Tod,
Wenn wir hinreisen,
Thu uns erweisen
Gnad und Barmherzigkeit bey deinem Thron,
Bitt für uns Jesum dein göttlichen Sohn.

Im Vergleich zur Vorlage wurden für diese Fassung die Strophen zwei, drei, und vier ausgelassen. Dadurch verändert sich der Charakter des Liedes. In den drei weggefallenen Strophen wird Marias Majestät (2,4), ihre Herrschaft und ihr Königtum (4,3 und 5) sowie ihre Fähigkeit, die Feinde zu vernichten (6,9 und 10), thematisiert. Indem diese Strophen aus dem Lied herausgenommen werden, wird der Majestätsgedanke, der das im Ausgangstext geschilderte Marienbild hauptsächlich prägt, deutlich abgemildert. Diese Tendenz läßt sich, wie Rölleke festgestellt hat, auch an anderen Marienliedern des „Wunderhorns" ablesen: „[...], so wurde in allen Marienliedern der Zug des Lieblichen oder Idyllischen betont, während Strophen, in denen etwa die Majestät der Gottesmutter oder ihre Rolle als Vernichterin der Feinde gefeiert wird, wegfallen."[25]

Außerdem handelt es sich bei den gestrichenen Strophen genau um diejenigen Strophen, in denen in der Ausgangsfassung Maria bestimmte Eigenschaften und Titel in Form von Seins-Prädikationen zugewiesen werden. Durch die Auslassung dieser mit *Du bist* ... eingeleiteten Anreden verlieren die Lobpreisungen Marias zum einen ihre Direktheit und zum anderen werden sie stärker auf die bildliche Ebene verlagert. Dadurch wird die klare Struktur des Ausgangstextes aufgelöst und seine innere Logik geht verloren. Vor allem die abschließende Bittstrophe ist weder motivisch noch inhaltlich mit den voranstehenden Strophen verkettet, so daß die Fassung ihre ursprüngliche Klarheit eingebüßt hat.

An den vier in das „Wunderhorn" aufgenommenen Strophen wurden lediglich kleinere sprachliche Änderungen vorgenommen. So wurden zum Beispiel einige Verse metrisch geglättet und an wenigen Stellen der sprachliche Ausdruck bereinigt. Unter diesen semantisch eher unbedeutenden Änderungen sticht lediglich eine hervor. So wird der Anruf *o schönste Ros* (3,2) durch die Bezeichnung *Gnaden-Ros* ersetzt. Die Rose kann in bezug auf Maria als Symbol der Unbefleckten Empfängnis aufgefaßt werden.[26] In Verbindung mit dem Begriff „Gnade" wird die ursprüngliche Bedeutung des Bildes erweitert. Denn Marias Sündenlosigkeit und ihre Eigenschaft als Gnadenspenderin werden hier zusammengefaßt. Diese Wortschöpfung der

25 H. Rölleke: Des Knaben Wunderhorn. In: Jahrbuch für Liturgik und Hymnologie (1984), S. 36.

26 Vgl.: Marienlexikon, Bd. 2, S. 548.

Wunderhornherausgeber ist vor allem deswegen so bedeutsam, weil sie innerhalb der weiteren Wirkungsgeschichte des Marienliedes *Wunderschön prächtige* häufig zu beobachten ist. Da die vierstrophige Wunderhorn-Fassung lediglich in einzelnen Liederbüchern und Anthologien des 20. Jahrhunderts aufgenommen worden ist[27], läßt sich die Bedeutung des „Wunderhorns" für die weitere Verbreitung des Liedes in vielen Fällen nur anhand dieser eindeutig auf die Wunderhorn-Fassung zurückgehenden singulären Wendung erkennen.

Auch wenn sich die ins „Wunderhorn" aufgenommene vierstrophige Fassung des Marienliedes *Wunderschön prächtige* letztlich nicht durchsetzen konnte, hat die Aufnahme des Liedes in diese wegweisende Liedersammlung dennoch mit Sicherheit den Anstoß dafür gegeben, daß das Lied in viele Volksliedsammlungen und Gebrauchsliederbücher des 19. und 20. Jahrhunderts Eingang gefunden hat.

5.1.2 Die Volksliedsammlungen des 19. Jahrhunderts und ihr Anspruch

5.1.2.1 Freiherr von Ditfurths „Fränkische Volkslieder"

Das Marienlied *Wunderschön prächtige* wurde nicht nur in die Sammlung „Des Knaben Wunderhorn" sondern auch in andere bedeutende Volksliedsammlungen des 19. Jahrhunderts aufgenommen. Zu den ältesten unter ihnen zählt die von Franz Wilhelm Feiherr von Ditfurth herausgegebene Sammlung mit dem Titel „Fränkische Volkslieder. Mit ihren zweistimmigen Weisen, wie sie im Volke gesungen werden, aus dem Munde des Volkes selbst gesammelt und herausgegeben". Das Buch erschien 1855 in Leipzig.

Während im „Wunderhorn" geistliche und weltliche Lieder unvermittelt nebeneinander gestanden hatten und alle Lieder ohne eine erkennbare Ordnung bunt gemischt präsentiert worden waren, bildeten sich in den nachfolgenden Volkliedsammlungen Rubriken heraus, in denen die Lieder thematisch zusammengefaßt wurden. Das geistliche Lied nimmt dabei bei Ditfurth eine exponierte Stellung ein, denn die geistlichen Lieder machen den ersten Teil der Sammlung aus. Darauf weist der Herausgeber im Vorwort ausdrücklich hin und geht dann kurz auf die Frage ein, worin sich das geistliche Volkslied vom Kirchenlied unterscheide:

> Die geistlichen Lieder welche hier folgen, bilden den ersten Theil der bald erscheinenden fränkischen Volkslieder überhaupt.
> Es war nicht Aufgabe Kirchenlieder zu geben, sondern gerade vorzugsweise solche, die außerhalb der Kirche vom Volk gesungen werden, wobei allerdings man-

[27] Insgesamt konnte die *Wunderhorn*-Fassung nur dreimal nachgewiesen werden: Was die Minne singt. Düsseldorf 1930. – Das goldene Buch der Lautenlieder. Berlin ²1937. – Deutsche Mariendichtung aus neun Jahrhunderten. Berlin 1960 [TB 1989].

> che in derselben gebräuchliche nicht ausgeschlossen bleiben konnten, sobald sie den volksthümlichen Character, besonders in den Melodien, an sich trugen.[28]

Ditfurth deutet hier an, daß sich das geistliche Lied nicht klar vom Kirchenlied abgrenzen läßt. Für ihn ist vor allem der Ort, an dem das jeweilige Lied gesungen wird, ein wichtiges Unterscheidungsmerkmal: Lieder mit geistlichem Inhalt, die überwiegend - wenn auch nicht ausschließlich - außerhalb der Kirche gesungen werden, gehören für Ditfurth zu den geistlichen Liedern. Daneben muß das Lied einen „volksthümlichen Character" haben, der sich weniger am Text erkennen läßt, sondern vielmehr in der Melodie des Liedes offenbar wird. Welch große Bedeutung den Melodien innerhalb dieser Sammlung zugewiesen wird, ist bereits am Untertitel des Werkes ablesbar. Auch im Vorwort wird dies noch einmal ausdrücklich betont:

> Die in der ersten nämlich, finden sich den Weisen nach fast nur im Munde des Volkes vor, selbst die Worte sind noch zum größten Theil unediert, und erhalten sich nur durch mündliche Mittheilungen, fliegende Blätter und geschriebene Liederbücher. [...] Alle sind zweistimmig und genau so wiedergegeben, wie sie das Volk wirklich singt.[29]

Inwieweit der hier formulierte Anspruch, die Weisen „direkt aus dem Munde des Volkes" gesammelt zu haben, dem tatsächlich angewandten Verfahren entspricht, kann an dieser Stelle nicht geklärt werden. Wenn diese Angabe der Realität entspräche, läge uns mit Ditfurths Liedersammlung - ganz im Gegensatz zu der Sammlung „Des Knaben Wunderhorn" - ein Spiegel des in den ersten Jahrzehnten des 19. Jahrhunderts tatsächlich vorhandenen Liedgutes vor.

Sicher ist jedoch, daß sich das „Wunderhorn" und Ditfurths „Fränkische Volkslieder" in einigen wesentlichen Punkten deutlich voneinander unterscheiden. So beschränkt sich Ditfurth mit seiner Sammlung auf eine bestimmte Region, während das „Wunderhorn" ganz allgemein „alte deutsche Lieder" enthält. Außerdem handelt es sich beim „Wunderhorn" um eine reine Textsammlung, während bei Ditfurth ein wesentliches Augenmerk auf die Melodien gerichtet ist. Dadurch ist die praktische Bedeutung von Ditfurths Liedersammlung höher einzuschätzen als die des „Wunderhorns". Zudem teilt Ditfurth die von ihm mitgeteilten Lieder in zwei Gruppen: Die erste Abteilung enthält Lieder, die sich im „Munde des Volkes" befinden und von denen die meisten außer auf Fliegenden Blättern noch nicht in gedruckter Form vorliegen, während die zweite Abteilung diejenigen Lieder aufnimmt, die „auf dem Gebiete der Kunst entsprungen"[30] und dann in irgendeiner Form populär geworden sind. Eine solche Klassifizierung nehmen Arnim und Brentano nicht vor. Sie versuchen vielmehr, gerade den Kunstliedern durch Textänderungen oder Quellenverschleierung den Reiz des Volkstümlichen zu verleihen. Daher mischen sie in ihrer Liedersamm-

---

28 F. W. Ditfurth: Fränkische Volkslieder. Leipzig 1855, S. III.
29 Ebd., S. III.
30 Ebd., S. III.

lung anonymes Liedgut und Texte bekannter Autoren miteinander und vermitteln so den geschlossenen Eindruck einer aus dem Volk entsprungenen einheitlichen Dichtung.

Auch wenn sich Ditfurths „Fränkische Volkslieder" im Anspruch und von der Art der Anlage her deutlich von der Sammlung „Des Knaben Wunderhorn" abheben, so zeigen sich doch zwischen beiden Werken deutliche Parallelen in bezug auf die Bearbeitungspraxis der Lieder. So ändert und korrigiert auch Ditfurth die ihm vorliegenden Quellen nach ästhetischen Gesichtpunkten:

> Die hier gebotenen Lesarten dagegen sind wenigstens den Worten nach, viel correcter, und auch die Weisen, obschon oftmals abweichend, erscheinen mitunter richtiger, manche populairer.[31]

Da man die von Ditfurth verwendeten Quellen nicht kennt, sind die von ihm vorgenommenen Verbesserungen und Änderungen im Einzelnen nicht nachvollziehbar. Im Vergleich zum „Wunderhorn" kann man aber dennoch festhalten, daß Ditfurths Volksliedsammlung eher das widerspiegelt, was zu dieser Zeit in einer bestimmten Region den Menschen an Gesängen tatsächlich geläufig war. Auch ist davon auszugehen, daß die von Ditfurth angebrachten Korrekturen und Textänderungen nicht so weitreichend waren wie die von Arnim und Brentano mit einer ganz konkreten Absicht vorgenommenen Bearbeitungen ihrer Quellen.

Das Marienlied *Wunderschön prächtige* steht innerhalb der Volksliedsammlung von Ditfurth in der ersten Abteilung und gehört somit zu den anonymen Liedern, die laut Vorrede aus dem „Munde des Volkes" aufgezeichnet worden sind. Das Buch überliefert Text und Melodie des Marienliedes *Wunderschön prächtige.* Die Textfassung umfaßt insgesamt sieben Strophen und stimmt mit der zu Beginn dieser Arbeit rekonstruierten wirkmächtigsten Fassung weitgehend überein. Ein Einfluß der Fassung aus dem „Wunderhorn" kann nicht festgestellt werden. Die zu dem Lied gehörige Melodie ist zweistimmig. Die erste Stimme entspricht dabei in Tonart und Aufbau der Melodie von 1759 – bis auf einige melodische Phrasen, die der Verzierung dienen. Die begleitende Stimme besteht im wesentlichen aus Quint- und Terzparallelen und dokumentiert damit eine im Volksgesang übliche Praxis des zweistimmigen Singens.

Die bei Ditfurth abgedruckte Fassung des Marienliedes *Wunderschön prächtige* knüpft sowohl vom Text als auch von der Melodie her an die für das Lied bis ins 19. Jahrhundert hinein lebendige Flugblatt-Tradition an. Diese siebenstrophige Fassung entwickelt sich – nicht zuletzt durch Ditfurths Volksliedsammlung – zu einer bedeutenden und im Textbestand äußerst konstanten Fassung, die vor allem die Volksliedtradition des Marienliedes *Wunderschön prächtige* im Verlauf des 19. und frühen 20. Jahrhunderts maßgeblich geprägt hat.

---

[31] Ebd., S. IV.

5.1.2.2 Mittlers „Deutsche Volkslieder"

Bereits ein Jahr vor Ditfurths „Fränkischen Volkslieder" war eine andere Volksliedsammlung erschienen, die Franz Ludwig Mittler unter dem Titel „Deutsche Volkslieder" herausgegeben hatte. Diese Sammlung enthält sowohl weltliche als auch geistliche Volkslieder. Meistersang und Gesellschaftslieder gehören für Mittler ebensowenig zum weltlichen Volkslied wie das Kirchenlied zum geistlichen Volkslied. Wie er die jeweiligen Gruppen voneinander unterscheidet und nach welchen Kriterien er die Volkslieder für seine Sammlung auswählt, wird im Vorwort kurz angesprochen.

> Die Grundsätze näher darzulegen, nach welchen die Lieder ausgewählt wurden, würde die Grenze eines Vorwortes weit überschreiten; zudem laßen sie, weil vorzugsweise Gefühl und Übung den Ausschlag geben müßen, eine genaue Formulirung nicht zu. Besonderen Schwierigkeiten unterliegt bekanntlich für die ältere Zeit die Erkennung des Volksliedes gegenüber den dem Meistersang angehörenden und den seit Hoffmann von Fallersleben sogenannten Gesellschafts-Liedern. Abgesehen von Inhalt und Sprache war dabei maßgebend, ob das einzelne Lied ein weithin im Volke, namentlich durch fliegende Blätter oder vielleicht gleichzeitig in hoch- und niederdeutscher Zunge verbreitetes und wegen dieser seiner Verbreitung der geistlichen Umarbeitung unterzogen worden war, wohl gar als geistliches Volkslied Eingang gefunden hatte. Ähnlichen Schwierigkeiten unterliegt das geistliche Volkslied in seinem Verhältnis zum Kirchenliede; es wurde dabei das Criterium angenommen, daß das einzelne Lied neben der Kirche eine selbständige Existenz in dem Munde des Volkes sich erworben hat.[32]

Neben so unbestimmten Kriterien wie „Gefühl" und „Übung" sind für Mittler die Sprache und der Inhalt sowie das Medium und der Grad der Verbreitung typische Erkennungsmerkmale eines Volksliedes. Für das geistliche Volkslied kommt hinzu, daß die Lieder auch außerhalb der Kirche bekannt sind und Verwendung finden.

Auf die Art der Quellen, aus denen Mittler seine Lieder geschöpft hat, geht er zunächst nicht genauer ein. Er benennt lediglich die „Fliegenden Blätter", die nach seiner Einschätzung die Verbreitung eines Liedes belegen. Erst in der 1865 erschienen zweiten Auflage seiner Liedersammlung fügt Mittler ein Quellenverzeichnis an, aus dem hervorgeht, daß er seine Lieder vorwiegend aus gedruckten Quellen, vor allem aus Gesangbüchern und älteren Liedersammlungen, wie zum Beispiel aus dem „Wunderhorn", geschöpft hat[33]. Mittler erhebt im Gegensatz zu Ditfurth nicht den Anspruch, seine Lieder „aus dem Mund" des Volkes gesammelt zu haben. Ihm kommt es vielmehr darauf an, nur die Lieder zu sammeln, die sich aufgrund ihrer Tradition und ihrer Präsenz im Volk nach seiner Bewertung als „echtes Volkslied" erwiesen haben. Insofern ist die Sammlung „Deutsche Volkslieder" zwischen dem „Wunderhorn" und Ditfurths „Fränkischen Volksliedern" einzuordnen. Ebenso wie die Herausgeber des „Wunderhorns" be-

---

32 F. L. Mittler: Deutsche Volkslieder. Marburg und Leipzig 1855, S. III.

33 F. L. Mittler: Deutsche Volkslieder. Frankfurt am Main ^{2}1865, S. IV.

schränkt sich Mittler nicht auf einen regional begrenzten Raum, und er nimmt ebenfalls keine Melodien auf. Auch ihm liegen vorwiegend gedruckte Quellen vor, die er im Unterschied zu Achim und Brentano - zumindest in der zweiten Auflage - offenlegt, so daß in vielen Fällen die Herkunft seiner Textfassungen bekannt ist. Bei der Bearbeitung der Texte geht er - ähnlich wie Ditfurth - vorsichtiger vor und hält sich genauer an seine Vorlage.

Mittler hat gleich zwei verschiedene Fassungen des Marienliedes *Wunderschön prächtige* in seine Sammlung aufgenommen. Unter der Nummer 373 befindet sich eine siebenstrophige Fassung des Textes. Sie ist überschrieben mit „Maria Gnadenmutter" und verweist in einer Quellenangabe auf die Sammlung „Des Knaben Wunderhorn II, S. 174". Allerdings wird hier nicht die um drei Strophen gekürzte Fassung aus dem „Wunderhorn" abgedruckt, sondern eine vollständige siebenstrophige Fassung des Liedes geboten. Lediglich die bereits erwähnte Wendung *Gnaden-Ros (3,2)* ist eindeutig aus dem „Wunderhorn" übernommen worden.

Direkt im Anschluß steht unter der Nummer 374 eine weitere Fassung des Liedes. Sie ist überschrieben mit „Aus dem Paderbornischen". Andere Hinweise auf Herkunft oder Quelle sind nicht vorhanden. Der Text umfaßt insgesamt fünf Strophen und weist vom Textbestand her Ähnlichkeiten zu der Fassung aus dem Kölner Bruderschaftsgesangbuch von 1774 auf.

An dieser Stelle zeigt sich erneut, daß das Marienlied *Wunderschön prächtige* zahlreiche Variantenbildungen hervorgebracht hat und in verschiedenen Regionen zum Teil auch in höchst unterschiedlichen Versionen verbreitet war. Mittlers Volksliedsammlung nimmt im Falle des Marienliedes *Wunderschön prächtige* zwei in dieser Zeit bekannte und geläufige Textfassungen auf und erbringt den Beweis dafür, daß auch innerhalb der Volksliedtradition neben der üblichen Fassung andere Varianten des Liedes existierten. Demnach verfügt die insgesamt ausgesprochen konstant erscheinende Volksliedtradition des Marienliedes *Wunderschön prächtige* durchaus über Nebenlinien.

5.1.2.3 Der „Deutsche Liederhort"

Ungefähr zur gleichen Zeit wie die Volksliedsammlungen von Ditfurth und Mittler erschien in Berlin der erste Band des „Deutsches Liederhortes" Diesen hatte der Professor und königliche Musikdirektor Ludwig Erk herausgegeben. Erk hatte sich über viele Jahre seines Lebens hinweg mit dem Sammeln von Volksliedern beschäftigt und beabsichtigte, dem ersten Band seines „Liederhortes" noch weitere folgen zu lassen. Erk setzte zwar seine Sammeltätigkeit fort, weitere Bände des „Liederhortes" erschienen aber nicht mehr. Sein umfangreicher handschriftlicher Nachlaß ging nach seinem Tode im Jahre 1886 an die Bibliothek der Königlichen Hochschule für Musik in Berlin. Erks langjähriger Freund Franz M. Böhme nahm sich des umfangreichen Materials an und brachte in den Jahren 1892 bis 1894 den „Liederhort" in einer neuen und erweiterten Gestalt heraus – und zwar unter folgendem Titel:

> Deutscher Liederhort. Auswahl der vorzüglichen Deutschen Volkslieder nach Wort und Weise aus der Vorzeit und Gegenwart gesammelt und erläutert von Ludwig Erk. Im Auftrage und mit Unterstützung der Königlich Preußischen Regierung nach Erk's handschriftlichem Nachlasse und auf Grund seiner Sammlung neubearbeitet und fortgesetzt von Franz M. Böhme. Leipzig 1892–1894.

In seinem Vorwort geht Böhme darauf ein, welcher Anspruch dieser Neuauflage des „Liederhortes" zugrunde liegt, und zu welchem Zweck das Werk dienen soll. Seine Ausführungen zeigen, daß sich der „Liederhort" in einigen wesentlichen Punkten deutlich von den anderen Liedersammlungen unterscheidet und eine von Böhme ausgemachte Lücke schließen will:

> Es fehlte uns Deutschen bisher ein Liederwerk: das von allen in *alter* und *neuerer* Zeit nach *Wort* und *Weise* das *Wertvollste in reicher* und *kritischer* Auswahl darbietet, um von der lyrischen Volkpoesie der Deutschen ein *Gesammtbild* zu geben, den Zusammenhang zwischen altem und neuem Liede und den Entwicklungsgang erkennen zu lassen, und dadurch zunächst der *Wissenschaft* zu dienen, nebenbei auch gebildeten Freunden des Volksgesanges in Stunden der Erholung durch die dargebotene frische Naturpoesie *Unterhaltung* und edle *Erheiterung* zu verschaffen .
> Solch ein *allgemeines deutsches Volksgesangbuch* zu sein hat sich der Liederhort zur Aufgabe gemacht. Es ist die erste allgemeine, historisch-kritische Sammlung der werthvollsten Volkslieder nach Wort und Weise aus alter und neuer Zeit.[34]

Die Liedersammlung sollte nach Böhmes Vorstellung ein wissenschaftliches Quellenwerk sein. Aus diesem Grund hat er nur das „nach Wort und Weise Wertvollste" aus „alter und neuer Zeit" in den „Liederhort" aufgenommen. Außerdem legte er Wert darauf, daß es sich bei den Liedern um „wirkliche Volkslieder" handelte,

> „[...] d.h. Lieder, die im Volke von unbekannten Verfassern entstanden, durch Volksmund verbreitet, umgebildet und erhalten wurden, zum Theil noch gesungen werden und durch einfachste Form und allgemeinen, objektiven Inhalt sich vom Kunstlied unterscheiden."[35]

Nach Böhmes Einschätzung kann aber nicht jedes Lied, das vom Volk gerne gesungen wird und das von seiner Sprachgestalt, dem Inhalt und der Melodie her als echtes Volkslied angesehen werden muß, im „Liederhort" verzeichnet werden:

> Nicht Alles, was die Sammler aus Volksmund aufgefangen und aus alten Handschriften und Drucken zusammengerafft haben, durfte in einem „Liederhorte" Platz finden. Das Vorhandene, geradezu Werthlose, sowie viel Häßliches und

---

34 L. Erk, F. M. Böhme: Deutscher Liederhort. Leipzig 1894, Bd. 1, S. IV. Hervorhebungen original.

35 Ebd., S. IV.

> Schmutziges mußte ausgeschieden und von der Unmasse des Verbleibenden wieder nur das Werthvollere und Vorzüglichere *ausgewählt* werden.[36]

In diesem Punkt unterscheidet sich der „Liederhort" ganz offensichtlich von den Liedersammlungen Ditfurths und Mittlers, die beide großen Wert darauf legten, das im Volk verbreitete Liedgut zu sammeln, und die in diesem Zusammenhang betonen, daß auch das weniger wertvolle Liedgut in ihre Sammlungen Aufnahme gefunden hat[37]. Böhme hingegen bemüht sich, in seiner Liedsammlung nur das Wertvollste zu präsentieren. Dabei berücksichtigt er neben der „poetischen Schönheit" und dem „kulturellen Interesse" auch die „historische Denkwürdigkeit" des im Liedtext Besungenen sowie die Bedeutung, die ein Lied für die „Musikgeschichte, insbesondere für die Geschichte des kirchlichen Volksgesanges" hat.[38] Neben diesen eher literarischästhetisch ausgerichteten Auswahlkriterien beurteilt Böhme die Liedtexte auch nach moralischen Gesichtspunkten:

> Bermerkt sei: daß dies wissenschaftliche Buch für gebildete Erwachsene jeden Standes, nicht aber für die Schuljugend und am allerwenigsten für die modernen Fräulein=Institute bestimmt ist; doch soll es auch jede deutsche Frau und Jungfrau, die noch nicht von Prüderie und salonmäßiger Ueberbildung angekränkelt sind, ohne Erröthen lesen können.[39]

Die Lieder werden im „Liederhort" nach inhaltlichen Gesichtspunkten verschiedenen Rubriken zugeordnet. Die letzte Gruppe ist überschrieben mit „Geistliche Lieder" und gliedert sich in drei Unterabteilungen: 1. Festlieder (katholisch und protestantisch); 2. Legenden-Lieder der Katholiken; 3. Lob- und Dank-, Bitt-, Buß- und Trostlieder (Hausandacht).[40]

Böhme stellt diese Liedersammlung mit dem Anspruch zusammen, „von Deutschlands Volkslyrik ein glänzendes, wahrheitsgetreues Bild zu geben", und bezeichnet es als seine Pflicht dabei „nicht Gefälschtes" zu bringen.[41] Daher hat Böhme zu jedem Lied einen kurzen Kommentar verfaßt, in dem er Auskunft über die verwendeten Quellen und über die Herkunft oder den

---

36 Ebd., Bd. 1, S. V. Hervorhebungen original.

37 Ditfurth schreibt dazu in seinem Vorwort: „Der Werth aller dieser Lieder nun ist freilich ein sehr verschiedener; es war aber nicht Absicht nur das Vorzügliche zu geben, sondern den Volksgeist auch in seinen geistlichen, mehr außerkirchlichen Liedern so vollständig wie möglich darzulegen, und damit konnte die Schönheit allein nicht maßgebend sein." – F. W. Ditfurth: Fränkische Volkslieder, S. IV. Auch Mittler geht auf diese Thematik ein: „Unsere Sammlung gibt reines und unreines, wie das Volksleben, aus dem Volkslied hervorgeht, reines und unreines in sich trägt. Das letzt konnte also, solange es nicht in rohen Auswuchs ausartet nicht ausgeschlossen werden, sollte die Sammlung nicht eine unvollständiges, willkürlich zusammengesetztes Bild darbieten." – F. L. Mittler: Deutsche Volkslieder, S. VIf.

38 Vgl. L. Erk, F. M. Böhme: Deutscher Liederhort, Bd. 1, S. Vf.

39 Ebd., S. VI.

40 Vgl. ebd., S. VII.

41 Ebd., S. VI.

Verfasser des Liedes gibt. Außerdem weist er die von ihm vorgenommenen Text- und Melodieveränderungen nach.

Der „Deutsche Liederhort" unterscheidet sich im Umfang und vor allem durch seinen wissenschaftlichen Anspruch von den anderen hier vorgestellten Volksliedsammlungen. Seit seinem Erscheinen ist er häufig als Quelle für weitere Volksliedsammlungen oder sonstige Gebrauchsliederbücher herangezogen worden.

Auch das Marienlied *Wunderschön prächtige* ist in den „Deutschen Liederhort" aufgenommen worden. Der Text umfaßt insgesamt sieben Strophen und entspricht - wie dem Kommentar zu entnehmen ist - der bei Ditfurth abgedruckten Fassung. Außerdem werden weitere recht ausführliche Angaben über die Entstehung des Liedes und über die herangezogenen Quellen gemacht. So wird zum Beispiel auf die erste Strophe der Elegie *Sonnenschön prächtige* des Laurentius von Schnüffis verwiesen. Neben der Sammlung „Des Knaben Wunderhorn" werden weitere Liedsammlungen angeführt, die den Text in einer ähnlichen Fassung enthalten. In bezug auf das „Wunderhorn" fällt auf, daß Böhme sich hier ausdrücklich auf die zweite Auflage aus dem Jahr 1857 bezieht. Diese Neuauflage des „Wunderhorns" enthält nämlich im Vergleich zur ersten Auflage von 1808 wieder eine siebenstrophige Fassung des Marienliedes *Wunderschön prächtige*, die sich nur durch kleinere Varianten von der im „Liederhort" und in den „Fränkischen Volksliedern" präsentierten Fassung unterscheidet.[42] Die dem Text des Marienliedes *Wunderschön prächtige* im „Deutschen Liederhort" beigegebene Melodie ist ebenfalls aus Ditfurths Liedersammlung entnommen. Darüber hinaus verweist Böhme auf das „Einsiedelsche Gesangbuch"[43] von 1773 und auf die bei Wilhelm Bäumker „Das katholische Kirchenlied in seinen Singweisen"[44] vorgefundenen Hinweise.

Die großen Volksliedsammlungen des 19. Jahrhunderts überliefern demnach das Marienlied *Wunderschön prächtige* in der aus dem 18. Jahrhundert stammenden geistlichen Volksliedfassung. Die Tatsache, daß sich die siebenstrophige Fassung gegen die vierstrophige Fassung aus der ersten Ausgabe der Sammlung „Des Knaben Wunderhorn" durchgesetzt hat, weist auf eine lebendige Rezeption des Liedes im 19. Jahrhundert hin, die bis ins 20. Jahrhundert hinein fortdauert. Ditfurths „Fränkische Volkslieder" und Erk / Böhmes „Deutscher Liederhort" sind bei der Herausgabe verschiedener Gebrauchsliederbücher als Quelle herangezogen worden. Das bedeutendste Beispiel ist das von Hans Breuer (1883–1918) herausgegebene Liederbuch „Der Zupfgeigenhansl". Breuer war eine führende Persönlichkeit innerhalb der deutschen Wandervogel-Bewegung. Dabei handelt es sich um

---

42 Ludwig Achim's von Arnim sämmtliche Werke. Neue Ausgabe. Zwölfter Band. Des Knaben Wunderhorn II. Berlin, v. Arnim's Verlag 1857, S. 174–177.

43 Vgl. Kapitel 2.4.2 „Der Ton: *Wunderschön prächtige*" in dieser Arbeit.

44 W. Bäumker: Das katholische deutsche Kirchenlied in seinen Singweisen, Bd. III, S. 224.

einen Zusammenschluß von Jugendlichen, die gemeinsam Wanderungen in der Natur unternahmen und sich damit von der Alltagswelt absetzen wollten.[45] Dazu gehörte auch das Singen von Volksliedern. Ein zentrales ästhetisches Anliegen der Wandervogel-Bewegung war daher die Restauration alter Volkslieder.[46] Dies zeigt sich in dem 1909 in erster Auflage erschienenen Liederbuch „Der Zupfgeigenhansl", das – wie Thomas Nipperdey schreibt – „geradezu zum Gebetbuch einer Generation"[47] wurde.

Das Buch sollte nach Breuer den „Sinn für die schlichte, schöne Art des Volkes"[48] fördern. Deshalb habe er nur diejenigen Lieder aufgenommen, die „Jahrhundert um Jahrhundert im Volke fortgelebt"[49] hätten. Diese Äußerungen stehen allerdings in einem Widerspruch zu der von Breuer bei der Erstellung seines Liederbuches angewandten Arbeitsweise. Andrea Neuhaus geht in ihrer Dissertation „Das geistliche Volkslied in der Jugendbewegung" darauf ein, welche Quellen Breuer für den „Zupfgeigenhansl" herangezogen hat:

> „In den niedrigen Hütten dem Volke abgelauscht" – möglichst auf diesem Wege sollten, nach Hans Breuers Vorstellung, die Volkslieder in die Liederbücher der Jugendbewegung gelangen. Bei der Entstehung des „Zupfgeigenhansl" mußte dieser Wunsch vor den realen Gegebenheiten zurückweichen: Rund 35 literarische Sammlungen hat Breuer als Quellen für das Liederbuch benutzt, wie Charlotte Ziegler bereits 1951 in ihrer Dissertation „Die literarischen Quellen des Zupfgeigenhansl" nachgewiesen hat. So habe Breuer seiner wichtigsten Vorlage, Erk / Böhmes „Deutschem Liederhort" mindestens 127 Lieder entnommen. Daneben hat er weitere Sammlungen des 19. Jahrhunderts verwendet, wissenschaftliche wie Franz Magnus Böhmes „Altdeutsches Liederbuch" (1877) oder Franz Wilhelm Freiherr von Ditfurths „Fränkische Volkslieder" (1855) und literarische wie „Des Knaben Wunderhorn".[50]

Der „Zupfgeigenhansl" war sehr erfolgreich und erlebte allein in den Jahren von 1909 bis 1913 zehn Neuauflagen[51]. Dabei ist das Buch von Breuer in den verschiedenen Ausgaben wiederholt verändert und erweitert worden. Das Marienlied *Wunderschön prächtige* wurde erst in die zehnte Auflage des Buches aus dem Jahr 1913 aufgenommen. Als Quelle gibt Breuer Ditfurths „Fränkische Volkslieder" an. Allerdings hat er nur drei der dort abgedruck-

---

45 Vgl. Th. Nipperdey: Deutsche Geschichte 1866–1918, Bd. 1. München 1998, S. 118f.

46 Vgl. A. Neuhaus: Das geistliche Lied in der Jugendbewegung. Zur literarischen Sakralität um 1900. Tübingen 2005, S. 31–34.

47 Th. Nipperdey: Deutsche Geschichte 1866–1918, Bd. 1, S. 119.

48 Zupfgeigenhansl. 1. Auflage, Vorwort.

49 Zupfgeigenhansl. 1. Auflage, Vorwort.

50 A. Neuhaus: Das geistliche Lied in der Jugendbewegung, S. 85.

51 Zur Auflagengeschichte vgl. A. Neuhaus: Das geistliche Lied in der Jugendbewegung, S.91f. Der „Zupfgeigenhansl" war das erfolgreichste Liederbuch der Wandervogel-Bewegung: „Er verband die unterschiedlichen Gruppen der Jugendbewegung, indem er ihnen ein einheitliches Lied-Repertoire zur Verfügung stellte. Nach dem Ende der Jugendbewegung konnte sich das Buch weiterhin auf dem Büchermarkt behaupten, so daß er zum meistaufgelegten deutschen Jugendliederbuch wurde." Ebd., S. 92.

ten sieben Strophen übernommen – und zwar die Strophen eins, fünf und sieben:

1. Wunderschön prächtige,
große und mächtige,
liebreich holdselige, himmlische Frau!
Welcher auf ewig ich
kindlich verbinde mich,
ja auch mit Leib und Seel gänzlich vertrau.
Billig mein Leben,
alles beineben,
alles, ja alles, was immer ich bin,
geb ich mit Freuden, Maria dir hin.

2. Die Sonn begleitet dich,
es unterwirfet sich
zu deinen Füßen der silberne Mond,
kein Unvollkommenheit
mindert dein Herrlichkeit,
um dein Haupt machen die Stern ein Kron.
Alles, was lebet,
alles, was schwebet,
alles was Himmel und Erden schränkt ein,
muß deiner Majestät untertan sein.

3. In diesem Jammertal
seufzen wir allzumal
zu dir, o Jungfrau, in Elend und Not.
Maria, du allein
wollst unsre Mutter sein,
wann die Seel scheidet vom Leib der Tod.
Wann wir hinreisen,
tu uns erweisen
Gnad und Barmherzigkeit bei deinem Thron,
bitt für uns Jesum, dein göttlichen Sohn.

Die von Breuer getroffene Strophenauswahl erinnert stark an die Fassung aus der Sammlung „Des Knaben Wunderhorn“. Im Vergleich zu der Fassung aus dem „Wunderhorn“ ist im „Zupfgeigenhansl“ lediglich die zweite Strophe ausgelassen worden, ansonsten stimmen beide Texte miteinander überein.

Durch diese Strophenauswahl ändert sich das im Text gezeichnete Marienbild. Es fallen nämlich genau die Strophen weg, in denen das Handeln Gottes und Marias Unterordnung unter Gott zur Sprache kommen. Dadurch erscheinen die Macht und die Majestät der Gottesmutter grenzenlos. Im Gegensatz zu der siebenstrophigen Fassung werden hier die notwendigen theologischen Unterscheidungen nicht getroffen, sondern sie werden bewußt beiseite geschoben. Es findet also eine selektive Rezeption statt, die aus dem vorhandenen Material das auswählt, was der eigenen Vorstellungswelt entspricht.[52]

Hier schließt sich der Kreis hin zur Sammlung „Des Knaben Wunderhorn" von Achim von Arnim und Clemens Brentano. Die Aufnahme des Marienliedes *Wunderschön prächtige* in diese bedeutende Liedersammlung hat den Anstoß zu einer breiten Rezeption des Liedes innerhalb verschiedener großer Volksliedsammlungen des 19. Jahrhunderts gegeben. Arnim und Brentano haben damit zu Beginn des 19. Jahrhunderts einen restaurativen Prozeß angestoßen, der darauf ausgerichtet war, fast vergessenes Liedgut in ihrer Zeit wieder rezipierbar zu machen - allerdings veränderten sie dabei das vorgefundene Liedmaterial nach ihren Vorstellungen. Hans Breuer macht zu Beginn des 20. Jahrhunderts etwas ganz ähnliches. Auch er greift auf die alten Volkslieder zurück. Dabei kann er sich auf die Volksliedsammlungen des 19. Jahrhunderts stützen. Den ausgewählten Texten verleiht er in vielen Fällen durch gezielte Kürzungen bestimmte inhaltliche Tendenzen. Diese Vorgehensweise wird am Beispiel des Marienliedes *Wunderschön prächtige* sichtbar.

Die Rezeption des Marienliedes *Wunderschön prächtige* in den Volksliedsammlungen des 19. Jahrhunderts ist im wesentlichen die Rezeption der auf den Flugschriften des 18. Jahrhunderts überlieferten siebenstrophigen Fassung. Die Tatsache, daß das Lied sich in den genannten Werken einen Platz erobern konnte, macht deutlich, daß es bis ins 20. Jahrhundert hinein auch außerhalb eines kirchlichen Kontextes seine Wirkung entfalten konnte. Ab der Mitte des 19. Jahrhunderts gelangte das eher volkstümlich geprägte Lied auch in die Kirchengesangbücher. Die im engeren Sinne kirchliche Wirkung des Liedes unterscheidet sich deutlich von seiner hier beschriebenen Volksliedtradition.

5.2 Die Kirchenliedtradition im 19. Jahrhundert

Die im engeren Sinne kirchliche Wirkung des Marienliedes *Wunderschön prächtige* setzt ab der Mitte des 19. Jahrhunderts ein. Erst jetzt gelangt das Lied in die offiziell eingeführten Kirchengesangbücher und verbreitet sich in vielen Bistümern. Dabei entstehen neue Textfassungen des Liedes und auch eine neue Melodie. Die Rezeption des Marienliedes *Wunderschön prächtige* wird in dieser Zeit sehr produktiv und bringt innerhalb kurzer Zeit verschiedene Fassungen des Liedes hervor, die - jede auf ihre Weise - die Wirkungsgeschichte des Marienliedes *Wunderschön prächtige* geprägt haben. Die vier wichtigsten sollen genauer vorgestellt werden.

---

52 Zur Deutung der Marienfigur in der Wandervogel-Bewegung vgl. A. Neuhaus: Das geistliche Lied in der Jugendbewegung, S 128f.

5.2.1 Die Neudichtung des Johannes Kardinal von Geissel

Der 1796 in der bayrischen Rheinpfalz geborene Johannes Geissel[53] wurde nach seiner Ausbildung, die er größtenteils in Mainz absolviert hatte, im Jahr 1837 zum Bischof von Speyer geweiht. Der Schwerpunkt seiner Arbeit im Bistum Speyer lag auf dem kirchlichen Bildungswesen. Daneben setzte er sich für die Herausgabe neuer liturgischer Bücher und eines neuen Gesangbuches ein.[54] Innerhalb dieses von Geissel vorbereiteten Gesangbuches[55], welches 1842 - in dem Jahr, in dem Geissel zum Erzbischof von Köln geweiht wurde - in Speyer unter seinem Nachfolger Nikolaus von Weis erschien, befindet sich eine neue Fassung des Marienliedes *Wunderschön prächtige*. Über diese Liedfassung schreibt Wilhelm Bäumker:

> Dieser Text ist von Johannes Kardinal von Geissel; er steht in seinen Schriften und Reden, hrsg. von K. Th. Dumont, II. Bd. Köln 1896, S. 311 unter den in den J. 1835-1837 gedichteten Kirchenliedern.[56]

In der Ausgabe von Dumont ist das Lied überschrieben mit „Maria die Gnadenmutter". Außerdem wird eine Angabe über die Herkunft des Liedes gemacht, die wenig aussagekräftig ist und deren Richtigkeit in Frage gestellt werden muß. „Das Lied *Wunderschön prächtige* ist wahrscheinlich die Übersetzung eines lateinischen oder italienischen oder spanischen Originals."[57] Für eine solche lateinische, italienische oder spanische Vorlage läßt sich keinerlei Beleg finden. Außerdem war das Lied - wie bereits deutlich geworden ist - bis in die dreißiger Jahre des 19. Jahrhunderts hinein in seiner wirkmächtigen Fassung weit verbreitet, so daß eher davon ausgegangen werden kann, daß Geissel den Text des geistlichen Volksliedes - so wie er bis ins 19. Jahrhundert vermittels der Flugschriften und durch die Sammlung „Des Knaben Wunderhorn" überliefert worden ist - aufgegriffen und zu großen Teilen neu gedichtet hat. Zumindest läßt sich in den Quellen keine Fassung nachweisen, die vom Textbestand her eindeutig als Vorlage für die Geissel-Fassung gedient haben könnte. Im folgenden wird der Text des Liedes nach der Fassung aus dem Speyrer Gesangbuch von 1842 abgedruckt.

---

53 Zu Leben und Werk von Johannes Kardinal von Geissel vgl. E. Hegel: Geschichte des Erzbistums Köln, Bd. V. Köln 1987, S. 66-70. - K. Th. Dumont: Schriften und Reden von Johannes Cardinal von Geissel, Erster Band. Köln 1869, S. XIII-XXIV. - S. Rieß-Stumm: Erzbischof Johannes Kardinal von Geissel und Bischof Nikolaus von Weis. Anwälte in schwieriger Zeit. Speyer 1998.

54 Vgl. E. Hegel: Geschichte des Erzbistums Köln, Bd. V, S. 67.

55 Vgl. F. X. Remling: Nikolaus von Weis, Bischof zu Speyer im Leben und Wirken, Bd. 1. Speyer 1871, S. 103–106.

56 W. Bäumker: Das katholische deutsche Kirchenlied, Bd. IV, S. 312.

57 K. Th. Dumont: Schriften und Reden von Johannes Cardinal von Geissel, Zweiter Band, Köln 1869, S. 311.

5.2.1.1 Text

1. Wunderschön prächtige,
Hohe und mächtige,
Liebreich holdselige, himmlische Frau,
Der ich mich ewiglich
Weihe herzinniglich,
Leib dir und Seele zu eigen vertrau'.
Gut, Blut und Leben
Will ich dir geben;
Alles, was immer ich hab', was ich bin,
Geb' ich mit Freuden, Maria, dir hin.

2. Schuldlos Geborene,
Einzigerkorene,
Du Gottes Tochter und Mutter und Braut,
Die aus der Reinen Schaar
Reinste wie keine war,
Selber der Herr sich zum Tempel gebaut.
Du makellose
Lilienrose,
Krone der Erde, der Himmlischen Zier,
Himmel und Erde sie huldigen dir!

3. Du Treubewährete
Und Hochverklärete,
Bist auf dem Meer uns ein leitender Stern;
Du Hocherhobene,
Strahlenumwobene,
Du bist die Nächste am Throne des Herrn.
Dich schuf die Milde
Zum Gnadenbilde;
Drum auch, was Himmel und Erde umschließt,
Mutter der Gnaden, Maria, dich grüßt.

4. Gottesgebährerin,
Heilandernährerin,
Mutter an Freuden und Schmerzen so reich;
Welche der Schuldigen
Wär' dir geduldigen
Mutter an Reinheit und Tugend wohl gleich?
Du Gottgeweihte,
Hochbenedeite
Mutter und Jungfrau, du schuldlos allein,
Woll' eine Mutter uns Sündern auch seyn.

5. Allzeit Sanftmüthige,
Milde, grundgütige,
Mutter des Heilands voll Gnade und Huld,
Bitt' für uns sündige
Menschen, verkündige
Du uns vom Sohne Verzeihung der Schuld.
Steh', wenn wir scheiden,
Du uns zur Seiten,
Sühne den furchtbaren Richter uns du,
Führe dem göttlichen Sohne uns zu!

5.2.1.2 Analyse

Der Text umfaßt fünf Strophen, wobei die metrische und formale Gestaltung der einzelnen Strophen mit derjenigen der geistlichen Volksliedfassung übereinstimmt.

Der Textbestand greift vor allem in der ersten Strophe auf die Ausgangsfassung zurück, löst sich aber in den folgenden Strophen von ihr und verarbeitet eine Fülle von Bildern und Bildlichkeiten, die sich auf die verschiedenen Eigenschaften und Funktionen Marias beziehen. Die Geissel-Fassung ist im Vergleich zur Volkliedfassung durch einen Nominalstil geprägt. Es werden deutlich mehr „Marientitel" verwendet, deren metaphorische Bedeutung nicht weiter ausgeführt, sondern als bekannt vorausgesetzt wird. Dadurch kann der Text, obwohl er nur aus fünf Strophen besteht, Maria eine Fülle von Aufgaben und Attributen zuweisen.

Die erste Strophe ist textlich eng an die erste Strophe der Ausgangsfassung angelehnt, weist aber bemerkenswerte Veränderungen auf. Diese betreffen vor allem den Teil der Strophe, in dem es um das Hingabeversprechen des Sprechers in der ersten Person Singular geht. Der Sprecher *weiht* (1,5) sich Maria ganz und verspricht ihr: *Gut, Blut und Leben / will ich dir geben* (1,7f.). Durch diese Wendung wird der Charakter der Dienstverpflichtung sehr stark hervorgehoben, denn Besitz, Blut und Leben waren Güter, die zum Beispiel Leibeigene ihrem Herrn versprechen und übereignen mußten. Somit erscheint Maria hier gewissermaßen als Feudalherrin, der sich die Gläubigen zum Dienst verpflichten.[58]

In der zweiten Strophe wird Maria mit *Schuldlos Geborene* (2,1), *Einzigerkorene* (2,2), *Gottes Tochter und Mutter und Braut* (2,3), *Reinste* (2,5) *aus der reinen Schaar* (2,4), *Tempel des Herrn* (2,6), *makellose Lilienrose* (2,7f.) sowie *Krone der Erde, der himmlischen Zier* (2,9) angesprochen. Diese Aufzählung zeigt, daß Maria in dieser Strophe in fast jeder Verszeile bildhaft und mit prägnant formulierten Anreden betitelt wird. Alle diese Bezeichnungen dienen letztlich dazu, Marias Makellosigkeit und ihre Auserwähltheit vari-

[58] Vgl. H. Kurzke: Notizen zum Marienlied. Liturgie und Frauenfrage. Ein Beitrag zur Frauenfrage aus liturgiewissenschaftlicher Sicht. Hrsg. von T. Berger und A. Gerhards. St Ottilien 1990, S. 312.

antenreich zur Sprache zu bringen[59]. Dabei wird die genaue Bedeutung der einzelnen Ausdrücke nicht näher erläutert, so daß der Eindruck entsteht, es sich handele hier um eine dem Rezipienten des 19. Jahrhunderts vertraute Sprache, die heute allerdings von vielen sicher nicht mehr auf Anhieb verstanden wird. So gehört zum Beispiel die Formulierung *Reinste* (2,5) *aus der reinen Schaar* (2,4) sowie die Metapher *Tempel des Herrn* (2,6) zu den sogenannten Ehrentiteln Mariens.

> Die Ehrentitel Mariens sind entstanden aus der bewundernden Verehrung der Gläubigen für die Gottesmutter und dem Bestreben, ihre Größe und Herrlichkeit nach allen Seiten hin zu beleuchten. Manche sind der dogmatischen Lehre über Maria entlehnt [...], andere sind der Bibel entnommen (besonders aus dem AT), wieder andere aus profanen Bereichen (zum Beispiel dem Tier-, dem Pflanzen- und dem Mineralbereich).[60]

Der erstgenannte Titel (*Reinste aus der reinen Schaar*) bezieht sich auf ihre Eigenschaft als Jungfrau unter allen Jungfrauen, der zweite weist auf Maria als die Mutter Jesu Christi hin. Maria kann, da sie den Sohn Gottes in ihrem Leib trug, als der *Tempel des Herrn*[61] bezeichnet werden.

Zu Beginn der dritten Strophe wird Maria als *Treubewährte / Und Hochverklärte* (3,1f.) angesprochen, die *[...] auf dem Meer uns ein leitender Stern* (3,3) ist. Hier erscheint Maria als Glaubensvorbild für den Menschen. Sie ist nämlich ihrem Sohn bis unter das Kreuz gefolgt und hat in dieser Stunde der größten Not ihren Glauben nicht verloren. Außerdem hat sie vom Zeitpunkt der Verkündigung an bedingungslos auf Gott vertraut und ihm in Treue und Ergebenheit gedient. Von daher kann sie ein leitender Stern für alle

---

[59] Viele dieser seit dem Mittelalter für Maria verwendeten Bildlichkeiten, Ehrentitel und Symbole sind in der „Lauretanischen Litanei" zusammengefaßt worden und gelten seit dem 16. Jahrhundert auch als allegorische Sinnbilder für die unbefleckte Empfängnis. Bei der „Lauretanischen Litanei" handelt es sich um eine Marienlitanei. Marienlitaneien lassen sich seit dem 12. Jahrhundert belegen und haben sich aus der Allerheiligenlitanei entwickelt. Zwei dieser Marienlitaneien erfreuten sich seit dem 12. Jahrhundert einer großen Verbreitung und konnten sich bis in die Neuzeit behaupten. Eine davon ist die „Lauretanische Litanei". Ihren Namen erhielt sie erst im 16. Jahrhundert, weil sie gerade bei den Loretopilgern sehr beliebt war. Ihre Verbreitung in Deutschland verdankt sie hauptsächlich den Jesuiten. Viele Bilder und Ehrentitel Mariens waren dem Kirchenvolk vor allem deshalb so vertraut, weil sie ihnen durch die „Lauretanische Litanei" geläufig waren. Da die überwiegende Zahl der für Maria verwendeten Bilder und Titel auch in der „Lauretanischen Litanei" zu finden sind, wird in den folgenden Textanalysen nicht eigens auf sie verwiesen. Zur „Lauretanischen Litanei" vgl. Marienlexikon. Hrsg. von R. Bäumer und L. Scheffczyk. St. Ottilien 1988–1994, Bd. 4, S.33f. und zur Marienbildlichkeit vgl. Ch. Schäfer: „Ich sehe dich in tausend Bildern ..." Zur Deutung von Marienbildlichkeit am Beispiel ausgewählter Gesangbuchillustrationen. In: Gesangbuchillustration. Beiträge zu ihrer Geschichte. Hrsg. von H. Kurzke und U. Süß. Tübingen 2005, S.171–190.

[60] Marienlexikon, Bd. 2, S. 286.

[61] Dieser Titel befindet sich zum Beispiel im Hymnus Akathistos der östlichen Kirche. Vgl. Marienlexikon, 2. Bd., S. 367 und N. Petri: Maria und die Ökumene. In: Handbuch der Marienkunde. [1]1984, S. 321–324.

Christen auf dem Meer des Glaubens sein. Das Bild des Meersternes, mit welchem Maria häufig umschrieben wird[62], ist aus der Etymologie ihres Namens abgeleitet worden:

> Was den *Namen Maria* betrifft, so kann es nach der ganzen Analogie der Offenbarung keinem Zweifel unterliegen, daß derselbe ebenso wie die Namen des Erlösers kraft göttlicher Eingebung eine der Würde und Stellung seiner Trägerin entsprechenden Sinn haben muß [...]. Welches aber dieser Sinn nach der Etymologie sei, ist nicht ausgemacht. Von den Alten wurde das hebräische Mirjam betrachtet als Kompositum aus zwei Hauptwörtern Jam (Meer) und Mar (von marar, tropfen = Trofen, oder marah, bitter sein; die Bedeutung beider Wurzeln klingt mit in Mar, Myrrhe, die ein bitteres Harz ist). Daher deutete man amarum mare, myrrha maris, stilla maris (aus dem letzteren hat man später in dem richtigen Gefühl, daß stilla hier nicht viel sage, stella maris gemacht).[63]

Die nächsten drei Verse der dritten Strophe spielen auf das Bild der in den Himmel aufgenommenen Maria an. Sie wird als *Hocherhobene / Strahlenumwobene* (3,4f.) bezeichnet, die *[...] die Nächste am Throne des Herrn* (3,6) ist. Hier wird in gewisser Weise das Bild des Meersterns weitergeführt, denn so wie ein Stern steht auch sie strahlend am Himmel. Auch der genaue Ort wird angegeben: Maria ist dem Thron ihres Sohnes Jesus Christus am nächsten, sie ist schon leibhaftig in den Himmel aufgenommen worden. Der letzte Teil der Strophe thematisiert die Gnade Mariens. In Vers zehn wird sie als *Mutter der Gnaden* dargestellt. Dadurch wird sie sowohl in ihrer Eigenschaft als geistliche Mutter aller Menschen wie auch als Urbild der Gnade angerufen. Und genau diese Vorstellung von der Gnadenmutter Maria wird in den beiden letzten Strophen aufgegriffen und weiter ausgeführt.

Strophe vier ist ganz dem Thema der Mutterschaft Mariens gewidmet. Dabei wird in den ersten drei Versen zunächst auf Maria als Mutter Gottes und des Heilands Bezug genommen. Die Strophe setzt mit dem Begriff *Gottesgebärerin* (4,1) ein und greift damit auf das älteste Mariendogma überhaupt zurück. Der Ausdruck »Gottesgebärerin« ist ein Glaubenssatz, der das Gnadenwirken Gottes an Maria zum Ausdruck bringt und somit als der wichtigste Ehrentitel Marias gelten kann. Georg Söll beschreibt seine Bedeutung folgendermaßen:

> Kein anderer Marientitel vermag die Würde dieser Frau so treffend und wirkungsvoll zu charakterisieren wie der genannte. Er allein hätte genügt, um Maria vor der Vergessenheit zu bewahren und ihre Verehrungswürdigkeit zu besiegeln. Er kann von sonst niemandem in der Welt und Geschichte in Anspruch genommen werden und wurde zur Begründungsinstanz für alle anderen Mariendogmen und Marientitel, durch die sie im christlichen Bewußtsein geehrt und verewigt wurde.[64]

---

62 So zum Beispiel in dem bekannten Hymnus *Ave, maris stella* aus dem 9. Jahrhundert. Vgl. H. Lausberg: Der Hymnus „Ave maris stella". Opladen 1976.

63 M. J. Scheeben: Handbuch der katholischen Dogmatik, Bd. VI/2, Freiburg 1954, S. 309.

64 G. Söll: Die Mutter Christi. München 1993, S. 154.

Das Dogma wurde 431 auf dem Konzil von Ephesus formuliert:

> Wer nicht bekennt, daß der Emmanuel wahrhaftig aus Gott und deshalb die heilige Jungfrau Gottesgebärerin ist (denn sie hat das Wort, das aus Gott ist und Fleisch wurde, dem Fleisch nach geboren), der sei mit dem Anathema belegt.[65]

Damit wird Maria als die wahre Mutter des historisch fassbaren Menschen Jesus, der zugleich Gott selbst ist, definiert. Dieser Aspekt kommt auch im Lied deutlich zum Ausdruck, denn in Vers zwei wird Maria *Heilandernährerin* (4,2) genannt, eine Bezeichnung, die sich auf ihre physische Mutterschaft bezieht. Vers drei greift die aus ihrer Mutterschaft resultierenden Folgen auf und erinnert an die freudenreiche Mutter, die von Gott auserwählt worden ist, der Welt den Erlöser zu bringen, und der dafür bis heute höchste Ehren zuteil werden. Zugleich wird auch der *mater dolorosa* gedacht, die den Tod ihres Sohnes am Kreuz miterleben und erdulden mußte.

In den folgenden drei Versen (4,4–6) wird Maria - als geduldige Mutter - den Menschen, die hier als *Schuldige* (4,4) bezeichnet werden, gegenübergestellt. Maria ist für die Menschen ein Vorbild an Tugend und Reinheit, dem niemand gleichen kann, denn aufgrund einer besonderen Gnadenhandlung Gottes ist sie von aller Sünde frei; nur so kann sie Mutter und Jungfrau zugleich sein. Und gerade weil Maria auf diese besondere Weise auserwählt und vor allen Menschen ausgezeichnet wurde, zugleich aber ganz Mensch geblieben ist, erscheint sie als eine geeignete Mutter für alle Gläubigen. Diesem Gedanken folgend, endet auch die vierte Strophe der Geissel-Fassung mit dem Wunsch des Sprechers: *Woll' eine Mutter uns Sündern auch seyn* (4,10).

An dieser Stelle des Liedes wandelt sich die bis dahin durchgängig lobpreisende Sprechweise in eine deprekative, die durch den Konjunktiv I als Ausdruck eines Wunsches formuliert wird. Diese deprekative Sprechsituation setzt sich in Strophe fünf fort: Dort wendet sich der Sprecher in der ersten Person Plural an Maria als *Allzeit sanftmütige / Milde grundgütige, / Mutter des Heilands voll Gnade und Huld* (5,1–3) und formuliert seine Bitten an sie. Diese Bitten richten sich an Maria in ihrer Funktion als Fürsprecherin der Sünder bei ihrem *göttlichen Sohn* (5,10), dem *furchtbaren Richter* (5,9). Bei ihm soll sie für die *sündigen Menschen* (5,4f.) *Verzeihung der Schuld* (5,6) erlangen und ihm soll sie die Verstorbenen *zuführen* (5,9 und 10).

Das Lied ist demnach - ähnlich der Ausgangsfassung - eschatologisch ausgerichtet: Maria soll den Sündern beistehen und ihnen zum ewigen Leben verhelfen. Daß sie dabei dem strengen Richter Christus als gütige Mutter gegenübergestellt wird, läßt deutlich werden, welches Gottesbild einer solchen Form der Marienverehrung zugrunde liegt: Gott in der Person Jesu Christi erscheint als richterliche Instanz, als der allmächtige, unnahbare und

---

[65] H. Denzinger: Kompendium der Glaubensbekenntnisse und kirchlichen Lehrentscheidungen, Nr. 252, S. 126. Zu Geschichte und Bedeutung des Dogmas vgl. W. Beinert: Die mariologischen Dogmen und ihre Entfaltung. In: Handbuch der Marienkunde. [1]1984, S. 265-268.

gestrenge Herr, an den der Mensch sich mit seinen Anliegen nicht unmittelbar selbst wenden möchte, vor dessen ehrfurchtgebietender Gottheit er in religiöser Scheu zurückschreckt. Maria jedoch, die zwar einerseits von Gott selbst erwählt und über die Menschen erhoben worden ist, die aber andererseits im Gegensatz zu Jesus Christus ein Mensch ohne göttliche Natur ist, erscheint dem Betenden als geeignete Gebetsadressatin, mit deren Hilfe man hoffen darf, Gott selbst gnädig zu stimmen.

Eine besondere Bedeutung innerhalb der Geissel-Fassung des Marienliedes *Wunderschön prächtige* kommt dabei der Eigenschaft Marias als Mutter sowohl des Heilands (in konkretem Sinne) als auch aller Menschen (in geistig-übertragener Bedeutung) zu. So wird sie im ganzen Lied insgesamt siebenmal mit *Mutter* angesprochen, während sie nur einmal Jungfrau genannt wird. Obgleich vor allem in den Strophen eins bis drei deutlich wird, daß Maria durchaus eine hohe Herrin ist, die dem Beter einer völligen Hingabe würdig erscheint, ist das zentrale Thema des Liedes die Darstellung Mariens als gnädige Herrin, die sowohl die Macht als auch den Willen hat, die ihr Dienenden und sie Bittenden zu erhören und ihnen bei Gott fürsprechende Hilfe zu gewähren.

Im Vergleich zur geistlichen Volksliedfassung hat das Marienbild in der von Geissel neu gedichteten Fassung eine Umakzentuierung erfahren: Im Ausgangstext wurde die Makellosigkeit Marias sozusagen als Legitimation für ihre Herrschaft über Himmel und Erde verstanden, und den Bittenden erschien sie aufgrund ihrer Machtfülle als geeignete Fürsprecherin bei Gott. In der Geissel-Fassung wird Maria ebenfalls als unbefleckt Empfangene angesprochen, und auch hier dient die vollkommene Reinheit als Zeichen ihrer besonderen Erwählung. Aber im Gegensatz zu ihrer Macht und Herrlichkeit wird in diesem Text Marias Mutterschaft und ihre gnädige Zuwendung stärker betont. Die Geissel-Fassung kann von ihrer Grundintention her als ein Appell an die Barmherzigkeit der Gottesmutter aufgefaßt werden. Dies kommt in der geistlichen Volksliedfassung weniger deutlich zum Ausdruck.

5.2.2 Eine neue Fassung von Heinrich Bone und ihre Vorlagen

Neben der von Johannes Kardinal von Geissel gedichteten Fassung des Marienliedes *Wunderschön prächtige* findet sich in den Gesangbüchern des 19. Jahrhunderts noch eine andere Textfassung, die für die weitere Überlieferungs- und Rezeptionsgeschichte ebenfalls von großer Bedeutung ist. Sie erscheint erstmals in einem 1847 in Mainz gedruckten Gesangbuch mit dem Titel:

> Cantate! Katholisches Gesangbuch nebst Gebeten und Andachten für alle Zeiten und Feste des Kirchenjahres. Nach den alten, sonst allgemein gebräuchlichen Gesängen und Andachten, sowie nach dem lateinischen Kirchenritus bearbeitet von Heinrich Bone. Mainz 1847.

Dieses Gesangbuch von Heinrich Bone[66] war sehr bedeutend für die um die Mitte des 19. Jahrhunderts einsetzende Restauration des katholischen Kirchenliedes. Bone entfaltet in seiner Vorrede zum „Cantate" eine Programmatik dieser Kirchenliedrestauration. Bei Wilhelm Bäumker heißt es dazu:

> In dem ausführlichen und sehr lesenswerten Vorworte, das die erste Auflage des Cantate einleitet [...], zeigt Bone theoretisch den Weg, wie an das alte Kirchenlied angeknüpft werden muß, um zu einem auch für unsere Zeit annehmbaren Bestand guter Kirchenlieder zu gelangen.[67]

Mit dem „alten" Kirchenlied ist der Liedbestand aus den voraufklärerischen Gesangbüchern vorzugsweise des 16. und 17. Jahrhunderts gemeint, den Bone - und später andere Kirchenliedrestauratoren - wieder verstärkt in ihre Gesangbücher aufnehmen. Dennoch sind im „Cantate" nicht nur alte Lieder zu finden, sondern auch neuere, d.h. aus dem 18. und frühen 19. Jahrhundert stammende Lieder, sowie Eigendichtungen und Übersetzungen lateinischer Hymnen von Heinrich Bone.

Seine Fassung des Marienliedes *Wunderschön prächtige* versieht Bone mit der Angabe: „Bekanntes neueres Lied"[68]. Da das „Cantate" keine Quellenangaben zu den einzelnen Liedern enthält, kann die genaue Textvorlage für diese Liedfassung heute nicht mehr ermittelt werden. Allerdings gibt es zwei verschiedene aus dem frühen 19. Jahrhundert stammende Liedfassungen, die beide vom Textbestand her auffallende Übereinstimmungen mit dem im „Cantate" abgedruckten Text aufweisen. Die erste Fassung findet sich auf einem 1826 gedruckten Liedflugblatt. Es enthält nur das eine Lied und verzeichnet auch, wann, wie und an welchem Ort das Lied gesungen werden sollte: „Wird nach der bekannten Melodie ‚Sehet das reine Lamm'[69] in der Kirche zum hl. Geist in Oedenburg bey der siebene Messe nach der Wandlung, im Advent täglich, sonst alle Samstage gesungen."[70]

---

66 Heinrich Bone, geboren 1813 in Drolshagen, wurde 1839 Gymnasiallehrer in Köln; 1856–59 war er Gymnasialdirektor in Recklinghausen und schließlich in Mainz. 1873 wurde er im Zuge des Kulturkampfes in den vorzeitigen Ruhestand versetzt und verstarb 1893 in Hattersheim im Rheingau. Vgl.: LThk^2 II, Freiburg 1958, S. 585 und R. Schmidt: Gegen den Reiz der Neuheit. Katholische Restauration im 19. Jahrhundert: Heinrich Bone, Joseph Mohr und Guido Maria Dreves. Tübingen 2005, S. 23–28.

67 W. Bäumker: Das katholische deutsche Kirchenlied, Bd. IV, S. 9. - Vgl. auch Th. Hamacher: Heinrich Bone, das Cantate und die Erneuerung des katholischen deutschen Kirchenliedes. In: Musica sacra 87 (1967), S. 196–202. Eine umfassende Untersuchung zu Heinrich Bone und seiner Bedeutung für die katholische Restauration leistet Rebecca Schmidt in ihrer Dissertation: Gegen den Reiz der Neuheit. Prozesse der katholischen Restauration im 19. Jahrhundert.

68 Cantate! Katholisches Gesangbuch nebst Gebeten und Andachten. Mainz 1847, S. 212.

69 Für diese Melodie konnte bis jetzt kein Nachweis gefunden werden.

70 *Wunderschön prächtige* [Oedenburg] 1826; Volkliedarchiv Niederösterreich und Wien 39/15. - Eine fast identische Fassung findet sich auch in einem Anhang eines 1843 in Saaz gedruckten Buches mit dem Titel „ Der Gnadenort der heiligen 14 Nothelfer außerhalb der Stadt Kaadan."

Der zweite Text ist abgedruckt in dem von Sebastian Pörtner herausgegeben Würzburger Gesangbuch aus dem Jahre 1828[71]. Um die Übereinstimmungen und Abweichungen beider Fassungen deutlich zu machen, werden sie im folgenden nebeneinander abgedruckt.

Oedenburg 1826

1. Wunderschön praechtige,
Große und maechtige,
Liebreich holdselige, milde Jungfrau!
Welcher ich festiglich
Heute verbinde mich,
Welcher ich ewig mit Freuden vertrau!
Willig mein Leben,
Möcht ich dir geben,
Herz und Gedanken und Leben und Sinn,
Geb' ich Maria mit Freuden dir hin!

2. Sonnenumglänzete,
Sternenbekränzete,
Leuchte und Trost auf der naechtlichen Fahrt;
Von der verderblichen
Mackel der Sterblichen,
Hat dich die Allmacht des Vaters bewahrt;
Himmlische Pforte,
Warest dem Worte,
Als es von Throne der ewigen Macht,
Gnade den irrenden Menschen gebracht.

3. Gnadengewaehrerinn,
Gottesgebaehrerinn,
Wundersam Mutter und Jungfrau zugleich
Herzenvergnuegende,
Nimmerversiegende,
Quelle an himmlischen Tugenden reich!
Hirtinn getreue,
Zu dir voll Reue,
Schauen wir flehend und hoffend hinan,
Sieh uns Erbarmerinn, mildiglich an,

Würzburg 1828

1. Wunderschön Prächtige,
Große und Mächtige!
Milde, Hochselige! himmlische Frau!
Welcher ich festiglich
Kindlich verbinde mich,
Und mich mit Leib und Seel' ewig vertrau'.
Freudig mein Leben
Will ich dir geben;
Alles, ja Alles, was immer ich bin,
Geb' ich mit Freuden, Maria! dir hin.

2. Heilige! Selige
Ehr- und Preiswürdige
Tochter des Himmels, der Sterblichen Zierd!
Welche Gottseligkeit,
Tugend und Frömmigkeit
Zur hohen Stufe des Himmels geführt,
Sey uns im Leiden,
Wirken und Streiten
Leuchtendes Vorbild, dem wir auch nachgeh'n,
Einst zu gelangen zu himmlischen Höh'n.

3. Sonnen umglänzen dich,
Sterne bekränzen dich,
Urbild der Tugend von himmlischer Art!
Von der verderblichen
Sünde der Sterblichen
Hat dich die Allmacht des Vaters bewahrt.
Von allen Wesen,
Warst du erlesen,
Warst du von allen nur würdig allein,
Mutter des göttlichen Heilands zu seyn.

4. Gnaden=Gewährerin!
Gottes Gebährerin!
Wundersam Mutter und Jungfrau zugleich!
Herzensvergnügende
Nimmer versiegende
Quelle an himmlischen Tugenden reich!
Mutter der Liebe!
Voll sanfter Triebe
Flehend und hoffend seh'n wir zu dir hin.
Schau' auf uns Kinder mit liebendem Sinn!

71 Vgl. Kapitel 4.3 „Die frühe Überlieferung: Rück- und Ausblick" in dieser Arbeit.

4. Einst auch Betruebete,
Vielfach Geuebete
Kennest der Seelen tiefinnersten Schmerz;
Niemand je untergeht,
Der zu dir kindlich fleht,
Keinen verachtet dein muetterlich Herz,
Troestest im Leiden,
Staerkst uns im Scheiden,
Bittest fuer uns deinen goettlichen Sohn,
Wenn er uns ruft vor den ewigen Thron.

5. Armuth umhuellete,
Demuth erfuellete,
Fuerstliche Jungfrau und Mutter des Herrn!
Spiegel der Einigkeit,
Spiegel der Reinigkeit,
Arche des Bundes und leuchtender Stern!
Liebreich dich wende,
Frieden uns sende,
Wende, ach wende die Augen uns zu,
Lehr uns in Demuth zu wandeln wie du.

5. In diesem Jammerthal'
Seufzen wir allzumal
Zu dir, o Mutter! in Elend und Schmerz
Niemand je untergeht,
Der kindlich zu dir steht.
Keiner verachtet dein mütterlich Herz.
Tröst' uns im Leiden!
Stärk' uns im Scheiden!
Bitte um Gnade am ewigen Thron!
Bitte für uns deinen göttlichen Sohn!

Beide Texte entsprechen in großen Teilen der Bone-Fassung, unterscheiden sich aber auch an einigen Stellen deutlich von ihr. Die Parallelen zwischen der Bone-Fassung und dem Text des Ödenburger Flugblattes sind größer als die zwischen der Bone-Fassung und der Bearbeitung aus dem Würzburger Gesangbuch von Sebastian Pörtner. So stimmen die Bone- und die Ödenburger Fassung vom Text- und Strophenbestand her weitgehend überein – auch wenn bei Bone die vierte und fünfte Strophe miteinander vertauscht worden sind –, während die Pörtner-Fassung eine neue zweite Strophe hinzudichtet und dafür die fünfte Strophe des Ödenburger Textes ganz wegläßt. Insgesamt liegt die Vermutung nahe, daß sowohl die Pörtner- als auch die Bone-Fassung eine Bearbeitung des auf dem Ödenburger Flugblatt abgedruckten Textes darstellen.

Allerdings kann nicht davon ausgegangen werden, daß gerade dieses Flugblatt beiden Bearbeitern vorgelegen hat. Daher muß diese für Ödenburg belegte Textfassung des Marienliedes *Wunderschön prächtige* über den Raum Ödenburg hinaus verbreitet gewesen sein. Wahrscheinlich ist, daß dieser Text neben der Flugblattüberlieferung auch eine Gesangbuchrezeption erfahren hat und Heinrich Bone ihm in einem zeitgenössischen Gesangbuch begegnet ist. Welches Gesangbuch oder welche andere Quelle das gewesen sein könnte, bleibt allerdings unklar. Einige Hinweise deuten darauf hin, daß es sich um ein Gesangbuch aus der rheinischen Kirchenprovinz gehandelt haben könnte.

In einer umfangreichen Rezension zum „Cantate", die 1847 im „Rheinischen Kirchenblatt" veröffentlicht worden ist, bespricht und kritisiert der Autor Pastor Wollersheim anhand einzelner Lieder Textänderungen, die Heinrich Bone in seinem Gesangbuch vorgenommen hat. Dabei geht er unter anderem auch auf das Marienlied *Wunderschön prächtige* ein: Zunächst macht er einige Angaben zur Herkunft des Liedes und zählt dann konkrete Textänderungen auf:

> „Wunderschön Prächtige" ist ein ziemlich altes Lied, und die Form, in welcher es gewöhnlich vorkommt, ist eine Umarbeitung des älteren Textes. Sie soll von L. Grafen zu Stolberg sein. Unser Verf. [Bone] hat Mehreres daran nicht gut geändert, z.B. Str. 1: „Will ich d i r geben" besser als das neue: „Will ich i h r geben". – Str. 3: „Gnadengewährerin" besser als das neue: „Christi Ernährerin". [...]. – Str. 5. sind die Indicative: „tröstest", „stärkst", „bittest" gut umgeändert in: tröste, stärk, bitte. –[72]

Der Hinweis, daß es sich bei der dem Autor bekannten Fassung des Marienliedes *Wunderschön prächtige* um „eine Umarbeitung des älteren Textes" handelt, ist soweit richtig. Die Vermutung, daß diese Bearbeitung auf Friedrich Leopold Graf zu Stolberg zurückgehen könnte, läßt sich dagegen aufgrund der Quellen nicht belegen und kann auch sonst durch nichts gestützt werden.[73]

Die im einzelnen aufgeführten Textänderungen ermöglichen es, Aussagen über die Textfassung zu treffen, die hier zum Vergleich herangezogen worden ist. Das *Will ich dir geben* der ersten Strophe deutet zunächst auf die Pörtner-Fassung hin, denn in Ödenburg heißt es an dieser Stelle *Möcht ich dir geben.* Die Anrede *Gnadengewährerin* aus der dritten Strophe haben beide Fassungen gemeinsam, so daß hier nicht zugunsten einer Fassung entschieden werden kann. Aufschlußreich ist die für die fünfte Strophe vermerkte und von Wollersheim begrüßte Änderung der Indikative *tröstest, stärkst* und *bittest* in die Imperative *tröste, stärk* und *bitte.* Diese Indikative in der zweiten Person kommen nur in der Ödenburger Fassung vor; bei Pörtner stehen sie bereits im Imperativ Singular.

Wollersheim führt lediglich drei Textänderungen der Bone-Fassung im Vergleich zu einem ihm vorliegenden Ausgangstext auf. Jeweils zwei dieser genannten Textstellen können sowohl auf die Pörtner- als auch auf die Ödenburger Fassung zurückgehen. Dabei kommt der Änderung der Indikative in der fünften Strophe die größte Bedeutung zu. Darüber hinaus unterscheidet sich die Pörtner-Fassung vom gesamten Textbestand her viel deutlicher von der Bearbeitung Bones als der Ödenburger Text. Hätte

---

72 Rheinisches Kirchenblatt 4 (1847), Sp. 269.

73 Friedrich Leopold Graf zu Stolberg wurde 1750 in Bramstedt / Holstein geboren. Er studierte Rechtswissenschaften und unternahm zahlreiche Reisen, auf denen er mit vielen bedeutenden Persönlichkeiten seiner Zeit zusammentraf. Darunter waren auch namhafte Dichter wie Klopstock, Wieland und Goethe. Er war als Amtmann, als dänischer Gesandter und als fürstbischöflicher Kammerpräsident tätig. 1800 konvertierte er zum katholischen Glauben. Er dichtete Oden und schrieb zahlreiche Aufsätze und Essays. Außerdem versuchte er in verschiedenen Tragödien das antike Theater zu aktualisieren, und beschäftigte sich mit antiken Autoren und Philosophen. 1809 starb Friedrich Leopold Graf zu Stolberg in Sondermühlen bei Osnabrück. Daß er das Marienlied *Wunderschön prächtige* bearbeitet oder neugedichtet hat, ist eher unwahrscheinlich. Zu Stolberg vgl. Literatur-Lexikon. Autoren und Werke deutscher Sprache, Bd. 11. Hrsg. von W. Killy unter Mitarb. von H. Fromm. Gütersloh und München 1988, S. 218f.

Wollersheim sich auf die Pörtner-Fassung bezogen, hätte er mit großer Sicherheit noch weitere Textänderungen Bones – sei es lobend oder kritisierend – hervorgehoben. Diese Beobachtung untermauert die These, daß ein der Ödenburger Fassung entsprechender Text in der rheinischen Kirchenprovinz verbreitet gewesen sein muß.

Tatsächlich erscheinen im Jahre 1840 in Aachen zwei verschiedene Gesangbücher, die das Marienlied *Wunderschön prächtige* – von kleineren Varianten einmal abgesehen – in der Ödenburger Fassung enthalten. Das erste dieser beiden Gesangbücher trägt den Titel:

> Christkatholisches Gebet= und Gesang=Buch, im zweiten Theil die besonderen Andachten der Peters=Pfarre zu Aachen enthaltend; herausgegeben von Joh. Wilh. Dilschneider. Oberpfarrer zum h. Petrus in Aachen. [...] Zweite, ganz umgearbeitete, sehr vermehrte Auflage. Aachen 1840.

Die in diesem Gesangbuch abgedruckte Fassung des Marienliedes *Wunderschön prächtige* umfaßt insgesamt sechs Strophen, wobei die Strophen eins bis fünf fast wörtlich dem Ödenburger Text entsprechen[74]. Das andere Gesangbuch trägt den Titel:

> Sammlung aller Gebete und Gesänge, welche beim gemeinschaftlichen Gottesdienst in der Pfarrkirche zum heiligen Adalbert in Aachen das Jahr hindurch gebraucht werden. Zusammengestellt, und durch Hinzufügung der nothwendigsten andern Gebete zu einem vollständigen Gebetbuche für seine Pfarrgenossen eingerichtet, von Johann Jakob Kreutzer, Pfarrer an der Kirche. [...] Aachen 1840.

In diesem Gesangbuch findet sich eine fünfstrophige Fassung des Marienliedes *Wunderschön prächtige*, die von ihrem Textbestand her im wesentlichen der Ödenburger Fassung entspricht, gleichzeitig aber einige interessante Abweichungen aufweist. Zunächst fällt auf, daß in der Fassung aus dem Gesangbuch von Kreutzer die Strophen vier und fünf miteinander vertauscht sind. Dies ist auch in der Textbearbeitung Heinrich Bones der Fall, so daß die Fassung Kreutzers von der Strophenabfolge her mit der Bone-Fassung übereinstimmt. Außerdem stehen in der fünften Strophe dieser Aachener Fassung bereits die Imperative *tröste*, *stärk* und *bitt*, die Wollersheim in seiner Rezension Heinrich Bone zugeschrieben hatte. Im Vergleich zu allen hier besprochenen Textvorlagen stimmt die Fassung aus dem Gesangbuch von Kreutzer am ehesten mit der Bone-Fassung überein. Um diese auffälligen Parallelen beider Fassungen sichtbar zu machen, werden beide Texte im folgenden nebeneinander abgedruckt. Diese Gegenüberstellung zeigt zugleich auch die von Bone vorgenommenen Änderungen, auf die in der Textanalyse noch näher eingegangen werden soll.

---

74 Die zusätzliche sechste Strophe lautet: „Himmelbewohnende / Herrlich nun Thronende, / Leite auch uns auf der Tugenden Pfad! / Stütze der Schwankenden, / Hilf du den Wankenden, / Daß uns bethöre nicht trüglicher Rath./ Innig wir flehen: / Laß uns bald sehen, / Was wir, im Elend hier schmachtend, gesucht. / Dort deines Leibes gepriesener Frucht."

5.2.2.1 Text

Aachen 1840 (Kreutzer)

1. Wunderschoen praechtige
Große und maechtige
Liebreich holdselige milde Jungfrau!
Welcher ich festiglich
Heute verbinde mich,
Welcher ich ewig mit Freuden vertrau.
Willig mein Leben
Will ich dir geben;
Herz und Gedanken und Leben und Sinn,
Geb' ich, Maria, mit Freuden Dir hin!

2. Sonnenumglaenzete,
Sternenbekraenzete,
Leuchte und Trost auf der naechtlichen Fahrt!
Von der verderblichen
Makel der Sterblichen
Hat Dich die Allmacht des Vaters bewahrt;
Himmlische Pforte
Warst du dem Worte,
Als es vom Throne der ewigen Macht
Gnade den irrenden Menschen gebracht.

3. Gnadengewaehrerinn,
Gottesgebaehrerinn,
Wundersam Mutter und Jungfrau zugleich!
Herzenvergnuegende,
Nimmer versiegende
Quelle an himmlischen Tugenden reich!
Hirtinn, getreue,
Zu dir voll Reue
Schauen wir hoffend und flehend hinan:
Sieh, uns Erbarmerinn, mildiglich an!

4. Armuthumhuellete,
Demutherfuellete,
Fuerstliche Jungfrau und Mutter des Herrn!
Siegel der Einigkeit,
Spiegel der Reinigkeit,
Arche des Bundes und leuchtender Stern!
Liebreich dich wende,
Frieden uns sende,
Wende, ach, wende die Augen uns zu;
Lehr' uns in Demuth zu wandeln wie du!

„Cantate" 1847 (Bone)

1. Wunderschön Prächtige,
Große und Mächtige,
Liebreich holdselige, himmlische Frau;
Welcher ich ewiglich
Kindlich verbinde mich,
Ja mich mit Leib und mit Seele vertrau!
Gut, Blut und Leben
Will ich ihr geben;
Alles, ja Alles, Gedanken und Sinn,
Geb' ich mit Freuden, Maria, dir hin!

2. Sonnenumglänzete,
Sternenbekränzete,
Leuchte und Trost auf der nächtlichen Fahrt;
Vor der verderblichen
Makel der Sterblichen
Hat dich die Allmacht des Vaters bewahrt.
Selige Pforte
Warst du dem Worte,
Als es vom Throne der ewigen Macht
Gnade und Rettung den Menschen gebracht.

3. Gottesgebärerin,
Christi Ernährerin,
Wundersam Mutter und Jungfrau zugleich!
Herzenerquickende,
Seelenbeglückende
Quelle, an himmlischen Tröstungen reich!
O du Getreue,
Zu dir voll Reue
Schauen wir hoffend und flehend hinan,
Mutter, ach führ' uns auf sicherer Bahn!

4. Du bist die Helferin,
Du bist die Retterin,
Fürstin des Himmels und Mutter des Herrn!
Spiegel der Reinigkeit,
Stärke der Christenheit,
Arche des Bundes, hell leuchtender Stern!
Liebreich dich wende,
Frieden uns sende,
Mutter, ach wende die Augen uns zu,
Lehr' uns in Demuth zu wandeln wie du.

5. Einst auch Betruebete,
Vielfach Geuebete,
Du kennst der Seelen tief innigsten Schmerz!
Niemand je untergeht,
Der zu Dir kindlich fleht,
Keinen verachtet Dein muetterlich Herz!
Troeste im Leiden,
Staerk' uns im Scheiden,
Bitte fuer uns Deinen goettlichen Sohn,
Wenn er uns ruft vor den ewigen Thron.

5. Einst auch Betrübete,
Vielfach Geübete,
Kennest der Seelen tief innersten Schmerz;
Niemand je untergeht,
Der zu dir kindlich fleht,
Keinen verachtet dein mütterlich Herz;
Tröst uns im Leiden,
Stärk uns im Scheiden,
Bitte für uns deinen göttlichen Sohn,
Wann er uns ruft vor den ewigen Thron.

5.2.2.2 Analyse

Die von Heinrich Bone bearbeitete Fassung des Marienliedes *Wunderschön prächtige* besteht aus insgesamt fünf Strophen und gleicht in ihrer formalen und metrischen Gestalt der geistlichen Volksliedfassung.

Der Text bietet - ähnlich der Geissel-Fassung - eine Vielzahl bildhaft formulierter Anreden an Maria, die ihre verschiedenen Eigenschaften und Funktionen sichtbar werden lassen. Dabei werden die Mutterschaft Mariens und ihre damit verbundene soteriologische Bedeutung besonders hervorgehoben.

Bereits in der ersten Strophe wird bei Bone auf die geistige Mutterschaft Marias angespielt. Das Hingabeversprechen der ersten Strophe bleibt zwar erhalten, bekommt aber durch verschiedene Texteingriffe eine andere Konnotation. So ersetzt Bone in Vers 1,5 das ursprüngliche *Heute verbinde mich* durch die Wendung *Kindlich verbinde mich* und läßt so den Sprecher des Liedes Maria gegenüber die Perspektive eines Kindes einnehmen. Die Intensität des Hingabeversprechens wird im Vergleich zur Aachener Fassung durch Anleihen an die erste Strophe der Geissel-Fassung gesteigert. Bone greift die Begriffe *Leib* und *Seele* (1,6) auf und übernimmt die von Geissel geprägte Wendung *Gut, Blut und Leben /will ich dir* [bei Bone: *ihr] geben* (1,7), die den Gedanken der Dienstverpflichtung Maria gegenüber betont.

Zu Beginn der zweiten Strophe wird Maria mit den aus Offenbarung 12,1 abgeleiteten Wendungen *Sonnenumglänzete* (2,1) und *Sternenbekränzete* (2,2) angeredet und direkt im Anschluß daran *Leuchte und Trost auf der nächtlichen Fahrt* (2,3) genannt. Sie erschient somit als ein gut sichtbarer Orientierungspunkt, der in Zeiten religiöser Dunkelheit dem Menschen Wegweiser sein kann. Sie wird ihm als hilfreiche Trostspenderin und Hoffnungsträgerin vor Augen gestellt, die durch die *Allmacht des Vaters* (2,6) bewahrt wurde *Vor der verderblichen / Makel der Sterblichen* (2,4f.). Maria wird also, indem sie als einziges Geschöpf ohne Erbsünde geblieben ist, von Gott besonders ausgezeichnet. Dieser Gedanke ist bereits in der geistlichen Volksliedfassung entfaltet worden.

Im letzten Teil der Strophe geht es vor allem darum, die soteriologische Bedeutung der Geburt Jesu Christi aus Maria deutlich zu machen. Dieser Gedanke wird von Bone, der sich hier eng an seine Vorlage anlehnt, bildhaft zum Ausdruck gebracht: Marias Eigenschaft als Mutter des Heilands, die den Erlöser in ihrem Leib getragen und ihm durch die Geburt gleichsam den Weg in die Welt geöffnet hat, beschreibt Bone mit den Worten: *Selige Pforte, / warst du dem Worte / als es vom Throne der ewigen Macht / Gnade und Rettung den Menschen gebracht* (2,7–10).

Alle an dieser Heilstat Beteiligten werden in diesen Versen nicht namentlich genannt, sondern mit einer Metapher umschrieben: Maria erscheint als *Pforte* und somit als Eingang, durch den Christus überhaupt erst in die Welt kommen konnte. Jesus selbst wird in diesem Zusammenhang als *Wort* bezeichnet. Hier greift der Text auf das Johannes-Evangelium zurück, welches mit den Worten beginnt:

> Im Anfang war das Wort, / und das Wort war bei Gott, / und das Wort war Gott. Im Anfang war es bei Gott. Alles ist durch das Wort geworden, / und ohne das Wort wurde nichts, was geworden ist (Joh 1,1–3).

Einige Verse weiter heißt es dann:

> Und das Wort ist Fleisch geworden / und hat unter uns gewohnt, / und wir haben seine Herrlichkeit gesehen, / die Herrlichkeit des einzigen Sohnes vom Vater, / voll Gnade und Wahrheit (Joh 1,14).

Hier wird die Bedeutung der Menschwerdung Christi für die Welt deutlich. Christus ist als der Sohn Gottes zu den Menschen gekommen, um das Heil zu verkünden und das Wort Gottes zu erfüllen. Und genau an diesen Gedanken knüpfen die beiden letzten Verse der zweiten Strophe an: Das von Maria in die Welt eingelassene Wort hat *Gnade und Rettung den Menschen gebracht* (2,10). Maria wird demnach in ihren christologischen und soteriologischen Bezügen dargestellt, indem ihr Beitrag zur Erlösung der Welt aufgezeigt wird.

Bone folgt in dieser Strophe eng seiner Textvorlage und nimmt nur kleinere Textveränderungen vor. So ersetzt er in Vers sieben die ursprüngliche Formulierung *Himmlische Pforte* durch *Selige Pforte* und betont dadurch die heilbringende Bedeutung Marias. Außerdem führt er in seinem letzten Vers, der in der Vorlage *Gnade den irrenden Menschen gebracht* lautet, zusätzlich den Begriff *Rettung* ein und weist damit deutlich auf die Erlösung hin.

In der dritten Strophe wird Maria in ihrer Eigenschaft als Mutter dargestellt. Die Strophe setzt – wie auch schon die vierte Strophe der Geissel-Fassung – mit dem Begriff *Gottesgebärerin* (3,1) ein und fährt dann mit der Wendung *Christi Ernährerin* (3,2) fort. Mit diesen beiden Begriffen wird Maria in ihrer Funktion als Mutter Gottes und als Mutter des Menschensohnes angesprochen. Außerdem wird betont, daß sie *Wundersam Mutter und Jungfrau zugleich* (3,3) ist. Die ersten drei Verse dieser Strophe entfalten somit den Glaubenssatz von der »Gottesgebärerin« wie er 431 auf dem Konzil von Ephesus formuliert worden ist.[75] In den folgenden Versen wird Maria bildhaft beschrieben als eine *Quelle an himmlischen Tröstungen reich* (3,6), die die *Herzen erquicken* (2,4) und die *Seelen beglücken* (2,5) kann. Maria wird hier

---

75 Vgl. dazu Analyse der Geissel-Fassung auf S. 168 dieser Arbeit.

eine bergende Funktion zugewiesen; zu ihr kann man in der Bedrängnis flüchten und von ihr erhält man einen unerschöpflich reichen und wirksamen Trost. Hier wird inhaltlich an die Aussage der zweiten Strophe angeknüpft, in der die tröstende Funktion Marias bereits zur Sprache gekommen ist. Am Ende der dritten Strophe wird Maria *Getreue* (3,7) genannt, zu der man *voll Reue* (3,8) *hoffend und flehend* (3,9) aufschaut und von der man sich erbittet: *Mutter, ach führ uns auf sicherer Bahn* (3,10). Damit wird auf die geistliche Mutterschaft Marias allen Menschen gegenüber hingewiesen. Die Bittenden wenden sich an Maria, die ihnen als Mutter ein Vorbild sein kann und ihnen gleichzeitig Sicherheit und Führung geben soll.

Bone hat in dieser Strophe seine Vorlage an einigen Stellen geändert. So hat er anstelle der Anrede *Gnadengewaehrerinn* (3,1) den Ausdruck *Christi Ernährerin* (3,2) eingesetzt und dadurch in Zusammenklang mit der Formulierung *Gottesgebärerin* (3,1), die in beiden Fassungen vorkommt, bereits am Stropheneingang den Aspekt der Gottesmutterschaft Marias stärker betont. Dieser Texteingriff Bones ist wahrscheinlich - ebenso wie verschiedene Wendungen der ersten Strophe - der Geissel-Fassung entnommen worden. Dort ist in der vierten Strophe von der *Heilandernährerin* (4,2) die Rede. Dazu paßt auch die Umstellung der ersten beiden Verse, die Bone in der dritten Strophe an der Vorlage vorgenommen hat, so daß seine dritte Strophe nun ebenso wie die vierte Strophe bei Geissel mit dem Begriff *Gottesgebärerin* beginnt.

In Vers sechs hat Bone aus der *Quelle der himmlischen Tugenden* (3,6) - wie es in der Vorlage heißt - eine *Quelle der himmlischen Tröstungen* (3,6) gemacht. Die Tugendhaftigkeit Marias, die vor allem das Marienbild der Aufklärung geprägt hat, tritt hier in den Hintergrund, und das bereits in Strophe zwei eingeführte Bild der trostbringenden Maria wird wieder aufgegriffen: Auf diese Weise erhält es ein besonderes Gewicht innerhalb dieser Liedfassung.

Auch im letzten Teil der Strophe hat Bone durch die Auslassung der Anrede *Hirtinn* (3,7) und durch die Verwendung der Bezeichnung *Mutter* (3,10) anstelle von *Erbarmerinn* (3,10) die ursprünglich auf das Motiv der gnädigen Maria konzentrierte Strophe zu einer der Mutterschaft Marias gewidmeten Strophe verwandelt. In der Aachener Fassung ist innerhalb dieser Strophe von der Mutterschaft Mariens nur in bezug auf ihren Sohn Jesu Christus die Rede, während ihr Verhältnis den Menschen gegenüber als das einer guten Hirtin - in Anlehnung an das Motiv des guten Hirten - ihrer Herde gegenüber beschrieben wird. Indem Bone den Begriff „Hirtin" ausläßt und statt dessen den Begriff „Mutter" einsetzt, greift er in dieser Strophe den bereits in Strophe eins eingeführten Aspekt der geistlichen Mutterschaft Marias wieder auf.

Die vierte Strophe setzt mit den zwei Seins-Prädikationen *Du bist die Helferin / Du bist die Retterin* (4,1f.) ein, die der sechsten Strophe der geistlichen Volksliedfassung entnommen sind. Daran schließt sich eine Aneinanderreihung weiterer Marientitel und Marienbilder an. So wird Maria mit dem Titel

Fürstin des Himmels (4,3) angesprochen und dadurch das Bild der Himmelskönigin, das in der Volksliedfassung besonders betont worden war, abgeschwächt. Außerdem wird sie *Mutter des Herrn* (4,3) und *Spiegel der Reinigkeit* (4,5) genannt. Die letztgenannte Metapher deutet auf Marias Jungfräulichkeit sowie ihre Unbefleckte Empfängnis hin und geht auf das Alte Testament zurück.

> Dagegen geht die atl. Metapher für das Wesen der Weisheit vom Idealfall eines hochpolierten Spiegels aus edlem Material aus. »Sie ist der Widerschein des ewigen Lichtes, / der ungetrübte Spiegel von Gottes Kraft, / das Bild seiner Vollkommenheit.« (Weish 7,26). Diese Stelle wurde für die marian. Symbolik wichtig, der Ehrentitel »speculum sine macula« wurde für die Tugend und unversehrte Jungfräulichkeit Marias und auf die Unbefleckte Empfängnis gedeutet.[76]

Auch als *Stärke der Christenheit* (4,5) und *Arche des Bundes* (4,6) wird Maria dargestellt. Dabei greift die zweite Bezeichnung auf eine Bildlichkeit zurück, die ebenfalls dem Alten Testament entnommen ist und hier in bezug auf Maria gedeutet wird: Mit dem Bild von der *Arche* wird auf die Arche Noahs (Gen 6,1–9,2) angespielt. Diese Arche beherbergte während der von Gott über die Welt verhängten Sintflut Noah, seine Söhne und deren Frauen sowie von allen Tieren ein Paar (von den reinen Tieren sieben Paar: vgl. Gen 7,1–15) und bewahrte sie vor dem Untergang. Daher gilt die Arche in der christlichen Ikonographie als Zeichen der Rettung.[77] Maria hat in ihrem Leib – gleichsam wie eine Arche – denjenigen getragen, der gekommen ist, den Menschen die Erlösung zu bringen. Im Neuen Bund, den Christus beim letzten Abendmahl mit seinen Jüngern für alle Menschen gestiftet hat, bringt er den Errettungsgedanken zum Ausdruck: „Dieser Kelch ist der Neue Bund in meinem Blut, das für euch vergossen wird." (Lk 22,20). Gott in der Person Jesu Christi gibt sich selbst für die Menschen und bringt ihnen somit die Erlösung. Durch Maria aber ist Gott Mensch geworden. So verweist auch das Bild von der *Arche des Bundes* vor allem auf Marias Bedeutung in Hinblick auf die Erlösung der Menschen durch Jesus Christus.

Die Reihung von Ehrentiteln und Marienbildern wird abgeschlossen mit der Wendung *hell leuchtender Stern* (4,6), womit entweder auf den in der Tradition aus dem Namen Marias abgeleiteten Meerstern oder aber auf den mit ihr in Verbindung gebrachten Morgenstern Bezug genommen wird. Die vierte Strophe besteht also in den Versen eins bis sechs aus einer Aufzählung verschiedener Bezeichnungen und bildhafter Wendungen für Maria, die auf ihre vielfältigen Eigenschaften und auf ihre wichtige Funktion im Heilsplan Gottes hinweisen sollen. Bei dieser Reihung handelt es sich um eine direkte Anrede Mariens, wie vor allem in den Versen eins und zwei deutlich wird. Diese umfangreiche lobpreisende Anrede wird mit einigen an die Mutter Maria gerichteten Bitten abgeschlossen: Maria wird um Zuwendung und Frieden gebeten und darum, ihre Kinder zu lehren, *in Demut zu*

---

[76] Marienlexikon, Bd. 6, S. 237.

[77] Vgl. LCI, Bd.1; S. 178f.

wandeln (4,10) - wie sie selbst es getan hat. In diesem Zusammenhang erscheint die geistliche Mutter Maria ihren Kindern als Vorbild der Demut.

Die vierte Strophe der Bone-Fassung fällt vor allem dadurch auf, daß sie die dem Lied ansonsten eigene Anredeform unterbricht, indem sie mit den Seins-Prädikationen *Du bist die Helferin / Du bist die Retterin* (4,1f.) einsetzt. Diese Anrufungen stammen aus der sechsten Strophe der geistlichen Volksliedfassung, in der von der großen beschützenden Kraft Marias die Rede ist. Sieht man von der ersten Strophe einmal ab, stellen diese beiden Verse das einzige wörtliche Zitat aus der Volksliedfassung dar, die Bone demnach bekannt gewesen sein dürfte. Die oben genannten Wendungen verwendet er anstelle der substantivierten Adjektive *Armuthumhüllete* (4,1) und *Demutherfüllete* (4,2), die in der Aachener Fassung die Strophe einleiten und inhaltlich völlig andere Eigenschaften Marias in den Vordergrund rücken. Statt der Armut und Demut Marias will Bone die Hilfe und die Rettung, die von ihr ausgehen, besonders hervorheben und folgt damit der schon an vielen Stellen deutlich gewordenen Tendenz, vor allem Marias heilsgeschichtliche Bedeutung hervorzuheben. Ähnliches gilt für das Thema der Mutterschaft. So führt Bone auch am Ende dieser Strophe die in seiner Vorlage nicht vorkommende Anrede *Mutter* (4,10) in das Lied ein.

Die letzte Strophe übernimmt Bone bis auf einige unbedeutende sprachliche Korrekturen vollständig aus seiner Vorlage. Die Strophe wendet sich an Maria in ihrer Eigenschaft als schmerzhafte Mutter. Sie wird beschrieben als jemand, der *der Seelen tief innersten Schmerz* (5,3) kennt. Und von ihr, die selbst unter Schmerzen gelitten hat, verspricht man sich in schwieriger Lage Trost und Hilfe. So steht innerhalb dieser Strophe das Thema der geistlichen Mutterschaft Marias im Mittelpunkt. Denn an Maria, deren *mütterlich Herz* (5,6) niemand verachtet, kann man sich auch dann wenden, wenn man sich in höchster Bedrängnis befindet. Das Verhältnis zwischen dem Bittenden und Maria wird hier dargestellt als eine Mutter-Kind-Beziehung, denn als Kind empfiehlt sich der Sprecher Maria sowohl in Strophe 1,5 als auch in Strophe 5,5. Außerdem richten sich alle im Lied formulierten Bitten ausschließlich an Maria in ihrer Eigenschaft als Mutter. Und so erfleht man von ihr am Ende des Liedes voll Vertrauen *Trost im Leiden* (5,7) und Beistand in der Todesstunde. Damit endet auch diese Liedfassung - wie fast alle Textfassungen des Liedes - mit einer eschatologisch ausgerichteten Bitte, in der Maria als Fürsprecherin der sündigen Menschen bei ihrem Sohn angesprochen wird.

In der von Heinrich Bone bearbeiteten Fassung des Marienliedes wird vor allem Marias soteriologische Bedeutung betont, indem ihr Beitrag zur Erlösung der Welt deutlich herausgestellt wird. Darüber hinaus wird sie als die Mutter ihres Sohnes und als die Mutter aller Gläubigen beschrieben, an die sich jeder vertrauensvoll wenden kann. Wie wichtig Bone gerade der Aspekt der Mutterschaft Marias gewesen ist zeigt sich in einem Sonett, das er selbst gedichtet und als Widmung in ein Exemplar des „Cantate" geschrieben hat. Es lautet:

Die Himmelskönigin mit dem Kinde

Maria starb; und aus der Erdenzone
Eilt Seel' und Leib, hinauf durch Sternenheere,
Durch Wonnenkreise, sel'ge Engelchöre,
Hinauf zum Sohn', und kniet am Gottesthrone.

Und auf ihr Haupt setzt Er die Himmelskrone,
„Steh' auf, spricht Er; sei Königin! begehre!
Nichts kannst du wollen, das ich nicht gewähre!" –
Doch sie bleibt knie'n und spricht zum ew'gen Sohne:

„Und soll die Magd nun Himmelsfürstin werden,
So laß auch das im Himmel mich genießen,
Was mir das Süßeste einst war auf Erden:

Laß dich als Kind in meine Arme schließen,
Als Kind dich zeigen allen Erdenkindern,
Zum süßen Trost und Heil den armen Sündern."

Köln am 28. Febr. 1847. H. Bone.

Bones kunstvoll gebautes Sonett beginnt mit einer großen Aufwärtsbewegung. In der ersten, erzählerisch angelegten Strophe fährt Maria durch *Sternenheere, Engelchöre* und *Wonnenkreise* hinauf zum Gottesthron. Das hier entworfene Bild erinnert an die mythische Vorstellung vom Aufstieg durch den Kosmos. Im letzten Vers der ersten Strophe ist Maria am *Gottesthron* angekommen und kniet dort nieder. Die zweite, szenisch gestaltete Strophe setzt die in der vorangegangenen Strophe bereits beschriebene Erhöhung fort. Maria wird von ihrem Sohn zur Himmelskönigin gekrönt. Sie darf alles begehren und alles wird ihr gewährt werden – das sichert der Sohn ihr zu. Damit erreicht die Himmelfahrt Marias ihren Zenit. Doch wieder bleibt Maria in der letzten Zeile der Strophe knien. Sie empfängt die höchsten Ehren in Demut.

In den beiden sich anschließenden Terzetten bringt Maria den ihr schon zugesagten Wunsch zum Ausdruck: Sie wünscht sich das, was ihr schon auf der Erde das *Süßeste* gewesen ist. Sie möchte ihren Sohn *als Kind* in die Arme schließen und ihn *als Kind* allen Menschen zeigen. Der Anblick der *Himmelskönigin mit dem Kinde* soll dem Betrachter *Trost und Heil* bringen. Auf diese Weise wird in das Bild der mächtigen Himmelskönigin das intime Bild der Mutter mit dem Sohn integriert: Maria erscheint als Königin und Mutter, mächtig und dennoch den „Kindern" fürsorglich zugewandt. Bone bringt die Facetten dieses Bildes in seinem Widmungsgedicht anschaulich und poetisch geschickt zum Ausdruck.

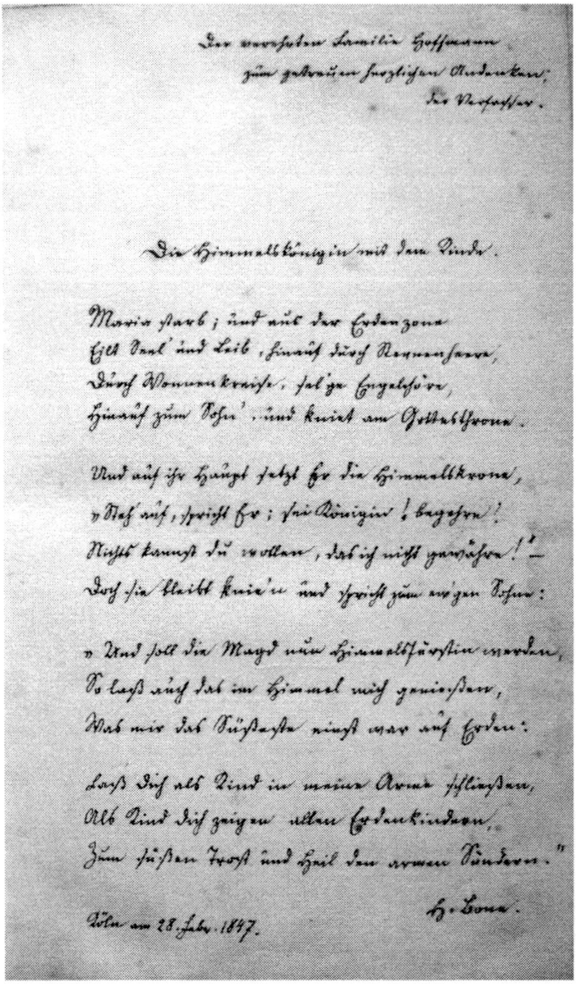

Der verehrten Familie Hoffmann
zum getreuen herzlichen Andenken;
der Verfasser.

Die Himmelskönigin mit dem Kinde.

Maria starb; und aus der Erdenzone
Hebt Seel' und Leib, hinauf durch Sternensphäre,
Durch Wonnenkreise, sel'ge Engelchöre,
Hinauf zum Sohn', und kniet am Gottesthrone.

Und auf ihr Haupt setzt Er die Himmelskrone,
„Steh auf, spricht Er; sei Königin! begehre!
Nichts kannst du wollen, das ich nicht gewähre!" –
Doch sie bleibt knie'n und spricht zum ew'gen Sohne:

„Und soll die Magd nun Himmelsfürstin werden,
So laß auch das im Himmel mich genießen,
Was mir das Süßeste einst war auf Erden:

Laß dich als Kind in meine Arme schließen,
Als Kind dich zeigen allen Erdenkindern,
Zum süßen Trost und Heil den armen Sündern."

H. Bone.

Cöln am 28. Febr. 1847.

Abb. 5: Bone Autograph

5.2.3 Die von Guido Maria Dreves vorgeschlagene Fassung

Die beiden Textfassungen des Marienliedes *Wunderschön prächtige* von Geissel und Bone verbreiteten sich rasch und fanden Eingang in verschiedene Diözesangesangbücher des 19. Jahrhunderts. Teilweise wurden beide Fassungen auch miteinander kombiniert, so daß das Lied bald über eine Vielzahl von Varianten verfügte. Guido Maria Dreves[78], der in seiner Monogra-

78 Guido Maria Dreves (1854–1909) gehörte bis zum Jahre 1905 dem Jesuitenorden an. Er beschäftigte sich mit der lateinischen Hymnologie des Mittelalters. Sein bekanntestes Werk ist die von ihm (später zusammen mit C. Blume) herausgegebene Hymnensammlung „Analecta Hymnica Medii Aevi". Außerdem widmete er sich hymnologi-

phie „Ein Wort zur Gesangbuchfrage“ die Absicht verfolgt, Grundsätze aufzuzeigen „[...] nach denen eine Sammlung von Kirchenliedern gearbeitet werden müßte“[79], übt auch beispielhafte Kritik an einigen offiziellen Diözesangesangbüchern seiner Zeit.[80] Dabei geht er unter anderem auf einzelne Lieder ein: So findet auch der Text des Marienliedes *Wunderschön prächtige* seine kritische Beachtung:

> Fast jedes Gesangbuch hat seine eigenen Lesarten, deren bunte Verschiedenheit nur das eine gemeinsame Band umschlungen hält, daß sie sämmtlich Verschlimmbesserungen jenes auffallend ungefügigen Textes sind, der in den Werken des hochseligen Cardinal von Geissel sich findet*[2], eines Textes, von dem Lindemann meinte, er sei wohl nur aus Courtoisie in die Gesangbücher übergegangen*[3].
>
> *[2] Schriften und Reden von Johannes Cardinal von Geissel II. 311.
> *[3] Gesch. d. deut. Lit. 2. Aufl. 1869, S. 681.[81]

Warum er die Geissel-Fassung des Marienliedes *Wunderschön prächtige* für einen „auffallend ungefügigen“ Text hält und was genau er darunter versteht, führt Dreves nicht weiter aus. Er begnügt sich damit, auf den Literaturhistoriker Johann Wilhelm Lindemann[82] zu verweisen, der den Text Geissels ebenfalls für nicht gelungen hält. Damit beruft er sich auf eine Autorität, der es seiner Einschätzung nach zukommt, literarische Werturteile zu fällen. So kann Dreves seine Ablehnung des Textes gleichsam als bewiesene Tatsache darstellen, die keiner weiteren argumentativen Auseinandersetzung bedarf.

Dreves schlägt anstelle der Geissel-Fassung eine andere Textfassung des Liedes vor. Dieser Text beginnt mit dem Initium *Heilige, prächtige* und umfaßt insgesamt drei Strophen. Er findet sich erstmals in einem von Georg Friedrich Daumer[83] unter dem Pseudonym Eusebius Emmeran veröffentlichten Buch mit dem Titel:

---

schen Grundsatzfragen. Besonders bedeutend sind seine Monographien: „Ein Wort zur Gesangbuch-Frage“ von 1884 und „Archaismen im Kirchenlied“ von 1889. Vgl. NDB, Bd. 4, S. 116 und R. Schmidt: Gegen den Reiz der Neuheit. Katholische Restauration im 19. Jahrhundert, S. 60-62.

79 G. M. Dreves: Ein Wort zur Gesangbuch-Frage. Freiburg im Breisgau 1884, S. 9.

80 Er übt Kritik am Freiburger und Konstanzer Gesangbuch. Vgl. ebd. S. 9. Darüber hinaus werden noch weitere Gesangbücher herangezogen: u.a. Trier, Köln und Mohrs „Cäcilia“. Vgl. ebd. S. 67f.

81 Ebd., S. 68.

82 Johann Wilhelm Lindemann (1828–1879) war Literaturhistoriker, kath. Theologe und Priester. Seine „Geschichte der deutschen Literatur“ erschien erstmals 1866 und erfuhr bis 1879 bereits fünf Auflagen. Vgl. ADB, Bd. 18, S. 680.

83 Georg Friedrich Daumer (1800–1875) war Religionsphilosoph und Dichter. Zeitweise war er der Erzieher des Kaspar Hauser. Daumer entfernte sich im Laufe seines Lebens vom Christentum und distanzierte sich polemisch von der protestantischen Theologie. Die Marienverehrung, die aus Daumers Naturreligion hervorgegangen war, brachte ihn dem Katholizismus näher, zu dem er 1858 konvertierte. Vgl. NDB, Bd. 3, S. 527f.

Die Glorie der heiligen Jungfrau Maria. Legenden und Gedichte nach spanischen, italienischen, lateinischen und deutschen Relationen und Originalpoesien. Nürnberg 1841.[84]

Guido Maria Dreves nennt als Quelle für die Liedfassung eine bearbeitete und erweiterte Neuauflage dieses Buches, die 1859 – diesmal unter Daumers richtigem Namen – mit einem leicht veränderten Titel erschienen ist:

Marianische Legenden und Gedichte größtentheils nach alten lateinischen, italienischen, spanischen, französischen und deutschen Darstellungen und Original-Poesien. Münster 1859.

Welche Quelle Daumer für seine Fassung des Marienliedes *Wunderschön prächtige* benutzt hat, läßt sich nicht mit letzter Sicherheit klären. In der Vorrede zu seinem Buch von 1859 äußert sich Daumer zu seiner Vorgehensweise wie folgt:

Alles, was sie darbietet, ist, mit geringer Ausnahme, aus alter, ächter Quelle geflossen; namentlich ist unter den erzählenden Gedichten nicht ein einziges, welches eine neuere mir selbst eigene Erfindung enthielte. Meine Absicht war stets nur diese den bezüglichen Stoffen eine zeitgemäß=ansprechende und genießbare, durchaus unverfälschte Gestalt zu geben.
Ich faßte aus der reichen Fülle des Gegebenen nur das heraus, was mich zu poetischer Thätigkeit entschieden anregte; und davon theile ich mit strenger Auswahl wieder nur das mit, was mir einigermaßen gelungen erscheint."[85]

Für die meisten Texte, die Daumer in sein Buch aufgenommen hat, haben ihm demnach echte ältere Quellen vorgelegen. Diese aus den Quellen geschöpften Texte hat Daumer – wie er ausdrücklich betont – sprachlich und formal bearbeitet, um so den alten Stoffen eine neue Form zu geben und sie in seiner Zeit wieder rezipierbar zu machen. Das Buch verfügt zwar über einen Anmerkungsapparat, in dem zum Teil die Quellen der einzelnen Texte genannt werden: dieser enthält jedoch keinen Hinweis auf die Vorlage für das Lied *Heilige, prächtige*. Lediglich die Liedüberschrift „Maria, Gnadenmutter zu Freyberg" deutet an, auf welche Quelle diese Textfassung zurückgehen könnte. Die von Daumer dem Lied beigegebene Überschrift stammt aus der Sammlung „Des Knaben Wunderhorn" von Achim von Arnim und Clemens Brentano. Dort steht das Marienlied *Wunderschön prächtige* im zweiten Band unter der Nummer 179. Der Text umfaßt insgesamt vier Strophen, die in ihrem Textbestand bis auf wenige Varianten den Strophen eins, drei, fünf und sieben der Ausgangsfassung entsprechen.[86]

---

[84] Zu diesem Buch vermerkt Daumer in der Zeitschrift „Aus der Mansarde" folgendes: „Ich wollte hier nicht nur die poetischen Seite des Mariendienstes in's Licht setzen, sondern auch seine tiefere, realistische Bedeutung ahnen lassen. Diesem Büchlein hat L. Feuerbach, damals noch mein vertrauter Freund, einen üblen Dienst erwiesen und mich dadurch tief gekränkt." Aus der Mansarde, Drittes Heft 1861, S. 303.

[85] „Marianische Legenden und Gedichte [...]". Von G. Fr. Daumer. Münster 1859, S. Vf.

[86] C. Brentano: Sämtliche Werke und Briefe. Bd. 9,2, S. 296. Zur genauen Fassung des Liedes *Wunderschön prächtige* innerhalb „Des Knaben Wunderhorn" und zur Bedeutung

In der von Heinz Rölleke erarbeiteten historisch-kritischen Ausgabe der Liedsammlung „Des Knaben Wunderhorn" werden im Anmerkungsapparat die Quellen der einzelnen Textfassungen angeführt und Textveränderungen sichtbar gemacht. Aus diesem Anmerkungsapparat geht hervor, auf welche Vorlage sich die Herausgeber bei der Bearbeitung des Marienliedes *Wunderschön prächtige* gestützt haben und wie sie die dem Lied beigegebene Überschrift verändert haben: Anstelle von „Maria, Gnadenmutter zu Freyberg" stand ursprünglich „Maria, Gnadenmutter zu Tryberg". Rölleke bemerkt dazu:

> Überschrift: Tryberg (Triberg) im Schwarzwald - vgl. q, seit 1806 badisch vorher österreichisch, ist durch die Wallfahrtskirche Maria in der Tanne berühmt, in der sich seit 1645 ein Gnadenbild befindet. - Der Ort war den Herausgebern anscheinend nicht bekannt.[87]

Der Ort Freyberg ist demnach erst in der Sammlung „Des Knaben Wunderhorn" mit dem Lied in Verbindung gebracht worden. Die Tatsache, daß Daumer seiner Liedfassung genau diese Überschrift gibt, legt den Schluß nahe, daß er für seinen Text die Wunderhorn-Fassung herangezogen hat. Dafür spricht auch, daß sich die drei von Daumer neugefaßten Strophen inhaltlich an die Strophen eins, drei und vier der Wunderhorn-Fassung anlehnen. Die zweite Strophe hat er in seiner Neudichtung ebensowenig berücksichtigt wie die drei im Wunderhorn fehlenden Strophen des siebenstrophigen Ausgangstextes. Es ist daher sehr wahrscheinlich, daß die Fassung des Marienliedes *Wunderschön prächtige* aus der Sammlung „Des Knaben Wunderhorn" als Quelle für die dreistrophige Neudichtung des Liedes von Georg Friedrich Daumer gedient hat.

5.2.3.1 Text

1. Heilige, prächtige
Herrliche, mächtige
Huldige, wonnige, himmlische Frau,
Der ich in kindlicher,
Unüberwindlicher
Ewig ergebener Minne vertrau'!
Jegliches Gut dir,
Leben und Blut dir,
Gerne, ja gerne, was immer ich bin,
Geb' ich, o süße Maria, dir hin.

des Buches für die weitere Rezeption des Liedes vgl. in dieser Arbeit Kapitel 5.1.1 „Die Sammlung „Des Knaben Wunderhorn" und ihre Rezeption" in dieser Arbeit.

87 C. Brentano: Sämtliche Werke und Briefe. Bd. 9,2, S. 296f.

2. Goldener Sterne Glanz
Flicht dir um's Haupt den Kranz,
Sonne begleitet dich himmelentthront;
Höchste, dir neiget sich,
Schönste, dir beuget sich,
Unter die Füße der silberne Mond;
Höhen und Lüfte,
Tiefen und Grüfte,
Wogende Wasser und irdischer Plan
Sind dir, o Königin, untergethan.

3. Mutter, zu dir, zu dir
Sämtliche seufzen wir,
Düster umrungen von Jammer und Noth;
Trösterin magst allein,
Freundliche, du uns sein,
Schrecket uns Arme der grimmige Tod.
Faßt sein Weh' uns
Liebend erfleh' uns
Gnad und Erbarmen vom himmlischen Thron,
Schirmend erweiche den göttlichen Sohn.

5.2.3.2 Analyse

Der Text umfaßt insgesamt drei Strophen. Die metrische und formale Gestaltung der einzelnen Strophen gleicht derjenigen der geistlichen Volksliedfassung. Inhaltlich lehnt sich der Text an drei Strophen der Ausgangsfassung an.

Dabei entsprechen sich jeweils die beiden ersten Strophen, während sich die zweite Strophe an der dritten Strophe der Wunderhorn-Fassung (bzw. der fünften der Volksliedfassung) und die dritte Strophe an der vierten Strophe der Wunderhorn-Fassung (bzw. der siebten der Volksliedfassung) orientiert.

Durch diese Strophenauswahl bleibt die ursprüngliche Kommunikationssituation des Liedes erhalten. In der ersten Strophe wendet sich der Sprecher in der ersten Person Singular an Maria, die in der zweiten Person Singular direkt angesprochen wird; der Sprachmodus ist indikativisch und die daraus resultierende Sprechweise ist doxologisch. Die doxologische Sprechweise setzt sich in der zweiten Strophe fort – lediglich der Sprecher wird nicht mehr eigens genannt. Innerhalb der dritten Strophe findet dann sowohl ein Sprecher- als auch ein Moduswechsel statt. Der Sprecher erscheint nun in der zweiten Person Plural und der Modus geht in Vers acht vom Indikativ in den Imperativ über, so daß die durchgängig doxologische Sprechweise am Ende des Textes von einer deprekativen abgelöst wird: Der Lobpreis wird genauso wie in der geistlichen Volksliedfassung mit einer Bitte abgeschlossen.

Auch die inhaltlichen Parallelen beider Fassungen sind deutlich ausgeprägt. In der ersten Strophe wendet sich der Sprecher an Maria, die hohe

Frau und versichert ihr seine Hingabe. In Strophe zwei wird sie im Bild der apokalyptischen Frau gezeigt, der alles untertan ist. In der dritten Strophe wird Maria in ihrer Funktion als Mutter und Trösterin angerufen, von der wir uns Beistand in der Todesstunde erhoffen und die wir bitten: Erwirke uns Gnade im letzten Gericht.

Daumer wählt für seine überarbeitete Fassung folglich insgesamt drei Strophen der Volksliedfassung aus und verändert diese weder in bezug auf die Kommunikationssituation noch hinsichtlich der in den einzelnen Strophen verarbeiteten Themen. Dennoch kann man die Daumersche Fassung mit gutem Recht als eine Neudichtung des Marienliedes *Wunderschön prächtige* betrachten, da sie sprachlich deutlich von der Ausgangsfassung abweicht: Es handelt sich hier gleichsam um eine poetische Neuformulierung des alten Strophenbestandes.

Ein solches Verfahren schlägt Guido Maria Dreves in seiner Schrift „Ein Wort zur Gesangbuchfrage" für den Fall vor, daß eine Dichtung zwar inhaltlich und vom religiösen Gehalt her durchaus erhaltenswert erscheint, aber den sprachlichen und poetischen Ansprüchen, die ein Kirchenlied erfüllen muß, nicht entspricht. Seiner Meinung nach sollte dann eine völlige Neudichtung angefertigt werden,

> [...] die, ohne sich im mindesten um die Ausdrucksweise des Urliedes zu kümmern, nur dessen specifischen Duft, den poetischen Blüthenstaub bewahrt, und die das Original in sich aufnimmt, sich assimiliert, es gleichsam gänzlich vergißt, um es dann im Weihemoment in eine gänzlich neue Form zu gießen. Es ist dies keine Restauration, sondern ein Abbruch, um nach dem alten, vielleicht erweiterten Plane einen von Grund auf neuen Bau zu errichten; es ist ein Umschmelzen, ein Neuguß, eine Wiedergeburt.[88]

Der von Daumer neugefaßte Text des Marienliedes *Wunderschön prächtige* ist – wie die folgende Analyse zeigen wird – ein ausgezeichnetes Beispiel für die von Dreves hier so eindrucksvoll beschriebene Vorgehensweise.

Bereits das Initium des Liedes und die ersten drei Verszeilen sind von Daumer auffallend verändert worden. Das Lied setzt ein mit der Wendung *Heilige, prächtige, / Herrliche, mächtige, / Huldige, wonnige, himmlische Frau* (1,1–3). Hier liegt eine sich auf drei Verszeilen erstreckende viermalige Alliteration vor, wobei jeweils alle drei Verse mit einer solchen Alliteration beginnen. Dadurch entsteht der Eindruck, es handele sich bei diesem Stropheneingang um eine der mittelalterlichen Dichtung nachempfundene Stabreimdichtung. Das Stilmittel der Alliteration wird im gesamten Text wiederholt eingesetzt. So lassen sich in allen drei Strophen Alliterationen nachweisen: *ewig ergebener* (1,6), *Gerne, ja gerne, was immer ich bin / Geb ich* (1,9f.), *Goldener Sterne Glanz* (2,1), *dich himmelentthront; / Höchste* (2,3f.), *Wogende Wasser* (2,9) und *sämtliche seufzen wir* (3,2). Auch wenn ihre Zahl von Strophe zu Strophe abnimmt, so prägen sie dennoch den gesamten Liedtext. Vor allem die erste Strophe mit ihrem gewaltigen Stropheneingang und den gehäuft auftreten-

---

[88] G. M. Dreves: Ein Wort zur Gesangbuch-Frage, S. 80.

den Alliterationen sorgt dafür, daß der Text formal überladen und gekünstelt wirkt. Dieser Eindruck wird durch eine auffällige Reimbildung in den Kurzzeilen aller drei Strophen[89] verstärkt. Dort werden sogenannte reiche Reime - das sind mehrsilbige Gleichklänge - sowie gespaltene Reime - das sind Reime, die sich auf zwei oder mehr Silben verteilen - verwendet. Die gespaltenen Reime werden zusätzlich dadurch charakterisiert, daß jeweils eines der beiden Reimwörter identisch ist.

Daumer hat im Vergleich zur geistlichen Volksliedfassung des Marienliedes *Wunderschön prächtige* den metrischen, durch den Wechsel von daktylischen Lang- und Kurzzeilen für ein Volkslied sehr kunstvollen Strophenbau übernommen, verleiht ihm aber durch die Verwendung von zahlreicher Alliterationen und außergewöhnlicher Reime ein artifizielleres, dem Zeitgeschmack des 19. Jahrhunderts entsprechendes Gepräge. So kann man in der „Allgemeinen deutschen Biographie" aus dem Jahre 1876 über den Dichter Georg Friedrich Daumer folgendes lesen:

> D[aumer] zeichnet sich als Dichter durch eine ungemein wohlklingenden Versbau und eine höchst harmonische Sprache aus, die in den einfachsten und complicirtesten Formen sich in gleicher Sicherheit bewegt.[90]

Auch in diesem kurzen Absatz zeigt sich die Vorliebe für Alliterationen in dieser Zeit. Der Verfasser spricht von Daumers „höchst harmonischer Sprache"; eine Sprache, die aus heutiger Sicht gewaltig und bedeutungsschwer wirkt. Dies hat verschiedene Gründe:

Zum einen erinnert die verwendete Sprache - wie schon der Stabreim zu Beginn des Liedes - an die mittelalterliche Dichtung. Besonders deutlich wird dies in der ersten Strophe. Dort wird das Hingabeversprechen des Sprechers an Maria thematisiert. Anders als in der Ausgangsfassung wird die völlige Hingabe an Maria als „Minnedienst" des Sprechers seiner „Herrin" gegenüber beschrieben. So ist von *ewig ergebener Minne* (1,6) die Rede. Außerdem wird Maria *Jegliches Gut* (1,7), *Leben und Blut* (1,8) zugesichert und sie wird mit *o süße Maria* (1,10) angesprochen. *Gut, Blut und Leben / will ich dir geben* (1, 7f) heißt es auch schon in der Geissel-Fassung. Damit wird Maria - bei Daumer ähnlich wie bei Geissel - als Feudalherrin dargestellt, der sich die Gläubigen zum Dienst verpflichten. Indem Daumer diese Begriffe mit dem in der mittelalterlichen Literatur so zahlreich verwendeten Begriff „Minne" zusammenbringt, wird aus der Feudalherrin bei Geissel eine Minneherrin, der man sich verpflichtet und die man - ähnlich wie im Minnesang - lobpreist. Auch die Adjektive, mit denen Maria in Daumers Text beschrieben wird, unterstützen diese Beobachtung. Sie ist *huldig* (1,3), *wonnig* (1,3) und *süß* (1,10) zugleich aber auch *heilig* (1,1), *herrlich* (1,2) und *himmlisch* (1,3). Die ersten beiden Adjektive beziehen sich auf ihr gütiges und liebreizendes Wesen. In dem Anruf *o süße Maria* schwingt Zärtlichkeit

---

89 Einzige Ausnahme: Vers 3,4f.

90 ADB, Bd. 4, S. 774.

mit: „in der sprache der liebe und von dorther gefärbt auch als wort zärtlicher rede und anrede [...]. auch die anwendung auf Maria hat den ton des zärtlichen."[91]

Die letzten drei Adjektive machen deutlich, daß es sich hier nicht um eine irdische Minneherrin handelt, sondern um eine Minneherrin, die der Sphäre des Himmlischen und der Heiligkeit zuzuordnen ist. Das in der geistlichen Volksliedfassung gezeichnete Bild Marias wird hier weiter differenziert und die Beziehung zu ihr durch den in der mittelalterlichen Literatur mit zahlreichen Konnotationen belegten Begriff der „Minne" charakterisiert.

Zum anderen formt Daumer die einfache, aber wirkungsvolle Sprache der Ausgangsfassung in eine kompliziertere Ausdruckweise um, die – wie sich vor allem an der zweiten Strophe sichtbar machen läßt – ihre Bilder aus dem Bereich der Natur schöpft. So greift Daumer das schon in der Volksliedfassung verarbeitete Bild der apokalyptischen Frau auf, faßt es aber in vollständig andere Worte. Dabei bedient er sich der schon angesprochenen Stilmittel. Inhaltlich besonders auffällig ist die Wendung *Sonne begleitet dich himmelentthront* (2,3)[92]. Neu an dieser Formulierung ist der Gedanke, daß die Sonne durch den Glanz, den Maria ausstrahlt, dem Himmel entthront wird, d.h., daß sie ihre zentrale Sonderstellung verliert und nun zur Begleiterin[93] Marias wird. Damit wird Maria zur höchsten kosmischen Gestalt erhoben. Denn nicht die Sonne, sondern Maria hat die Macht, der sich *der silberne Mond* (2,6) *neiget* (2,4) und *beuget* (2,5) und der *Höhen und Lüfte* (2,7), *Tiefen und Grüfte* (2,8), *Wogende Wasser* (2,8) und der *irrdische Plan* (2,9) *untergethan* (2,10) sind; der Himmel, die Erde und das Wasser – also gleichsam die gesamte Schöpfung (*irrdischer Plan*) – dienen Maria. Dies wird auch in der fünften Strophe der Volksliedfassung zum Ausdruck gebracht. Dort kommt der Text allerdings ohne die passiven, aus dem Bereich der Natur geschöpften Bilder aus und wirkt dadurch lebhafter.

Die Sprache der dritten Strophe ist unter anderem durch die Verwendung von Partizipien geprägt. So charakterisiert sich der Sprecher in der zweiten Person Plural mit der Formulierung *düster umrungen* (3,3), wobei die beschriebene Dunkelheit auch durch die Verwendung des dunklen Vokals »u« bzw. »ü« zum Klingen gebracht wird. Maria wird als *liebend* (3,8) beschrieben, die *schirmend* (3,10) ihren Sohn gütig stimmen soll. Durch diese partizipiale Ausdrucksweise werden Maria innerhalb dieser Strophe mehr Eigenschaften zugewiesen, als dies in der Ausgangsfassung der Fall ist.

---

91 J., W. Grimm: Deutsches Wörterbuch, Bd. 20, Sp. 1320f.

92 Daumer verwendet hier das Wort *begleitet*. Dies hat er wahrscheinlich seiner Textvorlage entnommen. Guido Maria Dreves schlägt an dieser Stelle die dem Bibelwort entsprechende Variante *bekleidet* vor. Dies ist die einzige textliche Veränderung, die Dreves an der Daumer-Fassung vornimmt. Zur Frage *begleitet* oder *bekleidet* vgl. S. 58 in dieser Arbeit.

93 Inhaltlich ist die Variante *begleitet* innerhalb der Daumer-Fassung die bessere, da sie eher in das gezeichnete Bild paßt.

Zugleich verliert auch diese Strophe durch die Textänderungen ihre ursprüngliche Klarheit und Dynamik.

Diese Beispiele haben gezeigt, auf welche Weise Daumer die thematischen Vorgaben seiner Textvorlage in eine sprachliche Form umwandelt, die dem poetischen Geschmack seiner Zeit entspricht. Dabei lehnt er sich formal an die Dichtung vor allem des Mittelalters an. Vor allem die großzügige Verwendung von Alliterationen und die Neigung zum Stabreim sind Vorboten eines poetischen Neuansatzes, den Richard Wagner 1850 formuliert hat. Er fordert die Loslösung von der antikisierenden Metrik, da diese, wie er ausführt, der deutschen Prosodie nicht entspricht. Zur Hervorhebung von Einheiten und bedeutungstragenden Teilen innerhalb der Dichtung schlägt er statt dessen die Alliteration und den Stabreim vor.[94]

Vor diesem Hintergrund ist die Daumer-Fassung ein Zeugnis dafür, daß der Volksliedtext des Marienliedes *Wunderschön prächtige* im 19. Jahrhundert produktiv rezipiert worden ist. Und zwar nicht nur – wie die Geissel- und Bone-Fassung – für den kirchlichen Gebrauch, sondern auch innerhalb von Textsammlungen mit kulturhistorischem Anspruch. Dies zeigt sich auch in der von Daumer verfaßten Vorrede zu seinem Buch von 1859:

> Ich konnte auf diese Weise keine vollständige Repräsentation eines so außerordentlich reichhaltigen und mannigfaltigen Glaubens und Cultus liefern; doch wird das, was vorliegt, immerhin auch als eine Art von Abspiegelung des geschichtlichen Phänomenes zu gelten vermögen, wenigstens was seine schönsten, feinsten, geistreichsten und liebenswürdigsten Züge betrifft.[95]

So läßt sich auch erklären, warum Daumer in seiner Liedfassung die zweite Strophe der Wunderhorn-Fassung ausgelassen hat. In dieser Strophe wird Maria nämlich als *Tochter Gottes*, als *Mutter des Sohnes* und *Braut des heiligen Geistes* der göttlichen Dreifaltigkeit zugeordnet. Zugleich wird deutlich, daß Maria ihre Macht letztlich von Gott selbst empfangen hat. Dieser für die Einordnung Marias in den göttlichen Heilsplan so wichtige Gedanke wird von Daumer nicht aufgegriffen; Gott kommt in seiner Fassung als aktiv Handelnder nicht vor. Die theologische Korrektheit der geistlichen Volksliedfassung, die ansatzweise auch in der Wunderhorn-Fassung noch zu erahnen ist, wird bei Daumer zugunsten eines Marienbildes aufgegeben, in dem Maria als Minneherrin erscheint, als kosmische Gestalt die Sonne entthront und als Mutter für uns Gnade und Erbarmen beim göttlichen Sohn erbittet.

Guido Maria Dreves hat diese Liedfassung in sein 1885 erschienenes Gesangbuch „O Christ hie merk" aufgenommen. Darüber hinaus hat sie keine weitere Rezeption erfahren.

---

94 Vgl. D. Breuer: Deutsche Metrik- und Versgeschichte, S. 228–231.

95 „Marianische Legenden und Gedichte [...]". Von G. Fr. Daumer. Münster 1859, S. Vf.

5.2.4 Die „neue alte" Fassung bearbeitet von Joseph Mohr

Der Name Joseph Mohr[96] ist für die Überlieferungsgeschichte des Marienliedes *Wunderschön prächtige* aus verschiedenen Gründen von besonderer Bedeutung. So hat Mohr in der Zeit von 1868 bis 1891 verschiedene Gesangbücher erstellt und herausgeben, die hohe Auflagen erzielten und weit verbreitet waren. Einige dieser Bücher wurden in verschiedenen Bistümern auch als offizielles Diözesangesangbuch eingeführt und waren allein schon aus diesem Grund sehr einflußreich. In die meisten seiner Gesangbücher hat Mohr auch das Marienlied *Wunderschön prächtige* aufgenommen. Allerdings weichen die Fassungen von Gesangbuch zu Gesangbuch voneinander ab. Auf diese verschiedenen Liedvarianten, die alle gemeinsam haben, daß sie sich aus einzelnen Strophen und Strophenteilen der Geissel- und der Bone-Fassung zusammensetzen, und auf die Bedeutung der einzelnen Gesangbücher Joseph Mohrs wird an anderer Stelle noch genauer einzugehen sein.[97]

In diesem Kapitel soll es um diejenige Textfassung des Marienliedes *Wunderschön prächtige* gehen, die Mohr in das letzte seiner Gesangbücher aufgenommen hat. Dieses Buch trägt den Titel „Psälterlein. Katholisches Gebet= und Gesangbuch. Regensburg 1891" und erschien bereits im gleichen Jahr in einer zweiten Auflage, wobei die zweite Auflage im Vergleich zur ersten noch etwas umfangreicher war. Zur zweiten Auflage des „Psälterleins" hat Mohr eine kleine Schrift mit dem Titel „Einleitung und Quellennachweis zum Psälterlein" herausgegeben. Im ersten Teil dieser Schrift legt Mohr dar, nach welchen Kriterien er die Lieder für das „Psälterlein" ausgewählt und wie er sie bearbeitet hat. Im Anschluß daran weist er zu allen Liedern die verwendeten Quellen nach und fügt bei einigen noch einen kleinen Kommentar hinzu.

Die von Mohr in das „Psälterlein" aufgenommene Fassung des Marienliedes *Wunderschön prächtige* fällt vor allem deshalb auf, weil sie von ihrem Textbestand her - im Gegensatz zu den anderen, innerhalb der offiziellen Kirchengesangbücher tradierten Fassungen - der geistlichen Volksliedfassung weitgehend entspricht. So gelangt am Ende des 19. Jahrhunderts diejenige Liedfassung in ein einflußreiches Kirchengesangbuch, die bis dahin fast nur über Flugblätter und Volksliedsammlungen überliefert wurde. In seiner

---

[96] Joseph Mohr, geboren 1834 in Siegburg, studierte Philosophie, Theologie und Rhetorik, trat 1853 in den Jesuitenorden ein, den er 1882 aus unbekannten Gründen wieder verließ. Er war als Lehrer im Ordenskolleg und als Priester tätig. Nach dem Ordensaustritt wirkte er als Weltpriester in Köln, Regensburg und München. Zeit seines Lebens beschäftigte er sich mit der Erstellung und Herausgabe von Gesangbüchern und setzte sich für die Verbesserung des deutschen Kirchenliedes ein. Seine Gesangbücher waren ausgesprochen erfolgreich und erfuhren eine weite Verbreitung. 1892 verstarb er in München. Er war *nicht* der Dichter des bekannten Weihnachtsliedes *Stille Nacht*.
Vgl. NDB, Bd. 17, S. 710f. und R. Schmidt: Gegen den Reiz der Neuheit. Katholische Restauration im 19. Jahrhundert, S. 45–48.

[97] Vgl. Kapitel 6.2 „Die Bedeutung der Gesangbücher von Joseph Mohr" in dieser Arbeit.

Schrift „Einleitung und Quellennachweis" gibt Mohr an, woher diese Fassung des Marienliedes *Wunderschön prächtige* stammt.

> Was den Text anbelangt, so erinnere ich mich, vor vielen Jahren einen Einzeldruck gesehen zu haben, auf welchem dies Lied sich befand. Es hatte, wenn ich nicht irre, viele Strophen. Dieses Blatt ist mir seither nicht mehr zu Gesicht gekommen und war jetzt trotz allem Suchen nirgendswo zu finden. Ich habe mich darum an Simrock's ‚Sionsharfe' gehalten und von den sieben dort abgedruckten Strophen fünf fürs Psälterlein bearbeitet. Mit der Ausnahme der ersten sind sie von den gewöhnlich gebrachten ganz verschieden und stimmen, wenige Varianten abgerechnet, mit dem Text überein, welchen von Ditfurth in ‚Fränkische Volkslieder' (S. 28 der ersten Abtheilung) bringt.[98]

Mohr gibt hier einen kleinen Überblick über verschiedene Belege, die er für das Marienlied *Wunderschön prächtige* gefunden hat. Zunächst verweist er auf einen „Einzeldruck", an den er sich zwar erinnert, den er aber nicht mehr finden kann. Anhand dieser Bemerkung wird deutlich, wie man sich Mohrs Umgang mit den verschiedenen Quellen vorzustellen hat. Zufällig ist er auf eine Flugschrift gestoßen, die das Lied *Wunderschön prächtige* in einer vielstrophigen Fassung enthalten hat. Hierbei könnte es sich um ein Flugblatt mit einer sieben- oder achtstrophigen Fassung des Liedes gehandelt haben. Auf jeden Fall kann man aufgrund dieses Kommentars davon ausgehen, daß das Marienlied *Wunderschön prächtige* bis weit ins 19. Jahrhundert hinein durch Flugschriften verbreitet worden ist. Da solche Blätter aber mehr für den alltäglichen Gebrauch bestimmt waren und auch nicht systematisch gesammelt worden sind, war es bereits zu dieser Zeit schwierig, eine solche Quelle für die Gesangbucharbeit heranzuziehen. Mohr war aufgefallen, daß sich die Liedfassung auf dem Einblattdruck erheblich von den Fassungen unterschieden hatte, die sonst in den offiziellen Gesangbüchern – seine eigenen eingeschlossen – allgemein üblich waren. Um diese „ganz verschiedene" Fassung dennoch ins „Psälterlein" aufnehmen zu können, verwendet er nun neben den Gesangbüchern auch eine andere Quelle und greift für das Marienlied *Wunderschön prächtige* auf eine Liedsammlung mit dem Titel „Deutsche Sionsharfe" zurück. Das Buch erschien 1857 in Elberfeld und wurde von Karl Simrock[99] herausgegeben. In diesem Buch findet sich – entgegen Mohrs Angaben – keine sieben- sondern eine achtstrophige Fassung des Marienliedes *Wunderschön prächtige*.

---

98 J. Mohr: Einleitung und Quellennachweis zum Psälterlein. Zweite, verbesserte Auflage. Regensburg, New York, Cincinnati 1891, S.124.

99 Karl Simrock wurde 1802 in Bonn geboren. Er trat nach dem Studium der Rechtswissenschaften 1823 in den preußischen Staatsdienst ein, wurde jedoch 1830 wegen eines als revolutionär eingeschätzten Gedichtes wieder entlassen. Danach war er als Privatgelehrter tätig, veröffentlichte lyrische Dichtungen sowie zahlreiche Übersetzungen und Bearbeitungen altdeutscher Literatur. Außerdem sammelte er Märchen, Sagen und Volkslieder. Seit 1850 war er als Professor für deutsche Literatur in Bonn tätig. Er starb 1876 in Bonn. Vgl. Literatur-Lexikon. Autoren und Werke deutscher Sprache, Bd. 11, 48f.

Über die Herkunft dieser Liedfassung macht Simrock keine weiteren Angaben. Allerdings ordnet er das Lied innerhalb seines Buches der mittleren Abteilung und damit einer bestimmten Liedgruppe zu. Dabei handelt es sich um Lieder mit „volksmäßigem Ursprung", deren Aufnahme er in der Vorrede legitimiert.

> Freilich auch die aus dem Volk entsprungenen sind häufig in der Kirche gesungen und neuerdings wohl in Gesangbücher aufgenommen worden und in diesem Falle durften wir keine Bedenken tragen, sie in der mittlern Abtheilung einzureihen.[100]

Die Grenzen zwischen Volkslied- und Kirchenliedtradition waren demnach zu diesem Zeitpunkt bereits verschwommen, und beide Traditionen haben sich gegenseitig beeinflußt. Der Kirchenliedbestand ist im 19. Jahrhundert folglich nicht nur um die ‚alten Gesänge' vor allem des 17. Jahrhunderts bereichert worden, sondern auch um Lieder, die bis dahin über keine Gesangbuchtradition im eigentlichen Sinne verfügt haben. Beim Übergang von der Volkslied- in die Kirchenliedtradition werden die Texte zum überwiegenden Teil sprachlich bearbeitet und häufig auch inhaltlich verändert. Das läßt sich auch an Mohrs Bearbeitung der von Simrock in der „Sionsharfe" dargebotenen Fassung des Marienliedes *Wunderschön prächtige* zeigen.

Die Fassung aus der „Sionsharfe" weist einige Besonderheiten auf. So ist sie im Vergleich zu der weit verbreiteten siebenstrophigen geistlichen Volksliedfassung des Marienliedes *Wunderschön prächtige* achtstrophig. Solche achtstrophigen Fassungen hat es bereits am Beginn der Wirkungsgeschichte des Marienliedes *Wunderschön prächtige* im 18. Jahrhundert gegeben. Dabei handelt es sich um diejenigen Fassungen, die über eine zusätzliche Herrscherstrophe verfügen. Und tatsächlich finden sich wörtliche Anklänge an diese Herrscherstrophen auch in Simrocks Liedfassung. Dort heißt es in der siebten Strophe *Uns alle leite / Und für uns streite, / Führe, regiere, verschaffe, daß all / Wir einstens eingehn zum himmlischen Saal.* (7,7–10). Die Verse eins und zwei sowie der Beginn des dritten Verses sind wörtlich aus der Herrscherstrophe des 18. Jahrhunderts entnommen, während der Schluß neugefaßt ist.

In einem Kölner Gesangbuch aus dem Jahre 1774 kann ebenfalls eine Fassung des Marienliedes *Wunderschön prächtige* nachgewiesen werden, die auf diese „Herrscherstrophentradition" zurückzuführen ist. Diese Fassung stimmt zu großen Teilen mit dem Text aus Simrocks „Sionsharfe" überein, weicht aber vor allem in der vierten Strophe deutlich von ihr ab. Da die von Simrock verwendeten Quellen nicht ermittelt werden können, ist es nur schwer möglich, Aussagen darüber zu machen, welche Textänderungen er selbst vorgenommen hat und welche bereits auf seine Vorlage zurückzuführen ist. Dennoch fallen an einigen Stellen sprachliche Ausdrücke auf, die auf eine Bearbeitung Simrocks schließen lassen.

---

100 K. Simrock: Deutsche Sionsharfe. Elberfeld 1857, S.V.

So ändert er zu Beginn der zweiten Strophe das Reimwort *Zierd* in *Zier* (2,1) um dann im folgenden Vers mit *Makel nicht finden wir* (2,2) fortfahren zu können. Damit vermeidet er die im ursprünglichen Vers vorkommende Synkope *g'funden* (2,2). Dieses Bestreben, die in der Volksliedfassung verhältnismäßig häufig vorkommenden Synkopen zu eliminieren, ist an der gesamten Textfassung zu beobachten: Synkopen kommen hier nicht mehr vor. Das kann zum einen daran liegen, daß Simrock diese Kurzformen grundsätzlich abgelehnt hat. Gleichzeitig ist es aber auch möglich, daß die ihm vorliegenden Textfassungen des Marienliedes *Wunderschön prächtige* diese Kurzformen gar nicht mehr enthalten haben. Die Edition am Beginn dieser Arbeit zeigt deutlich, daß bereits in den frühen Flugblattfassungen des Liedes die gehäuft auftretenden, grammatisch nicht korrekten Kurzformen oft durch die entsprechenden Langformen ersetzt worden sind. Dies führte aber in den meisten Fällen zu Störungen des Metrums, die sich auch an den Volksliedfassungen des 19. Jahrhunderts häufig feststellen lassen. Es ist daher sehr gut möglich, daß Simrock diese Stellen deshalb geändert hat, weil er das in seiner Vorlage gestörte Metrum wiederstellen wollte.

In der dritten Strophe schreibt Simrock anstelle der Wendung *o schönste Ros* (3,2) die eindeutig auf das „Wunderhorn" zurückgehende Wortschöpfung *Gnadenros* (3,2). Dies deutet darauf hin, daß ihm die Fassung aus dem „Wunderhorn" direkt oder indirekt bekannt gewesen ist.

Auch die vierte Strophe weist eine auffällige Textänderung auf. Anstelle des Verses *ganz majestätisch, wie billig regierst* (4,3) steht bei Simrock *Lenkst du mit Güte, das Hier und das Dort* (4,3). Dieser Texteingriff wirkt sich auch auf den dazugehörigen Reimvers aus: statt *Himmels und Erden den Zepter du führst* (4,6) heißt es nun *Himmels und Erden, Gott höret dein Wort* (4,6). Dadurch wird das in den ursprünglichen Versen entfaltete Bild der Himmelskönigin Maria gemildert. Sie erscheint nun als eine von Gott berufene gütige Lenkerin eines abstrakten „Hier" und „Dort". Außerdem wird darauf hingewiesen, daß Gott Marias Wort erhört; ihre Fürsprache ist demnach erfolgversprechend. Hier läßt sich die Tendenz erkennen, daß im 19. Jahrhundert der Majestätsgedanke in bezug auf Maria an Bedeutung verliert und daher die damit verbundene Bildlichkeit zunehmend abgeschwächt und durch andere Metaphern ersetzt wird. Bei Simrock deutet sich dieser Wandel nur an wenigen Stellen an. Die von Mohr fürs „Psälterlein" bearbeitete Textfassung verfolgt diese Absicht hingegen sehr konsequent. Dies wird vor allem anhand der von Mohr vorgenommenen Kürzung des Liedes um drei Strophen deutlich.

Zur besseren Übersicht werden im folgenden die Fassung von Simrock und von Mohr nebeneinander abgedruckt.

5.2.4.1 Text

Simrock, „Sionsharfe" (1857)

1. Wunderschön prächtige,
Heilige, mächtige,
Liebreich holdselige, himmlische Frau,
Welcher auf ewiglich
Kindlich verbinde mich,
Ja auch mit Leib und Seel gänzlich vertrau.
Willig mein Leben
Will ich dir geben,
Alles, ja Alles was immer ich bin
Geb ich mit Freuden, Maria, dir hin.

2. Du bist ja voller Zier,
Makel nicht finden wir,
Du bist Maria, die schönste allein.
Alles ist dir vertraut,
Himmlische Gottesbraut,
Was nur vollkommen und herrlich mag sein.
Dein ganzes Wesen
Ist auserlesen,
Du bist, o Jungfrau, so herrlich voll Pracht,
Das dich Gott selber sein würdig eracht.

3. Weil du ganz makellos,
Hat dich, o Gnadenros,
Der himmlisch Vater sein Tochter genannt.
Ja auch des Vaters Sohn
Stieg von dem höchsten Thron,
Hat sich zu dir, seiner Mutter, bekannt.
Endlich die Ehren
Noch zu vermehren
Hat sich als seiner erwähltesten Braut
Selber der heilige Geist dir vertraut.

4. Dem ganzen Himmelsbau
Nach Gott, o große Frau,
Lenkst du mit Güte, das Hier und das Dort.
Du bist die Königin,
Du bist die Herrscherin,
Himmels und Erden, Gott höret dein Wort.
Die Engelscharen,
Dein Lob nicht sparen,
Singen, frohlocken mit fröhlichem Schall,
Dir als der Meisterin huldigen all.

Mohr, „Psälterlein" (1891)

1. Wunderschön prächtige,
Hohe und mächtige,
Liebreich holdselige, himmlische Frau,
Welcher ich ewiglich
Kindlich verbinde mich,
Ja mich mit Leib und mit Seele vertrau'
Gut, Blut und Leben
Will ich dir geben;
Alles, was immer ich hab', was ich bin,
Geb ich mit Freuden, Maria, dir hin.

2. Du bist ganz voller Zier,
Fehl ist, traun, nicht an dir,
Du bist, Maria, die Schönste allein;
Alles ist dir vertraut,
Himmlische Gottesbraut,
Was nur vollkommen und herrlich kann sein.
Dein ganzes Wesen
Ist auserlesen;
Du bist o Jungfrau, voll Schöne und Pracht.
Wurdest von Gott seiner würdig gemacht.

3. Weil du ganz makellos,
Hat holde Gnadenros'
Dich seine Tochter Gott Vater genannt.
Ja auch des Vaters Sohn
Stieg von dem höchsten Thron,
Hat sich zu dir, seiner Mutter, bekannt.
Endlich die Ehren,
Noch zu vermehren,
Hat sich als seiner erkorenen Braut
Selber der heilige Geist dir getraut.

5. Die Sonn begleitet dich,
Es unterwirfet sich
Dir zu den Füßen der silberne Mond,
Kein' Unvollkommenheit
Mindert dein Herrlichkeit,
Um dein Haupt ziehen die Stern eine Kron.
Alles was lebet,
Alles was schwebet,
Was da in Himmel und Erde mag sein,
Muß deiner Herrlichkeit unterthan sein.

6. Gott dich erwählet hat Zu einer Zufluchtstatt Aller Bedrängten und Sünder gemein. Du bist die Helferin, Du bist die Retterin, So groß auch immer der Jammer mag sein. Vor allen Gefahren Magst du bewahren, Ein ganzes Feindesheer tilgen alsbald Aus dir verliehener himmlischer Gewalt.	4. Gott dich erwählet hat, Huldvoll zur Zufluchtsstatt Für uns, die Sünder wir sind insgemein; Du bist die Helferin, Du bist die Retterin, So groß nur immer der Jammer mag sein. Du kannst bewahren Uns vor Gefahren; All unsre Feinde verscheuchet alsbald Deine vom Sohn dir verliehne Gewalt.
7. In diesem Jammerthal Rufen wir allzumal Zu dir, o Jungfrau, aus Elend und Noth. Maria, du allein Wollst unsre Mutter sein. Einst wenn sich Leib und Seel scheiden im Tod. Uns alle leite Und für uns streite, Führe, regiere, verschaffe, daß all Wir einstens eingehn zum himmlischen Saal.	5. In diesem Jammerthal Rufen wir allzumal Zu dir, o Mutter, aus Elend und Not. Aber vor allem dir Uns anbefehlen wir, Wann Leib und Seele sich scheidet im Tod. Dann für uns streite Und uns geleite, Mächtige Jungfrau, zum Himmel empor, Wo dich lobpreisen die Engel im Chor.

8. Um diese Gnad allein,
Maria, Jungfrau rein,
Wollen wir alle von Herzen Dich flehn.
Die Herzen schenken wir,
Maria, Jungfrau, dir,
Alle, wir Alle, so viele hier stehn,
In allem Leben,
Dir gänzlich ergeben
In Leiden und Freuden, in Kummer und Noth
Bis uns hinrafft der endliche Tod.

5.2.4.2 Analyse

Joseph Mohr kürzt seine Textvorlage um drei Strophen und nimmt an den übernommenen Strophen kleinere Textänderungen vor. Diese betreffen hauptsächlich die sprachliche Gestaltung und sind kaum inhaltlich motiviert. So entscheidet er sich im Vergleich zu der Fassung Simrocks, in der es ähnlich der geistlichen Volksliedfassung heißt *Willig mein Leben / Will ich dir geben* (1,7f.), für die ausdrucksstärkere Wendung *Gut, Blut und Leben / Will ich dir geben* (1,7f.). Diese Formulierung geht auf Johannes Kardinal von Geissel zurück und hebt den bereits in der Ausgangsfassung angelegten Charakter der Dienstverpflichtung Maria gegenüber prononcierter hervor. Bereits Heinrich Bone hatte sich in seiner Textfassung für diese Verse Geissels entschieden, die sich somit in fast allen Kirchenliedfassungen des Marienliedes *Wunderschön prächtige* durchgesetzt haben.

Während die sprachlichen Veränderungen der übernommenen Strophen deren ursprüngliche Intention im Kern unangetastet lassen, ist die von Mohr getroffene Strophenauswahl vorwiegend aus inhaltlichen Gründen erfolgt. Denn bei Mohr fallen vor allem diejenigen Strophen weg, in denen Marias Macht und Herrlichkeit thematisiert wird. Auch an der Stelle, die Marias *Gewalt*, durch die sie in die Lage versetzt wird, gegen die Feinde vorzugehen, zur Sprache bringt, tritt eine in diesen Zusammenhang passende Änderung ein. Die Stelle lautet bei Mohr: *All unsre Feinde verscheuchet alsbald | Deine vom Sohne verliehne Gewalt* (4,9f.). Durch diese Änderung wird ganz deutlich hervorgehoben, daß die Gewalt Marias auf ihren Sohn zurückzuführen ist. Außerdem wird nur von der „Verscheuchung" der Feinde gesprochen, während in der Vorlage ausdrücklich von der *Vertilgung* (6, 9) die Rede ist.

Das in der von Mohr erstellten Fassung gezeichnete Marienbild entspricht im wesentlichen dem der geistlichen Volksliedfassung: Maria erscheint als eine mächtige hohe Frau, die von Gott auserwählt den Menschen Retterin und Helferin sein kann. Dabei wird aber der in der Ausgangsfassung stark betonte Majestätsgedanke deutlich gemildert. Dadurch wird das Handeln Gottes und Marias einzigartige Beziehung zu den drei göttlichen Personen bekräftigt. Mohr paßt demnach durch Reduzierung das stark der Mariologie des 17. Jahrhunderts verpflichtete Marienbild der geistlichen Volksliedfassung der Mariologie des 19. Jahrhunderts an.

5.2.5 *Wunderschön prächtige:* Ein Text in vielen Fassungen

Die eigentliche Kirchenliedtradition des Marienliedes *Wunderschön prächtige* setzt um die Mitte des 19. Jahrhunderts ein. Die Aufnahme des Liedes in die offiziellen Kirchengesangbücher ist unmittelbar verbunden mit zwei neugedichteten Fassungen. Die erste stammt von dem damaligen Speyrer Bischof, dem späteren Kölner Erzbischof Johannes Kardinal von Geissel und erscheint zuerst im Speyrer Gesangbuch"[101] von 1842. Die zweite hat Heinrich Bone auf der Grundlage verschiedener Vorlagen erstellt und in sein bedeutendes Restaurationsgesangbuch „Cantate"[102] von 1847 aufgenommen. Guido Maria Dreves, der in seiner Schrift „Ein Wort zur Gesangbuchfrage"

101 Katholisches Gesangbuch für das Bisthum Speyer. Erste Auflage. Speyer, Verlag des Bischöflichen Seminars 1842.

102 Cantate! Katholisches Gesangbuch nebst Gebeten und Andachten für alle Zeiten und Feste des Kirchenjahres. Nach den alten, sonst allgemein gebräuchlichen Gesängen und Andachten, sowie nach dem lateinischen Kirchenritus bearbeitet von Heinrich Bone. Mainz 1847.

Kritik an Geissels Text übt[103], schlägt eine weitere Textfassung vor. Diese beginnt mit dem Initium *Heilige prächtige* und stammt von Georg Friedrich Daumer. Sie findet sich in dem von Dreves zusammengestellten und herausgegebenen Gesangbuch „O Christ hie merk“[104] aus dem Jahre 1885, hat aber darüber hinaus keine weitere Rezeption erfahren. Am Ende des 19. Jahrhunderts entscheidet sich Joseph Mohr in seinem wirkungsgeschichtlich bedeutsamen Gesangbuch „Psälterlein“[105] von 1891 für eine Fassung des Marienliedes *Wunderschön prächtige*, die sich in ihren Grundzügen an die geistliche Volksliedfassung des Liedes aus dem 18. Jahrhundert anlehnt.

So entstehen im 19. Jahrhundert vier verschiedene Textfassungen des Marienliedes *Wunderschön prächtige*. Bei den Fassungen von Geissel, Bone und Dreves handelt es sich um Neudichtungen des Liedes, die sich lediglich in der ersten Strophe auf die Ausgangsfassung des 18. Jahrhunderts beziehen. Der vierte Text von Joseph Mohr stellt eine sprachliche Bearbeitung und Kürzung der Volksliedfassung dar.

In den meisten Liedfassungen des 19. Jahrhunderts wird wie bereits in der geistlichen Volksliedfassung auf die Unbefleckte Empfängnis Mariens hingewiesen. Die Lehre, daß Maria ohne den Makel der Erbsünde empfangen worden ist, wurde 1854 von Papst Pius IX. als Dogma verkündet. Dem vorangegangen waren einige Jahre, in denen innerhalb einer vom Papst eingesetzten Kommission die Möglichkeit einer dogmatischen Definition geprüft wurde. Dabei gab es unter den berufenen Bischöfen auch Stimmen, die sich gegen eine solche Dogmatisierung der Unbefleckten Empfängnis aussprachen; schließlich wurde das Dogma jedoch mit großer Mehrheit festgeschrieben.[106] Die Definition war weniger von einer geschichtlichen Beweisführung als vielmehr vom gegenwärtigen Glauben sowie von der lebendigen Tradition innerhalb der lehrenden und hörenden Kirche geprägt. Daher stieß sie beim katholischen Kirchenvolk auf große Zustimmung:

> Nach der Definition hat es nur wenige ablehnende Stimmen unter den Katholiken gegeben. Die Rezeption des Dogmas vollzog sich allenthalben rasch und konfliktlos – auch in deutschsprachigen Landen. Von großen Feiern wird berichtet und von einer aufblühenden marianischen Frömmigkeit, die bis in unsere Tage anhalten sollte. Marienerscheinungen mit Bezug auf die Unbefleckte Empfängnis der Jungfrau […] fanden ein weites Echo im Klerus und bei Laien. Die so eindrucksvoll in St. Peter demonstrierte Eintracht zwischen dem Oberhaupt der Kirche und den Bischöfen des Erdkreises hatte auch Rückwirkungen auf das katholische Selbstbewußtsein und bereitete so das Volk auf die schweren politischen Ausein-

---

[103] Vgl. G. M. Dreves: Ein Wort zur Gesangbuchfrage, S. 68.

[104] O Christ hie merk! Ein Gesangbüchlein geistlicher Lieder. Von Guido Maria Dreves. Freiburg im Breisgau 1885.

[105] Psälterlein. Katholisches Gebet= und Gesangbuch. Mit oberhirtlicher Approbation. 1891 Regensburg, New York und Cincinnati. Druck und Verlag von Friedrich Pustet.

[106] Vgl. S. De Fiores: Maria in der Geschichte von Theologie und Frömmigkeit. In: Handbuch der Marienkunde, Band 1, S. 210–212 und U. Horst: Das Dogma von der Unbefleckten Empfängnis Marias (1854). Vorgeschichte und Folgen. In: Kirche im 19. Jahrhundert. Hrsg. von Manfred Weitlauff. Regensburg 1998, S. 95–114.

> andersetzungen kommender Jahre vor (Kulturkampf in Deutschland). Noch nie zuvor hatte man so lebhaft erfahren, daß die Ortskirche Teil der Weltkirche mit dem Oberhaupt an der Spitze war.[107]

Die Dogmatisierung der Unbefleckten Empfängnis war für die Marienfrömmigkeit des 19. Jahrhunderts hochbedeutsam und trug entscheidend zu ihrem erneuten Aufblühen bei.

Vor allem in den Texten von Geissel und Bone wird das Thema der Unbefleckten Empfängnis auf vielfältige und bildhafte Weise zum Ausdruck gebracht. Ähnlich wie in der geistlichen Volksliedfassung wird Maria dadurch erhöht. Sah man aber in der Fassung des 18. Jahrhunderts in Marias Makellosigkeit die Quelle ihrer großen Macht und Herrlichkeit, so ist man in den Texten des 19. Jahrhunderts darauf bedacht, ihre Mächtigkeit nicht allzu groß erscheinen zu lassen. Darin zeigt sich ein Phänomen, das Stefano De Fiores folgendermaßen beschreibt:

> Die marianische Literatur des 19. Jahrhunderts erscheint durchzogen von einer merkwürdigen Bewegung von Erhöhung und gleichzeitiger Minderung der Jungfrau: Ihrer immer wieder bestätigten Hauptrolle im Erlösungsgeschehen stellt sich eine Furcht entgegen, ihre Weiblichkeit im Wert allzu hoch zu veranschlagen und sich so – unbeabsichtigt – für die Förderung der Frau einzusetzen.[108]

Diese Tendenz der Erhöhung der Marienfigur bei gleichzeitiger Minderung wird in den meisten Bearbeitungen und Neudichtungen des Liedes aus dem 19. Jahrhundert sichtbar. Sehr deutlich hat sich das am Beispiel der „neuen alten" Fassung von Joseph Mohr gezeigt, in der konsequent alle Strophen ausgelassen worden sind, in denen die Majestät und Herrschaft Marias thematisiert wurden. Während die Unbefleckte Empfängnis in den Fassungen von Geissel, Bone und Mohr ein wichtiger Bestandteil des von ihnen gezeichneten Marienbildes ist, kommt sie in der ursprünglich nicht für den kirchlichen Gebrauch gedachten Daumer-Fassung nicht vor. Hieran wird sichtbar, daß in diesem Text die Mariengestalt in ein eher romantisch verklärtes Licht getaucht wird und dogmatische Überlegungen keine Rolle spielen.

Die Texte von Geissel und Bone neigen im Gegensatz zur Daumer-Fassung dazu, eine Fülle von marianischen Ehrentiteln und Bildlichkeiten aufzuzählen, die aus der Tradition stammen und seit dem Mittelalter für Maria verwendet worden sind. Dadurch werden der Marienfigur eine Vielzahl von Eigenschaften und Funktionen zugewiesen. Vor allem der Aspekt der Mutterschaft Mariens wird dabei besonders hervorgehoben. Einerseits hat Maria, indem sie ihren Sohn Jesus Christus geboren hat, einen entscheidenden Beitrag zur Erlösung der Menschheit geleistet. Andererseits ist sie aber auch die geistliche Mutter aller Gläubigen und kann ihnen daher Trost,

---

107 U. Horst: Das Dogma von der Unbefleckten Empfängnis Marias (1854). Vorgeschichte und Folgen. In: Kirche im 19. Jahrhundert, S. 111.

108 S. De Fiores: Maria in der Geschichte von Theologie und Frömmigkeit. In: Handbuch der Marienkunde, Band 1, S. 213.

Vorbild, Fürsprecherin und Zuflucht sein. Gerade die geistliche Mutterschaft war neben der Unbefleckten Empfängnis ein wesentlicher Bestandteil der Marienfrömmigkeit des 19. Jahrhunderts, die von einer ausgeprägten Emotionalität getragen war:

> Es ist ein allgemein verbreitetes Gespür, eine praktisch universale Überzeugung unter uns Katholiken: daß wir alle wirkliche Kinder Marias sind, und daß die Mutter Gottes ebenso auch unsere Mutter ist. [...] Nun kann doch ein derart lebhaftes, so zartes, tiefes und universales Gefühl wahrhaft katholischer Herkunft gegenüber Maria [...] nicht die Wirkung eines irrtümlichen Urteils sein, einer übertriebenen Idee, die sich die Christen aus den Benennungen Marias, aus ihren Eigenschaften, ihren Vorzügen, ihrer Macht bei Gott und ihrer liebevollen Güte zu den Menschen gebildet haben: vielmehr ist es, muß es die Wirkung jener Art wunderbaren Sinnes sein, worin das christliche Volk in seinen universalen Gefühlen göttlich geleitet ist.[109]

Die geistliche Mutterschaft Marias gehört demnach zu den „göttlich geleiteten universalen Gefühlen" und ist Ausdruck einer tiefen Verbundenheit zwischen den Menschenkindern und der Gottesmutter Maria. Dieses Grundvertrauen, das Maria entgegengebracht wird, gibt den Bittenden Hoffnung auf Trost im Leiden, auf gnädige Zuwendung sowie auf Beistand während ihres Lebens und in der Todesstunde. Der Glaube an die Barmherzigkeit Marias prägt das in den Texten von Geissel und Bone gezeichnete Marienbild. Dadurch werden sie als Produkte ausgewiesen, die in ihren Aussagen ganz der Marienfrömmigkeit des 19. Jahrhunderts verpflichtet sind.

Das Marienbild der geistlichen Volksliedfassung, das in der spätbarokken Tradition der Verehrung der mächtigen Himmelskönigin stand hat, ist hier durch Neudichtung dem Marienbild des 19. Jahrhunderts angepaßt worden: Ein Marienbild, in dem neben der Unbefleckten Empfängnis vor allem Marias besondere Stellung im Heilsplan Gottes und ihre Mutterschaft eine herausragende Bedeutung haben.

Joseph Mohr beschränkt sich in seiner Fassung für das „Psälterlein" im wesentlichen darauf, den Text der geistlichen Volksliedfassung zu kürzen. Er wählt nur diejenigen Strophen aus, in denen Marias einzigartige Beziehung zu Gott, ihre Erwähltheit und Reinheit sowie ihre große bergende Kraft thematisiert werden. Dadurch gelingt es ihm, den Text für seine Zeit rezipierbar zu machen.

In der von Dreves vorgeschlagenen Fassung Georg Friedrich Daumers *Heilige prächtige* sind im Unterschied zu Mohr alle Strophen ausgelassen worden, die das Handeln Gottes und Marias Unterordnung zur Sprache bringen. Maria erscheint als eine hohe und geliebte Frau von großer Schönheit, die zugleich auch Mutter und Trösterin der Menschen ist. Ihre Gottes-

---

109 G. Ventura: La Madre di Dio Madre degli uomini. Bellinzona 1851, S. Iif. Zitiert nach: S. De Fiores: Maria in der Geschichte von Theologie und Frömmigkeit. In: Handbuch der Marienkunde, Band 1, S. 215f.

mutterschaft und damit auch ihre soteriologische Bedeutung spielen dabei nur eine untergeordnete Rolle. Damit deutet sich eine literarische Bewußtseinsverschiebung von der mittelalterlichen Mariendichtung und der von ihr beeinflußten Tradition hin zur Romantik an, die der Theologe Franz Josef Kuschel folgendermaßen beschreibt:

> Denn während für den mittelalterlichen Dichter die kirchliche Marienfrömmigkeit der verbindliche Rahmen war, die Malvorlage gewissermaßen, in die er seine poetischen Farben eintrug, so kennzeichnet den Neuaufbruch weniger die Illustrierung als die *umfassende Symbolisierung der Mariengestalt* zu einem *Ausdrucksmittel universaler Humanität*.[110]

Vor diesem Hintergrund kann die Fassung Daumers– nicht zuletzt auch wegen ihrer sprachlichen Gestalt, die sich deutlich von den Kirchenliedfassungen abhebt – als Zeugnis für eine außerkirchlich-literarische Rezeption des Liedes im 19. Jahrhundert gelten. Sie verweist darauf, daß die Mariengestalt auch den Romantikern durchaus als Inspirationsquelle gedient hat:

> Dieses Bild einer unbefleckten Schönheit, die noch dabei von Mutterliebe und Schmerz verklärt ist, hatte das Vorrecht, durch Dichter und Maler gefeiert und mit allen sinnlichen Reizen geschmückt zu werden. Denn dieses Bild war ein Magnet, welcher die große Menge in den Schoß des Christentums ziehen konnte. Madonna Maria war gleichsam die schöne Dame du comptoir der katholischen Kirche, die deren Kunden, besonders die Barbaren des Nordens, mit ihrem himmlischen Lächeln anzog und festhielt.[111]

Alle in diesem Kapitel vorgestellten Fassungen haben trotz ihrer Verschiedenheit eines gemeinsam. Sie sind in einer Zeit entstanden, in der die Marienverehrung eine große Blüte erlebte – und zwar nicht nur im unmittelbaren kirchlichen Kontext. Das marianisch geprägte 19. Jahrhundert war ein geeigneter Nährboden für die produktive Rezeption eines Marienliedes aus dem vorangegangenen Jahrhundert. Aber obwohl das Marienlied *Wunderschön prächtige* seine kirchliche Karriere mit zwei neugedichteten Liedfassungen begann und im weiteren Verlauf eine große Fassungsvielfalt entwikkelt hat, geriet im 19. Jahrhundert nicht der Text des Liedes in die Diskussion, sondern die zu ihm gehörende Melodie.

5.3 Die Melodie: eine Streitfrage im 19. Jahrhundert

Das Marienlied *Wunderschön prächtige* hat – wie wir gesehen haben – im 19. Jahrhundert eine weite Verbreitung erfahren. So wurde es in der Mitte des Jahrhunderts erstmals auch in offizielle Kirchengesangbücher aufgenommen – und zwar in ganz unterschiedlichen und zum Teil neu gedichteten Textfassungen. Aber nicht nur die Texte des Liedes variierten innerhalb

---

110 F. J. Kuschel: Maria in der deutschen Literatur des 20. Jahrhunderts. In: Handbuch der Marienkunde, Bd. 2, S. 218.

111 H. Heine: Die romantische Schule. Kritische Ausgabe. Stuttgart 1976, S. 18f.

der einzelnen Gesangbücher, sondern auch die dem Lied beigegebenen Melodien wichen voneinander ab. Im wesentlichen traten dabei zwei Melodien in Konkurrenz zueinander. Bei der einen handelt es sich im Kern um diejenige Melodie, die seit dem 18. Jahrhundert mit dem ‚Geistlichen Volkslied' *Wunderschön prächtige* verbunden war. Die andere ist eine Neuschöpfung des Kölner Pfarrers Albert Gereon Stein.

Obwohl das Marienlied *Wunderschön prächtige* in kaum einem der Gesangbücher fehlte, die im 19. Jahrhundert so zahlreich erschienen waren, geriet es immer wieder in die Kritik. Vor allem die aus dem 18. Jahrhundert stammende „Volksliedmelodie" stieß häufig auf Ablehnung. Hier macht sich der Einfluß einer Bewegung bemerkbar, die im 19. Jahrhundert die Kirchenmusik nachhaltig geprägt hat. Gemeint ist der 1868 von Franz Xaver Witt gegründete und zwei Jahre später von Papst Pius IX. approbierte „Allgemeine Cäcilienverein der Länder deutscher Zunge" (ACV). Der Verein bemühte sich um die Erneuerung der Kirchenmusik. Dabei ging es den Cäcilianern hauptsächlich um die Pflege und Wiederbelebung des gregorianischen Chorals und des polyphonen A-capella-Gesangs im Stile Palästrinas. Weltlich anmutende Kirchenmusik wurde von ihnen ebenso abgelehnt wie die großen Orchestermessen der Wiener Klassik.[112] Außerdem setzten sie sich sehr ausführlich mit dem deutschsprachigen Kirchengesang auseinander. So erschienen in den verschiedenen kirchenmusikalischen Zeitschriften der Zeit, wie der „Musica sacra" oder den „Fliegenden Blättern der katholischen Kirchenmusik", zahlreiche Artikel zur Geschichte des Kirchenliedes und zu der Frage, ob und in welcher Form deutscher Volksgesang innerhalb der Liturgie überhaupt statthaft sei.[113] Die Cäcilianer führten damit eine Diskussion fort, die Heinrich Bone bereits 1847 in der Vorrede zu seinem Gesangbuch „Cantate" begonnen hatte.

5.3.1 Die Liturgiefähigkeit des deutschen Kirchengesanges: der Cäcilianismus und seine Folgen

Heinrich Bone hatte sich 1847 in der programmatischen Vorrede zu seinem Gesangbuch „Cantate" ausführlich mit dem deutschen Kirchengesang und seiner Liturgiefähigkeit beschäftigt. Er beschrieb und erläuterte dort umfas-

---

112 Vgl. R. Schmidt: Gegen den Reiz der Neuheit. Katholische Restauration im 19. Jahrhundert, S. 38–45.

113 F. Könen: Das deutsche Kirchenlied und der Choral. In: Fliegende Blätter für katholische Kirchen=Musik. 15 (1880), S. 14–18. – F. Könen: Ueber den deutschen Volksgesang. In: Fliegende Blätter für katholische Kirchen=Musik 17 (1882), S. 102–109. – P. Piel: Welche Lieder des neuen Trierischen Gesangbuches verdienen den Vorzug? In: Pastor bonus 5 (1893), S. 78–87. – J. Quadflieg: Das deutsche Kirchenlied. In: Musica sacra 44 (1911), S.171–178. – F. Witt: Bemerkungen über das kirchliche Volkslied. In: Fliegende Blätter für katholische Kirchen=Musik 6 (1878), S. 6f. – F. Witt: Ein Wort zur Gesanbuch=Frage. In: Fliegende Blätter für katholische Kirchen-Musik 20 (1885), S. 9–13.

send sein Verständnis des katholischen Gottesdienstes und wies dem deutschsprachigen Kirchenlied seinen Ort zu: Zunächst unterschied er zwischen einer priesterlichen und einer volkstümlichen Seite des Gottesdienstes; beide Seiten liegen seiner Meinung nach im Wesen der katholischen Kirche begründet und für beide Seiten muß gelten, „[…] daß der katholische Gottesdienst dem Charakter der katholischen Kirche selbst entsprechend sei"[114].

Die priesterliche Liturgie bedient sich nach Bone der lateinischen Sprache und wird überall nach dem gleichen Ritus abgehalten. Der lateinische Ritus und damit verbunden der lateinische Choralgesang haben ihren Platz in der Messe, der Vesper, der Complet und bei allen „kanonischen Verrichtungen"[115]. Für die priesterliche Seite des Gottesdienstes gilt, daß sie über die tätige Teilnahme des Volkes zwar erhaben, aber dennoch für es bestimmt ist.

Ganz anders stellt sich das für die volkstümliche Seite des Gottesdienstes dar. Diese leitet sich nach Bone aus dem „Naturrecht des Volkes" ab. Sie findet in der Volkssprache und unabhängig von der priesterlichen Liturgie statt, wird aber immer von einem Priester angeleitet. Zur volkstümlichen Seite des Gottesdienstes gehören unter anderem die verschiedenen Andachten, die Prozessionen und die Wallfahrten. Innerhalb dieser paraliturgischen Formen ist demnach der deutsche Kirchengesang erlaubt und erwünscht, während die priesterliche Liturgie – vor allem die Meßfeier – ganz der lateinischen Sprache vorbehalten bleiben soll.

Obwohl diese scharfe Trennung zwischen priesterlicher und volkstümlicher Seite das Wesen des Gottesdienstes bestimme, räumt Bone in seiner Vorrede dennoch ein, daß auch innerhalb der priesterlichen Liturgie deutschsprachiger Kirchengesang geduldet werden kann. Dies gilt sowohl für das Hochamt als auch für die sogenannte Lesemesse. Im Hochamt sollen deutsche Kirchenlieder an den Stellen gesungen werden, an denen dies nach der herkömmlichen Gewohnheit schon lange praktiziert worden ist. „Beim Offertorium und zum Schluß, sowie nach der Wandlung kann ein geeignetes deutsches Lied gesungen werden, wie das historisch sich vielfach in Gebrauch gesetzt hat."[116]

Bei der Lesemesse unterscheidet Bone zwei verschiedene Arten. Zunächst gibt es die sogenannte deutsche Singmesse, bei der die Messe mit Meßgesängen in der Volksprache begleitet wird; oder wie Bone es beschreibt: „Gebet und Gesang schließt sich an die Theile der Messe an."[117] Diese in der Zeit der katholischen Aufklärung entstandene Meßform lehnt Bone zwar ab, nimmt aber andererseits durchaus auch deutsche Meßgesänge in sein Gesangbuch auf.

---

114 H. Bone: Cantate. Vorrede, S. VII.

115 Zu den „kanonischen Verrichtungen" gehört zum Beispiel die Spendung von Sakramenten.

116 H. Bone: Cantate. Vorrede, S. XV.

117 Ebd., S. XV.

Die zweite – und von Bone eindeutig bevorzugte – Form der Lesemesse ist aus der stillen oder privaten Messe der Priester hervorgegangen. Die Gebete und Gesänge der anwesenden Gemeinde schließen sich dabei nicht an die einzelnen Teile der Messe an, „ […] sondern bilden gleichsam eine Andacht für sich"[118]. Diese Andacht bestand meistens aus dem Beten des Rosenkranzes, der mit einigen deutschsprachigen Liedern und zusätzlichen Gebeten ausgeschmückt wurde. Die stille Messe des Priesters fand demnach parallel, letztlich aber unabhängig von den Gebeten und dem Gesang des Kirchenvolkes statt.

Bone gliedert die Gottesdienste folglich in das gesungene Amt (Hochamt, Requiem), die Lesemesse, das kanonische Stundengebet und die Volksandachten. Deutsche Kirchenlieder haben seiner Darstellung nach ihren Ort zunächst in den Andachten und in der stillen Lesemesse. Im Hochamt können sie aus Gründen der Tradition an ganz bestimmten Stellen geduldet werden. Vor allem aber müssen Lieder, die zu diesen Gelegenheiten gesungen werden, echte Kirchenlieder sein. Daher benennt Bone sehr deutlich, welche Anforderungen an ein Kirchenlied seiner Meinung nach gestellt werden müssen: Zunächst muß das Kirchenlied einen „wahrhaft kirchlichen Gehalt haben", das heißt, der Inhalt der Lieder muß dogmatisch fundiert und korrekt sein. Außerdem muß seine Sprache kirchlich sein oder, wie Bone es ausdrückt, sie muß „volkstümlich als solche traditioniert sein". Das bedeutet, daß sich eine Sprache, die religöse Inhalte zum Ausdruck bringen will, an gewisse Konventionen halten muß und nicht zu modern sein darf. Darüber hinaus muß das Kirchenlied „eigentliche Poesie" sein. Es sollte also über eine poetische Qualität verfügen, die über eine „bloße Reimerei" hinausgeht.

Diesen Anforderungen an ein Kirchenlied versucht Bone bei der Erstellung seines Gesangbuches gerecht zu werden. Dabei konzentriert er sich in erster Linie auf die Texte der Lieder. Auf die Beigabe von Melodien verzichtet er im „Cantate" mit der folgenden Begründung:

> Denn für eine mehr als hinreichende Anzahl der Lieder lebt die Melodie noch überall im Munde des Volkes oder kann von andern, bekannten Liedern übertragen werden (…).[119]

Weiterhin betont er,

> (…) daß man eine Melodie, die dem Volke noch bekannt ist, nicht gewaltsam rectifizieren, geschweige in Steifheit reformiren, sondern die volksthümliche Modification bestehen lassen soll; denn über kurz oder lang würde diese doch wieder zurückkehren, da sie fast in der organischen Gestaltung der einzelnen Gegenden zu liegen scheint.[120]

---

118 Ebd., S. XVI.

119 Ebd., S. XXXIX.

120 Ebd., S. XL.

Die Melodien unterliegen bei Bone also nicht denselben Anforderungen wie die Kirchenliedtexte. Sie sind für ihn kein Kriterium, das über den kirchlichen Charakter eines Liedes entscheidet, sondern sie dienen ihm in erster Linie dazu, die Einführung der neuen und bearbeiteten Texte zu erleichtern. Vor allem glaubt er, daß das Volk nur ganz schwer dazu gebracht werden kann, eine alte und liebgewonnene Melodie wieder aufzugeben. Daher betont Bone auch in dem Vorwort zu seiner 1852 erschienenen Erstausgabe „Melodien zu dem katholischen Gesangbuch Cantate von Heinrich Bone", daß er viele Melodien so aufgenommen hat, wie sie zu dieser Zeit im Volke verbreitet waren:

> 2. solche, die im Munde des Volkes fortgepflanzt aller Orte irgendeine Abweichung haben [...]. – Für die Fassung solcher Lieder nun ist in der gegenwärtigen Sammlung die lebendige Quelle des Volksgesanges benutzt worden, und da dieser an verschiedenen Orten verschieden ist, so sind wir im voraus sicher, daß wir nicht allen genügen werden. [...] Darum gilt aber als oberster Grundsatz: *das man dort, wo eine Melodie noch lebendig ist, nicht ändere, sondern ihr das Leben lasse, das sie besitzt.*[121]

Die Cäcilianer stimmten Bone in der Frage nach der Stellung des deutschen Kirchenliedes innerhalb der Liturgie im Prinzip zu, wenn sie auch die Verwendung des deutschen Volksgesanges in der priesterlichen Liturgie deutlicher ablehnten als er und deutsche Kirchenlieder nur für die außerliturgischen Dienste – wie Andacht und Wallfahrt – zulassen wollten. Die Anforderungen, die Bone für die Kirchenliedtexte formuliert hatte, übernahmen sie weitgehend. Was die Beschaffenheit und Behandlung der Melodien anbelangte, hatten sie eine grundsätzlich andere Auffassung.

Der gregorianische Choral wurde von den Cäcilianern als die eigentliche und würdigste Form des liturgischen Gesanges angesehen. Seinem Vorbild sollten im Rahmen des Möglichen auch die Melodien des deutschsprachigen Kirchengesanges entsprechen:

> Die Kirche muß also bezw. des Gesanges beim außerliturgischen Dienste darauf dringen, daß die bei demselben zur Anwendung kommende Musik, wenn sie auch nicht den gleichen musikalischen Gesetzen bezw. ihrer tonalen und rhythmischen Gestaltung folgt, die wir bei den Melodien des gesamten *cantus gregorianus* erkennen, so doch mit dieser Sangesart nicht in einen inneren Gegensatz trete. Sie muß im Gegenteil verlangen, daß beide Sangesarten sich einander möglichst nähern, und sie wird denjenigen kirchlichen Volksliedern unbedingt den Vorzug geben, die bezüglich ihres melodischen und rhythmischen Baues den Weisen des gregorianischen Chorals am nächsten stehen.[122]

So beschreibt Peter Piel, Seminaroberlehrer und königlicher Musikdirektor zu Boppard, das Verhältnis von gregorianischem Choral und kirchlichem Volkslied zueinander. Er und der Kölner Domkapellmeister Friedrich Könen

---

121 H. Bone: Melodien zum Cantate. Vorrede, S. III. Hervorhebungen original.

122 P. Piel: Welche Lieder des neuen Trierischen Gesangbuches verdienen den Vorzug? In: Pastor bonus 5 (1893), S. 79.

- beide gehörten zum Führungskreis des Cäcilienvereins - entwickelten eine Art „Liedlehre", die beschrieb, wie die Melodien des deutschsprachigen Kirchengesanges beschaffen sein sollten:[123]

Um eine größtmögliche Übereinstimmung zwischen dem gregorianischen Choral und der Melodie eines Kirchenliedes schaffen zu können, sollte diese so angelegt sein, „[...] daß sie sich ganz vorzugsweise denjenigen Melodieschritten und charakteristischen Melodieformen bediene, wie wir sie im Choralgesang antreffen"[124]. Eine Kirchenliedmelodie sollte daher nur kleine Intervallschritte - also keine größeren Intervalle als die reine Quinte - aufweisen und zugleich auch auf harmonisch-dissonierende Intervalle verzichten. Der Bau einer Melodie sollte unter anderem durch schreitende, gleichmäßige Viertelnoten und ein getragenes, zugleich aber auch nicht schleppendes Tempo geprägt sein. Punktierungen und Folgen mit vielen Achtel-Noten sind dagegen abzulehnen.

In bezug auf den Rhythmus ist darauf zu achten, daß die Melodie sich dem natürlichen Rhythmus des Textes anpaßt. Damit die Melodie durch eine stark akzentuierte rhythmische Gestaltung nicht den Charakter weltlicher Musik nachahmt, ist es zu vermeiden, daß der Taktrhythmus allzu deutlich betont wird. Piel geht in diesem Zusammenhang darauf ein, daß vor allem der dreiteilige Takt dazu neigt, in „auffallender Weise" hervorzutreten:

> Der Accent der Taktart tritt am auffallendsten da hervor, wo er sich am *seltesten* findet, nämlich beim dreiteiligen Takt, da die größere Zahl unaccentuirter Zeiten, welche zwischen zwei einanderfolgenden Accenten liegt, letztere viel auffallender erscheinen läßt, als in der zweiteiligen Taktart; da ferner in den dreiteiligen Taktarten die unaccentuierten Zeiten das Übergewicht haben, so nehmen die in diesen Taktarten verfaßten Melodien, namentlich wenn jede Zeit ihren besonderen Ton erhält, sehr leicht einen zu beweglichen, einen unruhigen, einen hüpfenden Charakter an.[125]

Diese Forderung betraf vor allem Lieder, die in einem dreiteiligen Metrum - wie dem Daktylus - verfaßt waren, da diese Texte eine Melodie im Dreiertakt geradezu verlangten.

Eine für den Kirchengesang geeignete Melodie sollte sich also in maßvollen und reinen Melodieschritten bewegen und in ihrer rhythmischen Gestaltung die einzelnen Taktschwerpunkte nicht zu sehr betonen. Darüber hinaus

---

123 P. Piel: Welche Lieder des neuen Trierischen Gesangbuches verdienen den Vorzug? In: Pastor bonus 5 (1893), S. 78–87. - H. Heine: Das Kirchenlied und der Caecilianismus. In: Der Caecilianismus. Anfänge - Grundlagen - Wirkungen. Hrsg. von H. Unverricht. Tutzing 1988; S.125–161. - F. Könen: Das deutsche Kirchenlied und der Choral. In: Fliegende Blätter für katholische Kirchen=Musik. 15 (1880), S. 14–18. - F. Könen: Ueber den deutschen Volksgesang. In: Fliegende Blätter für katholische Kirchen=Musik 17 (1882), S. 102–109.

124 F. Könen: Das deutsche Kirchenlied und der Choral, S. 17.

125 P. Piel: Welche Lieder des neuen Trierischen Gesangbuches verdienen den Vorzug? In: Pastor bonus 5 (1893), S. 81.

hielt man es auch für erstrebenswert, daß die Melodien des deutschsprachigen Kirchenliedes sich in ihrer Tonart an den alten – und für den Choralgesang typischen – Kirchentonarten orientieren sollten. Dies war allerdings eine höchst umstrittene Forderung, da es in einer Zeit, in der sich das Dur- und Moll-System bereits etabliert hatte, nicht einfach war, zu den alten, häufig nicht leicht zu singenden Tonarten zurückzukehren.

Die Cäcilianer legten demnach an die Melodien der volksprachigen Kirchenlieder sehr strenge Maßstäbe an. Erfüllte eine Melodie diese Kriterien nicht, wurde sie als „unkirchlich" eingestuft und abgelehnt. So erging es auch der aus dem 18. Jahrhundert stammenden Melodie des Marienliedes *Wunderschön prächtige* .

5.3.2 Eine Melodie gerät in die Diskussion

> Die Muttergotteslieder sind durchweg, auch die neueren Weisen, recht edel; die unterste Stelle muß dem Liede „Wunderschön prächtige" angewiesen werden. Es ist wirklich schade, daß der herrliche Text eine so wenig auf der Höhe der Zeit stehende Melodie hat.[126]

So äußert sich Peter Piel in einer Besprechung über das 1892 erschienene Trierer Gesangbuch zu der Melodie des Marienliedes *Wunderschön prächtige.* Auch Guido Maria Dreves hatte in seiner Schrift „Ein Wort zur Gesangbuch-Frage" die Melodie des Liedes negativ beurteilt:

> Von den bezeichneten Liedern [...] finden sich die meisten unbeanstandet in vielen der besten Gesangbücher, so zum Beispiel die Melodie des „Wunderschön prächtige", die stellenweise recht sehr an „Knaster den gelben" gemahnt, ein Merkmal, das dieser Weise von sehr competenter Seite in den Paß esetzt worden ist.* Trotz dieses Signalements behauptet sich dieselbe [...].
>
> *Vgl. „Über das Dirigieren kath. Kirchenmusik." Regensburg 1870, S. 52.[127]

Sowohl Piel als auch Dreves beziehen sich auf die aus dem 18. Jahrhundert stammende Melodie des Marienliedes *Wunderschön prächtige,* die in Abbildung 6 nach dem „Gesang- und Gebetbuch für die Diözese Trier" aus dem Jahre 1846 abgedruckt wird.

Ein Grund für die Ablehnung dieser Melodie dürfte in ihrer rhythmischen Gestaltung zu suchen sein: Sie steht im ¾ Takt und erhält ihre rhythmische Prägung durch ein Motiv (vgl. Takt 1 und 2), das aus der Tanzmusik der Renaissance stammt. Der ¾ Takt und das durch die punktierte Note gekennzeichnete Tanzmotiv sind sehr gut dazu geeignet, das daktylische Metrum des Textes musikalisch umzusetzen. Diese Art der rhythmischen Gestaltung und die durch den Dreiertakt stark hervorgehobene Akzentik dürften Piel dazu veranlaßt haben, die Melodie zu kritisieren. Zumindest führt er das Lied in seiner Rezension des Trierer Gesangbuches unter den

---

126 Ebd., S. 85.

127 G. M. Dreves: Ein Wort zur Gesangbuch-Frage, S. 68.

Liedern mit „rhythmischen Unvollkommenheiten“[128] auf. Zu diesen Liedern bemerkt er: „Diejenigen unter den vorstehend angegebenen Liedern, welche die dreiteilige Taktart haben, [...] tragen offenbar den Charakter des graziösen Menuetts.“[129]

Abb. 6: Melodie aus „Gesang- und Gebetbuch für die Diözese Trier“

Dreves hingegen betont, daß die Melodie Elemente eines weltlichen Volksliedes enthält. Solche Übereinstimmungen zwischen weltlichen Volksliedern und Kirchenliedern lehnt er entschieden ab, weil sie, wenn sie beim Singen bemerkt werden, die gebotene Andacht stören und den geistlichen Inhalten der Texte nicht gerecht werden:

> Wie Landmädchen, die in der Frühe des Sonntagmorgens zur Kirche gehen, wenn sie noch eben fröhlich kicherten, sowie sie die heilige Schwelle überschreiten, sich segnen und zu stiller Andacht versammeln, so soll das Volkslied, wenn es zum Dienste des Heiligen zugelassen wird, alles Weltliche abstreifen und eine frömmere Haltung annehmen. [...] Den eigentlichen Choral wird das Volk bei guter Aufführung desselben wohl bewundern und auch lieben, aber niemals zur Zufriedenheit singen lernen; aber die Verquickung weltlicher Ausdrucksweise mit

128 P. Piel: Welche Lieder des neuen Trierischen Gesangbuches verdienen den Vorzug? In: Pastor bonus 5 (1893), S. 83.

129 Ebd., S. 83.

religiösem, über die Sinnenwelt hinausreichendem Inhalt könnte nur verbildend wirken und müßte namentlich auf die ernste Männerwelt einen weibischen und verächtlichen Eindruck machen.[130]

Dreves und Piel beschränken sich aber nicht darauf, die Melodie des Marienliedes *Wunderschön prächtige* zu beanstanden, sondern sie schlagen beide übereinstimmend eine andere Melodie für das Lied vor. Dreves charakterisiert sie in einem schwärmerischen Ton:

Und doch findet sich zu diesem Lied, das noch ganz die altehrwürdige Form des Stollen=Abgesanges aufweist, die wundervolle, so überaus symmetrisch gebaute, stets mächtiger und mächtiger anschwellende und hernach lieblich und lieblicher ablassende Weise, Nr. 121 des Kölnischen Gesangbuches, die doch künftig nirgends fehlen sollte.[131]

Gemeint ist eine Melodie, die Albert Gereon Stein für das 1854 erschienene „Kölnische Gesang- und Andachtsbuch" geschaffen hat. Er tat dies, weil ihm die alte Melodie des Liedes nicht gefiel:

Diese Melodie findet sich bei diesem Texte allerdings in den meisten Gesangbüchern. Sie ist aber schlecht, unkirchlich, enthält in der zweiten Strophe Anklänge an das alte Studentenlied „Sa Sa geschmauset, laßt uns nicht rappelköppisch sein".[132]

Für seine neue Melodie hat Stein auf eine ältere Melodie zurückgegriffen und sie bearbeitet. Sie stammt aus „Corners Geistlicher Nachtigall" und gehört zu einem Marienlied mit dem Initium *Ganz inbrünstiglich will ich grüßen dich.* Daher kann man in manchen Gesangbüchern für die Melodie die Quellenangabe „Corners Nachtigall, 1649" finden. Sie bezieht sich aber immer auf die Bearbeitung von Albert Gereon Stein.

```
          . .          . .            . .
6 = E  |: 3 6 7 | 1.7 6 | 5 1 2 | 3.2 1 | 7 3 #4 | 5. #4 3 | 6 5 #4 | 3.. * :|
3/4
   5 5 4 | 3 2 1 | 1 7 6 | 2 2 1 | 7 3 2 | 1 7 6 | 5..* |
           . .
   1 1 2 | 3.2 1 | 2 1 7 | 6..* |
```

Diese aneinandergereihten Zahlen und Zeichen stellen die von Stein geschaffene Melodie des Marienliedes *Wunderschön prächtige* dar. In dieser Form sind in dem von Stein herausgegebenen „Kölnischen Gesang- und Andachtsbuch" alle Melodien abgedruckt. Es handelt sich hierbei um eine Ziffernnotation. Die Ziffern von 1–7 entsprechen dabei den sieben Tönen der natürlichen Tonleiter. Die Notenlänge wird durch Punkte über oder hinter

130 G. M. Dreves: Ein Wort zur Gesangbuch-Frage, S. 64.

131 Ebd., S. 68.

132 Zitiert nach M. Persch: Das Trierer Diözesangesangbuch von 1846 bis 1975. Ein Beitrag zur Geschichte der Trierer Bistumsliturgie. Trier 1987, Quelle: Domkapitelsakten im Bistumsarchiv Trier. Abt. 91, Nr. 65 Bl. 77-78ᵛ.

der Ziffer angezeigt. Alle Ziffern, die keinen Punkt haben, stehen für eine Viertelnote. Am Beginn jeder Ziffernreihe wird angegeben, in welchem Takt und in welcher Tonart die Melodie steht. Die Melodie des Marienliedes *Wunderschön prächtige* ist demnach im ¾-Takt notiert. Die Tonart läßt sich an der Formel 6=E ablesen. Die 6 gibt an, daß die Melodie in einer Moll-Tonart steht und das E verrät, daß es sich dabei um e-moll handelt. Zugleich kann dieser Angabe auch entnommen werden, daß der sechste Ton der Tonreihe, die der Melodie zugrunde liegt, der Ton „e" sein muß.[133]

Die Ziffernnotation ist wahrscheinlich aus drucktechnischen Gründen entwickelt worden. Da der Druck von Noten schon immer ein schwieriges und teures Verfahren war, ist bis zur Mitte des 19. Jahrhunderts die größte Anzahl der Gesangbücher ohne Noten gedruckt worden. Da man am Ende des 19. Jahrhunderts - nicht zuletzt aufgrund der Bemühungen des Cäcilienvereins - die Qualität des Kirchengesanges heben wollte, ging man in dieser Zeit wieder verstärkt dazu über, auch die Melodien der Lieder in die Gesangbücher aufzunehmen. Mit der Ziffernnotation war es möglich, die Melodien leichter und günstiger zu drucken, da man für ihre Herstellung keine Notenlinien benötigte und für den Druck übliches Typenmaterial verwenden konnte. Allerdings setzte sich diese Form der Notation nicht durch, da sie in ihrer Anwendung zu kompliziert und ungewohnt war. Die Kölner Gesangbücher sind die einzigen, die die Melodie des Marienliedes *Wunderschön prächtige* mit Hilfe der Ziffernnotation darstellen; in allen anderen Gesangbüchern, die Melodien verzeichnen, bediente man sich der üblichen Schreibweise (vgl. Abb. 7).

Im Gegensatz zu der Melodie aus dem 18. Jahrhundert, die in F-Dur notiert ist, steht die Melodie von Stein in e-moll. Diese Tonart wird aber nicht konsequent durchgehalten, sondern wechselt zwischen e-moll, h-moll und G-Dur. Dabei werden innerhalb des Melodieverlaufs vor allem die dreiklangsbildenden Töne besonders hervorgehoben. Diese melodieimmanenten Tonartwechsel verhindern eine volksliedhafte Harmonik.[134] Hiermit dürfte der bedeutendste Unterschied zwischen den beiden Melodien des Marienliedes *Wunderschön prächtige* benannt sein. Da die Melodie von Stein - im Widerspruch zu der von Piel und Könen aufgestellten „Liedlehre" - den Dreiertakt und auch das durch die punktierte Note gekennzeichnete rhythmische Motiv beibehält, dürfte vor allem die Art der Melodiebildung Piel und Dreves dazu veranlaßt haben, dieser Melodie den Vorrang einzuräumen. Denn durch die geänderte Melodieführung - die von einem ständigen Auf und Ab geprägt ist, ohne dabei einen deutlichen Höhepunkt zu erreichen - hat sich, trotz der ähnlichen rhythmischen Gestaltung, der Charakter der Melodie verändert. Im Vergleich zur Melodie des 18. Jahrhunderts klingt sie getragener und ist schwerer singbar.

---

133 Eine genaue Anleitung zur korrekten Auflösung der Ziffernnotation ist im Anhang dieser Arbeit abgedruckt.

134 Die Hinweise zur Melodiebildung verdanke ich Dr. Joachim Roller.

Abb. 7: Melodie aus dem „Lasset uns beten! Regensburg 1881“ von Joseph Mohr

Aber auch diese Melodie ist nicht nur auf Zustimmung gestoßen. So hat Joseph Mohr sich in seiner Schrift „Einleitung und Quellennachweis zum Psälterlein“ sehr ausführlich und vor allem kritisch mit ihr auseinandergesetzt. Obwohl Mohr diese Melodie in fast alle seine Gesangbücher aufgenommen hatte[135], stellte er ihre Qualität nun in Frage.

> Als Melodie zu diesem Liede wird vielfach eine Weise gebraucht, welche der treffliche A. G. Stein nach einer Melodie Corner's (Geistliche Nachtigall 1649, S. 333) bearbeitet hat. Ich habe sie bislang in all meine Bücher aufgenommen. Indes – nun kommen die Schmerzen.[136]

Mohr kritisiert im folgenden, daß bei Stein alle „zehn Sätze“ des Liedes mit einer absteigenden diatonischen Reihe schließen. Außerdem seien solche Tonfolgen in drei Versen zusätzlich kurz vor Schluß verwendet worden, so daß die Melodie insgesamt 13 absteigende diatonische Reihen enthalte. Die-

135 Einzige Ausnahme ist das im Jahre 1868 erschienene Gesangbuch „Cäcilia“. Dieses Buch war eines der ersten von Mohr herausgegeben Gesangbücher. In den späteren Auflagen der „Cäcilia“ hat er dann die Melodie von Stein verwendet.

136 J. Mohr: Einleitung und Quellennachweis zum Psälterlein. Zweite, verbesserte Auflage, S. 124.

se Beobachtung veranlaßt Mohr zu der Bemerkung: „Das ist des Guten denn doch zu viel, wenn es nicht geradezu Monotonie genannt werden muß."[137]

Im weiteren Verlauf seiner Ausführungen bemängelt Mohr, daß sich in der Melodie von Stein der zweite Teil des Abgesanges nicht vom ersten Teil unterscheide: „Anstatt etwas Neues zu sagen, bringt er zum dritten Mal und zum Überdruß das Motiv, mit welchem die beiden ersten Verse des ersten Teils begannen."[138] Durch diese Motivwiederholung wird nach seiner Einschätzung der letzte Vers isoliert. Dies entspreche aber nicht der Intention des Dichters, so daß die Melodie in seinen Augen dem Text an dieser Stelle nicht gerecht wird.

Im Anschluß an diese negative Beurteilung der Steinschen Melodie kommt Mohr auf die Melodie aus dem 18. Jahrhundert zu sprechen. Zunächst diskutiert er wortreich den unter anderen auch von Dreves und Stein gegen die Melodie vorgebrachten Einwand, sie erinnere an ein bekanntes weltliches Lied:

> Allein man hat im Mittelsatz eine Stelle gefunden, welche sich auch in einem Studentenliede findet, und deswegen die Melodie aufgegeben.
>
> Ich frage: Wie viele von den Gläubigen, welche die Kirche besuchen, kennen jenes Studentenlied? Die es kennen, werden sie durch den Anklang gestört? Haben sie ihn überhaupt wahrgenommen, wenn sie nicht von einem anderen darauf aufmerksam gemacht worden sind? Was mich anlangt, habe ich wohl zwanzig Jahre lang dieses Lied gesungen oder singen hören, ohne daß mir jene Stelle aufgefallen wäre. Anderen ist es sicherlich gerade so ergangen.
>
> Soll man wegen der paar unbequemen Noten die Melodie fahren lassen? Ich meine dies verneinen zu sollen. Ist eine Melodie im ganzen gut, so wirft man sie nicht wegen einer unpassenden Stelle weg, zumal wenn es sich um die Originalmelodie des Liedes handelt, wie es bei der vorliegenden der Fall zu sein scheint. Die anstößige Stelle, welche wahrscheinlich erst durch Verschnörkelung so geworden ist, wie sie nun lautet, kann durch das Streichen von zwei Noten derart geändert werden, daß die Ähnlichkeit mit jenem Passus des Studentenliedes ganz wegfällt.[139]

Mohr stellt hier nicht in Frage, daß Melodien von Kirchenliedern, die starke Ähnlichkeiten mit weltlichen Liedern haben, für den Kirchengesang nicht geeignet sind und abgelehnt werden müssen. Insoweit stimmt er mit Dreves durchaus überein. Aber im Falle des Marienliedes *Wunderschön prächtige* hält Mohr die in der Melodie enthaltenen Anklänge an ein Studentenlied für marginal. Da sie aus seiner Sicht kaum auffallen und durch kleinere Änderungen ganz vermieden werden können, sind sie für ihn kein ausreichender Grund, die Melodie zu verwerfen. Vor allem die Tatsache, daß es sich in seinen Augen um die Originalmelodie des Liedes handelt, dürfte für Mohr den Ausschlag gegeben haben, sich der alten Melodie wieder zuzuwenden. Der Diskussionsaufwand, den er betreibt, um diese Entscheidung zu recht-

---

137 Ebd., S. 125.

138 Ebd., S. 125.

139 Ebd., S. 125.

fertigen, zeigt zugleich aber auch, daß Mohr im Grunde mit den Forderungen der Cäcilianer übereinstimmt und sich nur ungern über eine von ihnen vorgebrachte Kritik hinwegsetzen möchte. Da er aber im Falle des Marienliedes *Wunderschön prächtige* die alte Melodie für ungleich gelungener hält als die von den Cäcilianern bevorzugte, fällt er dennoch die Entscheidung zu ihren Gunsten und kommt zu folgendem Fazit:

> Wir haben meines Wissens kein Muttergotteslied, welches an Schwung sich mit dem unserigen messen könnte. Zu einem solch farbenprächtigen Text gehört eine Melodie, die kühn und weit ausholt, und da paßt die frische, dem Lied eigentümliche Gesangweise doch wohl besser als jene nachträglich gemachte Stein's, welche Anlauf nach Anlauf nimmt, dann aber ohne sich jemals auf der Höhe zu halten, immer wieder zugleich nach unten sinkt. Es mag diese Melodie ja ihren Wert haben; aber für unser Lied ist sie nach meiner unmaßgeblichen Ansicht nicht die richtige.[140]

Mohr nimmt also im Jahre 1891 diejenige Melodie, die seit dem 18. Jahrhundert mit dem Marienlied *Wunderschön prächtige* verbunden war, wieder in sein „Psälterlein" auf. Dieser Entschluß wurde allerdings nicht von allen Zeitgenossen begrüßt und provozierte wiederum verschiedene Stellungnahmen. So kann man in einer Besprechung des „Psälterleins" lesen: „[...], ebenso scheint uns trotz der Auseinandersetzung Mohrs die Melodie von Stein zu ‚Wunderschön prächtige' den Vorzug zu verdienen."[141] Und auch in einer 1911 in der „Musica sacra" erschienenen Abhandlung mit dem Titel „Das deutsche Kirchenlied" wird die Melodie des *Wunderschön prächtige* wieder eigens erwähnt. Auch hier wird zugunsten der Melodie von Stein gesprochen: „Umgekehrt findet man zu anderen Liedern wieder bessere Melodien, als die bisherigen waren, so zum Beispiel bei ‚Zu Bethlehem geboren' (d g a h a g. fis) oder ‚Wunderschön prächtige' (h e fis g. fis e)."[142] Aber trotz solcher Stimmen hatte Mohr durch die Aufnahme der alten Melodie des Marienliedes *Wunderschön prächtige* die allmähliche Zurückdrängung der Steinschen Melodie bereits eingeläutet.

---

140 Ebd., S. 126.

141 Musica sacra (24), S. 24.

142 J. Quadflieg: Das deutsche Kirchenlied. In: Musica sacra 44 (1911), S. 174.

6 *Wunderschön prächtige* in den Diözesangesangbüchern des 19. Jahrhunderts

> Seit Wiedererrichtung des altehrwürdigen Bisthums Speyer ist das Bedürfnis eines für alle Pfarreien bestimmten deutschen Gesangbuches gefühlt und mehrfach ausgesprochen worden. Die von früherer Zeit her üblichen Gesangbücher waren theils vergriffen, theils bedurften sie einer genauen Durchsicht. [...] Durch die oberhirtliche Sorgfalt Unseres um das Wohl des Bisthums Speyer hochverdienten Vorgängers, Johannes, des hochwürdigsten Herrn Erzbischofs = Coadjutors von Cöln, ist das neue Gesangbuch, welches Wir hiermit als Diözesangesangbuch übergeben, angefangen und vollendet worden. Indem wir nun kraft Unseres bischöflichen Amtes anordnen und verfügen, daß keine andere Gesangbücher fernerhin zum gottesdienstlichen Gebrauche in dem Bisthume Speyer eingeführt werden, sondern vielmehr die in den verschiedenen Pfarrsprengeln bestehenden Gesangbücher, nach Einübung der in diesem neuen Gesangbuche enthaltenen Lieder, außer Gebrauch gesetzt werden sollen; erklären Wir zugleich Unsern bestimmeten Willen dahin, daß in keiner Pfarrgemeinde der deutsche Gesang den, noch im Allgemeinen oder an einzelnen Festen und bei besonderen Andachten üblichen, lateinischen Gesang verdrängen dürfe.[1]

Dieses Zitat stammt aus der Vorrede des ersten Speyrer Diözesangesangbuches. Sie ist von dem Speyrer Bischof Nikolaus von Weis verfaßt worden, der das Buch im Jahre 1842 offiziell in seiner Diözese eingeführt und seinen Gebrauch angeordnet hat. Nikolaus von Weis' Ausführungen deuten an, mit welchen historischen Ereignissen die Entstehung dieses Buches in Zusammenhang zu bringen ist und welche Zielsetzungen und Absichten mit seiner Einführung verbunden waren. Die hier getroffenen Aussagen sind charakteristisch für die vielen Diözesangesangbücher, die ab der Mitte des 19. Jahrhunderts so zahlreich entstanden sind, und helfen dabei, die Bedeutung dieser Bücher für die Entwicklung des deutschen Kirchengesanges im 19. Jahrhundert deutlich werden zu lassen.

Im Anschluß an den Reichsdeputationshauptschluß von 1803 kam es zu einer flächendeckenden Säkularisation geistlicher Territorien. Nach dem Wiener Kongreß 1814/1815 wurde die Kirche in einem beachtlichen Maße neu organisiert. In der Folge sind viele Bistümer aufgrund von Konkordaten neu umschrieben worden. Dadurch trat die Situation ein, daß in diesen neugebildeten Bistümern keine einheitlichen Gesangbücher vorhanden waren. Außerdem besaßen in der Mitte des 19. Jahrhunderts nur wenige Diözesen überhaupt ein amtlich bestätigtes einheitliches Gesangbuch. Dafür gab es eine Vielzahl von privat herausgegebenen Büchern, deren Verbreitung oft nur auf kleinere Regionen beschränkt war. Um die Jahrhundertmitte entstand gemeinsam mit dem Wunsch, den Kirchengesang zu verbessern, das

---

1 Katholisches Gesangbuch für das Bisthum Speyer. Speyer 1842, S. If.

Verlangen nach einer Vereinheitlichung dieser Gesangbücher. Nicht nur die bereits zitierte Vorrede aus dem Speyrer Gesangbuch weist darauf hin:

> Vielfach ist seit Jahren der Wunsch nach einem wohlfeilern und sowohl hinsichtlich des Textes und der Melodien der Lieder als auch hinsichtlich der Andachten gründlich umgearbeiteten Gesang= und Gebetbuche laut geworden. [...] Zugleich verfügen Wir hiermit, daß dieses Gesang= und Gebetbuch die verschiedenen bisher in Unserer Diözese üblichen Bücher der Art allmälig ersetzen, und daß kein anderes zum öffentlichen Gebrauche eingeführt werden soll.[2]

Diese Worte stellt der Trierer Bischof Wilhelm Arnoldi (1842–1864) dem neuen Trierer Diözesangesangbuch voran, das im Jahre 1846 erschienen und eingeführt worden ist. Der Gedanke, daß jede Diözese nach Möglichkeit ein eigenes allgemeingültiges Gesangbuch haben solle, zog allmählich immer weitere Kreise. Es gab sogar einige wenige Stimmen, die in dieser Zeit bereits für ein Einheitsgesangbuch aller deutschsprachigen Diözesen plädierten: „Wir können kein Gebetbuch, kein Gesangbuch für ein einzelnes Dekanat mehr gebrauchen. Wir bedürfen eines für die Diöcese, für die Provinz, und wenn dies erreichbar wäre, möglicherweise für ganz Deutschland."[3] So schrieb der ultramontane Publizist Wilhelm Prisac 1844 im Rheinischen Kirchenblatt. Diese Vision von einem katholischen Einheitsgesangbuch für ganz Deutschland ließ sich bekanntermaßen so schnell nicht verwirklichen. Aber mit dem zweiten Drittel des 19. Jahrhunderts setzten sich im deutschen Sprachgebiet die offiziell eingeführten Diözesangesangbücher langsam durch. Den Anfang machten solche Diözesen, die nach ihrer Neubildung über keine gemeinsame Tradition des kirchlichen Singens verfügt hatten, wie zum Beispiel das Bistum Speyer, das im Jahre 1821 aus Teilen der alten Diözesen Mainz, Metz, Straßburg, Trier und Worms wiedererrichtet worden war. Im Jahre 1910 waren dann alle deutschsprachigen Diözesen mit einem eigenen Diözesangesangbuch ausgestattet.[4]

6.1 *Wunderschön prächtige* erobert die Diözesangesangbücher

Das Marienlied *Wunderschön prächtige* ist in die meisten der im 19. Jahrhundert erschienenen Diözesangesangbücher aufgenommen worden. Dabei unterscheiden sich aber die dargebotenen Fassungen sowohl in bezug auf den Text als auch hinsichtlich der Melodie von Gesangbuch zu Gesangbuch. Bei einer oberflächlichen Betrachtung entsteht daher leicht der Eindruck, das

---

2 Gesang- und Gebetbuch für die Diözese Trier. Trier 1846, S. IIIf.

3 Zitiert nach B. Schneider: Spätaufklärung, Ultramontanismus und Kirchengesang. In: Geistliches Lied und Kirchenlied im 19. Jahrhundert. Tübingen 2000, S. 80.

4 Zur Geschichte der Diözesangesangbücher vgl. K. Küppers: Diözesan- Gesang- und Gebetbücher des deutschen Sprachgebietes im 19. und 20. Jahrhundert. Münster 1987, S. 1-6.

Lied verfüge über eine unüberschaubare Anzahl von verschiedenen Fassungen. Eine genauere Betrachtung der einzelnen Fassungen zeigt allerdings, daß vor allem drei Fassungen und zwei Melodien die Wirkungsgeschichte des Marienliedes *Wunderschön prächtige* im 19. Jahrhundert geprägt haben.

6.1.1 Die Verbreitung der Fassung des Johannes Kardinal von Geissel

Die von Johannes Kardinal von Geissel gedichtete Neufassung des Marienliedes *Wunderschön prächtige* ist im Jahre 1842 in gleich zwei Gesangbüchern abgedruckt worden. Bei dem ersten handelt es sich nicht um ein vom Ortsbischof offiziell eingeführtes Gesangbuch, sondern um eine Privatpublikation des Curatpriesters H. M. Distelkamp. Das Buch hat folgenden Titel: „Gesang= und Andachtsbuch nach dem Sinne der h. römisch=katholischen Kirche, Zunächst für die Diöcese Münster. Münster 1842." Es erschien mit der Approbation des Bischofs von Münster und kann als ein Vorläufer des ersten im Jahre 1866 eingeführten offiziellen Diözesangesangbuches für das Bistum Münster angesehen werden. Zu seiner Liedauswahl macht Distelkamp in der Vorrede zu seinem Gesangbuch folgende Angaben:

> Außer vielen aus dem Latein übersetzten Kirchenhymnen [...] enthält das Gesangbuch viele ältere deutsche Kirchenlieder oder Nachbildungen, sowie viele neuere theils noch ungedruckte Lieder katholischer Schriftsteller, von denen gegenwärtig noch mehrere leben, wie der Erzbischof Coadjutor J. v. Geissel; Domcapitular Nadermann, Silbert, Dechant Schulte, Distelkamp, u.s.w.[5]

Distelkamp hebt unter den Texten, die er in sein Gesangbuch aufgenommen hat, die neu entstandenen Texte besonders hervor und verweist an erster Stelle auf Johannes von Geissel, der im Jahre 1842 Coadjutor des Kölner Erzbischofs war. Einer dieser Texte von Geissel ist die im Buch dargebotene Fassung des Marienliedes *Wunderschön prächtige*. Die Aufnahme der Geissel-Fassung in dieses Gesangbuch dürfte wohl auf eine persönliche Vorliebe Distelkamps zurückzuführen sein. Diese Fassung konnte sich im Bistum Münster auf Dauer allerdings nicht behaupten. Schon das erste Münsteraner Diözesangesangbuch von 1866 enthielt eine ganz andere Fassung des Liedes, auf die an anderer Stelle noch einzugehen ist.[6]

Das zweite Gesangbuch, in das die Geissel-Fassung Eingang gefunden hat, ist das 1842 im Bistum Speyer offiziell eingeführte Diözesangesangbuch. Es trägt den Titel: „Katholisches Gesangbuch für das Bisthum Speyer. Speyer 1842". An diesem Gesangbuch hatte Johannes von Geissel selbst mitgearbeitet. Nachdem 1821 das Bistum Speyer neugebildet worden war, entstand das Bedürfnis nach einem einheitlichen Gesangbuch für die gesamte Diözese. So bemühte man sich unter Bischof Johann Martin Maul (1827–1835) und

---

5 Gesang= und Andachtsbuch nach dem Sinne der h. römisch=katholischen Kirche, Zunächst für die Diöcese Münster. Münster 1842, S. IX.

6 Zu dieser Textfassung vgl. S. 223 dieser Arbeit.

unter seinem Nachfolger Johann Peter von Richarz (1835–1836) darum, ein Diözesangesangbuch zu schaffen. Diese Aufgabe übernahm der damalige Domkapitular Johannes von Geissel. Als Geissel 1837 Richarz im Bischofsamt nachgefolgt war, fiel dem neuen Domkapitular die Arbeit an dem Gesangbuchprojekt zu. Am Fest Allerheiligen des Jahres 1842 wurde das Buch den Diözesanen von Geissels Nachfolger Bischof Nikolaus von Weis (1842–1869) übergeben und blieb unverändert bis zum Jahre 1882 in Gebrauch.[7] Man kann mit großer Wahrscheinlichkeit davon ausgehen, daß Geissel selbst die von ihm gedichtete Fassung des Marienliedes *Wunderschön prächtige* für das Speyrer Gesangbuch empfohlen hat.

Da das Speyrer Gesangbuch keine Noten enthält, erschien einige Zeit später ein separates Büchlein mit den Melodien. Darunter befindet sich auch die Melodie des *Wunderschön prächtige.* Es handelt sich im wesentlichen um die aus dem 18. Jahrhundert stammende Melodie des Liedes. Im neuen Speyrer Gesangbuch von 1882 ist diese Liedfassung dann von einer anderen verdrängt worden.[8]

Nach Speyer erhielt auch das Bistum Trier sein erstes offizielles Diözesangesangbuch mit dem Titel: „Gesang- und Gebetbuch für die Diözese Trier. Trier 1846." Auch in dieses Buch ist die von Geissel neugedichtete Fassung des Marienliedes *Wunderschön prächtige* aufgenommen worden – und zwar mit der Melodie des 18. Jahrhunderts. Im Jahre 1871 erschien eine unveränderte Neuauflage dieses Gesangbuches, die dann 1892 von einer neu überarbeiteten Ausgabe abgelöst wurde. Auch sie bietet die Geissel-Fassung und die alte Melodie des Marienliedes *Wunderschön prächtige.* Allerdings gehört das Lied in diesem Gesangbuch zu einer Gruppe von Liedern, die mit einem Sternchen gekennzeichnet worden sind. In den kurzen Vorbemerkungen des Buches wird erläutert, was diese Kennzeichnung zu bedeuten hat:

> Mehrere Lieder, welche dem gläubigen Volke durch langjährigen Gebrauch teuer geworden sind, die aber den strengen Anforderungen, die an Text und Melodie eines Kirchenliedes gestellt werden, nicht allseitig entsprechen, sind zwar in der neuen Ausgabe belassen, jedoch durch ein Sternchen kenntlich gemacht worden. Diese Lieder dürften vorzugsweise bei Prozessionen und andern Anlässen, sowie im privaten Gebrauch in Anwendung kommen.[9]

Im Falle des Marienliedes *Wunderschön prächtige* dürfte höchstwahrscheinlich die umstrittene Melodie der Grund dafür gewesen sein, das Lied nur noch für den paraliturgischen Gebrauch zuzulassen. Daran sieht man, daß die Aktivitäten und Diskussionen des „Allgemeinen deutschen Cäcilienvereins" bei der Herausgabe neuer Gesangbücher durchaus Beachtung fanden,

---

[7] Vgl. K. Küppers: Diözesan- Gesang- und Gebetbücher des deutschen Sprachgebietes im 19. und 20. Jahrhundert, S. 12f.

[8] Vgl. dazu Kapitel 6.2.2 „*Wunderschön prächtige* in Mohrs »Lasset uns beten!«" in dieser Arbeit.

[9] Gesang- und Gebetbuch für die Diözese Trier. Trier 1892, ohne Seitenzahl.

sich aber nicht immer gegen bestehende Traditionen durchsetzen konnten. Die aus dem Jahr 1892 stammende Ausgabe des Trierer Diözesangesangbuches wurde 1955 durch ein neues Gesangbuch ersetzt, in dem zwar die Melodie des Liedes beibehalten, der Text aber in einer anderen Fassung dargeboten wurde.

Im Jahr 1859 bekam auch das Bistum Augsburg ein neues Diözesangesangbuch. Es hieß: „Laudate. Katholisches Gesangbuch zum Gebrauche bei dem öffentlichen Gottesdienste im Bisthum Augsburg. Augsburg 1859". Die Herausgabe des Buches war von dem aus Speyer nach Augsburg berufenen Bischof Johann Peter Richarz (1836-1855) angeregt worden, der aber seinen Plan nicht mehr selbst zu Ende führen konnte. Erst unter seinem Nachfolger Pankratius von Dinkel (1858-1894) wurde das Gesangbuch schließlich den Diözesanen übergeben. Auch dieses Buch enthält das Marienlied *Wunderschön prächtige* in der von Geissel gedichteten Fassung. Möglicherweise hatte Richarz diese Liedfassung aus Speyer mitgebracht, wo er vor seiner Berufung nach Augsburg tätig war.

Außerdem ist im Jahr 1841 in Augsburg unter dem Titel „Marianischer Liederkranz" eine Sammlung von Marienliedern und Mariengebeten erschienen, die ebenfalls die Geissel-Fassung des Marienliedes *Wunderschön prächtige* aufweist. Im Gegensatz zu den Diözesangesangbüchern, in denen der Text ohne die Nennung seines Autors abgedruckt worden ist, wird innerhalb dieser Anthologie der Autor angegeben: „Von dem hochwürdigsten Bischofe von Speier, Joh. von Geissel, Ritter des Civil=Verdienstordens der Bayerischen Krone."[10] Geissel ist demnach als Dichter von Kirchenliedtexten von seinen Zeitgenossen durchaus wahrgenommen worden, so daß einige seiner Texte sowohl innerhalb der offiziellen Gesangbücher als auch in anderen geistlichen Liederbüchern ihre Verbreitung finden konnten.

Im Augsburger Diözesangesangbuch von 1859 wird dem Text des Marienliedes *Wunderschön prächtige* – wie auch in Speyer und Trier – die aus dem 18. Jahrhundert stammende Melodie zugewiesen. Dieses Buch blieb bis zum Jahr 1902 unverändert in Gebrauch und erlebte dann einige leicht bearbeitete Neuauflagen. Die letzte kam 1948 heraus und hielt sich bis zum Erscheinen des Einheitsgesangbuches „Gotteslob" im Jahre 1975. In allen Auflagen des Augsburger „Laudate" ist die von Johannes Kardinal von Geissel gedichtete Fassung des Marienliedes *Wunderschön prächtige* mit der Melodie aus dem 18. Jahrhundert enthalten – sie war demnach im Bistum Augsburg von 1859 bis 1975 durchgängig vorhanden.[11]

Das Bistum Limburg hatte bereits 1839 sein erstes Diözesangesangbuch erhalten. In diese erste Auflage mit dem Titel: „Katholisches Gesang- und

---

[10] Marianischer Liederkranz. Eine Sammlung von Kirchenliedern, Gesängen und Gedichten, vom Jahre 1500 bis auf unsere Zeit, zu Ehren Mariä der allerseligsten Jungfrau und Mutter unsers Herrn und Heilandes Jesu Christi. Augsburg 1841, S. 420.

[11] Vgl. K. Küppers: Diözesan- Gesang- und Gebetbücher des deutschen Sprachgebietes im 19. und 20. Jahrhundert, S. 15f.

Gebetbuch für das Bisthum Limburg" ist das Marienlied *Wunderschön prächtige* nicht aufgenommen worden. Erst in der 14. Auflage aus dem Jahr 1863 kann es nachgewiesen werden. Dort steht es in einem Anhang mit Andachten zu verschiedenen Anlässen - und zwar in der von Geissel gedichteten Fassung. Der Text ist hier in die „Andacht an den Festtagen der seligsten Jungfrau Maria" integriert worden.[12] Dabei wechseln sich die einzelnen Strophen des Liedes mit Gebetstexten ab, die wiederum thematisch auf den Inhalt der jeweiligen Strophe bezogen sind. In dem 1875 herausgegebenen neuen Gesangbuch für das Bistum Limburg ist die Geissel-Fassung ebenfalls zu finden. Dieses Buch wurde 1931 von einer weiteren Ausgabe des Diözesangesangbuches abgelöst, die aber eine andere Textfassung des Marienliedes *Wunderschön prächtige* aufweist. Somit war die Geissel-Fassung von 1863 bis 1931 im Bistum Limburg verbreitet. Die vorliegenden Quellen geben allerdings keine Auskunft über die Melodie des Liedes.[13]

In Köln erschien 1854 ein Gesangbuch mit dem Titel:

> Kölnisches Gesang- und Andachtsbuch zum Gebrauche bei den gemeinsamen Meß- und Nachmittagsandachten katholischer Gemeinden. Nebst einer Sammlung von Kirchenliedern und Melodien. Unter Mitwirkung mehrerer Pfarrer der Erzdiöcese Köln herausgegeben von Albert Gereon Stein.

Dieses Gesangbuch erlebte bis zum Erscheinen des ersten Kölner Diözesangesangbuches zahlreiche Auflagen, erfreute sich also großer Beliebtheit. In diesem Buch ist die Geissel-Fassung des Marienliedes *Wunderschön prächtige* enthalten - allerdings mit einer neuen Melodie. Die Melodie stammt von dem Herausgeber des Gesangbuches und tritt von nun an in Konkurrenz zur Melodie aus dem 18. Jahrhundert.[14]

Als 1880 das erste offizielle Diözesangesangbuch für das Erzbistum Köln eingeführt wurde, fand die schon im Steinschen Gesangbuch enthaltene Geissel-Fassung auch hier Aufnahme. Die ersten Auflagen des Kölner Diözesangesangbuches waren noch ohne Noten gedruckt worden. Erst in einer späteren Ausgabe aus dem Jahr 1908 ist jedem Liedtext dann seine Melodie in Form der Ziffernnotation beigegeben worden. In einem diesem Gesangbuch vorangestellten Erlaß des Erzbischofs Antonius Kardinal Fischer heißt es dazu:

> Gleich meinem hochseligen Vorgänger Phillipus Kardinal Krementz empfehle ich Priestern und Gläubigen unser Gesang- und Gebetbuch für die Erzdiözese Cöln und sehe mich gerade jetzt besonders dazu veranlaßt, weil auf meine Anordnung in der neuen Auflage des Buches, die eben erscheint, sämtliche Gesänge mit Ziffernnoten versehen worden sind. Ich hoffe, dies wird wesentlich dazu beitragen,

[12] Katholisches Gesang- und Gebetbuch für das Bisthum Limburg. 14. Auflage. Limburg 1863, S. 574.

[13] Vgl. K. Küppers: Diözesan- Gesang- und Gebetbücher des deutschen Sprachgebietes im 19. und 20. Jahrhundert, S. 11f.

[14] Vgl. Kapitel 5.3.2 „Eine Melodie gerät in die Diskussion" in dieser Arbeit.

daß der allgemeine Volksgesang beim Gottesdienste, dort, wo er zulässig ist, immer mehr gepflegt und vervollkommnet werde.[15]

Die Ziffernnotation ist auch schon in dem „Kölnischen Gesang- und Andachtsbuch" von A. G. Stein verwendet worden und dürfte eine Vorbildfunktion für die Gestaltung des Diözesangesangbuches gehabt haben. Für das Marienlied *Wunderschön prächtige* findet man hier die Melodie, die Stein für das von ihm herausgegebene Gesangbuch geschaffen hatte. Die Geissel-Fassung blieb auch in dem 1930 eingeführten, völlig neu bearbeiteten Gesangbuch für die Kölner Erzdiözese erhalten. Neben der Steinschen Melodie ist dem Text in diesem Buch zusätzlich die Melodie aus dem 18. Jahrhundert beigegeben worden. In einer weiteren Ausgabe aus dem Jahr 1949 wurde die Geissel-Fassung schließlich von einem anderen Text abgelöst, der wiederum in beiden Melodien gesungen werden konnte.[16] Somit hat sich hier die von Geissel gedichtete Fassung des Marienliedes *Wunderschön prächtige* zusammen mit der Melodie von A. G. Stein über einen langen Zeitraum (1854 bis 1949) hinweg behaupten können – und zwar in einem Bistum, in dem sowohl Johannes Kardinal von Geissel wie auch Albert Gereon Stein, jeder auf seine Weise, gewirkt haben.

Die Geissel-Fassung des Marienliedes *Wunderschön prächtige* war demnach in den Bistümern Speyer, Augsburg, Trier, Limburg und Köln zum Teil bis weit ins 20. Jahrhundert hinein verbreitet. In Speyer, Augsburg und Trier sang man das Lied in der aus dem 18. Jahrhundert stammenden Melodie, in Köln entstand eine neue Weise, die dort lange Zeit in Gebrauch war. Mit welcher Melodie das Lied im Bistum Limburg bekannt gewesen ist, kann den vorliegenden Quellen nicht entnommen werden. Damit ist aber die tatsächliche Wirkung der von Geissel gedichteten Fassung des Marienliedes *Wunderschön prächtige* noch lange nicht erschöpfend dargelegt. So läßt sie sich zusätzlich in dem 1867 erschienenen „Katholischen Gesang- und Gebetbuch für das Apostolische Vikariat Luxemburg" nachweisen. Auch in einem 1867 in Aachen gedruckten „Gesangbuch für die Mitglieder der Marianischen Congregationen" ist es zu finden. Darüber hinaus ließen sich bestimmt noch einige andere Gesang-, Andachts- und Liederbücher anführen, die das Lied in der Geissel-Fassung enthalten haben. Die Diözesangesangbücher haben dabei die Wirkungsgeschichte dieser Fassung mit Sicherheit am meisten befördert.

6.1.2 Die Verbreitung der von Heinrich Bone bearbeiteten Fassung

Das Gesangbuch „Cantate" von Heinrich Bone ist – obwohl Bone sich das sehr gewünscht hatte – nie als offizielles Gesangbuch in einer Diözese eingeführt worden. Dennoch hat es die Entwicklung des deutschsprachigen ka-

---

15 Gesang- und Gebetbuch für die Erdiöcese Cöln. 1908, S. 5.

16 Vgl. K. Küppers: Diözesan- Gesang- und Gebetbücher des deutschen Sprachgebietes im 19. und 20. Jahrhundert, S. 23f.

tholischen Kirchenliedes beeinflußt und geprägt. So wurde es bei der Erstellung vieler Diözesangesangbücher aus der zweiten Hälfte des 19. Jahrhunderts zu Rate gezogen. In der Vorrede des Mainzer Diözesangesangbuches von 1865 wird darauf hingewiesen:

> Wir sind in der Herstellung des Textes den besten Vorarbeiten gefolgt, namentlich dem um eine zeitgemäße Wiederherstellung unserer Kirchenlieder so hochverdienten *Cantate von H. Bone*.[17]

Ähnliche Verweise auf die hervorragende Arbeit, die Heinrich Bone in seinem Gesangbuch geleistet hat, sind auch in weiteren Vorreden zu lesen:

> Bei der Mehrzahl der aufgenommenen alten Kirchenlieder wurde das Gesangbuch: *Cantate von Heinrich Bone* benutzt, dessen Verfasser das unstreitbare Verdienst hat, den alten reichen Liederschatz der Kirche in der neuern Zeit wieder vollständig gesammelt und in den meisten Stücken trefflich bearbeitet zu haben, und der durch diese reiche Liedersammlung unter Allen, die in neuerer Zeit auf diesem Gebiete thätig gewesen sind, wohl am meisten dazu beigetragen hat, einer bessern und richtigern Ansicht über das kirchliche Volkslied Geltung zu schaffen.[18]

Mit diesen Worten beschreibt A. G. Stein die Leistung und Bedeutung Heinrich Bones in der Vorrede eines Orgelbegleitbuches zu seinem „Kölnischen Gesang- und Andachtsbuch". Stein hatte sich - wie wir bereits gesehen haben - im Falle des Marienliedes *Wunderschön prächtige* allerdings nicht für den Text aus dem „Cantate", sondern für die Geissel-Fassung entschieden. Welche Bedeutung hatte also das „Cantate" für die Wirkungsgeschichte des Marienliedes *Wunderschön prächtige* im 19. Jahrhundert?

Die von Bone ins „Cantate" aufgenommene Fassung läßt sich in einigen Diözesangesangbüchern nachweisen. So fand sie Eingang in das „Katholische Gebet- und Gesangbuch für die Diöcese Mainz", dessen erste Auflage 1865 von Bischof Wilhelm Emmanuel von Ketteler (1850–1877) den Diözesanen übergeben worden ist. Dieses Gesangbuch wurde erst 1935 von einem neuen Buch mit dem Titel „Gelobt sei Jesus Christus" abgelöst. Sowohl in diesem als auch in der nachfolgenden Neuauflage aus dem Jahr 1952 ist die von Bone bearbeitete Fassung vorhanden. In der zuletzt genannten ist dem Text die Melodie aus dem 18. Jahrhundert beigedruckt worden; die Vorgängerauflagen sind ohne Melodien erschienen, so daß keine genauen Angaben darüber gemacht werden können, welche Melodie des Marienliedes *Wunderschön prächtige* zu dieser Zeit im Bistum Mainz gebräuchlich war. Da man aber in bezug auf den Text Bones „Cantate" gefolgt ist, liegt die Vermutung nahe, daß man sich auch für die von Bone in seinem „Melodienbuch zum Cantate" präsentierte Melodie aus dem 18. Jahrhundert entschieden hat. In der Diözese Mainz war die Bone-Fassung des Marienliedes *Wunderschön*

---

17 Katholisches Gebet- und Gesangbuch für die Diözese Mainz. Herausgegeben vom Bischöflichen Ordinariat. Mainz 1865, S. IV.

18 Zitiert nach W. Bäumker: Das katholische deutsche Kirchenlied in seinen Singweisen, Bd. IV, S. 329.

prächtige demnach von 1865 bis zum Erscheinen des „Gotteslob" im Jahr 1975 in allen Gesangbüchern vorhanden.[19] Ob man diese langanhaltende Tradition der Bone-Fassung damit in Zusammenhang bringen kann, daß Bone von 1859 bis zu seiner Amtsenthebung 1873 Direktor des Gymnasiums in Mainz gewesen ist und gute Beziehungen zu Bischof Ketteler unterhielt, erscheint fragwürdig. Zumindest kann am Beispiel dieses einen Liedes nicht ermittelt werden, wie groß der Einfluß Bones auf das Mainzer Diözesangesangbuch von 1865 tatsächlich gewesen ist.[20]

Im Bistum Münster waren zunächst zwei andere Fassungen des Marienliedes *Wunderschön prächtige* verbreitet. In einem Vorläufergesangbuch zum ersten Münsteraner Diözesangesangbuch[21] von 1842 ist der neugedichtete Text Geissels zu finden. Im ersten offiziellen Diözesangesangbuch für das Bistum Münster aus dem Jahr 1866 steht eine fünfstrophige Textfassung des Liedes, die sich schon durch das Initium von allen bisher bekannten Fassungen unterscheidet. Sie lautet:

1. Wunderbar herrliche,
Hohe und heilige
Jungfrau Maria, du himmlische Frau!
Dir ich mich ewiglich
Weihe herzinniglich,
Ganz mit Leib und mit Seele vertrau!
Gut, Blut und Leben
Will ich dir geben;
Was ich nur habe, was immer ich bin,
Geb' ich mit Freuden, Maria, dir hin.

2. Du bist die Lilie,
Die der Dreieinige
Wählte zur Tochter und Mutter und Braut;
Milde Fürsprecherin,
Mächtige Mittlerin,
Dir sind die Kinder des Heiles vertraut;
Mutter der Wahrheit,
Strahlend in Klarheit,
Hilf zu des Glaubens besiegender Macht,
Schütz' vor des Zweifels Irrthumes Nacht!

---

19 Vgl. K. Küppers: Diözesan- Gesang- und Gebetbücher des deutschen Sprachgebietes im 19. und 20. Jahrhundert. Münster 1987, S. 8f.

20 Zur Biographie Bones und insbesondere zu seiner Mainzer Zeit vgl. R. Schmidt: Gegen den Reiz der Neuheit. Prozesse der katholischen Gesangbuchrestauration im 19. Jahrhundert, S. 23–28.

21 Gesang= und Andachts=Buch nach dem Sinne der h. römisch=katholischen Kirche. Zunächst für die Diöcese Münster. Von einem Priester derselben Diöcese. Münster 1842. Vgl. auch S. 216 dieser Arbeit.

3. Treu hier bewährete,
Hoch nun Verklärete
Bist du die Nächste am Throne des Herrn;
Er, der so reich und mild,
Schuf dich zum Gnadenbild,
Gab dich uns Pilgern zum leitenden Stern;
All' dein Begehren
Will er gewähren,
D'rum, was die Erd' und der Himmel umschließt,
Jubelnd als Mutter der Gnaden dich grüßt.

4. Huldreich und gnädiglich
Macht Gott zur Zuflucht dich
Für die Bedrängten und Sünder zumal:
Warest stets Helferin,
Gütige Retterin,
Wo sich ein kindlichs Herz dir empfahl;
In den Gefahren
Woll'st uns bewahren,
Reich' uns im Kampf die mächtige Hand,
Wirst ja Maria vom Siege genannt.

5. Hier in dem Jammerthal
Seufzen wir allzumahl,
Jungfrau, wir bitten, sieh' unserer Noth!
Mutter, o hör' uns fleh'n,
Laß uns nicht untergeh'n,
Wann uns bedränget der bittere Tod!
Stärk' uns im Streite,
Steh' uns zur Seite!
Gnad' im Gericht uns erflehe beim Sohn,
Daß wir dich preisen am göttlichen Thron.

Über die genaue Herkunft und Entstehung dieser Fassung ist nichts bekannt. Der Text, der sowohl Elemente der Geissel-Fassung als auch deutliche Anklänge an eine aus dem 18. Jahrhundert stammende Fassung des Marienliedes *Wunderschön prächtige* aufweist, dürfte aus dem 19. Jahrhundert stammen. Belege für eine über das Bistum Münster hinausreichende Verbreitung gibt es nicht und selbst dort hat er sich nicht lange halten können.[22] Solch singuläre Fassungen zeigen aber, wie produktiv und vielschichtig die Wirkungsgeschichte des Marienliedes Wunderschön prächtige tatsächlich gewesen ist.

22 Diese Liedfassung kommt noch einmal in einem Gesangbuch mit dem Titel „Die gute Kongreganistin. Marianisches Vereinsbuch für katholische Jungfrauen von B. Störmann. Dülmen i.W. 1908". Allerdings sind die in dem Buch enthaltenen Lieder dem Münsteraner Diözesangesangbuch entnommen, so daß auch dieser Beleg keinen weiteren Hinweis auf Herkunft und Entstehung der Fassung liefert.

Bereits in der zweiten Auflage des „Gesang- und Gebetbuches für das Bistum Münster", das 1897 eingeführt worden ist, wurde sie von der Fassung aus dem „Cantate" verdrängt. Auch in die nachfolgenden Neuausgaben des Buches von 1932 und 1950 ist die Bone-Fassung aufgenommen worden, in dem letztgenannten allerdings um zwei Strophen gekürzt. Alle Fassungen des Marienliedes *Wunderschön prächtige* sind im Bistum Münster nach der Melodie des 18. Jahrhunderts gesungen worden. Dem Text aus Bones „Cantate" gelang es in diesem Bistum, sich sowohl gegen die Geissel-Fassung als auch gegen eine regionale Sondervariante des Liedes auf Dauer durchzusetzen.

Die von Bone bearbeitete Fassung des Marienliedes *Wunderschön prächtige* war demnach nur in den Bistümern Mainz und Münster verbreitet, hat also im Vergleich zur Geissel-Fassung eine deutlich geringere Wirkung entfaltet.

6.2 Die Bedeutung der Gesangbücher von Joseph Mohr

> Professor Joseph Mohr (geb. am 10. Januar 1834 zu Siegburg), der am 7. Februar zu München einem Lungenleiden erlag, war einer der berufendsten Sammler, Wiederhersteller und Reiniger des guten alten Kirchenliedes, im Text wie in der Melodie. Nicht im mindesten ist es seiner unermüdlichen Arbeit zu verdanken, wenn sich auf dem Gebiet des Volksgesangs beim Gottesdienst in den letzten Jahrzehnten eine entscheidende Wendung zum Bessern vollzogen hat.[23]

Mit diesen Worten würdigte man in den „Fliegenden Blättern für katholische Kirchen-Musik" – dem offiziellen Organ des „Allgemeinen Cäcilienvereins" – das Leben und Wirken Joseph Mohrs.

Mohr, der 1834 in Siegburg im Rheinland geboren war, begann 1852 in Bonn sein Studium mit den Schwerpunkten Theologie und Philosophie und trat ein Jahr später in die Gesellschaft Jesu ein. 1867 wurde er zum Priester geweiht und war danach als Seelsorger tätig. Als im Zusammenhang mit den staatlichen Kulturkampfmaßnahmen im Juli 1872 der Jesuitenorden aufgelöst wurde und seine Ordensmitglieder das Land verlassen mußten, ging Mohr zunächst nach Frankreich und später nach Belgien. Aus heute nicht mehr bekannten Gründen mußte er 1882 den Jesuitenorden verlassen und war von diesem Zeitpunkt an als Weltpriester in Köln, Regensburg und München tätig, wo er im Februar 1892 verstarb.[24]

Joseph Mohr hat sich zeit seines Lebens mit dem Sammeln von Kirchenliedern und der Herausgabe von Gesangbüchern beschäftigt. Bereits 1862 hatte er ein Gesangbuch mit dem Titel „Kirchengesänge" – allerdings ohne

---

23 Fliegende Blätter für katholische Kirchen-Musik 27 (1892), S. 243.

24 Zur Biographie von Joseph Mohr vgl. R. Schmidt: Gegen den Reiz der Neuheit. Katholische Restauration im 19. Jahrhundert, S. 46–48.

die Nennung seines Namens – herausgegeben.[25] Dieses Buch erschien 1868 in einer zweiten Auflage unter dem Titel: „Cäcilia. Ein Gesangbuch für die Kirche mit Congregationsliedern und Gebeten." Es folgten in den Jahren danach das „Cantate", die vierstimmige Ausgabe der „Cäcilia" mit dem Titel „Jubilate Deo!", das „Lasset uns beten!" und schließlich das „Psälterlein" aus dem Jahr 1891. Alle diese Gesangbücher erlebten zahlreiche Auflagen und waren auch lange nach seinem Tod in den deutschsprachigen Diözesen und darüber hinaus verbreitet. Mohr hat die verschiedenen Auflagen seiner Gesangbücher immer wieder überarbeitet und ergänzt. Daran kann man ablesen, daß er sich kontinuierlich mit dem Thema Kirchenlied auseinandersetzte und seine zunächst überwiegend praktisch ausgerichtete Gesangbucharbeit immer stärker auch theoretisch zu reflektieren begann. So schrieb er im Vorwort der „Cäcilia" aus dem Jahr 1868:

> Texte und Melodien wurden größtentheils aus dem Schatze unserer alten Kirchengesänge entnommen, ohne darum neuere Arbeiten auszuschließen. Die Quellen namentlich anzuführen schien bei einer Sammlung dieser Art überflüssig.[26]

Im Gegensatz dazu verfaßte er für sein letztes Gesangbuch – das „Psälterlein" von 1891 – eigens eine Schrift mit dem Titel „Einleitung und Quellennachweis zum Psälterlein", in der er zunächst die Prinzipien darlegte, nach denen er die Texte und Melodien des „Psälterleins" ausgewählt und bearbeitet hat, um dann in einem zweiten Teil zu jedem der aufgenommenen Lieder die verwendeten Quellen und die im einzelnen vorgenommenen Änderungen nachzuweisen. In dieser Schrift beschreibt Mohr sehr ausführlich den Unterschied zwischen einem seiner frühesten Bücher – der „Cäcilia" – und seinem letzten Gesangbuch – dem „Psälterlein":

> So war ich denn wohl genötigt, auf mein Vorhaben zu verzichten und mich bei der Ausarbeitung der „Cäcilia" darauf zu beschränken, aus dem vorhandenen Guten das Beste auszuwählen; und weil auch so der Erfolg des Buches noch zweifelhaft war, mußte ich, gutem Rat folgend, manche mir sehr wenig konvenierende Lieder, die aber nun einmal gewünscht wurden, dem Buche einverleiben, in der Hoffnung, es werde die Zeit kommen, wo ich das nichtssagende Zeug wieder hinauswerfen und durch Besseres ersetzen könne. Daß diese Hoffnung sich erfüllte, ist das Verdienst des Cäcilienvereines, der, wie in der kirchlichen Musik überhaupt, so auch auf dem Gebiete des deutschen Kirchenliedes eine Wendung zum Besseren herbeiführte, welche man vor Jahren nicht für möglich gehalten. Heutzutage braucht man nicht mehr zu besorgen, tot geschwiegen zu werden, und wer in diesem Fache Gediegenes bringt, kann sicher sein, daß hunderte und tausende seiner Arbeit Interesse entgegentragen.[27]

---

25 Dieses Gesangbuch ist heute nicht mehr nachweisbar.

26 Cäcilia. Ein Gesangbuch für die Kirche mit Congregationsliedern und Gebeten. Von P. Joseph Mohr S.J. Zweite Auflage. Mit bischöflicher Approbation. Paderborn 1868, S. IIIf.

27 J. Mohr: Einleitung und Quellennachweis zum Psälterlein. Zweite, verbesserte Auflage, S. 4.

Mohr weist deutlich darauf hin, daß sich in den Jahren seit dem Erscheinen der „Cäcilia" in bezug auf die Qualität des Kirchengesanges und der Gesangbücher vieles verändert und gebessert habe. Dies führt er vor allem auf die Bemühungen des „Allgemeinen Cäcilienvereins" zurück. Und tatsächlich dürfte der große Erfolg, den die Gesangbücher von Joseph Mohr zu verzeichnen hatten, nicht zuletzt durch den Cäcilienverein ermöglicht worden sein. Denn seine Bücher wurden sowohl in der „Musica sacra" als auch in dem offiziellen Organ des Cäcilienvereins mit dem Titel „Fliegende Blätter für katholische Kirchen=Musik" an verschiedenen Stellen lobend erwähnt und mit Anzeigen beworben[28].

Außerdem wurden zwei seiner Gesangbücher, das „Lasset uns beten" aus dem Jahr 1881 und das „Psälterlein" aus dem Jahr 1891, in verschiedenen Diözesen als Diözesangesangbuch eingeführt. Damit war Mohr genau das gelungen, was sich Heinrich Bone bereits einige Jahre zuvor für sein Gesangbuch „Cantate" gewünscht hatte.

Die Gesangbücher von Joseph Mohr haben den Kirchengesang und die katholische Liedtradition ab dem Ende des 19. Jahrhunderts entscheidend geprägt und beeinflußt. Dies läßt sich nicht zuletzt auch anhand der Geschichte des Marienliedes *Wunderschön prächtige* innerhalb dieser Bücher nachweisen. Mohr hat das Lied in die meisten seiner Gesangbücher aufgenommen – allerdings in verschiedenen Fassungen, die sich wiederum auf die weitere Rezeption des Liedes ausgewirkt haben.

6.2.1 *Wunderschön prächtige* in Mohrs „Cäcilia"

In der „Cäcilia" aus dem Jahr 1868 ist eine fünfstrophige Fassung des Marienliedes *Wunderschön prächtige* enthalten, die aus Teilen der Bone- und der Geissel-Fassung zusammengesetzt ist:

1. Wunderschön Prächtige, Geissel 1,1 –10
Hohe und Mächtige,
Liebreich holdselige, himmlische Frau;
Welcher ich ewiglich
Kindlich verbinde mich,
Ja mich mit Leib und mit Seele vertrau'!
Gut, Blut und Leben
Will ich dir geben;
Alles, was immer ich hab' und ich bin,
Geb' ich mit Freuden, Maria, dir hin.

2. Sonnenumglänzete, Bone 2, 1–10
Sternenbekränzete,
Leuchte und Trost auf der nächtlichen Fahrt;
Vor der verderblichen

[28] Zum Beispiel in den „Fliegenden Blättern für katholische Kirchen-Musik. Regensburg 1892".

Makel der Sterblichen
Hat dich die Allmacht des Vaters bewahrt.
Selige Pforte
Warst du dem Worte,
Als es vom Throne der ewigen Macht
Gnade und Rettung den Menschen gebracht.

3. Gottesgebärerin, Bone 3, 1–10
Christi Ernährerin,
Wundersam Mutter und Jungfrau zugleich!
Herzenerquickende,
Seelenbeglückende
Quelle an himmlischen Tröstungen reich!
O du Getreue
Zu dir voll Reue
Schauen wir hoffend und flehend hinan,
Mutter, ach führ' uns auf sicherer Bahn!

4. Du bist die Helferin, Bone 4, 1–6
Du bist die Retterin,
Fürstin des Himmels und Mutter des Herrn!
Spiegel der Reinigkeit,
Stärke der Christenheit,
Arche des Bundes, helleuchtender Stern!
Dich schuf die Milde Geissel 3, 7–10
Zum Gnadenbilde,
Drum auch, was Himmel und Erde umschließt,
Mutter, der Gnaden, Maria, dich grüßt.

5. Einst Tiefbetrübete, Bone 5, 1–10
Schmerzengeübete,
Kennst du der Seele tiefinnersten Schmerz; (mit kleineren Varianten
Keiner je untergeht, in den Versen 1–4)
Der zu dir kindlich fleht,
Keinen verachtet dein mütterlich Herz.
Tröst uns im Leiden,
Stärk' uns im Scheiden,
Bitte für uns deinen göttlichen Sohn,
Wenn er uns ruft vor den ewigen Thron.

Da sich die ersten Strophen der Bone- und der Geissel-Fassung im wesentlichen entsprechen und nur durch kleinere Varianten unterscheiden, lassen sie sich leicht austauschen, ohne daß sich an der Aussage der Strophe etwas ändert. Die Textveränderung innerhalb der vierten Strophe wirkt sich dagegen auf die Kommunikationssituation des Textes aus. In der Bone-Fassung wird in den letzten vier Versen der vierten Strophe jeweils eine Bitte an Maria formuliert. Indem an dieser Stelle die letzten vier Verse der dritten Geissel Strophe eingesetzt werden, wird aus diesen deutlich deprekativ ausgerichteten Versen ein Gruß, der sich an Maria in ihrer Eigenschaft als „Mutter der Gnaden" richtet und somit die doxologische Sprechsituation der Strophen eins bis vier konsequent zu Ende führt. Erst in der letzten Strophe werden - ähnlich wie in der rekonstruierten Fassung des Marienliedes *Wunderschön prächtige* aus dem 18. Jahrhundert - Bitten an Maria herangetragen: Sie soll den Sterbenden in ihrer Todesstunde und im letzten Gericht beistehen.

In der siebten Auflage der „Cäcilia" ist diese Fassung des Marienliedes *Wunderschön prächtige* um die fünfte Strophe gekürzt worden. Dadurch geht zum einen die eschatologische Ausrichtung des Liedes verloren. Zum anderen reduziert sich durch diese Auslassung die deprekative Sprechsituation des Liedes auf eine einzige Bitte am Ende der dritten Strophe: *Mutter, ach führ uns auf sicherer Bahn*. Lobpreis und Huldigung treten in dieser Fassung deutlich in den Vordergrund.

Das Gesangbuch „Cäcilia" erlebte bis zum Jahr 1936 insgesamt 36 Auflagen und hat somit eine bemerkenswerte Verbreitung gefunden. Die ersten Auflagen hat Mohr immer wieder leicht überarbeitet und verbessert. Dieser Prozeß war, seinen eigenen Angaben zufolge, mit der 1883 erschienenen 16. Auflage des Buches abgeschlossen:

> Was die *Cäcilia* anlangt, so hat sie so eben in sechszehnter Auflage die Presse verlassen. [...] Nun bleibt dieses Buch, sowohl in der kleineren als in der erweiterten Ausgabe, ganz so, wie es nun vorliegt; es wird in ihm keine Note und kein Wort mehr geändert. Auch darauf gebe ich Ihnen mein Wort.[29]

Die vierstrophige Fassung aus der „Cäcilia" von 1875 ist demnach diejenige, die Mohr für alle weiteren Ausgaben dieses Gesangbuches bevorzugt hat. Ihr hat er die Melodie von Albert Gereon Stein beigegeben. Damit hat er im Vergleich zu der Ausgabe von 1868 nicht nur die Textfassung verändert, sondern sich auch für eine andere Melodie entschieden. In der „Cäcilia" von 1868 findet sich nämlich noch die aus dem 18. Jahrhundert stammende Melodie des Marienliedes *Wunderschön prächtige*.

Im Jahre 1877 erschien dann eine vierstimmige Ausgabe der „Cäcilia" unter dem Titel „Jubilate Deo!". Auch sie enthält den vierstrophigen Text aus der „Cäcilia" von 1875 mit einem vierstimmigen Satz der Steinschen Melodie[30]. Allerdings hat diese von Mohr für die „Cäcilia" und das „Jubilate Deo!" aus Teilen der Bone- und der Geissel-Fassung erstellte Textvariante des Marienliedes *Wunderschön prächtige* sich nicht in allen von Mohr herausgegebenen Gesangbüchern unverändert durchsetzen können.

---

[29] F. Witt: J. Mohrs Gesangbücher. In: Musica sacra (16) 1883, S. 129. Witt hatte Mohr „[...] auf die Unzulänglichkeiten aufmerksam gemacht, welche das beständige Ändern an den Büchern mit sich bringt." In seinem Artikel gibt er Mohrs Antwort darauf wörtlich wieder. Dieser Antwort ist das oben angeführte Zitat entnommen worden.

[30] Mohr nennt hier als Quelle für die Melodie „Corner's geistl. Nachtigall 1676". Daß es sich bei dieser Melodie um eine Bearbeitung Steins aus dem 19. Jahrhundert handelt, erwähnt er nicht. Vgl. Jubilate Deo! Lieder für den katholischen Gottesdienst. Von Joseph Mohr. Regensburg, New-York und Cincinnati 1877, S. 152f.

6.2.2 *Wunderschön prächtige* in Mohrs „Lasset uns beten!"

Ein weiteres von Joseph Mohr erstelltes und herausgegebenes Gesangbuch erschien erstmals im Jahre 1881 unter dem Titel „Lasset uns beten!". Auch dieses Gesangbuch enthält eine Fassung des Marienliedes *Wunderschön prächtige*, die sich aus Teilen der Geissel- und der Bone-Fassung zusammensetzt: Die Strophen eins bis vier stimmen mit der Fassung aus der „Cäcilia" überein, die fünfte Strophe geht auf den Text von Geissel zurück:

Strophe 5:

Allzeit sanftmütige,
Milde, grundgütige
Mutter des Heilands, voll Gnade und Huld:
Bitt für uns sündige
Menschen, verkündige
Du und vom Sohne Verzeihung der Schuld!
Steh, wann wir scheiden,
Du uns zur Seiten;
Mutter Maria, verlasse uns nicht,
Stehe uns bei in des Sohnes Gericht.

Indem Mohr die fünfte Strophe der Geissel-Fassung an die – von ihm für die „Cäcilia" bevorzugte – vierstrophige Fassung anfügt, erhält der Text seine ursprüngliche eschatologische Ausrichtung und seinen bittenden Charakter zurück. Mohr verändert in dieser Strophe einen einzigen Vers: Er ersetzt den neunten Vers, der bei Geissel *Sühne den furchtbaren Richter uns du* lautet, durch die Wendung *Mutter Maria verlasse uns nicht.* Daran wird einerseits deutlich, daß sich das Bild vom strengen, ja bisweilen sogar „furchtbaren" Richtergott zu dieser Zeit schon etwas abgeschwächt hat. Andererseits wird durch diesen neuen Vers der Aspekt der Mutterschaft Marias allen Menschen gegenüber, der in den meisten der im 19. Jahrhundert entstandenen Neudichtungen des Liedes sehr stark betont worden ist, noch einmal hervorgehoben.

Es fällt auf, daß Mohr sich in bezug auf die fünfte Strophe des Marienliedes *Wunderschön prächtige* im Laufe seiner Arbeit an den verschiedenen Gesangbüchern nicht so recht hat entscheiden können. In der ersten Fassung aus der „Cäcilia" von 1868 übernahm er mit kleineren Veränderungen die fünfte Strophe der Bone-Fassung, die an die *mater dolorosa* gerichtet ist und – ebenso wie die meisten Schlußstrophen des Liedes – einen eschatologischen Charakter hat. In den späteren Auflagen hat Mohr diese Strophe schließlich ganz weggelassen, um dann für das „Lasset und beten!" die fünfte Strophe der Geissel-Fassung auszuwählen. Dieser Prozeß zeigt, daß Mohr mit den jeweiligen Fassungen des Liedes nicht hundertprozentig zufrieden gewesen sein kann. Was ihn aber vor allem an der fünften Strophe genau gestört haben mag, muß offen bleiben, da es sich aus dem Text nicht herauslesen läßt. Zugleich wird an diesem Beispiel aber auch deutlich, wie intensiv sich Mohr mit den einzelnen Liedern auseinandergesetzt hat.

Ähnlich der „Cäcilia" wurde auch das „Lasset uns beten!" über Mohrs Tod hinaus aufgelegt. Es erschien im Zeitraum von 1881 bis 1906 in insgesamt neun verschiedenen Auflagen und war damit sehr weit verbreitet. Eine besonders bedeutende Rezeption hat dieses Gesangbuch allerdings dadurch erfahren, daß es in den Diözesen Bamberg, Speyer, Würzburg und Salzburg als offizielles Diözesangesangbuch eingeführt worden ist. Auf diese Weise hat sich die von Mohr für das „Lasset uns beten!" geschaffene „Kombinationsfassung" einen sicheren Platz innerhalb dieser Diözesen erobern können.

Das Bistum Bamberg war das erste, in dem bereits 1881 das gerade eben fertiggestellte Gesangbuch „Lasset uns beten!" unter dem Titel „Gelobt sei Jesus Christus" den Diözesanen als offizielles Gesangbuch übergeben wurde. Das „Gelobt sei Jesus Christus" erlebte ungefähr 63 Auflagen und wurde erst 1935 von einem neuen Buch mit dem Titel „Lobt den Herrn" abgelöst. Auch wenn dieses Gesangbuch im Vergleich zu seinem Vorläufer eine gründliche Überarbeitung erfahren hat, so enthält es dennoch die aus dem „Lasset und beten!" stammende Fassung des Marienliedes *Wunderschön prächtige.* Das „Lobt den Herren" wurde 1970 schließlich durch ein neues „Bamberger Gebet- und Gesangbuch ersetzt, welches dem bereits „angekündigten Einheitsgebetbuch eine Brücke schlagen"[31] sollte. In diesem Gesangbuch ist das Marienlied *Wunderschön prächtige* in einer anderen Fassung enthalten. Die Textfassung aus dem „Lasset und beten!" ist demnach im Bistum Bamberg von 1881 bis 1970 in Gebrauch gewesen ist. Die von Mohr dem Lied in seinem Buch beigegebene Melodie von A. G. Stein ist allerdings nur im Bamberger „Gelobt sei Jesus Christus" zu finden. In dem 1935 eingeführten „Lobt den Herrn" haben sich die Herausgeber für die aus dem 18. Jahrhundert stammende Melodie des Marienliedes *Wunderschön prächtige* entschieden. Die alte Melodie konnte sich hier gegen die Melodie aus dem 19. Jahrhundert durchsetzen – ein Prozeß, der sich noch häufiger beobachten läßt.

Der 1877 gegründete Speyrer Cäcilienverein setzte sich verstärkt für die Erstellung eines neuen Diözesangesangbuches ein. Das von Johannes Kardinal von Geissel vorbereitete und unter Nikolaus von Weis erschienene Gesangbuch entsprach den Ansprüchen der Cäcilianer nicht mehr. So trat Bischof Joseph von Ehrler (1878-1905), der aus Miltenberg in Franken stammte, mit den fränkischen Bistümern Bamberg und Würzburg in Verbindung. In Bamberg war gerade das „Lasset und beten!" als Diözesangesangbuch eingeführt worden und auch in Würzburg liefen Verhandlungen mit Joseph Mohr. Ehrler entschied sich ebenfalls für das Mohrsche Buch, ließ es um 15 Liednummern aus dem Gesangbuch von 1842 erweitern und bestimmte es

---

31 Bamberger Gebet- und Gesangbuch. Bamberg 1970, Vorwort.

1882 unter dem Titel „Salve Regina. Gebet- und Gesangbuch für das Bistum Speyer" zum neuen Diözesangesangbuch.[32]

In bezug auf das Marienlied *Wunderschön prächtige* tritt dadurch die Situation ein, daß die Fassung des Johannes Kardinal von Geissel, die auf dessen eigenes Betreiben hin in das „Speyrer Gesangbuch" von 1842 aufgenommen worden war und von dort aus eine weite Verbreitung gefunden hatte, in Speyer bereits 1882 von der von Mohr für das „Lasset und beten!" erstellten Fassung verdrängt worden ist. Eine Textfassung, die Bischof Geissel selbst für das Speyrer Gesangbuch vorgeschlagen hatte, konnte sich dort also auf Dauer nicht durchsetzen, weil der spätere Bischof Ehrler sich in der Gesangbuchfrage am Vorbild seiner Heimat - dem Frankenland - orientierte, in der eine andere Fassung des Liedes ihre Wirkung gerade zu entfalten begann.

Das „Salve Regina" war lange Zeit in Gebrauch und erlebte insgesamt 48 Auflagen. Abgelöst wurde es 1929 von einem neuen Gesangbuch, das ebenfalls den Titel „Salve Regina" trug. Auch in diesem Buch ist die Mohrsche Textfassung des Marienliedes *Wunderschön prächtige* zu finden. Allerdings wurde auch hier - ähnlich wie in Bamberg - die im alten „Salve Regina" beibehaltene Melodie Steins durch die aus dem 18. Jahrhundert stammende Melodie ersetzt. Mit der Neuausgabe des „Salve Regina" von 1951 gelangte dann wiederum eine andere Fassung des Marienliedes *Wunderschön prächtige* in die Speyrer Tradition. Der Mohrsche Text war dort demnach von 1882 bis 1951 in den Gesangbüchern vorhanden.

Im Bistum Würzburg gab es bis weit ins 19. Jahrhundert hinein kein offizielles Diözesangesangbuch. So war man auch dort mit Joseph Mohr in Verhandlungen getreten und führte schließlich 1883 dessen Gesangbuch „Lasset und beten!" - erweitert um einen Anhang mit 22 Liedern aus der Würzburger Tradition - unter dem Titel „Ave Maria. Gebet- und Gesangbuch für das Bistum Würzburg" als erstes Diözesangesangbuch ein. Eine vor allem im Gebetsteil überarbeitete Neuauflage des „Ave Maria" erschien 1931. Beide Bücher enthalten die fünfstrophige Textfassung des Marienliedes *Wunderschön prächtige* aus dem „Lasset und beten!", in der neuen Ausgabe indes wieder mit der alten Melodie aus dem 18. Jahrhundert. Während des Zweiten Weltkrieges sind dann die Druckstöcke des „Ave Maria" zerstört worden. Dadurch ergab sich sowohl die Notwendigkeit als auch die Chance, ein neues Gesangbuch für das Bistum Würzburg zu entwerfen. Es wurde 1949 von Bischof Julius Döpfner (1948-1957) den Diözesanen zum allgemeinen Gebrauch übergeben. Auch in dieses Gesangbuch ist das Marienlied *Wunderschön prächtige* aufgenommen worden. Dabei hat man die bereits in den älteren Ausgaben des „Ave Maria" vorkommende fünfstrophige Fassung

---

[32] Vgl. K. Küppers: Diözesan- Gesang- und Gebetbücher des deutschen Sprachgebietes im 19. und 20. Jahrhundert, S. 13 und Werkbuch zum „Salve Regina". Speyer 1959, S. 17.

aufgegriffen und sie zwischen der vierten und fünften Strophe um eine neue Strophe erweitert:

Du Frankens Führerin,
Mutter und Herzogin,
sieh unser Land dir zu eigen geweiht.
Wir rufen dich mit Macht,
sieg in der Gottesschlacht,
hilf uns, Maria, entscheide den Streit!
Schild der Getreuen
zeige von neuem
unserem Volke Christkönig, den Herrn!
Du seines Reiches aufstrahlender Stern.

In dieser Strophe wird Maria in ihrer Funktion als Patronin der Franken verehrt. Sie soll als *Frankens Führerin* (5,1), *Mutter und Herzogin* (5,2) in der *Gottesschlacht* (5,5) siegen und *den Streit* (5,6) entscheiden und sie soll als der *aufstrahlende Stern* (5,10) des Gottesreiches dem Volk den *Christkönig* (5,9) von neuem zeigen. Hier wird eine kämpferische Metaphorik verwendet, die deutlich werden läßt, daß man Maria als eine mächtige Landesherrin ansieht, der man den Schutz des Landes anvertraut und die Macht zuerkennt, auch in harten Auseinandersetzungen für einen guten Ausgang sorgen zu können.

Die Gestaltung der Strophe und die Art der vorgetragenen Bitten erinnern an die im 18. Jahrhundert in das Lied eingefügten Herrscherstrophen. Dennoch handelt es sich hier wahrscheinlich um einen Text, der zu Beginn des 20. Jahrhunderts entstanden sein dürfte. Darauf läßt vor allem die Verwendung des Titels Christkönig in Vers neun schließen. Das Christkönigsfest wurde 1925 von Papst Pius XI. eingesetzt. In seiner Enzyklika vom 11. Dezember 1925 erläutert Pius XI. die Bedeutung und den Stellenwert des Festes.

> Wenn Wir nun anordnen, Christus solle von der ganzen katholischen Welt als König verehrt werden, so wollen Wir damit auch dem Bedürfnis unserer Zeit entgegenkommen und ein wirksames Heilsmittel jener Pest entgegenstellen, welche die menschliche Gesellschaft befallen hat. Die Pest unserer Zeit ist der sogenannte Laizismus mit seinen Irrtümern und gottlosen Absichten. Ihr wißt, ehrwürdige Brüder, daß diese Plage nicht an einem Tage ausbrach, sondern seit langem die Staaten insgeheim bedrohte.[33]

Die Einführung des Christkönigsfestes sollte also dem „Laizismus" entgegenwirken. Der Begriff des „Laizismus" war in der zweiten Hälfte des 19. Jahrhunderts im Zusammenhang mit der Auseinandersetzung um den Religionsunterricht an französischen Schulen geprägt worden. Papst Pius meinte mit diesem Begriff aber alle Emanzipationsbestrebungen weltlicher

---

33 A. Rohrbasser: Heilslehre der Kirche. Dokumente von Pius IX. bis Pius XII. Freiburg/CH 1953, S. 58.

Fürsten, die sich - ausgehend von der Reformation bis hin zum Kulturkampf - in der Trennung von Staat und Kirche sowie im Modernismus und der Oktoberrevolution immer stärker durchgesetzt hätten.[34]

Martina Haag zeigt in ihrer Dissertation „Dem Herzen Jesu singe... Politische Instrumentalisierung der Frömmigkeit im 19. und 20. Jahrhundert", daß das Christkönigsfest in Deutschland gut angenommen worden ist:

> Das Interesse der katholischen Öffentlichkeit verlagerte sich in den folgenden Jahren deutlich von der Herz-Jesu zur Christkönigsverehrung; Christus der König löste in seiner Bedeutung das Herz Jesu ab. In Deutschland wurde das neue Fest begeistert aufgenommen. Auf dem Katholikentag in Breslau 1926 wurde von vielen Rednern auf Christus, den König, Bezug genommen. Für die katholische Jugend erhielt das Fest v. a. in den Jahren nach 1934 große Bedeutung, als die kirchliche Jugendarbeit seitens des Staates auf das Religiöse eingeschränkt und behindert wurde. Der Christkönigssonntag wurde als „Gottbekenntnistag der Jugend" begangen, dem Führer wurde Christus, der König, entgegengesetzt.[35]

Das Christkönigsfest repräsentierte in den schweren Zeiten während der nationalsozialistischen Diktatur vor allem bei der Jugend eine Haltung des „Dagegenseins" und hatte vor diesem Hintergrund durchaus eine politische Bedeutung.[36]

Die in der Würzburger Zusatzstrophe verwendeten Begriffe *Gottesschlacht, Streit, unserem Volke, Christkönig* und *Reich* wecken ebenso wie der kämpferische Charakter der Strophe, der nicht so recht zur übrigen Fassung passen will, Assoziationen an die Terminologie der Zeit des Dritten Reiches. Vor diesem Hintergrund erscheint Maria in dieser Strophe sozusagen als diejenige, die dem Gottesreich zum Sieg verhelfen und damit zur Überwindung der Schreckensherrschaft beitragen kann. Ob die Strophe aber tatsächlich in den Kriegsjahren mit genau dieser Intention entstanden ist, kann aufgrund der Quellenlage nicht eindeutig entschieden werden, da sich die Strophe erst für das Jahr 1949 belegen läßt. Die Strophe taucht in der Würzburger Tradition innerhalb des ersten Nachkriegsgesangbuches auf und ist von da an auch in dem nachfolgenden Gesangbuch von 1959 sowie im Würzburger Diözesananhang des 1975 eingeführten Einheitsgesangbuches „Gotteslob" zu finden.

Auch für diese Strophe gilt das, was am Beispiel der Herrscherstrophentradition des Liedes im 18. und frühen 19. Jahrhundert deutlich geworden ist: Ein Text kann sich den jeweiligen Situationen anpassen, in denen er verwendet wird. So sind zum Beispiel die Feinde, gegen die man sich richtet, austauschbar. Im Falle der Würzburger Sonderstrophe des Marienliedes *Wunderschön prächtige* erscheint es dennoch erstaunlich, daß sich dieser so kämpferische Text bis in den Gotteslobanhang hat halten können. Dies dürf-

---

34 Vgl. H. Ühlein: Kirchenlied und Textgeschichte, S. 168.

35 M. Haag: „Dem Herzen Jesu singe ..." Politische Instrumentalisierung der Frömmigkeit im 19. und 20. Jahrhundert. Mainz 2003, S. 223.

36 Vgl. dazu H. Ühlein: Kirchenlied und Textgeschichte, S. 175-191.

te letztlich darauf zurückzuführen sein, daß Maria hier in ihrer Funktion als Patronin des Frankenlandes angesprochen wird und dieser Strophe damit überwiegend eine regionale Bedeutung zugemessen wurde. Wie sehr man die *Patrona Franconia* im Bistum Würzburg bis weit ins 20. Jahrhundert hinein verehrte, wird nicht zuletzt an dem für alle Diözesangesangbücher gewählten Titel „Ave Maria" und auch an den Illustrationen der Bücher sichtbar. So zeigen das Frontispiz aus dem „Ave Maria" von 1931 ebenso wie das aus der Ausgabe von 1949 Maria als die Patronin der Franken:

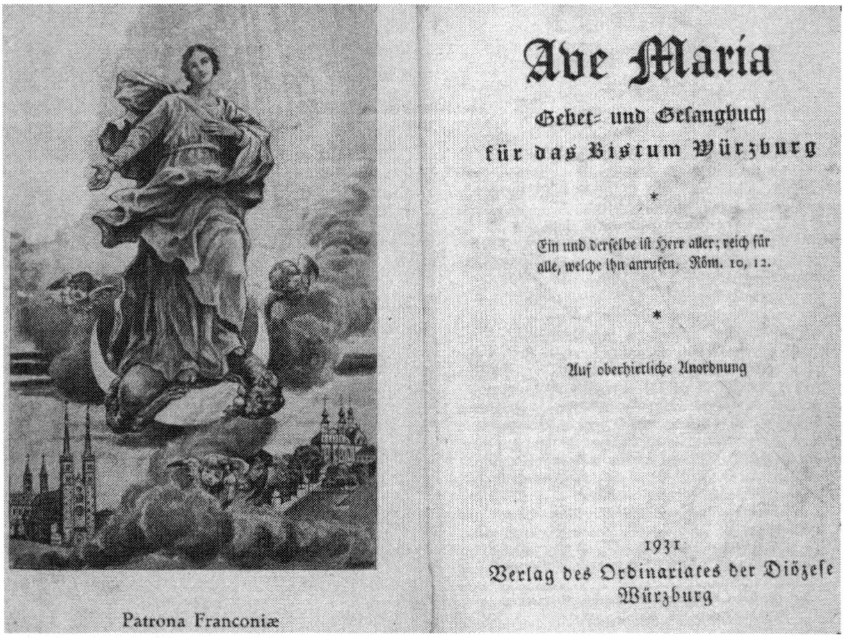

Abb. 8: Frontispiz aus „Ave Maria. Gebet- und Gesangbuch für das Bistum Würzburg"

Auch in der Vorrede des „Ave Maria" von 1949 wird Maria in ihrer Funktion als Schutzherrin der Franken eigens erwähnt:

> Maria, Frankenherzogin, deren Name das Gebet- und Gesangbuch der Diözese Würzburg trägt, sei euch allen Mittlerin zu Christus in dem heiligen Gotteswerk der Liturgie, in eurem Beten und Singen.[37]

In der jüngsten Auflage des „Gotteslobes für das Bistum Würzburg" aus dem Jahr 1998, in der man im Vergleich zu den vorherigen Ausgaben vor allem den Würzburger Regionalteil erweitert hat, ist das Marienlied *Wunderschön prächtige* mit den ersten beiden Strophen der Geissel-Fassung unter der Nummer 977 ein weiteres Mal aufgenommen worden. Dies kann als ein

---

[37] Ave Maria. Gebet- und Gesangbuch für das Bistum Würzburg. (Neuausgabe). Würzburg 1949, S. IV.

Zeichen für die allmählich abnehmende Akzeptanz der herkömmlichen Fassung gewertet werden. Zugleich zeigt sich daran aber auch, daß die Wirkungsgeschichte des Liedes am Ende des 20. Jahrhunderts noch nicht ganz zu Ende ist - auch wenn die Strahlkraft, die ihr in den vorhergehenden Jahrhunderten eigen war, verblaßt sein mag.

Die Fassung des Marienliedes *Wunderschön prächtige* aus Mohrs „Lasset und beten!“ hat demnach in den Bistümern Bamberg, Speyer und Würzburg eine zum Teil langandauernde Rezeption erfahren. Auch in Salzburg ist das „Lasset und beten!“ 1884 unter dem Titel „Alleluja“ als offizielles Diözesangesangbuch eingeführt worden.[38] Daran wird der Einfluß, den Joseph Mohr auf den katholischen deutschsprachigen Kirchengesang des späten 19. und frühen 20. Jahrhunderts ausgeübt hat, ein weiteres Mal deutlich.

6.2.3 *Wunderschön prächtige* in Mohrs „Psälterlein“

1891 erschien sein letztes Gesangbuch mit dem Titel „Psälterlein“, das von der zeitgenössischen Kritik als sein bestes Gesangbuch eingestuft wurde. Die erste Auflage des Buches war so schnell vergriffen, daß noch im Erscheinungsjahr eine zweite, nochmals überarbeitete Auflage auf den Markt kam. Diese zweite Auflage wurde in einer Extrabeilage zu den „Fliegenden Blättern“ großflächig beworben[39].

Der Anzeige folgte der Abdruck einiger Rezensionen, die zuvor schon in anderen Zeitschriften zum „Psälterlein“ erschienen waren und in denen das Buch durchgängig positiv beurteilt, manchmal gar überschwenglich gelobt wurde ist: Im „Gregoriusblatt“ weist der Cäcilianer Peter Piel zunächst darauf hin, daß sich zwar einige - wie unter anderen Kehrein, Meister und Bäumker - darum verdient gemacht hätten, „[...] den überreichen Schatz unserer kirchlichen Volkslieder in seiner ganzen Fülle und Ursprünglichkeit wieder zugänglich zu machen“.[40] Allerdings seien die Lieder in der von ihnen dargebotenen Form nicht für den praktischen Gebrauch geeignet gewesen. Sie lieferten nach seinem Dafürhalten lediglich die Grundlage, auf der anschließend weitergearbeitet werden konnte:

> Dazu bedurfte es aber wieder ganz bedeutender Arbeitskräfte, die mit ihrem wahren Bienenfleiß und mit großer Einsicht und Geschicklichkeit aussuchen, sichten, neuformen mußten, wie es unserm heutigen, sprachlichen und musikalischen Gefühle entspricht. Die kostbare, durch eine solche Jahrzehnte lange Riesenarbeit gereifte Frucht haben wir vor uns liegen in dem Psälterlein, das soeben bei Pustet in Regensburg erschienen, und als dessen Verfasser und Bearbeiter sich

---

38 Vgl. K. Küppers: Diözesan- Gesang- und Gebetbücher des deutschen Sprachgebietes im 19. und 20. Jahrhundert, S. 45. Da die nachfolgenden Gesangbücher nicht vorgelegen haben, kann hier nicht angegeben werden, wie lange die Mohrsche Fassung in Salzburg in Gebrauch war.

39 Zum Beispiel in den „Fliegenden Bättern für katholische Kirchen-Musik“ aus dem Jahr 1891.

40 Beilage zu den Fliegenden Blättern für Kirchenmusik 8 (1891), S. 2.

> in der apart gedruckten Einleitung und in dem Quellennachweis der auf diesem Gebiete längst in vorteilhafter Weise bekannte Joseph Mohr zu erkennen gibt. Der Verfasser, der sich wohl den größten Theil seines Lebens hindurch mit dem deutschen Kirchenliede in hervorragender Weise beschäftigt hat, liefert uns in der angegebenen Arbeit ein Werk von dem der Unterzeichnete nach gründlicher Durchsicht zu behaupten wagt, daß wir sowohl mit Bezug auf die *sprachliche* als auch auf die *musikalische* Seite kein zweites besitzen, das dem Mohr'schen könnte an die Seite gestellt werden. [...] Das Psälterlein ist als kirchliches Andachtbuch eingerichtet, und glücklich die Diöcese, die dieses vorzügliche Buch als ihr Diöcesangesangbuch adoptiert. Bei Herstellung neuer Diöcesan=Gesangbücher wird es wohl kaum möglich sein, von der Benutzung des Psälterleins Abstand zu nehmen. Wie schön wäre es, wenn dieses treffliche Buch in den verschiedenen Diöcesen Eingang fände und so dazu diente, die so sehr wünschenswerthe Einheitlichkeit des kirchlichen Volksgesanges herbeizuführen.[41]

Diese Äußerungen Piels zeigen, wie hoch die Cäcilianer die Arbeit Mohrs einschätzten und wie sehr sie darauf bedacht waren, seinen Büchern eine weitreichende Verbreitung zu ermöglichen. Der Wunsch Piels, das „Psälterlein" möge als „Diözesangesangbuch adoptiert" werden, ging gleich zweimal in Erfüllung.

In Basel ist das „Psälterlein" bereits 1890, also ein Jahr vor seinem eigentlichen Erscheinen, unter gleichem Titel als Diözesangesangbuch eingeführt worden - und zwar unter dem Titel „Psälterlein. Gebet- und Gesangbuch für die Diözese Basel". Bischof Leonhard Haas (1888–1906) hoffte - wie seinem Einführungserlaß zu entnehmen ist - das neue Diözesangesangbuch werde einen Beitrag dazu leisten können, daß in seiner Diözese „[...] der kirchliche Volksgesang wieder mehr gepflegt werde, [...] damit nun diese überauß wichtige Angelegenheit wieder in Fluß komme und ersprießlich gefördert werde"[42]. Daher forderte er im gleichen Erlaß auch die Abschaffung aller in den Gemeinden bis dahin gebräuchlichen Gesangbücher zugunsten des neuen Diözesangesangbuches.[43] Die erste Auflage des Buches war dann auch schnell vergriffen. Der eigentliche Erfolg des Buches blieb aber aus. Das geht aus einer Erklärung Arnold Walthers, dem Präses des Diözesancäcilienvereins, aus dem Jahr 1903 eindeutig hervor:

> Trotz des klaren und entschiedenen oberhirtlichen Willens hat das „P(sälterlein)" nicht Eingang gefunden. Nur in einzelnen Pfarreien wurde es in Gebrauch genommen, ja da und dort nach mehrjähriger Verwendung wieder beiseite gelegt.[44]

Die Gründe dieses Mißerfolges sind nach Hofer in dem zur Zeit der Einführung des Buches in Basel kaum noch praktizierten Volksgesang, in dem als zu hoch eingeschätzten Kaufpreis von zwei Franken und in dem als unhandlich empfundenen Format des Buches zu suchen. Neben diesen äußeren

---

41 Zitiert nach: Ebd., S. 2.

42 Zitiert nach: M. Hofer: Die Gesang- und Gebetbücher der schweizerischen Diözesen. Eine geschichtliche Untersuchung. Freiburg/CH 1965, S. 133.

43 Vgl. ebd., S. 133.

44 Zitiert nach: Ebd., S. 136.

Beanstandungen gab es auch auf den Inhalt des Buches bezogene Kritikpunkte: Hier lassen sich zum Beispiel der für das Volk nicht geeignete Gebetsteil, der archaische Charakter der Lieder und der Mangel an neuen Kirchenliedern anführen. Außerdem gab es auch Stimmen, die nicht akzeptieren wollten, daß der Volksgesang der Schweiz von einem „Ausländer" in neue Bahnen gelenkt werden sollte:

> Das Psälterlein (ist) von einem Ausländer geschrieben, der von unseren Verhältnissen nicht am besten unterrichtet, der eher ein Gesangbuch geschrieben für Deutschland als für die Schweiz, und das Denken der Deutschen (ist) doch verschieden von dem unsrigen.[45]

So entwickelte sich schon sehr bald nach der Einführung des Buches der Wunsch nach einer gekürzten Ausgabe des „Psälterleins". Unter Bischof Haas, der an „seinem" Diözesangesangbuch festhielt, waren Veränderungen am Gesangbuch zunächst nicht möglich. Erst unter seinem Nachfolger Bischof Jakob Stammler (1906–1925) setzte man sich mit der Gesangbuchfrage wieder auseinander, entschied sich dann aber nicht für eine abgespeckte Fassung des „Psälterleins", sondern für ein neues Gesangbuch, das 1908 unter dem Titel „Gesang- und Gebetbuch für das Bistum Basel" den Diözesanen übergeben wurde. In Basel war die Zeit für das „Psälterlein" von Joseph Mohr bereits nach 18 Jahren abgelaufen.[46]

Auch im Bistum Freiburg hatte man sich darauf festgelegt, das soeben erschienene „Psälterlein" von Joseph Mohr als neues Diözesangesangbuch zu übernehmen. Erzbischof Johann Christoph Roos (1886–1896) überreichte das Mohrsche Buch mit einigen kleinen Änderungen 1892 unter dem Titel „Magnificat. Gebet- und Gesangbuch für die Erzdiözese Freiburg" den Diözesanen. Das Buch verbreitete sich zunächst sehr schnell, so daß bereits nach sechs Wochen die erste Auflage vergriffen war.[47] Um eine andauernde und breite Akzeptanz des neuen Diözesangesangbuches zu befördern, erschien neben einer Artikelserie in der Kirchenzeitung im Jahre 1893 eine Schrift mit dem Titel „Kleines Kirchenmusikalisches Handbuch. Zur Einführung des neuen Diöcesan-Gesangbuches Magnificat im Auftrage des hochwürdigsten Herrn Erzbischofs von Freiburg Dr. Johannes Christian Roos verfaßt von P. Ambrosius Kienle O.S.B." Darin berichtet Kienle unter anderem über die Entstehung des Buches und gibt Erläuterungen zu dessen Inhalt und Gebrauch. Er würdigt dabei die Verdienste, die sich vor allem Mohr um den deutschsprachigen Kirchengesang erworben hat, und weist auf den Erfolg

---

[45] Zitiert nach: Ebd., S. 140.

[46] Vgl. zur Geschichte des „Psälterleins" im Bistum Basel R. Schmidt: Gegen den Reiz der Neuheit. Katholische Restauration im 19. Jahrhundert, S. 56–60 und M. Hofer: Die Gesang- und Gebetbücher der schweizerischen Diözesen. Eine geschichtliche Untersuchung, S. 126–149 und K. Küppers: Diözesan- Gesang- und Gebetbücher des deutschen Sprachgebietes im 19. und 20. Jahrhundert, 41f.

[47] Vgl. B. Amann: Geschichte des Freiburger Diözesangesangbuches. Freiburg im Breisgau 1956, S. 48.

hin, den gerade das „Psälterlein" in der kirchlichen Presse erfahren hat. Wie stark diese positive Bewertung des Buches von den zeitgenössischen Autoritäten auf dem Gebiet der katholischen Kirchenmusik - insbesondere der Cäcilianer - geprägt war, zeigt ein Zitat aus einer Rezension zum „Psälterlein", die in der „Katholischen Lehrerzeitung" erschienen ist und die Kienle unter vielen anderen in seinem Handbuch nochmals abgedruckt hat:

> Wie sehr die Arbeit des Verfassers, eine Frucht jahrelangen Fleißes und gereiftester Erfahrung, die verdiente Anerkennung findet, geht u.a. aus der sofortigen Einführung desselben in den Diözesen Basel und Freiburg i. B. als offizielles Gebet- und Gesangbuch hervor, nicht minder aus dem hohen Lobe der zuständigen Fachmänner (Musikdirektor Piel, Domkapellmeister Lenz, Domkapitular Krampf, Domkapellmeister Stehle cc.).[48]

Trotz der positiven Kritik der hier namentlich angeführten Kapazitäten erntete das „Magnificat" nicht nur Lob. Schon am Beispiel des Bistums Basel hat sich gezeigt, daß dort das Buch von den Gemeinden nicht angenommen worden ist und ihm auf Dauer kein Erfolg beschieden war. Die gegen das „Magnificat" vorgetragenen Einwände bezogen sich ähnlich wie in Basel auf den als zu groß empfudenen Umfang des Buches, auf das Fehlen der neueren Kirchenlieder, auf das Vorhandensein zu vieler lateinischer Gesänge, das Fehlen der Trauermetten und deutschen Vespern sowie auf den zu hohen Kaufpreis. Einigen Cäcilianern hingegen waren die deutschen Vespern, die man zusätzlich in den Anhang des „Magnificat" aufgenommen hatte, ein Dorn im Auge. Rebecca Schmidt beschreibt in ihrer Dissertation „Gegen den Reiz der Neuheit. Prozesse der katholischen Restauration im 19. Jahrhundert", daß vor allem die von den Priestern gegen das neue Gesangbuch vorgetragene Kritik einige Änderungen innerhalb der zweiten Auflage des Buches von 1906 bewirkt hat:

> Die Änderungen betrafen vor allem die lateinischen und die deutschen Vespern: Die lateinischen fielen ganz weg, dafür wurden die deutschen Vespern vom Anhang in den Hauptteil verschoben. Außerdem hat man eine weitere Singmesse und einige Abendandachten neu aufgenommen. Den Cäcilianern mußten diese Änderungen mißfallen - hatte man doch die vom Volk so gerne gesungenen Vespern in den Anhang verwiesen, um sie später ganz fallenlassen zu können. Doch nun war das Gegenteil der Fall: Verwiesen wurden die lateinischen Vespern, und die deutschen rückten an deren Stelle.[49]

Hier wird deutlich, daß nicht alles, was sich die Cäcilianer für den deutschsprachigen Kirchengesang wünschten, vom Volk und von den Priestern akzeptiert wurde. In Basel führte die Ablehnung des „Psälterleins" zur Einführung eines neuen Gesangbuches, in Freiburg, wo die Kritik etwas verhaltener ausgefallen war, zu Veränderungen des Buches. In dieser geänderten

---

[48] Zitiert nach: A. Kienle: Kleines Kirchenmusikalisches Handbuch zur Einführung des neuen Diöcesan-Gesangbuches Magnificat. Freiburg im Breisgau 1893, S. 21.

[49] R. Schmidt: Gegen den Reiz der Neuheit. Katholische Restauration im 19. Jahrhundert, S. 57f.

Form konnte sich das „Magnificat" aus dem Jahr 1892 als Freiburger Diözesangesangbuch behaupten, bis es dann 1929 von einer völlig neubearbeiteten Auflage abgelöst wurde.

Unter den verschiedenen Fassungen des Marienliedes *Wunderschön prächtige*, die Joseph Mohr in seine Gesangbücher aufgenommen hat, kommt der aus dem „Psälterlein" ein besonderes Gewicht zu. Mohr hat sich nämlich in seinem letzten Gesangbuch für eine komplett andere Textfassung entschieden als in all seinen Gesangbüchern zuvor. Auch in bezug auf die Melodie des Liedes hat er für das „Psälterlein" eine andere Wahl getroffen. Indem er das Lied nun in einer fünfstrophigen Fassung abdruckt, die sich vom Textbestand her an fünf ausgewählten Strophen der aus dem 18. Jahrhundert stammenden geistlichen Volksliedfassung orientiert, versucht er sich dem von ihm als ursprünglich angesehenen Text anzunähern. Gleiches gilt auch für die im „Psälterlein" dargebotene Melodie. Damit gelangt über das „Psälterlein" von Joseph Mohr am Ende des 19. Jahrhunderts eine Fassung des Marienliedes *Wunderschön prächtige* in die offizielle katholische Kirchenliedtradition, die bis zu diesem Zeitpunkt fast ausschließlich über Flugblätter und Volksliedsammlungen überliefert worden war. Allerdings hat diese Fassung innerhalb der offiziellen Gesangbücher keine weite Verbreitung gefunden. In Freiburg gelangte sie – allerdings in einer um die vierte Strophe gekürzten Fassung – noch in das „Magnifikat" von 1960, in Basel war sie mit dem neuen Diözesangesangbuch von 1908 wieder verschwunden. Darüber hinaus läßt sie sich nur sporadisch in einzelnen Gesangbüchern nachweisen – so beispielsweise in dem „Brixener Diözsan=Gesangbuch mit Gebeten" aus dem Jahr 1903.

Dieser Befund wirft die Frage auf, welche Breitenwirkung das von den Cäcilianer so hochgelobte „Psälterlein" Joseph Mohrs tatsächlich gehabt hat. In der schon einmal zitierten „Katholischen Lehrerzeitung" von 1891 wird für das „Psälterlein" folgender Wunsch formuliert:

> Möchten nur recht viele Diöcesen sich dem Vorgange der obengenannten [Basel und Freiburg] anschließen; dann würde es dahin kommen, daß der Katholik auch in einer fremden Diöcese an bekannten Liedern sich erbauen könnte, während jetzt fast in jeder Diöcese Text und Weise der Kirchenlieder besondere sind, eine Mannigfaltigkeit, die der katholischen Einheit wenig entspricht und bei dem heutigen lebhaften Verkehr auch nicht ohne Unzuträglichkeit ist …[50]

Diese Vision hat sich für das „Psälterlein" – wie wir gesehen haben – in keiner Weise erfüllt. Allenfalls das „Lasset und beten!" aus dem Jahr 1881, das gleich in vier Bistümern zum Diözesangesangbuch bestimmt worden ist, hat in dieser Richtung gewirkt und war, zumindest soweit es die Wirkungsgeschichte des Marienliedes *Wunderschön prächtige* betrifft, ungleich bedeutender als das „Psälterlein". Ob dies an der jeweiligen Qualität der Bücher gelegen hat, ist mehr als fraglich. Es war eher so, daß in der Zeit, in der das

---

50 Zitiert nach: A. Kienle: Kleines Kirchenmusikalisches Handbuch zur Einführung des neuen Diöcesan-Gesangbuches Magnificat, S. 21.

„Lasset und beten!" entstanden ist, in vielen Diözesen der Bedarf nach einem neuen Diözesangesangbuch dringlich war. Dies ist nicht zuletzt auf den Einfluß und das Wirken des 1868 gegründeten „Allgemeinen Cäcilienvereins" zurückzuführen. Das „Psälterlein" dagegen erschien zu einem Zeitpunkt, an dem diese Entwicklung ihren Höhepunkt schon überschritten hatte und die Suche nach einem neuen Diözesangesangbuch in einem überwiegenden Teil der deutschsprachigen Diözesen bereits abgeschlossen war. Die neuen Diözesangesangbücher, die in den 20er und 30er Jahren des 20. Jahrhunderts entstanden sind, orientierten sich dann nicht mehr an einem Gesangbuch des vergangenen Jahrhunderts, sondern bedienten sich aus ihren eigenen Traditionen. So ist es zu erklären, daß die verschiedenen Fassungen des Marienliedes *Wunderschön prächtige,* die im 19. Jahrhundert entstanden sind und in die Diözesangesangbücher aufgenommen wurden, in „ihren Bistümern" teilweise sehr lange rezipiert worden sind. Die Fassung aus dem Gesangbuch „Lasset und beten!" konnte dabei vor allem in den süddeutschen Bistümern ihre Wirkung entfalten. Außerdem hat Joseph Mohr mit seinen aus der Geissel- und der Bone-Fassung gebildeten Liedvarianten ein Verfahren vorgegeben, das die Wirkungsgeschichte des Marienliedes *Wunderschön prächtige* auch im 20. Jahrhundert nachhaltig geprägt hat.

7 *Wunderschön prächtige* in den Gesangbüchern des 20. Jahrhunderts

7.1 *Wunderschön prächtige* in den Liederbüchern der katholischen Jugendbewegung

Die dem Geist der Restauration verpflichteten Gesangbücher des 19. Jahrhunderts prägten auch den katholischen Kirchengesang des frühen 20. Jahrhunderts. Dennoch zeichnete sich vor allem in den Jahren zwischen den beiden Weltkriegen gerade im Bereich der Liturgie ein Umbruch ab. Denn in dieser Zeit gewann die sogenannte „Liturgische Bewegung" an Bedeutung und begann, eine enorme Breitenwirkung zu entfalten. Ausgelöst wurde diese Bewegung durch eine Rede, die der Benediktiner Lambert Beauduin im Jahre 1909 auf dem Katholikentag in der belgischen Stadt Mecheln hielt. In dieser Rede formulierte Beauduin einige Thesen, die für das Gesamtanliegen der „Liturgischen Bewegung" stehen können: Im Kern ging es darum, sich von dem restaurativen Liturgiekonzept des vergangenen Jahrhunderts, das streng zwischen der priesterlichen Liturgie und der Volksandacht unterschied, zu lösen und statt dessen den Gottesdienst zu einer Feier der Gemeinde und zur Quelle allen geistlichen Lebens zu machen. So forderte Beauduin unter anderem, daß den Gläubigen die liturgischen Texte in Übersetzungen ausgehändigt werden sollten und daß diese während der Messe von privaten Gebeten Abstand nehmen sollten.[1]

In Deutschland fanden diese Reformideen zunächst in gebildeten Kreisen eine freundliche Aufnahme. Ihre eigentliche Wirkung erfuhr die Bewegung aber dadurch, daß sie in den 20er Jahren von der katholischen Jugendbewegung aufgegriffen worden ist.[2] Eine der wichtigsten Gruppierungen in diesem Zusammenhang ist der „Quickborn": Der „Quickborn" war ein 1909 aus katholisch abstinenten Schülerzirkeln entstandener Bund, dessen Eigenart in der Verbindung von Jugendbewegung und Katholizismus bestand. Die 1919 erworbene Burg Rothenfels am Main wurde zum Zentrum dieses Bundes. Vor allem die neuen liturgischen Ansätze, die von den Jugendlichen während der zahlreichen Treffen auf Burg Rothenfels erprobt wurden, spielten im „Quickborn" eine wichtige Rolle. Er schaffte – unter der geistigen Anleitung von Romano Guardini – die Voraussetzungen für die Bedeutung, die die „Liturgische Bewegung" innerhalb Deutschlands und auch darüber hinaus entfalten konnte.

---

1 Vgl. M. Haag: „Dem Herzen Jesu singe …" Politische Instrumentalisierung der Frömmigkeit im 19. und 20. Jahrhundert, S. 224.

2 Vgl. Ebd., S. 224.

Das gemeinschaftliche Singen spielte in den Jugendbünden eine wichtige Rolle. Dafür besaßen die einzelnen Bewegungen eigene Liederbücher, in denen das von ihnen bevorzugte Liedgut zusammengestellt war. Das Liederbuch des „Quickborns" trug den Titel „Der Spielmann" und kann als das repräsentative Liederbuch der katholischen Jugendbewegung in den 20er Jahren angesehen werden.[3] Das Buch ist von dem Theologen und Pädagogen Klemens Neumann wahrscheinlich erstmals im Jahre 1914 unter dem Titel „Quickbornlieder" herausgegeben und in den folgenden Jahren häufig umgearbeitet worden. Die Bedeutung des Buches läßt sich an der hohen Auflagenzahl, an den verschiedenen Ausgaben und an der Tatsache ablesen, daß es auch nach dem Zweiten Weltkrieg noch aufgelegt worden ist. Ab der dritten Auflage von 1920 waren im „Spielmann" erstmals auch geistliche Lieder enthalten; in der Ausgabe von 1928 ist diese Rubrik vor allem um die Lieder gekürzt worden, die – wie es im Vorwort dieser Ausgabe heißt – „ […] mehr in ein Kirchenliederbuch gehören". Der „Spielmann" enthielt vor allem geistliche Volkslieder aus dem Umkreis von Advent und Weihnachten sowie eine auffallend hohe Anzahl von Marienliedern. In der neunten Auflage aus dem Jahr 1929 ist auch das Marienlied *Wunderschön prächtige* zu finden, und zwar in einer sechsstrophigen Fassung, die in Text und Melodie weitgehend mit der geistlichen Volksliedfassung des 18. Jahrhunderts übereinstimmt. Lediglich die sechste Strophe ist im „Spielmann" ausgelassen worden. Die dem Lied beigegebene Quellenangabe zeigt, daß sowohl der Text als auch die Melodie Ditfurths Volksliedsammlung „Fränkische Volkslieder" aus dem Jahre 1855 entnommen worden ist. Somit hat eine der Volksliedsammlungen des 19. Jahrhunderts und kein Kirchengesangbuch als Quelle für diese Fassung gedient.

Ebenfalls im Umkreis der katholischen Jugendbewegung erschien im Mai 1928 das vom katholischen Jungmännerverband herausgegebene „Singeschiff". Diese Liedersammlung entwickelte sich in den folgenden Jahren zum bedeutendsten Liederbuch der katholischen Jugend in Deutschland. Das Buch enthielt neben Wander- und Naturliedern auch geistliche Lieder – vor allem Weihnachts- und Marienlieder. Eine von Adolf Lohmann und Josef Diewald bearbeitete Fortsetzung kam 1934 unter dem Titel „Das Singeschiff. Lieder der katholischen Jugend 2. Teil: Das graue Singeschiff" heraus. In dem vom Generalpräses des katholischen Jungmännerverbandes verfaßten Geleitwort wird der Name des Buches erklärt:

> Dieses zweite Singeschiff, das „graue Singeschiff", trägt ein feldgraues Gewand, ein Soldatengewand. Sinnbildhaft und der Stunde gemäß. Neue kämpferische

---

3 Vgl. M. Haag: „Dem Herzen Jesu singe …" Politische Instrumentalisierung der Frömmigkeit im 19. und 20. Jahrhundert, S. 269 und A. Neuhaus: Das geistliche Lied in der Jugendbewegung, S.188–193.

> Zeit ist angebrochen. [...] So laßt uns singen als rechte Soldaten des Vaterlandes und des Gottesreiches.[4]

Diesem kämpferischen Anspruch gemäß ist im „Grauen Singeschiff" im Vergleich zum „Spielmann" und zum ersten „Singeschiff" eine Militarisierung des Liedgutes zu beobachten.

Das Marienlied *Wunderschön prächtige* ist in dem ersten „Singeschiff" enthalten – und zwar in genau der gleichen sechsstrophigen Fassung, die auch im „Spielmann" anzutreffen ist. Der „Spielmann" und das „Singeschiff" führen demnach die Volksliedtradition des Marienliedes *Wunderschön prächtige* fort, während in dem dritten Liederbuch aus dem Umkreis der katholischen Jugendbewegung in Blick auf das Marienlied *Wunderschön prächtige* eine andere Entscheidung getroffen worden ist.

Bei diesem dritten Buch handelt es sich um eine 1938 im Umkreis des Düsseldorfer Jugendhauses erschienene Liedersammlung mit dem Titel „Kirchenlied. Eine Auslese geistlicher Lieder". Sie wurde von Josef Diewald und Adolf Lohmann, die schon das „Graue Singeschiff" erarbeitet hatten, sowie von Georg Thurmair herausgegeben. Wie der Titel angibt, handelt es sich hier im Gegensatz zum „Spielmann" und den beiden „Singeschiffen" um ein Liederbuch für den kirchlichen Gebrauch. Die Programmatik des Buches wird im Geleitwort des für die Jugendseelsorge zuständigen Mainzer Bischofs Albert Stohr und im Nachwort der Bearbeiter dargelegt. Ein wichtiges Anliegen des Buches war zum Beispiel die Bereitstellung eines einheitlichen Liedgutes für ganz Deutschland:

> Diese Auslese geistlicher Lieder verwirklicht den Wunsch nach einem Liedgut, das einem einigen Lobsingen, Danken und Bitten junger Kirche im ganzen deutschen Lande den Weg bereiten soll.[5]

Dieser Zielsetzung waren auch die Auswahl- und Bearbeitungskriterien für die einzelnen Lieder untergeordnet:

> Da fast in jeder Diözese andere Liedfassungen in Gebrauch sind und die Form der Lieder in den meisten Fällen wesentlich von der kraftvollen Urform abweicht, war es nicht möglich, die hier gesammelten Lieder in Wortlaut und Weise einer üblichen Bearbeitung auszugleichen. Es mußte deshalb die Urgestalt eines jeden Liedes in gründlicher wissenschaftlicher Vorarbeit festgestellt und ihre Verwendbarkeit für die Gegenwart erprobt werden. Im Anschluß an die ältesten Quellen wurde, soweit nötig, eine für unsere Zeit notwendige Angleichung in sprachlicher und melodischer Hinsicht vorgenommen. Ehrfurcht vor dem wertvollen Volksgut und das Wissen um seine tiefen Kräfte leiteten uns bei dieser Arbeit. Von gleichem Verantwortungsbewußtsein gegenüber dem großen Erbe der Vergangenheit sind auch die neuen Lieder in diesem Bereich getragen. So haben wir

---

4 Das Singeschiff. Lieder deutscher katholischer Jugend, 2. Teil: Das graue Singeschiff. Hg. von Adolf Lohmann und Josef Diewald, Düsseldorf 1934, S. 3.

5 Kirchenlied. Eine Auslese geistlicher Lieder. Notenausgabe. Freiburg im Breisgau 1938, S. 171.

versucht, durch dieses Werk zu einem einheitlichen Liedgut deutscher Katholiken den Grund zu legen.[6]

Die Bearbeitung der Lieder sollte sich demnach am „Urtext" orientieren und zugleich dem Zeitgeschmack gerecht werden - eine Praxis, die schon im Rahmen der Gesangbuchrestauration des 19. Jahrhunderts propagiert und angewandt worden ist. Dies ist vor allem deswegen erstaunlich, weil sich die katholische Jugendbewegung von einem restaurativen Liturgieverständnis deutlich distanzierte.

Auf einer Jugendseelsorgertagung in Bad Soden-Salmünster wurde im Oktober 1937 in einem Referat über das Gesangbuchprojekt „Kirchenlied" die hinter dem Buch stehende Konzeption vorgestellt und erläutert. In diesem Vortrag wurde auch heftige Kritik an der Gesangbuchrestauration des 19. Jahrhunderts laut: In der negativen Beurteilung der Lieder aus der Epoche der Aufklärung stimmte man mit den Restauratoren des 19. Jahrhunderts durchaus überein. Aber die Bearbeiter der Diözesangesangbücher hätten die positiven Ergebnisse der Liedforschung zugleich wieder „verwässert". So habe man zum Beispiel viele „rührselige und minderwertige Produkte" des 18. Jahrhunderts erneut in die Gesangbücher aufgenommen. Außerdem hätten sie sowohl die Texte als auch die Melodien „nach Gutdünken" und „willkürlich" bearbeitet und verändert, so daß sie „nunmehr völlig trocken und langweilig erschienen". Damit hätten sie gleichzeitig zu einer „babylonischen Liederverwirrung" beigetragen. Aus diesen Gründen sei es für die junge Generation unumgänglich, nun ihrerseits mit Erneuerungsarbeiten auf dem Gebiet des Kirchenliedes zu beginnen. Dabei sei aber die Lage im Vergleich zur „Cäcilianer-Bewegung" eine durchaus veränderte:

> Damals versuchten einzelne einsichtige Männer, Fachgelehrte, Wissenschaftler über die Kirchenchöre ihre Ideen und Liedbearbeitungen von oben herunter ins Volk hineinzutragen, auch auf die Gefahr hin, nur Befremden und Ablehnung hervorzurufen. Daran ist auch ihre Arbeit größtenteils gescheitert. Heute verlangt die jüngere Generation von sich aus wie auf vielen Gebieten, so auch hier, nach einer Erneuerung vom Grund auf, nach einem ihr entsprechenden Liedgut, das wache, völlig aktive Menschen fordert, die innerlich mitschwingen, mitbeten können. So fand man den Weg zum alten Kirchenlied zurück. So fand man aber, auch am alten Liede geschult, neue Lieder und neue Wege zu ihrer Verbreitung in den eigenen Reihen und in den Pfarrgemeinden.[7]

Der Ansatz, den die Restauratoren des 19. Jahrhunderts bei der Bearbeitung der Kirchenlieder verfolgten, stimmt weitgehend mit dem der Vertreter der katholischen Jugendbewegung überein. Dennoch gibt es einen wesentlichen Unterschied zwischen beiden Bewegungen. Während die Gesangbuchre-

---

6 Ebd., S. 171.

7 Kirche und Jugend. Bericht über den Kursus für Jugendseelsorge vom 4.-12. Oktober 1937 in Bad Soden - Salmünster. Hrsg. vom Bischöflichen Ordinariat Mainz für den seelsorglichen Gebrauch der Diözesan- und Dekanatsjugend-Seelsorger. Mainz 1938, S. 124.

stauration des 19. Jahrhunderts eine von wenigen Persönlichkeiten dem Volk gleichsam „von oben" auferlegte Reform darstellte, sind die Erneuerungsbestrebungen aus den 30er Jahren – zumindest nach dem Selbstverständnis ihrer Initiatoren – als eine von der Allgemeinheit gewünschte Notwendigkeit aufzufassen. Das Bedürfnis nach Veränderung ist also aus den Erfahrungen vor allem der jungen Gemeinde erwachsen. Dies hängt eng mit dem neuen Liturgieverständnis zusammen, das von der „Liturgischen Bewegung" angestoßen worden ist.

Heinrich Bone, Joseph Mohr und die Cäcilianer hatten im 19. Jahrhundert noch an der Trennung von „priesterlicher" und „volkstümlicher" Seite des Gottesdienstes festgehalten. Die priesterliche Liturgie und die Volksandachten konnten in der Lesemesse parallel zueinander ablaufen, blieben aber, von einigen Berührungspunkten einmal abgesehen, unabhängig nebeneinander stehen. Die Herausgeber der Diözesangesangbücher sorgten dafür, daß auch für die „volkstümliche" Seite des Gottesdienstes würdige und angemessene Gebete und Lieder zur Verfügung standen. Die Vertreter der „Liturgischen Bewegung" forderten zu Beginn des 20. Jahrhunderts das Gegenteil. Sie setzten sich für die aktive Teilnahme der Gemeinde am Gottesdienst ein. So erprobte man neue liturgische Ansätze, bei denen die Gemeinde stärker in das liturgische Geschehen eingebunden wurde. Daraus entstand auch ein Bedarf an Kirchenliedern, die den neuen liturgischen Anforderungen entsprachen. Im Nachwort des „Kirchenliedes" kommt dies deutlich zum Ausdruck:

> Bei den Liedern zum Kirchenjahr suchten wir vornehmlich nach solchen, die den liturgischen Gedankengehalt der verschiedenen Zeiten zum Ausdruck bringen; es sind ihrer zwar nicht viele, aber diese vor allem müssen unser Eigentum werden. Die Lieder zur Opferfeier wollen nur Vorschläge sein. Es ist bekannt, daß es solcher Lieder wohl eine Unmenge gibt, die aber fast alle unerläßlichen, liturgischen, sprachlichen und musikalischen Anforderungen nicht entsprechen. […] So möge nun dieses Werk mitschaffen an einem neuen und schönen Singen im Gottesdienst, in allen Stunden religiöser Besinnung und im heiligen Raum der Familie.[8]

Das „Kirchenlied" hatte einen großen Einfluß auf die weitere Entwicklung des katholischen Kirchengesanges und trug einen ersten Schritt zur Vereinheitlichung des Liedguts bei. So stammten 48 Lieder der 1947 für alle Diözesen zusammengestellten 74 Einheitslieder aus dem „Kirchenlied". Und auch im „Gotteslob" von 1975 finden sich Spuren dieser Liedsammlung wieder. Dies zeigt sich unter anderem am Beispiel des Marienliedes *Wunderschön prächtige.*

Das Lied hat in einer dreistrophigen Fassung Eingang in das „Kirchenlied" gefunden. Es handelt sich hier um eine Fassung, die sich aus Teilen der Neudichtung von Johannes Kardinal von Geissel und der Bearbeitung von Heinrich Bone zusammensetzt: Die Strophen eins und drei entsprechen

---

8 Kirchenlied, S. 171f.

dabei den Strophen eins und zwei der Geissel-Fassung, während die zweite Strophe mit der zweiten Strophe der Bone-Fassung identisch ist:

1. Wunderschön prächtige, — Geissel 1,1-10
hohe und mächtige,
liebreich holdselige himmlische Frau,
der ich mich ewiglich
weihe herzinniglich,
Leib dir und Seele zu eigen vertrau!
Gut, Blut und Leben
will ich dir geben;
alles, was immer ich hab, was ich bin,
geb ich mit Freuden, Maria, dir hin.

2. Sonnenumglänzete, — Bone 2,1-10
Sternenbekränzete,
Leuchte und Trost auf der nächtlichen Fahrt!
Vor der verderblichen
Makel der Sterblichen
hat dich die Allmacht des Vaters bewahrt.
Seelige Pforte
warst du dem Worte,
als es vom Throne der ewigen Macht
Gnade und Rettung den Menschen gebracht.

3. Schuldlos Geborene, — Geissel 2, 1-10
einzig Erkorene,
du Gottes Tochter und Mutter und Braut,
die aus der reinen Schar
Reinste wie keine war,
die selbst der Herr sich zum Tempel gebaut!
Du makellose,
himmlische Rose,
Krone der Erde, der Himmlischen Zier,
Himmel und Erde, sie huldigen dir!

Durch diese Strophenzusammenstellung erhält das Lied den Charakter eines reinen Huldigungsliedes, in dem vor allem Marias soteriologische Bedeutung hervorgehoben wird. Sie erscheint in dieser Fassung als die von Gott erwählte reine Jungfrau, die der Welt den Erlöser geboren hat und die aus diesem Grund hoch zu ehren ist. Die Sprechsituation ist rein doxologisch, Bitten werden keine formuliert.

Dem Text ist von den Herausgebern die aus dem 19. Jahrhundert stammende Melodie Steins beigegeben worden. In der Quellenangabe zur Melodie heißt es dazu: „Weise von Albert Gereon Stein, 1869, in ihrem Aufbau einem Marienlied aus Corners geistl. Nachtigall 1676 nachgebildet.“[9] Die

---

9 Ebd., S. 92 /111.

Erwähnung von „Corners Nachtigall" legt die Vermutung nahe, daß man sich gerade deshalb für die Steinsche Melodie entschieden hat, weil sie einer Vorlage aus dem 17. Jahrhundert nachempfunden worden ist. Die hier getroffene Melodieauswahl verweist ebenso wie die dargebotene Textfassung auf eine bekannte Persönlichkeit der katholischen Gesangbuchrestauration des 19. Jahrhunderts – auf Joseph Mohr. Auch Mohr hatte für die meisten seiner Gesangbücher die Steinsche Melodie bevorzugt, und auch er hatte erstmals eine aus Teilen der Geissel- und der Bone-Fassung zusammengesetzte Fassung des Marienliedes *Wunderschön prächtige* erstellt. Hier zeigt sich einerseits die ähnliche Vorgehensweise zweier Bewegungen, die sich in bezug auf ihr Liturgieverständnis und auch in der Frage nach dem Ort und der Funktion von Kirchenliedern klar voneinander unterscheiden. Andererseits wird auch deutlich, daß sich die Bearbeiter des „Kirchenliedes" im Falle des Marienliedes *Wunderschön prächtige* – anders als im „Spielmann" und im „Singeschiff" – nicht für eine aus der Volksliedtradition stammende Fassung entschieden, sondern sich vielmehr aus der Kirchenliedtradition des Liedes bedient haben.

Die Textfassung des Marienliedes *Wunderschön prächtige* aus dem „Kirchenlied" findet sich in gleicher und zuweilen auch leicht veränderter Form in einigen Diözesangesangbücher der Nachkriegszeit und in zahlreichen Diözesananhängen des „Gotteslobes" wieder.[10] Insofern hat die Fassung aus dem „Kirchenlied" die Wirkungsgeschichte des Liedes im 20. Jahrhundert wesentlich beeinflußt. Allerdings gilt das nur für den Text. Die Steinsche Melodie konnte sich in der weiteren Rezeption auf Dauer nicht gegen die aus dem 18. Jahrhundert stammende Melodie des Liedes durchsetzen.

7.2 Die Diözesangesangbücher der Nachkriegszeit

In den 20er und 30er Jahren des 20. Jahrhunderts waren im Umfeld der katholischen Jugendbewegung Ideen zu einer liturgischen Erneuerung entstanden. Die „Liturgische Bewegung" entfaltete in den folgenden Jahren eine breite Wirkung, so daß ihre Anliegen bereits 1947 in der Enzyklika *Mediator Dei* anerkannt wurden. Schon bald entwickelten sich erste Reformen, die einige Ansätze der liturgischen Neuordnung – so wie sie dann später im Zweiten Vatikanum beschlossen werden sollten – vorwegnahmen.[11]

Das Diözesangesangbuch prägte in der Zeit nach dem Zweiten Weltkrieg das kirchliche Singen in den deutschsprachigen Bistümern am meisten. Allerdings hatten in den Kriegsjahren keine neuen Gesangbücher mehr gedruckt werden können, so daß auf diesem Gebiet ein großer Mangel entstanden war, der durch den Verlust vieler Bücher im Krieg noch verstärkt

---

10 Vgl. Edition im Anhang.

11 Vgl. M. Haag: „Dem Herzen Jesu singe ..." Politische Instrumentalisierung der Frömmigkeit im 19. und 20. Jahrhundert, S. 333.

wurde. Außerdem benötigte man neue Gesangbücher für die nachwachsende Generation und die vielen Heimatvertriebenen. Daher sind in den Nachkriegsjahren sehr bald zahlreiche Diözesangesangbücher in Neuausgaben erschienen. In diesen Büchern wurde die Hinwendung zur „Liturgischen Bewegung" aufgegriffen und den durch sie gewandelten Bedürfnissen Rechnung getragen. Dies zeigt sich vor allem daran, daß auch die in das „Kirchenlied" von 1938 aufgenommenen Lieder innerhalb dieser Gesangbücher breit rezipiert worden sind.[12] So hat auch die dreistrophige Fassung des Marienliedes *Wunderschön prächtige* aus dem „Kirchenlied" Eingang in einige dieser Diözesangesangbücher der Nachkriegszeit gefunden: Sie läßt sich zum Beispiel in den Diözesangesangbüchern Innsbruck 1946[13], Paderborn 1948[14], Hildesheim 1949[15], Köln 1949[16], Rottenburg 1949[17] und Limburg 1957[18] nachweisen. Im Diözesangesangbuch des Bistums Fulda aus dem Jahr 1949[19] ist die dreistrophige Kirchenliedfassung um eine Strophe erweitert worden und in den Gesangbüchern für die süddeutschen Diözesen Regensburg (1949)[20], München (1950)[21] und Passau (1951)[22] hat man die ersten beiden Strophen der Kirchenliedfassung, die ja den ersten beiden Strophen der Geissel-Fassung entsprechen, übernommen und ihnen eine überarbeitete „Jammertalstrophe" angehängt, die der geistlichen Volksliedfassung entlehnt ist. Die neuen Diözesangesangbücher der übrigen Bistümer behalten zu einem großen Teil die aus ihrer Tradition stammende Fassung bei oder bieten eine gekürzte Variante der bisher üblichen Fassung. Die für das Lied innerhalb der Diözesangesangbücher des 19. und frühen 20. Jahrhunderts festgestellte Fassungsvielfalt setzt sich demnach in dieser Gesangbuchgeneration weiter fort. Dabei ist es der Fassung aus dem „Kirchenlied" gelungen, sich neben den älteren Fassungen einen festen Platz in den Gesangbüchern zu erobern. Dies gilt allerdings nur für den Text; die ins „Kirchenlied" auf-

---

12 Vgl. M. Haag: „Dem Herzen Jesu singe ..." Politische Instrumentalisierung der Frömmigkeit im 19. und 20. Jahrhundert, S. 333 und K. Küppers: Diözesan- Gesang- und Gebetbücher des deutschen Sprachgebietes im 19. und 20. Jahrhundert, S. 53.

13 Gotteslob. Gebet- und Gesangbuch. Herausgeber Apostolische Adminstratur Innsbruck 1946.

14 Sursum corda. Gesang- und Gebetbuch für das Erzbistum Paderborn. Paderborn 1948.

15 Canta bona. Gesang- und Gebetbuch für das Bistum Hildesheim. Göttingen 1949.

16 Gebet- und Gesangbuch fuer das Erzbiszun Koeln. Koeln 1949.

17 Gesang- und Andachtsbuch für das Bistum Rottenburg. Herausgegeben vom Hochwürdigsten Herrn Bischof Dr. Carl Joseph Leiprecht. Stuttgart 1949.

18 Gebet- und Gesangbuch für das Bistum Limburg. Herausgegeben vom Bischöflichen Ordinariat Limburg 1957.

19 Katholisches Gesang- und Gebetbuch für das Bistum Fulda. Neu bearbeitet und herausgegeben im Auftrage des Hochwürdigsten Herrn Dr. Johannes Baptista Dietz Bischofs von Fulda. Leipzig 1949.

20 Lob Gottes. Diözesan- Gebet- und Gesangbuch für das Bistum Regensburg. 1948.

21 Gottesdienst. Gebet- und Gesangbuch für das Erzbistum München und Freising. München 1950.

22 Lob Gottes. Gebet- und Gesangbuch der Diözese Passau. Auf oberhirtliche Anordnung. Dritte neubearbeitete Auflage 1951.

genommene Melodie von A. G. Stein konnte sich auf Dauer nicht gegen die Volksliedmelodie des 18. Jahrhunderts durchsetzen.

7.3 Das erste katholische Einheitsgesangbuch „Gotteslob"

Das erste einheitliche Gesangbuch für alle Bistümer Deutschlands und Österreichs erschien im März 1975 unter dem Titel „Gotteslob". Vorangegangen war eine mehr als zehn Jahre andauernde und aufwendige Kommissionsarbeit, in der versucht worden ist, ein Gesangbuch zu erstellen, das den unterschiedlichen Bistümern ein möglichst breites gemeinsames Liedgut zur Verfügung stellen und dabei gleichzeitig der auf dem Zweiten Vatikanischen Konzil formulierten Liturgiekonstitution gerecht werden sollte.

Schon zu Beginn des 20. Jahrhunderts war innerhalb der „Liturgischen Bewegung" das Bedürfnis nach einer Erneuerung der Liturgie entstanden. Im Zentrum stand dabei der Gedanke, die Gläubigen aktiv am Gottesdienstgeschehen zu beteiligen. Dieser Ansatz wurde in der Liturgiekonstitution des Zweiten Vatikanischen Konzils nicht nur aufgegriffen, sondern entwikkelte sich zur Leitidee der gesamten Reform:

> Die Mutter Kirche wünscht sehr, alle Gläubigen möchten zu der vollen, bewußten und tätigen Teilnahme an den liturgischen Feiern geführt werden, wie sie das Wesen der Liturgie selbst verlangt und zu der das christliche Volk, „das auserwählte Geschlecht, das königliche Priestertum, der heilige Stamm, das Eigentumsvolk" (1 Petr 2,9; vgl. 2, 4–5) kraft der Taufe berechtigt und verpflichtet sind.
>
> Diese volle und tätige Teilnahme des ganzen Volkes ist bei der Erneuerung und Förderung der heiligen Liturgie aufs stärkste zu beachten, ist sie doch die erste unentbehrliche Quelle, aus der die Christen wahrhaft christlichen Geist schöpfen sollen.[23]

Diese Forderung nach der tätigen Teilnahme des Volkes zog eine Reihe von Veränderungen nach sich. So sollten Texte und Riten dergestalt geändert werden, daß sie von den Gläubigen leicht verstanden und erfaßt werden können. Dazu gehörte auch, der Muttersprache im Gottesdienst einen „weiteren Raum zuzubilligen".[24] Der Meß-Ordo und die verschiedenen Riten sollten in diesem Sinne überarbeitet und neu geordnet werden. Auch die Kirchenmusik fand in der Konstitution eine besondere Erwähnung. Dabei wurde zunächst darauf hingewiesen, daß gerade „der mit dem Wort verbundene gottesdienstliche Gesang einen notwendigen und integrierten Bestandteil der feierlichen Messe"[25] ausmache. Der Gesang der Gemeinde wurde als Ausdrucksmöglichkeit der tätigen Teilnahme am Gottesdienstgeschehen anerkannt und seine Pflege empfohlen:

---

[23] K. Rahner, H. Vorgrimler: Kleines Konzilskompendium. Sämtliche Texte des Zweiten Vatikanums. 23. Auflage. Freiburg im Breisgau 1991, S. 57f.

[24] K. Rahner, H. Vorgrimler: Kleines Konzilskompendium, S. 64.

[25] Ebd., S. 84.

> Der religiöse Volksgesang soll eifrig gepflegt werden, so daß die Stimmen der Gläubigen bei Andachtsübungen und gottesdienstlichen Feiern und auch bei den liturgischen Handlungen selbst gemäß den Richtlinien und Vorschriften erklingen können.[26]

Damit wurde dem volkssprachlichen Kirchengesang innerhalb der katholischen Kirche erstmals eine von Rom offiziell anerkannte liturgische Funktion zugesprochen.

Bereits vor der Verabschiedung der Liturgiekonstitution im Dezember 1963 hatten die deutschen Bischöfe den Beschluß zu einem neuen Gesangbuch gefaßt. Die für die Erstellung des Buches eigens eingesetzten Kommissionen standen vor der Aufgabe, erstmals ein – zumindest im Hauptteil – einheitliches Gesangbuch für alle Diözesen Deutschlands und Österreichs zu erstellen, das zugleich auch der gerade beschlossenen liturgischen Erneuerung gerecht werden sollte. Das neue Gesangbuch mußte Texte und Lieder bereitstellen, die eine tätige Teilnahme der Gemeinde am Gottesdienstgeschehen möglich machten. „So sollte das ‚Gotteslob' den Einzelnen durch die liturgischen Vollzüge und durch das Kirchenjahr führen, ihm aber auch ein Leitfaden für sein persönliches Beten bieten."[27] Josef Seuffert, Mitglied der Hauptkommission für das Einheitsgesangbuch, prägte dafür den Begriff des „Rollenbuches":

> Die Planung des Einheitsgesangbuches wurde von den Entwicklungen der letzten Jahre stark beeinflußt. So hat die Liturgiereform den Begriff der Paraliturgie ad absurdum geführt. Ein Gesangbuch kann also auch nicht mehr als paraliturgisches Beiwerk zu den offiziellen liturgischen Büchern angesehen werden. Das Gesangbuch ist eines der zentralen liturgischen Bücher: So wie das Lektionar das Rollenbuch des Lektors ist und das Altarmeßbuch das Rollenbuch des Priesters, so ist das Gesangbuch das Rollenbuch der Gemeinde.[28]

Diese besondere Funktion, die das Gesangbuch nun erfüllen sollte, wirkte sich sowohl auf die formale als auch auf die inhaltliche Gestaltung des Buches aus. So wurden auch die Kirchenliedtexte, die in das „Gotteslob" aufgenommen werden sollten, einer harten Prüfung unterzogen. Im Redaktionsbericht zum „Gotteslob" werden die Prinzipien und Gesichtspunkte, die bei der Aufnahme eines Liedes berücksichtigt worden sind, dargelegt: Dabei wurde unter anderem nach der Richtigkeit der Glaubenssaussage, nach der Verständlichkeit, nach der dichterischen Qualität und dem sprachlichen Rang sowie nach dem Frömmigkeitsgehalt der Texte gefragt. Außerdem sollte auch beachtet werden, welchen Platz ein Liedtext „in der Tradition und lebendigen Praxis nichtkatholischer Kirchen heute" einnehme, ob er

---

26 Ebd., S. 86.

27 I. Scheitler: Gotteslob (1975). Vorgeschichte, Problematik, Programm, Kritik. In: In: Gotteslob-Revision. Probleme, Prozesse und Perspektiven einer Gesangbuchreform. Hrsg. von H. Kurzke und A Neuhaus. Tübingen 2003, S. 80.

28 J. Seuffert: Das Rollenbuch der Gemeinde. In: Gottesdienst 20–21 (1970), S. 1.

eine heute geltende Glaubenssaussage widerspiegele oder ob diese eher als veraltet angesehen werden müsse.[29]

In der ersten Periode bis 1966 bestand die Arbeit der Liedkommissionen darin, Material zu sammeln und zu sichten. Diejenige Gruppe, die mit der Erstellung des Liedteiles beauftragt worden war, wählte 535 Lieder aus, die als Arbeitsgrundlage dienen sollten. Zu diesen Liedern wurden je ein Berichtsbogen und ein Bewertungsblatt erstellt, auf dem die Kommissionsmitglieder ihr Urteil über den musikalischen und poetischen Wert sowie über die theologische Aussage des jeweiligen Liedes niederlegen konnten. Zusätzlich wurden zu insgesamt 241 Liedern Berichtsbögen an die Diözesanvertreter versandt, die dann ihrerseits ein Gutachten über die Lieder abgaben. Auf diese Weise wurden letztlich 256 Lieder für den Stammteil des „Gotteslobes" ausgewählt. Das Marienlied *Wunderschön prächtige* gehörte nicht dazu.[30]

Ein Blick in die Kommissionsakten zum Einheitsgesangbuch „Gotteslob", die unter anderem die Sitzungsprotokolle der Kommissionen sowie die Bewertungsblätter der einzelnen Lieder enthalten, zeigt, daß das Marienlied *Wunderschön prächtige* – trotz seiner langen Tradition und seiner im 20. Jahrhundert fast flächendeckenden Verbreitung – ohne jegliche Diskussion aus dem Stammteil des „Gotteslobes" ausgeschieden worden ist. In den Kommissionsakten findet sich weder ein Berichtsbogen über das Lied, noch geht aus den Sitzungsprotokollen hervor, daß das Lied jemals auf der Tagungsordnung der zuständigen Liedkommission gestanden hätte. Dies mag daran gelegen haben, daß das Lied bereits an anderer Stelle aus theologischen und dogmatischen Gründen entschieden abgelehnt worden war.

7.3.1 Der Text des *Wunderschön prächtige:* (k)eine Streitfrage im 20. Jahrhundert?!

Im Oktober 1963 wurde nach einer langen und heftigen Diskussion auf dem Zweiten Vatikanischen Konzil der Beschluß gefaßt, die Artikel über Maria in die Konstitution über die Kirche einzugliedern und nicht in einem eigenständigen Dokument zu formulieren. „In diesem scheinbar äußeren Moment wird die grundsätzliche Intention erkennbar, den biblisch-soteriologischen Kontext zurückzugewinnen und eine frömmigkeitsgeschichtlich späte Individualisierung zu überwinden."[31] Diese Rückbindung der Mariologie an den biblisch-soteriologischen Kontext erschien notwendig, da ausgehend von der Mitte des 19. Jahrhunderts – veranlaßt durch den Erlaß des Dogmas der unbefleckten Empfängnis Marias im Jahre 1854 – ein marianisches Jahrhundert eingeläutet worden war, welches 1950 durch die Verkündigung des

---

29 Vgl. P. Nordhues, A. Wagner (Hgg.): Redaktionsbericht zum Einheitsgesangbuch „Gotteslob". Paderborn und Stuttgart 1988, S. 196.

30 Zur Arbeitsweise der Liedkommissionen vgl. R. Schmidt: Gegen den Reiz der Neuheit. Katholische Restauration im 19. Jahrhundert, S. 191–193.

31 T. Schneider: Was wir glauben, S. 247.

Glaubenssatzes von der leiblichen Aufnahme Marias in den Himmel einen letzten Höhepunkt erlebte. Andreas Heinz beschreibt dieses marianische Jahrhundert folgendermaßen:

> In diesen Zeitraum fallen die kirchlich anerkannten Marienerscheinungen von Lourdes (1858) und Fatima (1917), die die größten Marienwallfahrten überhaupt entstehen ließen. Es ist die Zeit, da im deutschen Sprachgebiet die Maiandacht heimisch wurde. Papst Leo XIII. (1878–1903), der große Förderer des Rosenkranzgebetes, machte den Oktober zum Rosenkranzmonat. Neue marianische Gedenktage wurden in den liturgischen Kalender eingefügt.[32]

Die Marienverehrung war demnach zu einer großen Blüte gelangt und hatte zum Teil Auswüchse angenommen, die in den sechziger Jahren des 20. Jahrhunderts von den Theologen eher kritisch beurteilt worden sind. Die Kritik richtete sich auch gegen eine Vielzahl von Marienliedern, denen man vorwarf, daß sie der Glaubenslehre der katholischen Kirche nicht entsprächen.

Im Zusammenhang mit der gerade begonnenen Arbeit am neuen katholischen Einheitsgesangbuch erschien 1965 im „Liturgischen Jahrbuch" ein Artikel des Benediktiners Leander Drewniak mit dem Titel „Theologische Glossen zu unseren Marienliedern". Drewniak fordert in diesem Beitrag eine strenge Überprüfung aller Marienlieder, die in den zu seiner Zeit gebräuchlichen Diözesangesangbüchern noch enthalten waren:

> Was ganz allgemein als Ziel für die Edition eines einheitlichen Gesangbuches herausgestellt wurde, gilt im besonderen auch für die Marienlieder. Zwar ist hier bereits in den Diözesangesangbüchern der Nachkriegszeit eine ziemlich gründliche Sichtung erfolgt; aber die damals vorgenommene Aussonderung darf nicht das letzte Wort über die kultische Eignung oder Nichteignung eines Marienliedes gewesen sein. Nicht alle zugelassenen Lieder werden, an einem strengeren dogmatischen und liturgischen Maßstab gemessen, die Probe bestehen und beibehalten werden können.[33]

Drewniak beruft sich dabei auf den Artikel 121 der Liturgiekonstitution, in dem gefordert wird, daß die für den Kirchengesang bestimmten Texte ausschließlich dogmatisch korrekte Aussagen enthalten dürfen.[34] Daher müssen – laut Drewniak – gerade die Marienlieder daraufhin befragt werden, ob sie der Lehre über Maria entsprechen. Im folgenden beschäftigt er sich konkret mit einer Vielzahl von marianischen Liedtexten, die er in verschiedenen Diözesangesangbüchern aus der Zeitspanne von 1948 bis 1960 vorgefunden hat. Die von ihm kritisierten Liedtexte gliedert er in zwei Gruppen: Ein Teil der Lieder verfügt nach seiner Ansicht über ein Zuwenig an Gottbezogen-

---

32 A. Heinz: Marienlieder des 19. Jahrhunderts und ihre Liturgiefähigkeit. In: Trierer Theologische Zeitschrift 1988, S. 106f.

33 L. Drewniak: Theologischen Glossen zu unseren Marienliedern. In: Liturgisches Jahrbuch 1965, S. 28.

34 „Die für den Kirchengesang bestimmten Texte müssen mit der katholischen Lehre übereinstimmen; sie sollen vornehmlich aus der Heiligen Schrift und den liturgischen Quellen geschöpft werden." Zitiert nach: K. Rahner, H. Vorgrimler: Kleines Konzilskompendium, S.86f.

heit und der andere Teil weist in einigen Strophen „nicht unbedenkliche Hyperbeln" auf.[35] Innerhalb der zweiten Gruppe gebe es Lieder, die der Anklage „[...] die katholische Marienverehrung laufe auf Anbetung im strengen Sinne hinaus, arte somit in Vergottung eines Geschöpfes, also in Abgötterei aus [...]"[36] Vorschub leisteten. Auch wenn in den von ihm herangezogenen Marienliedern der Begriff der „Anbetung" in bezug auf Maria nicht verwendet würde, so sei doch jeder Akt der völligen Unterwerfung als Anbetung aufzufassen:

> Was heißt denn „Anbetung" im heutigen strengen Sinne? Anbetung besteht darin, daß die „göttliche Allvollkommenheit ... vom Geschöpf erkannt und in einem Akt gerade der Unterwerfung und *völligen Übergabe* anerkannt" wird. [...] Demnach ist es wahrer Ausfluß und Ausdruck der Anbetung, wenn wir in der Strophe „Alles meinem Gott zu ehren" (E) des weiteren singen: „Meinem Gott allein will geben Leib und Seel, mein ganzes Leben ...". Nun beteuern wir aber auch der „Wunderschön prächtigen, hohen und mächtigen, liebreich holdseligen, himmlischen Frau" in dreimaliger Wiederholung: „Leib dir und Seele zu eigen vertrau! Gut, Blut und Leben will ich dir geben. Alles, was immer ich hab' und ich bin, geb' ich mit Freuden, Maria, dir hin". Kürzer versichert die zweite Strophe von „Maria zu lieben" (E): „Du bist ja die Mutter, dein Kind will ich sein, im Leben und Sterben dir einzig allein". Wir müssen versuchen, diese uns allzu vertrauten Texte, die uns so leicht von den Lippen fließen, einmal mit den Augen eines Außenstehenden zu betrachten – erst dann werden wir ihren objektiven Aussageinhalt, ihre dogmatische Problematik, ihre pastorale Gefährlichkeit entdecken. Tatsächlich kann die *Gott* gebührende Radikal- und Totalhingabe nicht totaler und radikaler ausgesprochen werden, als es in den bewußten zwei Strophen bei der Ganzhingabe an *Maria* geschieht. Auf den Begriffsinhalt, nicht auf das Wort allein kommt es ja schließlich an.[37]

Drewniak kritisiert die erste Strophe des Marienliedes *Wunderschön prächtige* vor allem deswegen, weil sie von „Außenstehenden" als eine Marienanbetung aufgefaßt werden könnte. Nach seiner Meinung sollten aber die Texte der Marienlieder ausschließlich unmißverständliche und theologisch korrekte Aussagen enthalten. Erst wenn ein Liedtext diese Anforderungen erfülle, sei er für den liturgischen Gebrauch geeignet. Die poetische Qualität sei dabei als zweitrangig zu beurteilen. Diese Haltung kommt auch in den konkreten „Anregungen und Ratschlägen" Drewniaks deutlich zum Ausdruck:

> Das auf Grund theologischer Überprüfung festgestellte – nicht bloß „dem oberflächlichen und flüchtigen Blick" so erscheinende – Zu-weit-gehen gewisser marianischer Liedtexte wäre zu beseitigen; die Diskrepanz zwischen Theorie und Praxis, zwischen Marienlehre (die ein Teil der Theologie ist und bleibt) und Marienverehrung (wozu vornehmlich Gebet und Lied gehören) zu bereinigen. Der Entfernung oder Änderung von Liedern oder einzelnen Strophen(teilen) stehen

35 Vgl. L. Drewniak: Theologischen Glossen zu unseren Marienliedern. In: Liturgisches Jahrbuch 1965, S. 29.

36 L. Drewniak: Theologische Glossen zu unseren Marienliedern. In: Liturgisches Jahrbuch 1965, S. 36.

37 Ebd., S. 36f. Hervorhebungen original.

> keinerlei Schwierigkeiten im Wege. […] Ob die Marienlieder mithin den Glauben wecken und nähren oder ihn bezeugen und bekennen wollen: sie müssen die Glaubenslehre einwandfrei bieten. In keiner Weise dürfen sie, weder innerkatholisch-seelsorglich noch gesamtchristlich-ökumenisch, durch Hervorrufen irriger Vorstellungen verwirren und schaden.[38]

Bei der Herausgabe des katholischen Einheitsgesangbuches orientierte man sich hinsichtlich der Marienlieder an den von Drewniak erteilten Ratschlägen und schied eine Vielzahl von bekannten Marienliedern aus dem Stammteil aus oder änderte ihren Text grundlegend. Auch das Marienlied *Wunderschön prächtige* wurde nicht aufgenommen. Dennoch war mit dieser Entscheidung der Gotteslobkommission die Wirkungsgeschichte des Liedes nicht zu Ende.

7.3.2. *Wunderschön prächtige* – ein vielfach aufgenommenes Anhangslied

Das „Gotteslob" besteht aus einem Stammteil, der Lieder und Texte enthält, die für alle Diözesen Geltung haben, und aus den verschiedenen Diözesananhängen. Die gesamte Konzeption stand – wie Josef Seuffert es im „Redaktionsbericht zum Gotteslob" formuliert – unter dem Motto: „So viel Gemeinsamkeit wie möglich, so wenig Eigengut wie nötig."[39]

Die einzelnen Diözesen waren selbst für die Auswahl und Zusammenstellung der Lieder und Texte, die sie in ihren Anhang aufnehmen wollten, zuständig. So erhielten sie einerseits die Gelegenheit, ihre diözesanen Traditionen zu wahren und andererseits auch Neuerungen nach ihren eigenen Vorstellungen in das Gesangbuch einzubringen. Die Anhänge des „Gotteslob" präsentieren insgesamt etwa 1034 verschiedene Lieder[40]. Unter ihnen befindet sich auch das Marienlied *Wunderschön prächtige*. Es wurde in 27 der insgesamt 35 Diözesananhänge aufgenommen und ist somit lediglich in acht Bistümern (Aachen, Bozen, Eichstätt, Limburg, Lüttich, Luxemburg, München und Freising, Paderborn) nicht enthalten. Damit gehört es zu den Liedern, die am häufigsten in den Diözesananhängen anzutreffen sind.[41] Dies mag ein Indiz dafür sein, wie beliebt und verankert das Lied in den einzelnen Bistümern zur Zeit der Entstehung des „Gotteslob" gewesen ist. Für die Beliebtheit des Liedes lassen sich auch in den Gotteslobakten vereinzelte

---

38 L. Drewniak: Theologischen Glossen zu unseren Marienliedern. In: Liturgisches Jahrbuch 1965, S. 38f.

39 J. Seuffert: Die Grundkonzeption des EGB. In: Redaktionsbericht zum Einheitsgesangbuch „Gotteslob", S. 26.

40 Zu den Diözesananhängen des „Gotteslob" vgl. H. Riehm: Das Kirchenlied am Anfang des 21. Jahrhunderts in den evangelischen und katholischen Gesangbüchern des deutschen Sprachbereichs. Tübingen 2004, vor allem S. 227–400.

41 Die Lieder *Fest soll mein Taufbund immer stehen*, *Meerstern ich dich grüße* und *Tauet, Himmel den Gerechten* sind in 29 Anhängen enthalten, gefolgt von dem Lied *Deinem Heiland, deinem Lehrer* (28 Anhänge), und dem Marienlied *Wunderschön prächtige* (27 Anhänge).

Hinweise finden. So befindet sich zum Beispiel bei den Unterlagen, die sich mit den Diözesananhängen beschäftigen, eine Liste, die Liedvorschläge für den Paderborner Anhang enthält und kurz kommentiert. Dort heißt es zu dem Lied Nr. 409 (*Wunderschön prächtige*): „Die Beliebtheit spricht für die Beibehaltung der Nr. 409 und damit für die Übernahme ins Paderborner Proprium."[42] Aus den in dieser Liste vorgeschlagenen 452 Liedern sind dann aber lediglich 100 für den Paderborner Diözesananhang ausgewählt worden. Dabei ist auch das Marienlied *Wunderschön prächtige* – trotz der ihm attestierten Beliebtheit – ausgeschieden worden.

Die Fassungen des Marienliedes *Wunderschön prächtige*, die in die verschiedenen Diözesananhänge gelangt sind, weichen zum Teil erheblich voneinander ab und spiegeln so etwas von dem im Verlauf seiner Geschichte schon oft beobachteten Variantenreichtum des Liedes wider. Die meisten Fassungen haben drei Strophen und orientieren sich in ihrem Textbestand an der dreistrophigen Fassung des „Kirchenliedes" von 1938.[43] Daher bestehen die meisten der Anhangsfassungen im Kern aus den ersten beiden Strophen der Geissel- und aus der zweiten Strophe der Bone-Fassung. Allerdings hat man in einigen Bistümern die gegen das Lied vorgebrachte Kritik aufgegriffen und seinen Text entsprechend geändert. In Österreich, wo man sich neben einzelnen, individuell gestalteten Diözesanhängen zusätzlich auf einen einheitlichen Teil für alle österreichischen Bistümer geeinigt hatte, entschied man sich für die folgende Fassung:

1. Wunderschön prächtige,
hohe und mächtige,
liebreich holdselige, himmlische Frau,
der ich mich ewiglich
weihe herzinniglich,
Leib dir und Seele zu eigen vertrau.
O du Getreue,
zu dir voll Freude
schauen wir hoffend und flehend hinan:
Mutter, ach führ uns auf sicherer Bahn.

2. Sonnenumglänzete,
Sternenbekränzete,
Leuchte und Trost auf der nächtlichen Fahrt!
Vor der verderblichen
Makel der Sterblichen
hat dich die Allmacht des Vaters bewahrt!

---

42 Die Lieder des Paderborner Anhangs. Protokolle und Vorschläge. Aus der Beilage zum Kirchlichen Amtsblatt „Im Dienst der Seelsorge". August 1973, S. 47.

43 Im Anhang dieser Arbeit befindet sich eine Tabelle, die einen Überblick über die Liedfassungen der einzelnen Diözesen bietet. Außerdem befindet sich dort eine Edition der Fassung aus dem „Kirchenlied", die textliche Zusammenhänge und Textveränderungen deutlich macht. Zum Gesangbuch „Kirchenlied" vgl. Kapitel 7.1 „*Wunderschön prächtige* in den Liederbüchern der katholischen Jugendbewegung" in dieser Arbeit.

Selige Pforte
warst du dem Worte,
als es vom Throne der ewigen Macht,
Gnade und Rettung den Menschen gebracht.

Gottes Gebärerin,
Christi Ernährerin,
wundersam Jungfrau und Mutter des Herrn.
Du bist die Helferin,
du bist die Retterin,
Arche des Bundes, hell leuchtender Stern.
Liebreich dich wende,
Frieden uns sende,
Mutter, ach wende die Augen uns zu,
lehr uns in Demut zu wandeln wie du.

Bei der Betrachtung des Textes fällt zunächst die innerhalb der ersten Strophe vorgenommene Änderung auf. Die Verse *Gut, Blut und Leben will ich dir geben, alles, was immer ich hab', was ich bin, geb' ich mit Freuden, Maria, dir hin* (1,7–10) sind hier ersetzt worden durch die folgenden, aus der dritten Strophe der Bone-Fassung stammenden Verse *O du Getreue, zu dir voll Freude* [bei Bone: *Reue] schauen wir hoffend und flehend hinan: Mutter, ach führ uns auf sicherer Bahn.*(3,7–10). Damit werden die Verse, die die Totalhingabe des Sprechers an Maria am deutlichsten ausdrücken, von Versen abgelöst, die Maria in ihrer Funktion als geistliche Mutter aller Menschen beschreiben. Diese Textänderung hat sich auch auf die Gestaltung der dritten Strophe ausgewirkt. Diese beginnt mit den ersten drei Versen der dritten Bone-Strophe. Da aber die Schlußverse dieser Strophe bereits in Strophe eins gerückt worden sind, hat man hier die Verse eins bis drei und sieben bis acht der vierten Bone-Strophe eingesetzt. So sind auch in dieser neugebildeten Strophe Verse kombiniert worden, die Maria in ihrer Eigenschaft als Mutter – zum einen ihrem Sohn Jesus Christus und zum anderen allen Menschen gegenüber – thematisieren. Zusammen mit der zweiten Bone-Strophe, die unverändert geblieben ist, ergibt sich so eine Fassung, gegen die aus theologischer Sicht kaum etwas einzuwenden ist – sieht man einmal von dem wirkungsvollen Liedanfang ab.

In Österreich hat man demnach versucht, daß Lied der Mariologie – so wie sie auf dem Zweiten Vatikanischen Konzil beschrieben worden ist – anzupassen, indem man geeignete Verse einer älteren Liedfassung zu einem neuen Text zusammengesetzt hat. In den Bistümern Hildesheim und Osnabrück hat man einen anderen Weg gewählt. Dort entschied man sich dafür, die erste Strophe des Liedes neu dichten zu lassen. Sie lautet:

Wunderschön prächtige,
hohe und mächtige,
liebreich holdselige, himmlische Frau,
du hocherhobene,
strahlenumwobene
glorwürd'ge Königin, der ich vertrau,
du flehst am Throne
bei deinem Sohne,
alles was Himmel und Erden umschließt,
Mutter der Gnaden, Maria, dich grüßt.

Bei dieser Strophe handelt es sich der Quellenangabe zufolge um eine Neudichtung von A. Pohner aus dem Jahr 1968. Die neu gefaßten Verse sind stilistisch nicht von denen der älteren Fassung zu unterscheiden. Auch inhaltlich bedient Pohner sich hier einzelner Versatzstücke aus vorangegangenen Fassungen des Liedes. So integriert er in den Lobpreis, der Maria in dieser Strophe dargebracht wird, Marias Funktion als Fürsprecherin der Verstorbenen beim letzten Gericht - ein Aspekt, der in vielen älteren Fassungen des Liedes eine bedeutende Rolle gespielt hat. Das so stark kritisierte Element der Ganzhingabe ist hier völlig verschwunden; an seine Stelle ist ein Mariengruß getreten. Es muß dennoch bezweifelt werden, ob dieser neugedichtete Text einer Prüfung Drewniaks standgehalten hätte. Auch wenn nun nicht mehr *expressis verbis* von einer Totalhingabe an Maria die Rede ist, kann die Wendung *alles was Himmel und Erden umschließt, Mutter der Gnaden, Maria dich grüßt* (1, 9f.) durchaus im Sinne Drewniaks als eine „nicht unbedenkliche Hyperbel" aufgefaßt werden. In seinem Beitrag über die Marienlieder weist er darauf hin, daß Maria zwar mit aus der Schöpfungswirklichkeit gegriffenen Bildern beschrieben werden darf, daß es ihr aber nicht zukommt, von der Schöpfung verherrlicht zu werden. Dabei richtet er sich zum Beispiel gegen Verse wie *dich grüßen die Strahlen der Sonne* oder *dich grüßen am Himmel die Sterne*.[44] Dafür führt er folgende Begründung an: „Denn die geschaffene Wirklichkeit spiegelt seinshaft nur Gottes, ihres *Schöpfers*, Vollkommenheit und Herrlichkeit wider und ‚singt' sein Lob."[45] Da mit der Umschreibung *alles was Himmel und Erde umschließt* die gesamte Schöpfung benannt ist, müssen diese Verse - wenn man Drewniaks Argumentation folgt - abgelehnt werden. Pohner wollte sicherlich mit seinen neugefaßten Versen der gegen das Lied vorgebrachten Kritik gerecht werden und alle Anstößigkeiten beseitigen. Gleichzeitig wollte er aber auch den lobpreisenden – und von seiner Anlage her zu einem freudigen Überschwang verleitenden – Ton des Liedes bewahren. Damit hat er etwas versucht, das eigentlich gar nicht gelingen kann.

---

[44] L. Drewniak: Theologischen Glossen zu unseren Marienliedern. In: Liturgisches Jahrbuch 1965, S. 34.

[45] Ebd., S. 35.

Das Marienlied *Wunderschön prächtige* hat seit seiner Entstehung eine bedeutende Rezeption erfahren. Dabei hat es sich den in den verschiedenen Jahrhunderten propagierten Vorstellungen von Maria angepaßt. Stand im 18. Jahrhundert noch der Majestätsgedanke und ihre Macht im Vordergrund, so wird sie in den Fassungen des 19. Jahrhunderts als inniggeliebte Mutter und hohe Frau verehrt. Eines haben die Epochen des Spätbarock und des Kulturkampfes jedoch gemeinsam. Die Verehrung Marias war in diesen Zeiten im Volk fest verankert und erfüllte wichtige Funktionen. Die Mariengestalt nahm einerseits eine Mittlerfunktion zwischen Gott und den Menschen ein. Andererseits diente die Marienverehrung auch der Abgrenzung von der anderen Konfession und hatte eine identitätsstiftende Wirkung. Somit war es in diesen Zeiten durchaus legitim und theologisch gewollt, Maria auch mit Texten und Liedern zu preisen, denen ein gewisser Überschwang eigen war. Ein solches Lied ist das Marienlied *Wunderschön prächtige,* das sich durch seine wirkungsvolle erste Strophe und durch seinen emphatischen Sprachrhythmus sehr gut für einen großartigen Marienpreis eignet. In einer Zeit, in der man jedoch darauf bedacht ist, die Mariologie wieder stärker an ihr biblisches Fundament anzubinden und vor allem ihre soteriologische Bedeutung hervorzuheben, muß ein solches Lied auf Ablehnung stoßen. Gerade dann, wenn – wie das seit dem Zweiten Vatikanischen Konzil der Fall ist – die Ökumene stark in den Vordergrund gerückt wird:

> Die Theologen und die Prediger des Gotteswortes ermahnt sie aber eindringlich, sich ebenso jeder falschen Übertreibung wie zu großer Geistesenge bei der Betrachtung der einzigartigen Würde der Gottesmutter sorgfältig zu enthalten. Unter der Führung des Lehramtes sollen sie in der Pflege des Studiums der Heiligen Schrift, der heiligen Väter und Kirchenlehrer und der kirchlichen Liturgien die Aufgaben und Privilegien der seligen Jungfrau recht beleuchten, die sich immer auf Christus beziehen, den Ursprung aller Wahrheit, Heiligkeit und Frömmigkeit. Sorgfältig sollen sie vermeiden, was in Wort, Schrift oder Tat die getrennten Brüder oder jemand anders bezüglich der wahren Lehre der Kirche in Irrtum führen könnte.[46]

Wenn diese Forderungen erfüllt werden sollen, kann ein Lied wie das *Wunderschön prächtige* – so wie es für den Stammteil des „Gotteslobes" geschehen ist – keine Zustimmung mehr finden. Die vielen verschiedenen Fassungen des Liedes, die sich in den Diözesananhängen nachweisen lassen, lassen ein tieferliegendes Dilemma sichtbar werden.

Im Stammteil des „Gotteslobes" sind überwiegend Marienlieder zu finden, die den strengen theologischen und dogmatischen Ansprüchen gerecht werden und damit als liturgiegerechte Gesänge gelten können. Dabei sind fast alle in der Volksfrömmigkeit verankerten Marienlieder entweder verbannt oder textlich gravierend verändert worden. Die beliebtesten und bekanntesten dieser volksfrommen Marienlieder sind aber dennoch in viele der Diözesananhänge aufgenommen worden. Darin zeigt sich, daß es

---

[46] K. Rahner, H. Vorgrimler: Kleines Konzilskompendium, S. 195f.

durchaus ein Bedürfnis nach diesen alten und vertrauten Texten gegeben hat.

Andreas Heinz weist in seinem Aufsatz „Marienlieder des 19. Jahrhunderts und ihre Liturgiefähigkeit“ [47] auf diese Problematik hin und stellt sich die Frage, „[...] ob die Liturgiefähigkeit tatsächlich das einzige Kriterium ist, um über Wert oder Unwert eines volksbeliebten Marienliedes zu entscheiden“[48]. In seiner Antwort verweist er auf Romano Guardini, der zwar einerseits vom Primat des liturgischen Betens überzeugt gewesen sei, andererseits aber dem volksfrommen Beten und Singen eine wichtige liturgieergänzende Rolle zuerkannt habe:

> Niemals kann die Forderung vertreten werden, die Liturgie solle die ausschließliche Weise gemeinsamen Andachtslebens sein. Das hieße die geistlichen Bedürfnisse des gläubigen Volkes verkennen. Vielmehr werden stets neben den liturgischen Lebensformen die der Volksfrömmigkeit stehen und sich so gestalten, wie es die wechselnden geschichtlichen, volklichen, gesellschaftlichen und örtlichen Umstände erfordern. Nichts wäre also verfehlter, als der Liturgie zuliebe wertvolle Weisen des geistlichen Volkslebens zu beseitigen oder sie auch nur jener angleichen zu wollen.[49]

Wenn diese Position bei der Erstellung des „Gotteslob“ stärker in den Blick genommen worden wäre, hätten auch einige geistlichen Volkslieder - insbesondere die Marienlieder - eine etwas mildere Begutachtung erfahren können und wären nicht von vornherein an den allzu strengen Forderungen gescheitert.

Darüber hinaus betont Heinz auch, daß es sich bei diesen Liedern um poetische Gebilde handele, die auch als solche hätten beurteilt werden müssen:

> Es wäre auch verfehlt, wollte man die Sprache der Dichter in das Korsett einer lupenreinen theologischen Terminologie pressen. Das Herz spricht seine Sprache. Die Sprache der Liebe hat ihre eigenen Gesetze. Das bedeutet freilich nicht, daß regelrechte falsche Aussagen, die Maria zu einer eigenständigen Instanz neben Gott machen, toleriert werden könnten. Aber, wenn es sich um Poesie handelt, darf man nicht jeden Ausdruck auf die Goldwaage legen. So gehört es zur Art der Liebeslyrik, daß der Liebende die von ihm Verehrte über alles preist und für Augenblicke daneben alles vergißt. Auch in Marienliedern erklären sich von hier her manche Überschwenglichkeiten, die - isoliert betrachtet - so nicht stimmen und die doch wahrer Ausdruck eines echten Gefühls sind, das - wenn es die Muttergottes lobt - keineswegs ausschließen will, das Gott selbst noch viel lobwürdiger ist, auch wenn dies nicht jedesmal ausdrücklich gesagt wird.[50]

---

[47] A. Heinz: Marienlieder des 19. Jahrhunderts und ihre Liturgiefähigkeit. In: Trierer Theologische Zeitschrift (1988), S. 106–134.

[48] Ebd., S. 132.

[49] R. Guardini: Vom Geist der Liturgie. Ausgabe Freiburg 1983, S. 21f.

[50] A. Heinz: Marienlieder des 19. Jahrhunderts und ihre Liturgiefähigkeit. In: Trierer Theologische Zeitschrift (1988), S. 133.

Das „Gotteslob" ist in einer Zeit entstanden, in der – veranlaßt durch die tiefgreifende Liturgiereform, die stark geförderte Ökumene und durch die Einbindung der Lehre von Maria in die Konstitution über die Kirche – das schon immer existierende Spannungsverhältnis zwischen liturgischer und volksfrommer Marienverehrung noch stärker als bisher hervorgetreten ist. Diese Spannung sollte zugunsten der Liturgie aufgelöst werden. Daher mußte die volksfromme Seite stark eingeschränkt werden. Die Diözesananhänge zeigen, daß diese Absicht den Bedürfnissen des Kirchenvolkes nicht unbedingt entsprochen hat. Die vielen Fassungen des Marienliedes *Wunderschön prächtige* innerhalb der Anhänge machen zugleich aber auch deutlich, wie schwer man sich mit solchen Liedern getan hat. Einige Bistümer haben die Fassung aus dem „Kirchenlied" von 1938 unverändert abgedruckt, die meisten haben durch Textänderungen und Neudichtungen versucht, das Lied liturgiegerechter zu machen, und einige wenige haben selbstbewußt ihre diözesane Sondertradition bewahrt. So ist zum Beispiel in den Anhang des Bistums Würzburg das Lied einschließlich der Strophe, die sich an Maria als *Frankens Führerin* wendet, aufgenommen worden[51]. Hermann Kurzke beurteilt das Schicksal des Liedes im „Gotteslob" und seinen Anhängen wie folgt:

> Die Wirkungsgeschichte von *Wunderschön prächtige* zeigt den späten Sieg der Theologen über die Volksfrömmigkeit. Er wurde erkauft mit dem Siechtum des Liedes. Im Vergleich zu seiner früheren Beliebtheit führt es heute nur noch ein Schattendasein. Die Erkenntnis, daß die theologische Korrektur des Glaubens an seiner heutigen Verarmung mitschuldig ist, führt in allerjüngster Zeit zu Wiederbelebungsversuchen. Die derzeitige Generation von Anhangsanhängen bringt vereinzelt alte Lieder zurück, darunter auch *Wunderschön prächtige*[52]. Ob das die Volksfrömmigkeit noch erreichen kann? Ob der Traditionsbruch zu heilen ist? Wahrscheinlich ist es dafür zu spät.[53]

Ob Kurzke mit dieser Vermutung Recht hat, wird die Zukunft zeigen. Es spricht allerdings vieles dafür.

---

[51] Vgl. dazu Kapitel 6.2.2 „*Wunderschön prächtige* in Mohrs »Lasset uns beten«" in dieser Arbeit.

[52] Zum Beispiel im 1996 erschienen Nachtrag zum Limburger „Gotteslob".

[53] H. Kurzke: Wunderschön prächtige. In: Geistliches Wunderhorn, S. 355.

8 Die Rezeption von *Wunderschön prächtige* als paradigmatischer Prozess

8.1 Rückblick

Die Vorgeschichte des Marienliedes *Wunderschön prächtige* reicht zurück in das letzte Jahrzehnt des 17. Jahrhunderts. In dieser Zeit hat der Kapuziner Laurentius von Schnüffis für sein Erbauungsbuch „Mirantische Mayen=Pfeiff" eine zwanzigstrophige Elegie mit dem Titel *Sonnenschön prächtige* gedichtet. Die erste Strophe dieser Dichtung kann als die Inspirationsquelle des Marienliedes *Wunderschön prächtige* angesehen werden. Wer aber der Autor dieses Liedes gewesen und wann es geschaffen worden ist, kann heute nicht mehr ermittelt werden. Mit Bestimmtheit läßt sich nur sagen, daß das Marienlied *Wunderschön prächtige* in der ersten Hälfte des 18. Jahrhunderts entstanden ist - und zwar im österreichischen Herrschaftsgebiet. Die heute noch zahlreich nachweisbaren Quellen - vor allem die Flugschriften, handschriftlichen Liederbücher sowie eine kleinere Anzahl von Schul-, Missions-, Wallfahrts- und Bruderschaftsgesangbüchern - sind ein Indikator für die weite Verbreitung des Liedes im späten 18. und frühen 19. Jahrhundert. Die vielen voneinander abweichenden Liedfassungen, die bereits vom Beginn seiner Wirkungsgeschichte an existiert haben, sprechen ebenfalls für die große Popularität des Liedes. Die Quellen zeigen auch, daß das Marienlied *Wunderschön prächtige* in den Bereich der katholischen Volksfrömmigkeit gehört und zunächst hauptsächlich bei Wallfahrten und in Andachten gesungen worden ist. Zugleich läßt sich mit Hilfe der Quellen diejenige Fassung des Marienliedes *Wunderschön prächtige* rekonstruieren, die seine Karriere als geistliches Volkslied am stärksten befördert hat.

Bereits 1808 nehmen Achim von Arnim und Clemens Brentano das Lied in ihre Liedersammlung „Des Knaben Wunderhorn" auf. Verschiedene große Volksliedsammlungen des 19. Jahrhunderts folgen diesem Beispiel, und auch in einige profane Liederbücher des 20. Jahrhunderts hat das Lied Eingang gefunden. Eine im engeren Sinne kirchliche Wirkung des Liedes setzt erst ab der Mitte des 19. Jahrhunderts ein. Sie beginnt 1842 mit dem „Speyrer Diözesangesangbuch". Das Buch enthält aber nicht die aus dem 18. Jahrhundert stammende geistliche Volksliedfassung des Marienliedes *Wunderschön prächtige*, sondern eine Neudichtung. Verfaßt hat sie Johannes Kardinal von Geissel. Die Geissel-Fassung kann sich zwar in einigen Bistümern durchsetzen, gerät aber bald in Konkurrenz zu einer Bearbeitung, die Heinrich Bone unter Verwendung verschiedener Vorlagen erstellt und 1847 in seinem bedeutenden Restaurationsgesangbuch „Cantate" veröffentlicht hat. Auch diese Fassung wird von einzelnen Bistümern aufgegriffen. Außerdem entstehen Mischfassungen des Liedes, die aus Teilen der Bone- und Teilen der Geissel-Fassung gebildet werden. Diese Kompilationen sind eng mit dem Namen Joseph Mohr verbunden und werden hauptsächlich über dessen Gesangbücher verbreitet. Diese Bücher haben die katholische Gesangbuchgeschichte des späten 19. und frühen 20. Jahrhunderts in hohem Maße beeinflußt und der von Heinrich Bone eingeläuteten katholischen Gesangbuchrestauration zu ihrem eigentlichen Durchbruch verholfen. In sein letztes Gesangbuch hat Mohr 1891 schließlich eine Fassung des Marienliedes *Wunderschön prächtige* aufgenommen, die sich in Text (wenn auch um zwei Strophen gekürzt) und Melodie an die geistliche Volksliedfassung des 18. Jahrhunderts anlehnt. Somit gelangt sie am Ende des 19. Jahrhunderts schließlich in einige wenige Diözesangesangbücher und erfährt damit eine verspätete und auch nicht sehr breite kirchliche Tradition. Dies liegt vor allem daran, dass sich Mohr erst in seinem letzten Gesangbuch für diese Liedfassung entschieden hat. Das „Psälterlein" ist zwar von den zeitgenössischen Kritikern Mohrs als sein bestes Gesangbuch bezeichnet worden, aber es hat letztlich keine so weite Verbreitung mehr gefunden wie die vorangegangenen Bücher.

Insgesamt läßt sich für das Marienlied *Wunderschön prächtige* innerhalb der Diözesangesangbücher der deutschsprachigen Bistümer am Ende des 19. Jahrhunderts eine große Fassungsvielfalt feststellen. Dieser Variantenreichtum entsteht hauptsächlich durch die Neukombinationen der Geissel- und der Bone-Fassung. Vereinzelt kommen Strophen oder Strophenteile der geistlichen Volksliedfassung dazu. Dieser Prozeß setzt sich auch im 20. Jahrhundert fort. So findet sich in dem Gesangbuch „Kirchenlied" von 1938 eine dreistrophige Fassung des Liedes, die sich aus einzelnen Strophen der Bone- und der Geissel-Fassung zusammensetzt. Diese gelangt vereinzelt in die nach dem Zweiten Weltkrieg erscheinenden Diözesangesangbücher. Der Aufnahme des Liedes in das Gesangbuch der katholischen Jugendbewegung „Kirchenlied" ist eine große Bedeutung beizumessen, da das Buch die weitere Entwicklung des katholischen Kirchenliedes deutlich beeinflusst und einen ersten Beitrag zur Vereinheitlichung des Liedgutes geleistet hat.

Trotz seiner in der Mitte des 20. Jahrhunderts fast flächendeckenden Verbreitung ist das Marienlied *Wunderschön prächtige* aus theologischen Gründen nicht in den Stammteil des ersten deutschsprachigen katholischen Einheitsgesangbuchs „Gotteslob" von 1975 aufgenommen worden. Allerdings ist es in 27 von insgesamt 35 Diözesananhängen des „Gotteslob" vertreten – und zwar in unterschiedlichen Fassungen. Besonders häufig läßt sich die dreistrophige Fassung aus dem „Kirchenlied" von 1938 nachweisen, wobei allerdings in den meisten Fällen die erste Strophe, die den Kritikern des Liedes theologisch besonders verdächtig erschien, bearbeitet worden ist.

Die kurze Zusammenfassung der Wirkungsgeschichte des Marienliedes *Wunderschön prächtige* vom 18. bis ins 20 Jahrhundert zeigt in groben Zügen auf, über welche Stationen das Lied Verbreitung gefunden hat. Dabei wird sichtbar, wie sich ein anonym entstandenes geistliches Volkslied, das zunächst fast ausschließlich über Flugschriften, handschriftliche Liederbücher und durch mündliche Weitergabe tradiert worden ist, einen Platz in den offiziell eingeführten Diözesan- und Kirchengesangbüchern erobert hat und zu einem festen Bestandteil des katholischen Kirchenliedkanons wird. Die Entwicklung des geistlichen Volksliedes *Wunderschön prächtige* zum Kirchenlied erfolgt dabei auf zwei Ebenen. Zum einen wechselt das Medium der Verbreitung; aus einem Flugblattlied wird ein Gesangbuchlied. Zum anderen ist die Aufnahme des Liedes in die Restaurations- und Diözesangesangbücher des 19. Jahrhunderts mit zwei neuen Textfassungen und zum Teil auch mit einer neugeschaffenen Melodie verbunden. Es findet demnach eine produktive Rezeption statt. So unterscheidet sich die Gesangbuchtradition des Marienliedes *Wunderschön prächtige* gravierend von seiner ebenfalls bis ins 20. Jahrhundert reichenden Volksliedtradition, die die geistliche Volksliedfassung recht konstant bewahrt.

8.2 Tradition – ewig gestrig oder ständig neu?

Das Marienlied *Wunderschön prächtige* verfügt über eine lange Tradition. Ein solcher Satz evoziert beim Betrachter leicht den Eindruck des Angestaubten, des ewig Gestrigen. Tradition wird oft gleichgesetzt mit etwas aus der Vergangenheit, das einem übergestülpt werden soll. Wenn für Dinge, die von einer Generation an die nächste weitergeben werden sollen, die Argumente fehlen, beruft man sich bisweilen auf die „Tradition". Das kann eine althergebrachte Familientradition sein, die um jeden Preis bewahrt werden soll. Ein Fest, das schon immer zu diesem Zeitpunkt veranstaltet worden ist. Eine Regel, an die man sich halten soll, obwohl man den Grund dafür längst nicht mehr kennt. Aber bedeutet Tradition wirklich, stur am Alten festzuhalten? Ist Tradition gleichzusetzen mit bloßer Beharrlichkeit und mit Stillstand?

Die Geschichte des Marienliedes *Wunderschön prächtige* ist – trotz der Kontinuität mit der das Lied als solches die Jahrhunderte überdauert – bereits von Anfang an geprägt durch Veränderung und Variabilität. Die zahlreichen Fassungen, die für das Lied aus allen Jahrhunderten seiner Geschichte existieren, deuten eben nicht auf eine von Starrheit bestimmte, sondern auf eine lebendige Tradition hin. Tradition bedeutet nämlich durchaus nicht nur die Bewahrung des Alten, sondern vielmehr ständige Auseinandersetzung mit dem, was weitergeben werden soll. Josef Pieper formuliert das in seinem Aufsatz „Tradition in der sich wandelnden Welt" folgendermaßen:

> Wer etwas überliefern will, der muß nicht von „Tradition" reden, sondern er muß dafür sorgen, daß die zu überliefernden Inhalte, die „alten Wahrheiten", wirklich präsent gehalten werden – zum Beispiel durch eine lebendige Sprache, durch schöpferische Verjüngung und „Häutung" sozusagen, durch unablässige Konfrontierung mit dem unmittelbar Gegenwärtigen und vor allem mit dem Zukünftigen, das ja im menschlichen Bereich das allein wahrhaft Reale ist. Es zeigt sich hier erstens, welch anspruchsvolle Aufgabe der Akt des Überliefern in sich

> schließt. Ein hebräisches Sprichwort lautet: „Altes lehren ist schwerer als Neues lehren." Vor allem aber kommt es hier an den Tag, wie falsch es ist, mit dem Begriff „Tradition" die Vorstellung des Statischen, der bloßen Beharrung oder gar der Stagnation zu verbinden. Tradition ist als Vorgang lebendiger Übermittlung eine höchst dynamische Sache[1].

Tradition ist demnach Weitergabe und Veränderung zugleich. In der Kirchenliedgeschichte wird dies besonders deutlich. Darauf weist Hermann Kurzke im Vorwort zum „Geistlichen Wunderhorn" hin:

> Kirchenlieder sind Gebrauchsliteratur. Sie werden üblicherweise nicht in kritischen Editionen überliefert, sondern in Gesangbüchern, die sie den verschiedensten Bedürfnissen anzupassen pflegen. Daß solche Anpassungen vollzogen werden, ist kein Zeichen der Schwäche und Treulosigkeit, sondern der lebendigen Kraft einer Tradition, die sich das Überlieferte durch Erneuerung zu eigen macht. Fast alle Lieder Martin Luthers sind Bearbeitungen von Vorlagen, überformen Altes aus neuer Begeisterung heraus. Zeiten großer Texttreue sind nicht automatisch Zeiten starken Glaubens, sondern oft im Gegenteil Zeiten geringer Eigenproduktivität, Zeiten dogmatischer Verhärtung oder Zeiten eines nostalgischen Historismus, der in der Vergangenheit die Größe sucht, die er in der eigenen Zeit nicht mehr findet.[2]

Die Tradition eines Kirchenliedes oder eines geistlichen Liedes hat per se auch immer etwas mit Glaubensüberlieferung zu tun. Die lange und zum Teil sehr produktive Geschichte des Marienliedes *Wunderschön prächtige* zeigt dies deutlich. Die ganz von der spätbarocken Marienfrömmigkeit geprägte Ausgangsfassung aus der Mitte des 18. Jahrhunderts findet rasch eine weite Verbreitung. Schnell bildet sich eine Vielzahl mehr oder weniger abgewandelter Fassungen, lokale Sondertraditionen werden begründet. Vor allem Liedflugschriften und Sondergesangbücher sind in dieser Phase das vorrangige Überlieferungsmedium. Die Volksfrömmigkeit allgemein und der Wallfahrtskontext im besonderen stellen den Nährboden für die Erfolgsgeschichte des Liedes am Ende des 18. Jahrhunderts dar. Hier ist im Gegensatz zu der etwa um die gleiche Zeit einsetzenden katholischen Aufklärung eine von der Gegenreformation geprägte und auf Abgrenzung vom Protestantismus ausgerichtete Marienfrömmigkeit lebendig geblieben, zu der das in der Volksliedfassung des Marienliedes *Wunderschön prächtige* gezeichnete Marienbild adäquat paßt. In die eigentlichen Kirchengesangbücher des 18. Jahrhunderts wird das Lied so gut wie gar nicht aufgenommen. Vor allem hat es in den vom Geist der Aufklärung geprägten Gesangbüchern keine Chance - es sei denn, es wird - wie zum Beispiel in dem Gesangbuch von Sebastian Pörtner - durch Umdichtungen dem neuen Marienbild angenähert: Ein Bild, das die Tugendhaftigkeit der Mariengestalt betont und sie zum Vorbild stilisiert.

---

1 J. Pieper: Tradition in der sich wandelnden Welt. In: J. Pieper: Erkenntnis und Freiheit. Essays. München 1964, S. 23f.

2 H. Kurzke: Vorwort. In: Geistliches Wunderhorn", S.7f.

Während die Volksliedfassung, die die Geschichte des Marienliedes *Wunderschön prächtige* angestoßen und in den ersten Jahrzehnten stark geprägt hat, im 19. Jahrhundert aus einem nostalgischen Historismus heraus weitgehend unverändert den Weg in die großen Volksliedsammlungen gefunden hatte, mußte es für seine kirchliche Tradition sozusagen neu erfunden werden. Daher entstehen ab der Mitte des 19. Jahrhunderts verschiedene Überarbeitungen und Neudichtungen des Textes sowie eine neue Melodie. Mit diesen Neufassungen nimmt die eigentliche kirchliche Überlieferung des Liedes ihren Anfang. Die Texte beziehen ihre Bilder aus der mittelalterlichen Mariologie. Die neue Melodie ist in ihrer Anlage stark von den Ideen des Cäcilianismus geprägt. Die Erfolgsgeschichte des Liedes innerhalb der offiziellen Diözesangesangbücher kann als Zeugnis der ab der Mitte des Jahrhunderts wieder deutlich stärker werdenden Marienverehrung angesehen werden. Dieser deutliche Aufschwung, den die Verehrung Marias in dieser Zeit erlebt, steht im Zusammenhang mit dem Kulturkampf und dem damit verbundenen Bedürfnis nach sichtbarer Abgrenzung vom preußisch dominierten Protestantismus. Bis zur Mitte des 20. Jahrhunderts ist das Lied in fast allen deutschsprachigen Bistümern verbreitet, erhält aber schließlich im Zusammenhang mit dem Zweiten Vatikanischen Konzil, der Liturgiereform und den Bemühungen um das erste katholische Einheitsgesangbuch „Gotteslob“ einen starken Dämpfer. Die seit dem Konzil deutlich forcierten ökumenischen Bestrebungen haben sich sichtbar auf die noch in der Mitte des 20. Jahrhunderts blühende Marienverehrung ausgewirkt und sie zu einem großen Teil zum Erliegen gebracht. Während in Zeiten konfessioneller Abgrenzung die Marienverehrung deutlich an Bedeutung gewann (Gegenreformation, Kulturkampf), mußte sie in Zeiten der konfessionellen Verständigung und Annäherung (Aufklärung, Gegenwart) auf ein Minimum reduziert werden.

Die Geschichte des Marienliedes *Wunderschön prächtige* zeigt demnach klar, daß die Überlieferung von Glauben nicht unabhängig von der zeitlichen Entwicklung betrachtet werden kann. Obwohl der Glaube im Kern auf einem unabänderlichen Fundament ruht, ist seine Weitergabe dennoch ständig von Erneuerung und Veränderung geprägt. Da sich geistliche Lieder und Kirchenlieder im Laufe ihrer Überlieferungsgeschichte immer wieder verändern, sind sie hervorragend dazu geeignet, den Vorgang der Glaubensüberlieferung sichtbar zu machen. Insofern kann schon die Wirkungsgeschichte eines einzigen Liedes als paradigmatisch angesehen werden.

8.2 Thesen über Tradition

Sieht man einmal von den Anfängen ab, läßt sich klar und zweifelsfrei rekonstruieren, wie der Rezeptionsprozeß des Marienliedes *Wunderschön prächtige* verlaufen ist. Der Vorgang der Glaubensüberlieferung läßt sich im speziellen Fall dieses Liedes philologisch präzise beschreiben. Dabei ist folgendes festzuhalten:

1) Es gibt keinen „Urtext", keine festumgrenzte Textidentität, vielmehr ist das Lied mit allen seinen Fassungen als Prozeß zu begreifen. Die großen Textabweichungen sind nicht defiziente Varianten eines „Originals", sondern legitime Zeugnisse dieses Prozesses.

Die Feststellung, daß das Marienlied *Wunderschön prächtige* keinen „Urtext" hat, ergibt sich aus der Tatsache, daß ein solcher Text für das Lied heute nicht mehr nachgewiesen werden kann. Mit Sicherheit ist das Lied von einem theologisch versierten Autor zu einem bestimmten Zeitpunkt an einem wirklichen Ort geschaffen worden. Die heute noch ermittelbaren Textfassungen erlauben aber weder Aussagen über die ursprüngliche Textgestalt noch über den Autor des Liedes. Sie spiegeln vielmehr wider, in welchen Fassungen das Marienlied *Wunderschön prächtige* um die Mitte des 18. Jahrhunderts verbreitet war. Da trotz aller philologischer Bemühungen keine der überlieferten Fassungen als die „originäre" ermittelt werden kann, müssen alle diese Fassungen als gleichberechtigte Belege eines lebendigen Überlieferungsprozesses gelten. Im Gegensatz zu einem Liedtext, dessen Autor bekannt ist und für den nachträgliche Veränderungen klar nachgewiesen werden können, fehlt bei einem anonym überlieferten Lied dieser eindeutige Bezugspunkt. Dennoch hat sich am Beispiel des Marienliedes *Wunderschön prächtige* deutlich gezeigt, daß sich auch aus einem auf den ersten Blick sehr beliebig und disparat erscheinenden Fassungsnebeneinander durchaus Konstanten herausarbeiten lassen. Zugleich wird bei der Sichtung und Ordnung der verschiedenen Liedvarianten auch deutlich, in welcher Weise sich äußere Einflüsse - wie politische Verhältnisse oder bestimmte Verwendungskontexte - auf die Liedgestalt auswirken können. Die im ersten Teil der Arbeit rekonstruierte wirkmächtigste Fassung des Liedes kann somit als eine „Zusammenfassung" dieses Prozesses begriffen werden: Sie gibt an, in welcher Gestalt das Lied die weiteste Verbreitung gefunden hat. Sie dokumentiert ein Potential, das dann regional und temporär in verschiedene aktuelle Liedgestalten überführt werden konnte.

2) Was als Geglaubtes oder zu Glaubendes festgehalten wird, ist - philologisch gesehen - nicht konstant, sondern veränderlich.

Das Marienlied *Wunderschön prächtige* ist im Laufe seiner Geschichte immer wieder verändert und neugedichtet worden. Der Vergleich der verschiedenen Liedfassungen hat sichtbar werden lassen, daß sich das Lied durch diese Bearbeitungen und Neuschöpfungen immer wieder der sich stetig wandelnden Marientheologie und -frömmigkeit angenähert hat. Anhand der vergleichenden Liedanalysen ist dies nachvollziehbar geworden. Wie sich die Lehre von Maria und das damit verbundene Marienbild im Laufe der Jahrhunderte gewandelt haben, ist an den jeweiligen Liedfassungen des Marienliedes *Wunderschön prächtige* ablesbar. Insofern kann die Wirkungsgeschichte eines Liedes als wertvoller Indikator für den Prozeß der Glaubensüberlieferung gewertet werden.

3) Die Veränderungen werden von einzelnen Persönlichkeiten veranlaßt, nicht vom „Volksmund".

Auch wenn das Marienlied *Wunderschön prächtige* am Beginn seiner Geschichte in den Bereich der Volksfrömmigkeit gehört und somit als „Geistliches Volkslied" klassifiziert worden ist, so heißt das dennoch nicht, daß es sich bei dem Lied um ein Lied aus „dem Mund des Volkes" handelt. Bereits der Text der geistlichen Volksliedfassung ist von einem theologisch versierten Autor verfaßt worden. Wer das Lied im einzelnen weiter bearbeitet und verändert hat, läßt sich vor 1800 nicht sagen, doch wird es sich stets um einzelne Persönlichkeiten gehandelt haben. Erst im 19. Jahrhundert lassen sich mit den verschiedenen Neufassungen des Liedes bestimmte Personen in Verbindung bringen. Die kirchliche Tradition des Liedes ist geprägt von dem kirchlichen Würdenträger Johannes Kardinal von Geissel, von dem Gesangbuchrestaurator Heinrich Bone und dem Jesuiten Joseph Mohr. Vor allem die letztgenannten waren für die Entwicklung des katholischen Kirchengesangs ab der Mitte des 19. Jahrhunderts höchst bedeutend. Ihre Gesangbucharbeit prägt den katholischen Kirchenliedkanon bis heute. Diese erstaunlich große Rolle einzelner Personen könnte die Besorgnis wachrufen, daß Tradition doch nur ein von oben gelenkter Prozeß sei. Aber das Volk hat durchaus etwas mitzureden. Da der Begriff „Volkslied" nicht auf die Produktion, sondern auf die Rezeption des Liedes zielt, übt das „Volk" seinen Einfluß in der Weise aus, daß es über die massenhafte Aufnahme eines Liedes entscheidet. Die Tatsache, daß sich das Marienlied *Wunderschön prächtige* ausgehend von der Mitte des 19. Jahrhunderts bis in die 50er Jahre des 20. Jahrhunderts fast flächendeckend in den deutschsprachigen Bistümern verbreiten konnte, weist auf seine große Beliebtheit beim Kirchenvolk hin. Daß sich im Laufe der kirchlichen Tradition die volkstümliche Melodie schließlich gegen die von den Cäcilianern bevorzugte und im Duktus „kirchlichere" Melodie des 19. Jahrhunderts durchsetzen konnte, mag durchaus ebenfalls auf den Wunsch des Volkes zurückzuführen sein. Die feste Verankerung, die das Lied im Laufe seiner kirchlichen Tradition erreichen konnte, war auch mit seiner Aussonderung aus dem Stammteil des „Gotteslob" nicht gänzlich zu erschüttern, schließlich blieb das Lied in fast allen Diözesananhängen erhalten. Ob das Lied heute allerdings noch in dem Maße präsent ist, daß es auch den Weg in das neue katholische Gesangbuch finden wird, ist fraglich – zumal die Neufassungen aus den 70er Jahren des 20. Jahrhunderts papierene Schreibtischprodukte darstellen, die dem Lied viel von seiner einstigen Kraft genommen haben.

4) Die Zulassung von Persönlichkeiten zu diesem Veränderungsprozeß ist nur teilweise vom Rang innerhalb der kirchlichen Hierarchie abhängig. Die Restauration des 19. Jahrhunderts wird zunächst von außen angestoßen (Arnim/Brentano) und von hymnologisch versierten Privatgelehrten wei-

tergetragen (Bone), ehe sie kirchlich Fuß fassen kann. Die faktische Liedüberlieferung deckt sich zu keiner Zeit völlig mit der kirchlich gewollten Rezeption - so wenig, wie sich der faktische Glaube mit der kirchlichen Dogmatik deckt.

Dieses Faktum gilt für alle Kirchenlieder und sollte bei der Erstellung eines neuen Gesangbuches immer mit bedacht werden. Nur aufgrund theologischer Bedenken sollte man große Lieder aus der Tradition nicht einfach preisgeben. Schließlich spiegeln diese Lieder die Theologie und den Glauben ihrer Zeit wider. Tradition bedeutet - wie wir gesehen haben - nicht Stagnation, sondern Wandel. Kirchenlieder aus verschiedenen Jahrhunderten erinnern uns daran. Die Marienverehrung war in den vergangenen Jahrhunderten wesentlich stärker im Bewußtsein des Volkes verankert als heute und entsprach dem Bedürfnis der Gläubigen. Viele Mariendarstellungen - nicht nur in den Kirchen - erinnern bis heute daran. Warum sollen aber dann die Lieder, die Zeugnis dieser Marienverehrung sind, heute aufgrund theologischer Bedenken im Gesangbuch keinen Platz mehr finden? Wenn man sich bei der Entscheidung, welche Lieder in ein neues Gesangbuch aufgenommen werden sollten, nicht nur von der Dogmatik leiten läßt, dann müßte es eigentlich gelingen, vielen Marienliedern im Allgemeinen und dem Marienlied *Wunderschön prächtige* im Besonderen den Weg in das Gesangbuch wieder zu ebnen.

Quellen- und Literaturverzeichnis

1 Quellen

1.1 Fliegende Blätter

Das Singende Herz, Das ist: Anmuethige Geistliche Lieder alte, und neue. Gedruckt in dem Hochfuerstlichen Gotteshause St. Gallen, 1779. [Stiftsbibliothek St. Gallen]

Drey Marianische Lob=und Bitt=Gesänger, so auch auf der Wallfahrt nacher Neu=Maria=Zell In Doemoelcker = Feld koennen abgesungen werden. Das erste: O ihr Pilger! gesellt euch zusammen, reiset cc. Das Anderte: Nun so seyn wir all ankommen, cc. Das Dritte: Was bittere Pfeilen nun treffen das Herz, cc. Gedruckt im Jahr Christi, 1756 [VKM Graz: 12267/16]

Drey neue Zeller=Lieder. Das Erste: Wunderschoen praechtige, grosse cc. Das Zweyte: Nun weil die Stund ankommen, o schmerzen ueberaus, cc. Das Dritte: Mariazell, o Gnadenfrau! wir cc. Oedenburg, gedruckt im Jahr 1801. Slg. Klier, Linz: Sch 54/7/30]

Drey schoene geistliche Lieder. Das Erste: Die Schoenste aus allen, vom fuerstlichen Stand cc. Das Zweyte: Imhimmel und auf Erden, an allen Ort und End cc. Das Dritte: So bald ich Morgens frueh erwach, ruf ich mein Jesum an cc. Gedruckt in diesem Jahr. [Volksliedarchiv NÖ und Wien: C 43/20a-c]

Drey schoene Geistliche Lieder, Das Erste: Maria! wir fallen dir alle zu Fuessen, cc. Das Anderte: Der goldene Rosenkranz versetzt cc. Das Dritte: Mariam zu lieben ist allzeit mein Sinn, Oedenburg, gedruckt bey Joseph Sietz. [VKM Graz: 12267/17]

Drey schoene Geistliche Lieder. Das Erste: Maria! wir fallen dir alle zu Fuessen, cc. Das Anderte: Der goldene Rosenkranz, versetzt cc. Das Dritte: Mariam zu lieben ist allzeit mein Sinn, Oedenburg, gedruckt im Jahre 1812. [VKM Graz: 16293/21]

Drey schoene geistliche Lieder. Das Erste: Wunder schoen praechtige, große cc. Das Zweyte: Die Schoenste aus allen cc. Das Dritte: Kommt, ihr Engel! jubiliret cc. Bamberg bey J. Georg C. Gertner seel. Erben, ohne Jahr. [DVA: Bl. 6854, B Nat UB Straßbourg R. 104 308]

Drei schoene Geistliche Lieder. Das Erste. Wann mein Schifflein wird anlaenden, Das Zweite. Wunderschoen, praechtige, große und cc. Das Dritte. Maria, wer dich ehrt, cc. Ohne Ort und ohne Jahr. [Freies Dt. Hochstift: Hs- 12675-1]

Drei schöne Marianische Lieder. Das Erste: Wunderschön', praechtige cc. Das Zweite: Vor dem Gnadenthron' Maria Schöndorf. Das Dritte: Von der gold'nen Samstags=Nacht. Steyr, Druck und Verlag d. M. Haas. [Slg. Klier, Linz: 57/2/121]

Drey schoene Marianische Lieder. Das Erste: Wunderschoen, praechtige cc. Das Zweyte: Erhebe dich mein Herz cc. Das Dritte: Maria! Maria! du uebertriffst gar weit cc. Gedruckt in diesem Jahre. [VKM Graz: 12.277a-o, 1]

Drey schoene neue Geistliche = Lieder. Das Erste: Holdseliges, JEsulein, mit deinen Aeugelein, sehe uns gnaedig an, cc. Das Anderte: Wunderschoen praechtige, grosse und maechtige, liebreich, holdselige cc. Das Dritte: O Himmels Koengin! Maria dich zu ehren, dein Lob und Ehr zu mehren ist staets mein Will und Sinn, cc. Clagenfurth, gedruckt bey Johann Friderich Kleinmayer sel. Erben, 1765. [DVA: Bl. 7740]

Drey schoene neue Geistliche Lieder, Das Erste: Maria Himmelskoenigin, cc. Das Zweite: Jesus, meines Herzens Freund, cc. Das Dritte: Die Schönste aus allen, cc. Gedruckt in diesem Jahr. [Tiroler Volksliedarchiv: BL 94]

Drey schoene neue Geistliche Lieder, Das Erste: Maria Himmelskoeniginn, cc. Das Anderte: Jesus, meines Herzens Freund, cc. Das Dritte: Die Schönste aus allen, cc. Gedruckt in diesem Jahr. [Slg. Klier, Linz: 56/1/47]

Drey schoene neue Gesaenge zu Ehren der allerseligsten Jungfrau. Ohne Ort und ohne Jahr. [FDH: 12675-4]

Drey Wallfahrts=Lieder. Das erste: Maria zu lieben ist allzeit mein. Das zweite: Kommt ihr Mensch. mit Verl. Das dritte: Maria die du bist, die Mutter Jesu Christ cc. Wr. Neustadt, 1830. [Slg. Klier, Linz 56/5/34]

Ein neues Danklied zu Gott welches Fuer den am 12. Augusti 1759 von der mit den Kaiserl. Koeniglichen Trouppen vereinigt Rußischen Kaiserl. Armee wider den Koenig in Preußen ohnweit Frankfurt an der Oder erfochtenen ruhmvollen Sieg die gebuehrende Danksagung abzustatten, und noch ferneren Seegen fuer die gerechte Kaiserl. Koenigl. und Alliirte Waffen zu erbitten, eine getreue Wiener Burgerschaar bey einer zu diesem Ende angestellten Wallfahrt zu Maria Lanzendorf solenniter abgesungen. Verfast von Anton Ignatz Ulbrich, Kaiserlich=Koeniglichen Hofmusico. Wien, bey Johann Thomas Trattner, Kaiserl. Koenigl. Hofbuchdrucker und Buchhaendler 1759. [UB Graz I (Rara II) 27948]

Ein schoenes geistliches Lied zur heiligen Jungfrau Maria. [Slg. Klier, Linz: 56/10/11]

Fuenf schoen neue Geistliche Lieder, Das Erste: Ach Jesu mein Leben, mein einziger Trost cc. Das Zweyte: Ich lieg vor deinen Fuessen, allerliebster Jesu mein cc. Das Dritte: Im Himmel, im Himmel, verlang ich zu seyn cc. Das Vierte: Wunder schoen praechtige, grosse und maechtige, cc. Das Fuenfte: O Maria, hoer das Klagen, von den armen Schaefelein cc. Graetz, gedruckt bey den Widmanstaett. Erben. [Stmk LA: 1395a / I / 11a]

Fuenf schoene neue Geistliche Lieder. Das Erste: Ach Jesu mein Leben, mein einziger Trost cc. Das Anderte: Ich lieg hier vor deinen Fuessen, allerliebster Jesu mein,cc. Das Dritte: Im Himmel im Himmel verlang ich zu seyn cc. Das Vierte: Wunder schoen praechtige, grosse und maechtige cc. Das Fuenfte: O Maria, hoer das Klagen, von den armen Schaefelein cc.. Grätz, gedruckt bey den Widmanstätterischen Erben. [Slg. Klier, Linz: Sch 56/6/66]

Fuenf schoene Marianische Lieder, Zu der Gnadenreichen Bildnuß MARIAE bey Eisenstadt. Das Erste: Ach was hab ich jetzt vor Freuden, daß cc. Das Zweyte: Wo mein Seel wirst hingehen cc. Das Dritte: Engel schoensten Rosengarten, cc. Das Vierte: Wunderschoen=praechtige, grosse und cc. Das Fuenfte: Weh mein Herzen voller Schmerzen Oedenburg, gedruckt im Jahr 1805. [Slg. Klier, Linz: Sch 57/6/44]

Ganz neuer Lob- und Bitt-Gesang zu der Glorwürdigen Königin Himmel und der Erden, allzeit unbefleckten jungfräulichen Mutter Gottes Maria zum Glück, Segen und Erhantlung eines beständigen Friedens der ganzen Christenheit. Gedruckt bei K. Prochaska Teschen, ohne Jahr. [DVA: Bl. 5538]

Geistliches Lied vor dem allerheiligsten Altars=Sakrament zu singen. Gedruckt in diesem Jahr. [VKM, Graz: 626]

Geistliches Lied zu Ehren der uebergebenedeyten Gottesgebaehrerin Maria im Wald genannt.Bey denen W.W. C.C. P.P. Minoriten zu Prugg an der Muhr. [Stmk. LB, Graz: 160737]

Gesänge zur Mai=Andacht. Wels, gedruckt bei Johann Haas. 1857. [Slg. Klier, Linz: 57/12/41]

Graetzer Auff Mariae=Zell gehendter Kirchfahrter=Gesaenger/ Unter Anführung Der Hochloebl. Ertz=Bruderschaft deß Allerheiligsten Fronleichnams vnsers HErrn JESU CHRISTI In der Stadt=Pfarr allda in Augustmonat An: 1709. Gedruckt bey den Widmanstaetterischen Erben. [Stmk. Lb.: A518031/ I 72 a]

Lied vor dem Gnadenaltar in Maria Zell zu singen.[Stmk. LA, Graz: 1395a/I/32]

Lied zu der allerseeligsten Jungfrau und Mutter Gottes Maria. Gedruckt in diesem Jahr. [St.-Lb. Wien: E 80903]

Lieder zur Maiandacht. Zu haben in der Fr. Ferstl'schen Buchhandlung in Graz, Herrengasse Nr. 225. [VKM Graz: 3141]

Lieder zur Maiandacht. Wien. Druck und Verlag von Ludwig Mayer. [Slg. Klier, Linz: 57/99/106]

Lieder zur Maiandacht in der Frauenkapelle zur wunderbaren Mutter zu Windischgarten. Druck von Joh. Haas in Wels. 1859. [VKM Graz: 11.048]

Loblied zu Ehren der heiligsten Jungfrau Maria. St. Norbetus=Buch= und Kunstdrukkerei in Wien, III. Seidlgasse 8. o. J.[Slg. Klier, Linz 57/78/119]

Maria zu lieben! Herausgeber, Eigentümer und Verleger: Fb. Ordinariat. - Verantwortlicher Schriftleiter: Josef Pfandl, beide Graz.[VKM Graz: 27.543 & 27545, 2 Expl.]

Ohne Titel: *Inhalt:* Te Deum laudamus, auf Deutsch. Das Zweite. Die Schönste aus allen von fürstlichem Stand. [FDH: 12672/2]

Schmerzliches Abschieds = Lied, Eines andaechtigen Marianischen Pilgers zu Maria=Einsiedlen, in Betrachtung der großen Gnaden so er in diesem hochheiligen von Gott selbst geweyhten Ort erhalten kann. [FDH: 12677/8]

Vier ganz neue Geistliche Lieder, Das Erste: Wie schoen glanzt die Sonne, wie hell cc. Das Anderte: Maria du Himmels=Koenigin, du cc. Das Dritte: JEsu meines Herzens Freund, cc. Das Vierte: Die Schoenste aus allen, cc. Gedruckt in diesem Jahr. [Volksliedarchiv NÖ und Wien: C 35/12a-d]

Vier geistliche Lieder. 1. Zu St. Anna Vernehmet doch ihr cc. 2. O Maria jetzt ist Zeit, cc. 3. O Maria voller Gnaden, cc. 4. Maria zu lieben ist allzeit mein Sinn,cc. [Slg. Klier, Linz: 56/5/23]

Vier Geistliche Lieder. 1.) Jesus du mein Trost und Leben cc. 2.) Aus dreien schönen Blümelein. 3.) Zeller=Lied: Maria zu lieben ist allzeit mein Sinn cc. 4.) Jesu im Himmelsthron. Wr. Neustadt 1847. [StmK LA: 1395a/I/44]

Vier schoene, Geistliche Lieder. Das Erste. Sey gegruest o schoenste Sonne, Sey gegruest o cc. Das Zweyte. Die Schoenste aus allen von Fuerstlichem Stand, Das Dritte. Nicht lieb ich also frey, als die Liebes Schaeferei, Das Vierte. Um achte betrachte, daß jetzund das Leiden, Ganz neu gedruckt.[FDH: 12676/2]

Vier schoene Geistliche Lieder. Das Erste: Wunderschoen praechtige, groß cc. Das Zweyte: O Jesu mein! wie schwere Pein cc. Das Dritte: Jetzt weint mein Seel, und blut cc. Das Vierte: Maria, Maria, ach weh das cc. Gedruckt in diesem Jahr. [Slg. Klier, Linz: 56/1/63]

Vier schoene Geistliche Lieder, Das Erste: Maria Jungfrau rein, Heil. Mutter cc. Das Zweyte: Maria Himmels Koenigin, du Braut cc. Das Dritte: Maria Jungfrau rein, nach Gott die liebste mein cc. Das Vierte: Unschuld zum Streite, ziehe die Waffen an cc. Graetz, gedruckt mit v. Widmanstaetterisch. Schriften. [VKM Graz]

Vier schoene neue Geistliche Lieder, Das Erste: O Jesu mein Leben, mein eintziger cc. Das Anderte: Gegrueßt seyst du Maria Jungfraeuliche cc. Das Dritte: Maria die schoenste Schaefferin, ein getreue cc. Das Vierte: Die schoenste aus allen, von Fuerstlichem cc. Crems, gedruckt bey den Praexlichen Erben. [Slg. Klier, Linz: 54/10/23]

Vier schoene Geistliche Zeller = Lieder/ Welche Die Hochloeblichist= vnd vor=alte Ertz=Bruderschafft Corporis Christi allhier zu Graetz beym Heil. Blut nach MARIAE Zell in Steuermarck bey der Procession anheuer zu singen pflegt. Gedruckt zu Graetz/ bey den Widmanstätt. Erben 1703. [Stmk LB A518030 I]

Vier schoene neue Zeller = Lieder/ Das Erste Seyt getroest all Suender/ weil nun/ cc. Das Anderte: O Gnadenreiches Zell/ du fluest wie/ cc. Das Dritte: Ach wie ring ist meinem Hertzen/ mein Seel/ cc. Das Vierdte: Es ist Zeit zum Scheiden/ Jesus Maria rein/ cc. Steyr/ Gedruckt bey Joseph Gruenenwald. [VKM Graz: 5663]

Vier Zeller=Lieder. Das Erste. Nun so bin ich kommen an, o Koenigin! cc. Das Zweyte. Sey gegrueßt zu tausendmalen, holdseliges cc. Das Dritte. Maria=Zell, o Gnadenfrau! wir rufen cc. Das Vierte. Wann mein Schifflein wird anlanden cc. Dedruckt in diesem Jahr. [VKM Graz: 12.281]

Zwey Celler = Lieder. Das Erste: Wunderschoen praechtige, grosse cc. Das Zweyte: Nun weil die Stund ankommen, o Schmerzen ueberaus, cc. Neustadt, gedruckt bey Joseph Fritsch. [VKM Graz: 12267/22]

Zwey Kirchfahrt=Lieder. Das erste: Wache auf, wache auf mein frommer Christ. Das zweite: Maria zu lieben ist allzeit mein Sinn. Neutstadt 1849. [Slg. Klier, Linz 56/16/80]

Zwey schoene geistliche Lieder. Das Erste: O Sünder! mach dich auf, und geh mit mir spazieren, cc. Das Zweyte: Mariam zu lieben ist allzeit mein Sinn, cc. Gedruckt in diesem Jahre. [UB-Köln: Baeu 1556]

Zwei schöne geistliche Lieder zur Mutter Gottes. [Slg. Klier, Linz: 55/3/94]

Zwey schoene neue Celler Lieder, Das Erste: Wunderschoen praechtige / cc. Das Anderte: Nun weil die Stund ankommen / O Schmerzen ueberaus / cc. Gedruckt in diesem Jahr. [VKM Graz: 20572]

Zwey schoene neue Zeller Lieder. Das Erste: Wunderschoen praechtige, grosse cc. Das Zweyte: Nun weil die Stund ankommen, o Schmerzen ueberaus, Gedruckt in diesem Jahr. [Slg. Klier, Linz: 55/3/28]

Lobgesang zum heiligen Namen Maria / Marianischer Gesang (Wunderschön prächtige). [VKM Graz: 7715]

1.2 Handschriftliche Gesangbücher

Handschriftliches Gesangbuch. Ohne Titel, Ort und Jahr. [Ferdinandeum, Innsbruck: FB 192 11]

Handschrifliches Gesangbuch. Ohne Titel, Amlach 1799–1802. [Ferdinandeum; Innsbruck: FB 32 307]

Handschriftliches Gesangbuch: „Geistliches Gesangbiechl mier BALTHARSAR GRIENTELDER In allen Khreutzgang loblich zu gebrauchen. 1745. (In der Bibliothel der P.P. Kapuziner zu Brixen a.C. M. SS. gebunden, defekt 8° klein) Im Besitz." [Ferdinadeum, Innsbruck: FB 32 165]

Handschriftliches Gesangbuch: „Gesang Buch zur Beförderung einer gemeinschaftlichen gottes verehrung in der katholischen Kirche zusamm geschrieben worden." Walten in Passeier 1812. [Tiroler Volksliedwerk, Innsbruck: Nachlaß Wallner 236]

Handschriftliches Gesangbuch: „Handschriftliches geistliches Liederbuch der Georg, Jakob, Markus und Nikolaus Innerkofler, Platen um 1820." [Tiroler Volksliedwerk: Nachlaß Wallner 243]

Hanschriftliches Gesangbuch: CV. Arien cum Cantilenam, D.B.V. Mariae. Pro omni Tempore. Oder 105 Gesaenge sammt den Weisen. Von der allerseeligsten Jungfrau und Mutter Gottes Maria. Welche zu allen Zeiten füglich können gebraucht und gesungen werden. Zu Lob und Ehr der allerseeligsten und übergebenedeytisten Jungfrau Maria, zusammen geschrieben von dem aller unwürdigsten und mimdesten Liebhaber und Diener Mariae = Franz Harter? Sailer, der Zeit Mesner und Schullehrer zu St. Jakob im Stanzerthal, im Jahr des Herrn 1805. [Ferdinandeum, Innsbruck: FB 28 151]

Handschriftliches Gesangbuch: XXXVIII. Geistliche Gesaenge zur Zierde und Vermehrung der oeffentlichen Andacht wie auch zur besonderen Erbauung der Glaeubigen. Verfasset und zu finden im hochfürstlichen Gotteshause Einsiedlen. Geschrieben von mir und für mich Franz Harter? Sailer, der Zeit Mesner und Organist bey St. Jakob, im Stanzerthal, im Jahre nach der gnadenreichen Gebuhrt unseres Herrn, und Erlösers Jesu Christi: da man zählt 1808. [Ferdinandeum, Innsbruck: FB 28 150]

Abschrift des Marienliedes *Wunderschön prächtige*: „Ein Unßer lieben frauen liet. Lüsen 1758. Aus dem Kirchenlieder-Codex 1758. [Tiroler Volksliedwerk: A 5555]

Abschrift des Marienliedes *Wunderschön prächtige* : Ohne weitere Angaben, wahrscheinlich Ende 19. Jahrhundert . [Slg. Klier, Linz: 18/3/37]

1.3 Katholische Gesang- und Andachtsbücher

Mayen-Pfeiff 1692 Mirantische Mayen=Pfeiff. Oder Marianische Lob=Verfassung / In Welcher Clorus / ein Hirt / der Großmaechtigsten Himmels=Koenigin / und Mutter GOttes Mariae unvergleichliche Schoen= Hoch= und Vermoegenheit anmuthig besingt. Geist= und Weltlichen / auch Predigern / sehr nutzlich / und annehmlich zu lesen. Mit schoenen Kupffern / und gantz neuen Melodeyen gezihrt. Durch P. Laurentium von Schnueffis / rder Oesterreichischen Provintz Capucinern / und Predigern. Mit Roem. Kaeyserl. Majest. Gnad und Freyheit / auch Bewilligung deren Oberen. Dillingen / Bey Johann Caspar Bencard / Acad. Buchhandlern. Anno 1692.

Philomela Mariana 1713 Philomela Mariana. Die Marianische Nachtigall / Welche da Underschidlich = schoene Lob= und Liebs=Gesaetzlein der allerschoensten und holdseeligsten Himmels=Koenigin Mariae. Zu schuldigem Lob / Preyß und Ehren=Schall schlagend und singende Hertzen thut erquicken cc. In sechs und dreyssig Lieder. Verfasset / mit beygefuegten Musicalischen Noten, schoenen Lob=Spruechen auß H. Schrift und W.H. Vaettern / auch vil außerlesnen ueberauß trostreichen Exemplen geziert und an den Tag gegeben. Durch P.F. Mauriz von Mentzingen. Capucinern der Schweytzerischen Provinz. In ejus amore delectare jugiter. Prov. 5. Ergetze dich in ihrer Liebe immerdar. V. 19. Zug. Verlegts Carl Franz Haberer in der Rosischen Truckerey. Anno 1713.

Bruchsal 1770 Catholisches Gesang=Buch, begreifend Auserlesene geistliche Gesaenge auf Sonn= und Festtage des ganzen Jahrs, nebst einem Anhange der vornehmsten Messen und Vespern, auch einer Ordnung die Wallfahrten und gewoehnliche Betstunden andaechtig zu verrichten. Zum groeßern Lob Gottes und Verehrung seiner Heiligen. Nach Gnaedigster Anordnung, Approbation und ertheiltem Privilegio des hochwuerdigsten Fuersten und Herrn Herrn Franz Christoph, der Heil. Roem. Kirchen Priester=Kardinal, Bischof zu Speier, Probst der gefuersteten Probsten Weissenburg, wie auch des freyadelichen Ritterstifts Odenheim in Bruchsal, des Heiligen Römischen Reichs Fuerst cc. Aufs neue uebersehen, verbessert und in Druck gegeben. Bruchsal, gedruckt zu finden bey Jakob Bevern, Hof= und Canzley=Buchdruckern 1770.

Graz 1770 Geistliche Lieder, welche das Jahr hindurch bey denen Kinderlehren von der auswendigen Schuljugend deren Ursulinerinnen pflegen abgesungen zu werden. Graetz, gedruckt bey den Widmanstaetterischen Erben, 1770.

Nancy 1772 GEISTLICHE GESAENGER Fuer die Heilige MISSION-ZEIT, Uber die unterschiedliche Jahr=Zeiten / die Buß / das Leyden / die Auferstehung/ die Gegenwarth Jesu im H. Sacrament die Verehrung seiner H. Mutter Mariae / und endlich ueber unterschiedliche Tugenden eines frommen Christens. ZU NANTZIG/ Gedruckt/ und zu finden bey Jacob Haener Koenigl. Buchdrucker und Buch=Haendler / in der Strassen von St. Dizier/ N° 337. M.DCC.LXXII.

Einsiedeln 1773 Geistliche Gesaenge zur Zierde und Vermehrung der oeffentlichen Andacht, wie auch zur besonderen Erbauung der Glaeubigen. Verfasset und gedruckt in dem hochfuerstlichen Gotteshause Einsiedlen. Durch Franz Xaveri Kaelin, 1773.

Köln 1774 ALLerheILIgstes WVnDer Der LIebe IesV Des ErLösers Das ist Verborgener Gott, Verborgener Mensch in dem hochwürdigsten Sacrament. Am dritten Sonntag jeden Monats in der Kirchen der P.P. Franciscaner Recollecten ad Olivas binnen Köln Bei Morgens, und Abends=Andacht verehret und angebetten. Cum Permissa Superiorem. Kölln, Gedr. bei Balthasar Wilms. (Chronogramm ergibt Jahreszahl 1774)

Einsiedeln 1778 Geistliche Gesaenge zur Zierde und Vermehrung der oeffentlichen Andacht / wie auch zur besondern Erbauung der Glaeubigen. Zweyte und vermehrte Auflag. Verfasset, und gedruckt in dem hochfuerstl. Gotteshause Einsiedeln. Durch Franz Xaveri Kaelin. 1778.

Köln 1782 Englischer Wegweiser, oder kurzes Gebeth= und Gesangbüchlein, dessen man sich bei den Heil. Schutz=Engelen Bruderschafts-Andachten in der Kirchen der heiligen Engelen, bei den Clarissen am Neumark, durch das ganze Jahr bedienen kann. mit beygefügter kurzer Erklaerung, Taegen und Stunden, gemelter Andachten, und des von Ihro Päbstlicher Heiligkeit BENDICTO XIII mitgetheilten Bruderschafts=Ablaß. Zu Hoechster Ehr Gottes, und der hh. Engelen, allen andaechtigen Brueder und Schwestern, zu heiliger Uebung und ewigen Seelen Heil zusammengetragen. Koeln, gedruckt bei Franz Nikolaus Bourell oben Markpforten. 1782 und zu haben bey zeitlichen Vorstehern und Brudermeisteren bemeldter Bruderschaft.

Mainz 1787 Neues christkatholisches Gesang= und Gebetbuch fuer die mainzer Erzdioezes. Mainz gedruckt und im Verlag der St. Rochus Hospitals=Buchdruckerei, durch Johann Wirth 1787.

Straßburg 1789 Katholisches Lehr= Gebet= Gesang= und Schulbuch= gesammelt und verfasset von einem Pfarrh. des Metzer Bistums, worinnen Morgens= Abends= Meß= Vesper= Complet= Beicht= Buß= und Kommunion-Gesänge Kirchische Prosen und Lobgesänge mit zahlreichen Liedern auf alle Jahrszeiten und Festtage und allem, was einen eifrigen Christen belehren und vergnügen kann, enthalten sind. Mit höchst gnädiger Genehmhaltung und Freyheit der Obern. Straßbourg Lorenz Schuler, Ritterschaftl. Kanzleibuchdruckern. 1789.

Würzburg ~1793 Gewoehnliche Andachtsuebungen der heiligen Erzbruderschaft Corporis Christi, oder des allerheiligsten Sacrament des Altars, welche sowohl bey den monatlichen Versammlungen, als zur Zeit der Bethstunden bey der immerwaehrenden Anbethung in der Dompfarrey der dahiesigen Residenzstadt, und im ganzen Hochfuerstl. Bisthum Wirzburg von den Bruedern und Schwestern ordenlich beobachtet werden. Nebst auserlesenen geistreichen Uebungen und Lehrstuecken, welche zur schuldigen Ehr, Lieb und Anbethung Jesu Christi im allerheiligsten Sacrament mit leichter Muehe und großem Verdienste koennen bewirket, und anderen heilsamlich mitgetheilet werden. De Mandato [...] Domini Ordinarii.Wirzburg, gedruckt und zu finden bey Franz Sebastian Sartorius, Hofbuchdrucker.

Mainz 1797 Katholisches Lehr= Gebeth= und Gesangbuch, mit auserlesenen Beicht= Kommunion= Meß= und andern andaechtigen Gebethen, auch neuen Gesaengen, sonderbar von dem hochwuerdigsten Sakrament des Altars merklich vermehrt, auf bekannte Melodien eingerichtet. Achte Auflage. Mit Genehmigung der Obern. Mainz, gedruckt in der Buchdruckerei des St. Rochushospitals, 1797.

Geldern ~1800 Marianischer Pilgerstab zum Gebrauch der Kevelaerischer Marianischer Bruderschaft dessen man sich auf allen Bittfahrten, als: nach Kevelaer, Scharvenhoevel, Werl', Alenhoven, Marienheyden, Nivenheim und andern Gnadenoerten im Hin= und Rueckweg bedienen kann. Darinnen die geistreichesten Morgens= Abends= Meß= Beicht= Communion Gebether Litaneyen und Gesaengen begriffen sind. Zur hoechsten Ehre Gottes und der allerseligsten Jungfrau Maria. Geldern, gedruckt und zu bekommen bey G.N. Schaffrath [~1800].

Würzburg 1828 Katholisches Gesangbuch für den öffentlichen Gottesdienst im Bißthume Wuerzburg; oder Sammlung aelterer und neuerer Kirchengesaenge zur Verherrlichung des katholischen Gottesdienstes und zur Befoerderung der Andacht bei demselben mit besonderer Rücksicht auf den dermaligen Bestand des Kirchengesanges im Bißthume Wuerzburg, und auf das Beduerfniß dieser Dioezese frei bearbeitet und herausgebeben von Sebastian Poertner; Domkapitular zu Würzburg. Mit Approbation des Hochwuerdigsten Bischoeflichen Ordinariats zu Wuerzburg. Wuerzburg 1828.

Saargemünd 1829 Sions heilige Gesänge, den unheiligen Liedern Babylons, wie auch dem ungläubigen Zeitgeiste entgegengesetzt. In einem vollständigen katholischen Gesangbuche, neu hrsg. von einem Priester des Metzer Bisthums.[...] Sargemünde 1829.

Metz 1829 Katholisches Lehr=, Gebet=, Gesang= und Schulbuch, von einem Pfarrer des Metzer Bisthums. 2. verbesserte Ausg. Zabern 1829.

Aachen 1840 Sammlung aller Gebete und Gesänge, welche beim gemeinschaftlichen Gottesdienst in der Pfarrkirche zum heiligen Adalbert in Aachen das Jahr hindurch gebraucht werden. Zusammengestellt, und durch Hinzufügung der nothwendigsten andern Gebete zu einem vollständigen Gebetbuche für seine Pfarrgenossen eingerichtet, von Johann Jakob Kreutzer, Pfarrer an der Kirche. Mit Genehmigung der geistlichen Obrigkeit. Aachen 1840.

Aachen 1840 Christkatholisches Gebet= und Gesang=Buch, im zweiten Theil die besonderen Andachten der Peters=Pfarre zu Aachen enthaltend; herausgegeben von Joh. Wilh. Dilschneider. Oberpfarrer zum h. Petrus in Aachen. Mit Genehmigung der Erzbischöflichen Behörde. Zweite, ganz umgearbeitete, sehr vermehrte Auflage. Aachen 1840. Druck und Verlag von H. Leuchtenrath.

Liederkranz 1841 Marianischer Liederkranz. Eine Sammlung von Kirchenliedern, Gesängen und Gedichten, vom Jahre 1500 bis auf unsere Zeit, zu ehren Mariä der allerseligsten Jungfrau und Mutter unsers Herrn und Heilandes Jesu Christi. Augsburg, Verlag der Matth. Rieger'schen Buchhandlung. 1841. [Hrsg. von Philipp Max Körner].

Münster 1842 Gesang= und Andachts=Buch nach dem Sinne der h. römisch= katholischen Kirche. Zunächst für die Diöcese Münster. Mit Approbation des Hochwürdigsten Bischofs von Münster. Von einem Priester derselben Diöcese. Münster, 1842. Druck und Verlag der Hast & Rieseschen Buchhandling.

Speyer 1842 Katholisches Gesangbuch für das Bisthum Speyer. Erste Auflage. Speyer, Verlag des Bischöflichen Seminars 1842.

Speyer 1843 Katholisches Gesangbuch für das Bisthum Speyer. Zweite Auflage. Speyer, Verlag des Bischöflichen Seminars 1843.

Trier 1846 Gesang- und Gebetbuch für die Diözese Trier. Herausgegeben vom Bischöflichen General-Vicariat. Stereotyp=Ausgabe. Trier, 1846. Druck und Verlag der Fr. Hintz'schen Buchhandlung.

Würzburg 1847 Gebet= und Gesangbuch zur Verehrung der Allerseligsten Jungfrau und Mutter Gottes Maria für den das ganze Jahr hindurch stattfindenden vor= und nachmittägigen Gottesdienst in der Liebfrauen=Kapelle auf dem grünen Markte zu Würzburg. Zweite, verbesserte und vermehrte Auflage. Würzburg 1847.

Cantate 1847 Cantate! Katholisches Gesangbuch nebst Gebeten und Andachten für alle Zeiten und Feste des Kirchenjahres. Nach den alten, sonst allgemein gebräuchlichen Gesängen und Andachten, sowie nach dem lateinischen Kirchenritus bearbeitet von Heinrich Bone. Mit hoher geistlicher Genehmigung. Mainz, Verlag von Kircheim, Schott und Thielmann 1847.

Mainz 1850 Katholisches Gebet- und Gesangbuch, gesammelt und bearbeitet von Dr. Johannes Alzog. Mit Genehmigung der Kirchlichen Obern. Mit einem Stahlstiche. Mainz, Druck und Verlag von Florian Kupferberg. 1850.

Speyer 1850 Melodien zum Speyerer Diözesan-Gesangbuche. Aus Auftrag des hochwürdigsten bischöflichen Ordinariats herausgegeben von Ed. Rottmanner, ≅ Domorganist u. Musiklehrer an dem kath. Schullehrerseminarium, und V. Zahm, Domvicar und Chordirector in Speyer. Zweite Auflage. Speyer 1850. Verlag von A. Wappler's Buchhandlung.

Mainz 1851 Aufnahme in die Erzbruderschaft des hochheiligen und unbefleckten Herzens Mariä zur Bekehrung der Sünder. Mainz 1851.

Bingen 1853 Bruderschafts-Andachten, welche in der Kirche zu Bingen gehalten werden. Nebst einem Anhange von Gesängen bei der täglichen Frühmesse, sowie Morgen=, Abend=, Meß=, Beicht=, Communion= und mehreren andern Gebeten. Bingen, 1853.

Mainz 1853 Andachtsbuch für alle Verehrer Mariä, insbesondere für die Marianischen Sodalitäten und Congregationen. Aus den alten Sodalitätsbüchern, den Schriften der Heiligen und den besten Gebetbüchern von einem Sodalen. Mainz, 1853.

Luxemburg 1853 Katholisches Gebet- und Gesangbuch zunächst für die Marianische Sodalität zu Luxemburg zusammengetragen von Nicolaus Wies, Religionslehrer und Seelsorger am Athenäum zu Luxemburg. Luxemburg 1853. Druck und Verlag von V. Bück.

Münster 1854 Katholisches Gebet- und Gesangbuch für die Marianischen Sodalitäten. Nebst beigedruckten Melodien. Siebente, gänzlich umgearbeitete, vermehrte und verbesserte Auflage. Mit Erlaubnis geistlicher Obrigkeit. Münster. In Commission der Aschendorff'schen Buchhandlung. 1854.

Köln 1855 Gebet-, Gesang- und Belehrungsbuch für die Congregationen der allerseligsten Jungfrau Maria oder sogenannten marianischen Sodalitäten. Mit Genehmigung der hochwürdigsten geistlichen Obrigkeit. Köln 1855. Druck und Comissions-Verlag von J.P. Bachem, Hof=Buchhändler und Buchdrucker.

Mainz 1859 Andachts=Ordnung der Marianischen Bürgersodalität zu Mainz und dem Titel der Allerheiligsten Dreifaltigkeit und Mariä Himmelfahrt. Für das Jahr 1859. Mainz 1859.

Mainz 1859 Gebet= und Gesangbuch für die katholischen Soldaten der Großh. Hess. Armeedivision. Mainz 1859.

Augsburg 1859 Laudate. Katholisches Andachtsbuch zum Gebrauche bei dem öffentlichen Gottesdienste im Bisthum Augsburg. Auf bischöfliche Anordnung. Mit einem Titelkupfer. Prachtausgabe. Augsburg, 1859. Druck und Verlag der B. Schmid'schen Buchhandlung.

Augsburg 1860 Laudate. Katholisches Andachtsbuch zum Gebrauche bei dem öffentlichen Gottesdienste. Herausgegeben auf Anordnung des Hochwürdigsten Herrn Bischof Pancratius von Augsburg. Mit den dazugehörigen Melodien und einem Stahlstiche. Augsburg, 1860. Druck und Verlag der B. Schmid'schen Buchhandlung.

Köln 1861 Kölnisches Andachtsbuch zum Gebrauche bei den gemeinsamen Mess- und Nachmittags-Andachten katholischer Gemeinden. Unter der Mitwirkung mehrerer Pfarrer der Erzdiöcese Köln herausgegeben von Albert Gereon Stein Pfarrer zum heiligen Johann Baptist und Gesanglehrer im Erzbischöflichen Priester=Seminar in Köln. Sechste, unveränderte Auflage. Mit Genehmigung der hochwürdigsten geistlichen Obrigkeit. Köln 1861.

Speyer 1861 Katholisches Gesangbuch für das Bisthum Speyer. Sechste Auflage. Speyer, Verlag des Bischöflichen Seminars. 1861.

St. Pölten 1861 Marien=Rosen. Geistliche Volkslieder zu Ehren der Mutter Gottes, in der Diöcese St. Pölten. Gesammelt und herausgegeben von Joseph Gabler, bischöfl. Secretär und Ceremoniär. Wien. A. Pichler's Witwe & Sohn. 1861.

Bamberg 1862 Das allgemeine Andachtsbuch für das Erzbistum Bamberg. Auf oberhirtliche Anordnung. Dritte Auflage. Bamberg, 1862.

Dieburg 1862 Katholische Kirchen=Gesänge. Zum Gebrauche beim öffentlichen Gottesdienste. 3. Auflage. Dieburg 1862.

Limburg 1863 Katholisches Gesang und Gebetbuch für das Bisthum Limburg. Mit Genehmigung des bischöflichen Ordinariats. Vierzehnte Auflage. Wiesbaden. Verlag des katholischen Central=Kirchenfonds. 1863.

Mainz 1863 Mainzer Congregationsbuch. (Cum facultate Superiorum.) Mainz, Verlag von Franz Kirchheim. 1863.

Mainz 1865 Katholisches Gebet= und Gesangbuch für die Diözese Mainz. Herausgegeben vom Bischöf=lichen Ordinariat zu Mainz. Druckerei Lehrlingshaus. (1865).

Aachen 1866 Marienlieder zum Gebrauche bei Wallfahrten, Maiandachten und ähnlichen Gelegenheiten. Mit Gutheißung geistlicher Obrigkeit. Aachen, 1866. Druck und Verlag der Hensen'schen Buchhandlung.

Cantate 1866 Cantate! Katholisches Gesangbuch nebst einem vollständigen Gebet= und Andachtsbuche. Herausgegeben von Heinrich Bone. Fünfte Auflage. Mit Genehmigung des Hochwürdigsten Bischof von Paderborn. Paderborn. Verlag von Ferdinand Schöningh. 1866.

Münster 1866 Gesang- und Gebetbuch für das Bisthum Münster. Dritte Auflage. Münster. Druck und Verlag der Aschendorff'schen Buchhandlung. 1866.

Passau 1866 Engelsharfe. Katholisches Gebet- und Gesangbuch, besonders für alle Verehrer der seligsten Jungfrau und Mutter Gottes Maria. Dritte, gänzlich umgearbeitete und mit den besten katholischen Kirchengesängen aus alter und neuerer Zeit vermehrte Auflage. Herausgegeben von Gg. Brenner. Passau 1866.

Aachen 1867 Gesangbuch für Mitglieder der Marianischen Congregationen im Anschlusse an das Regel- und Gebetbuch von Joseph Schneider, Priester der Gesellschaft Jesu. Bearbeitet von Heinrich Böckeler, Stiftsvikar und Inspektor des Choralenhauses in Aachen. Aachen, 1867.

Luxemburg 1867 Katholisches Gesang- und Gebetbuch für das Apostolische Vikariat Luxemburg. Druck und Verlag von B. Bück. 1867.

Cäcilia 1868 Cäcilia. Ein Gesangbuch für die Kirche mit Congregationsliedern und Gebeten. Von P. Joseph Mohr S.J. Zweite Auflage. Mit bischöflicher Approbation. Paderborn 1868. Verlag der Junfermann'schen Buchhandlung.

Erfurt 1868 Katholisches Gesangbuch nebst Gebeten für die kirchliche und häusliche Andacht. Mit bischöflicher Genehmigung. Erfurt, 1868. Verlag des katholischen Waisenhauses.

Luxemburg 1868 Katholisches Gesang- und Gebetbuch für das Apostolische Vikariat Luxemburg. Vierstimmige Ausgabe. Druck und Verlag von B. Bück. 1868.

Mainz 1870 Regeln und Verfassung der Marianischen Jungfrauen-Congregation canonisch errichtet unter dem Titel von „Unserer lieben Frau von der immerwährenden Hilfe“ zu Mainz 1870.

Trier 1871 Gesang= und Gebetbuch für die Diöcese Trier. Herausgegeben von dem Bischöflichen General-Vicariat. Zweite revidirte Stereotyp=Ausgabe. Trier, 1871. Druck und Verlag der Fr. Lintz'schen Buchhandlung.

Speyer 1872 Katholisches Gesangbuch für das Bisthum Speyer. Neunte Auflage. Speyer. Verlag des Bischöflichen Seminars. 1872. Druck der F. A. Blanck'schen Buchdruckerei in Bergzabern) [Erste Auflage 1841].

Mainz 1874 Katholisches Gebet- und Gesangbuch für die Diöcese Mainz. Herausgegeben im Auftrage des Hochwürdigsten Herrn Wilhelm Emmanuel, Bischof des heiligen Stuhles von Mainz. Neue unveränderte Auflage. Mainz, Verlag von Franz Kirchheim. 1874. [Erste Auflage 1865].

Hellebusch 1874 Katholisches Gesang= und Gebet=Buch. Eine Auswahl der vorzüglichsten Choräle und Kirchenlieder, für zwei Stimmen gesetzt, mit den gewöhnlichen Andachtsübungen, von B. H. J. Hellebusch. Mit vielen bischöflichen Approbationen. 69. Auflage, mit neuen Liedern vermehrt und verbessert. New York, Cincinnati, Chicago: Jn Commission bei Benziger Brothers, Typographen des Heil. Apostolischen Stuhles. 1874.

Cäcilia 1875 Cäcilia. Katholisches Gesang= und Gebetbuch. Von Joseph Mohr. Siebte, verbesserte Auflage. Mit oberhirtlicher Approbation. 1875. Regensburg, New York und Cincinnati. Verlag von Friedrich Pustet.

Cantate 1876 Cantate. Katholisches Gesang= und Gebetbüchlein. Von Joseph Mohr. Dritte, verbesserte und vermehrte Auflage. Mit bischöflicher Approbation. Regensburg, New York und Cincinnati 1876.

Limburg 1876 Katholisches Gesang= und Gebetbuch für die Angehörigen des Bisthums Limburg. Jm Auftrage des Hochwürdigsten Herrn Peter Joseph, Bischofs von Limburg, herausgegeben von Julius Eiffler, Domvicar. (Feine Ausgabe.) (2. Auflage.) Limburg a. d. Lahn, Verlag von Heinrich A. Herz. 1876.

Jubilate Deo 1877 Jubilate Deo! Lieder für den katholischen Gottesdienst. Auszug aus den officiellen Choralbüchern für Hochamt, Versper und Complet. Von Joseph Mohr. Mit bischöflicher Approbation. Regensburg, New York und Cincinnati. Verlag Friedrich Pustet.

Culm 1879 Katholisches Gesang- und Gebetbuch für die Diöcese Culm. Herausgegeben im Auftrage der Bischöflichen Behörde. Schlochau, W./Pr. Druck und Verlag von Julius Hemmel. 1879.

Lasset uns beten 1881 Lasset uns beten! Katholisches Gebet- und Gesangbuch von Joseph Mohr. Mit oberhirtlicher Approbation. 1881. Regensburg, New York und Cincinnati. Druck und Verlag von Friedrich Pustet, Typograph des heiligen apostolischen Stuhles.

Paderborn 1881 Wallfahrtsbüchlein für die Wallfahrten zu Ehren des kostbaren Blutes, des heiligen Kreuzes, eines (einer) Heiligen, besonders der lieben Mutter Gottes. Herausgegeben von Joh. Joseph Xav. Steenarts. Paderborn 1881. Druck und Verlag der Bonifacius=Druckerei.

O Christ hie merk 1885 O Christ hie merk! Ein Gesangbüchlein geistlicher Lieder. Von Guido Maria Dreves S. J. Mit Approbation des hochw. Herrn Erzbischofs von Freiburg. Freiburg im Breisgau. Herdersche Verlagshandlung 1885.

Benedicite 1886 -- BENEDICITE. (Lobpreiset). Katholisches Gesang= und Gebetbuch. Mit Approbation des hochw. Erzbischöfl. Ordinariates in Freiburg. 1886. Regensburg, New York und Cincinnati. Druck und Verlag von Friedrich Pustet.

Cantate 1886 Cantate. Katholisches Gesang= und Gebetbüchlein. Von Joseph Mohr. Fünfzehnte Auflage. Mit oberhirtlicher Approbation. Regensburg, New York und Cincinnati 1886.

Köln 1887 Gesang= und Gebetbuch für die Erzdiöcese Köln. Verlag und Druck von J.P. Bachem. Köln am Rhein [Vorrede 1887].

Cäcilia 1890 Cäcilia. Katholisches Gebet- und Gesangbuch. Von Joseph Mohr. Zweiundzwanzigste Auflage. Erweiterte Ausgabe. Mit oberhirtlicher Approbation. Regensburg, New York und Cincinnati 1890.

Bamberg 1890 Gelobt sei Jesus Christus! Gebet- und Gesangbuch für das Erzbistum Bamberg. Zehnte, unveränderte Auflage. Auf oberhirtliche Anordnung. 1890. Zu beziehen durch das Erzbischöfliche Ordinariat.

Budapest ~1890. -- Gesang=Büchel zum Gebrauche für Wallfahrer. Enthaltend: Lieder, Gebete und Litaneien. Budapest. Druck und Verlag von Martin Bago & Sohn. [o. J., Vermerk um 1890].

Mainz 1890 Katholisches Gebet= und Gesangbuch für die Diöcese Mainz. Herausgegeben im Auftrage des Hochwürdigsten Herrn Wilhelm Emmanuel, Bischof des heiligen Stuhles von Mainz. Neue Auflage. Mainz, Verlag von Franz Kirchheim. 1890.

Graz 1890 Katholisches Volks-Gesangbuch mit einem Anhange von Morgen=, Abend=, Meß=, Beicht=, Communion= und anderen Gebeten. Gesammelt und verbessert von Franz Schönberger und Joseph Wallner. Vierte Auflage. Graz 1890.

Psälterlein 1891 Psälterlein. Katholisches Gebet= und Gesangbuch. Mit oberhirtlicher Approbation. Regensburg, New York und Cincinnati 1891 (Erste Auflage).

Psälterlein 1891 Psälterlein. Katholisches Gebet= und Gesangbuch. Zweite, vermehrte Auflage. Mit oberhirtlicher Approbation. 1891 Regensburg, New York und Cincinnati. Druck und Verlag von Friedrich Pustet.

Trier 1892 Gesang= und Gebetbuch für die Diözese Trier. Herausgegeben von dem Bischöflichen General-Vikariat. Trier. Druck und Verlag der Paulinus-Druckerei, G.m.b.H. (1892).

Aachen 1892 Kirchengesänge für gleiche Stimmen zu dem von Th. Linden herausgegebenen Gebetbuche. Alles für Jesus und Maria bearbeitet von H. Bohlen. 5. Auflage. Aachen 1892.

Trier 1893 Gesang= und Gebetbuch für die Diözese Trier. Herausgegeben von dem Bischöflichen Generalvikariat. Trier. Druck und Verlag der Paulinus=Druckerei 1893.

Freiburg 1895 Magnificat. Katholisches Gebet= und Gesangbuch für die Erzdiöcese Freiburg. Herausgegeben im Auftrag des Hochwürdigsten Herrn Erzbischofs von Freiburg. Freiburg im Breisgau. 1895. Herdersche Verlagshandlung.

Münster 1897- Gesang- und Gebetbuch für das Bistum Münster. Neu herausgegeben auf Anordnung des Hochwürdigsten Herrn Bischofs Hermann. Stereotyp= Ausgabe. Münster i. W. Druck u. Verlag der Aschendorffschen Buchhandlung. 1897.

Cäcilia 1900 Cäcilia. Katholisches Gebet= und Gesangbuch. Von Joseph Mohr. Mit oberhirtlicher Approbation. Neue Ausgabe mit Ecknoten. Regensburg, Rom und New York 1900.

Cäcilia ~1900 -- Cäcilia. Katholisches Gebet- und Gesangbuch. Von Joseph Mohr. Neunundzwanzigste, unveränderte Auflage. Ausgabe für Studierende. Mit oberhirtlicher Approbation. Regensburg, Rom, New York & Cincinnati. Verlag von Friedrich Pustet. Typograph des heiligen Apostolischen Stuhles. [o. J., um 1900].

Limburg 1900 Katholisches Gesang= und Gebetbuch für die Angehörigen des Bisthums Limburg. Jm Auftrage des hochwürdigsten Herrn Peter Joseph, Bischofs von Limburg, herausgegeben von Julius Eiffler, Domkapitular. Ausgabe I. (4. Auflage). Limburg a. d. Lahn, Verlag von Heinrich Aug. Herz. 1900.

Brixen 1903 Brixner Diözesan=Gesangbuch mit Gebeten. Mit oberhirtlicher Approbation. Jnnsbruck. Druck und Verlag von Fel. Rauch. 1903. für Vorarlberg: Kommssionsverlag von J. N. Teutsch's Buchhandlung in Bregenz.

Mariazell 1903 Lieder-Kranz und Gebetbuch zum Gebrauche der Wallfahrer nach Maria-Zell. Siebte, vermehrte Auflage. Graz 1903.

Cantate 1905 Cantate! Katholisches Gesangbuch nebst einem vollständigen Gebet- und Andachtsbuche. Herausgegeben von Heinrich Bone. Elfte Auflage. Mit kirchlicher Druckerlaubnis. Paderborn. Druck und Verlag von Ferdinand Schönigh. 1905.

Bamberg 1907 Gelobt sei Jesus Christus! Gebet= und Gesangbuch für das Erzbistum Bamberg. Zweiunddreißigste Auflage. Auf oberhirtliche Anordnung. 1907. Zu beziehen durch das Erzbischöfliche Ordinariat.

Limburg 1907 Gesang= und Gebetbuch für das Bistum Limburg. Herausgegeben von dem Bischöflichen Ordinariate. (Ausgabe mit Melodien.) Jn Kommissionsverlag bei H. A. Herz, Limburg a. L. A. Hötte, Limburg a. Lahn. P. Kreuer, Frankfurt a. M. K. Molzberger, Wiesbaden. 1907.

Dülmen 1908 Die gute Kongreganistin. Marianisches Vereinsbuch für Jungfrauen von B. Störmann. Ausgabe für Erziehungsanstalten- 75. Auflage. Dülmen i.W. A. Laumann'sche Buchhandlung 1908.

Köln 1908 Gesang- und Gebetbuch für die Erzdiözese Cöln. Verlag und Druck von J.P. Bachem. Cöln am Rhein [Vorrede 1908].

Ermland 1910 Gesang= und Gebetbuch für das Bistum Ermland. Neu herausgegeben auf Anordnung des Hochwürdigsten Herrn Bischofs Andreas. Kleine Stereotyp-Ausgabe. Braunsberg. Druck und Verlag der Ermländischen Zeitungs= und Verlagsdruckerei. 1910.

Freiburg 1910 Magnificat. Katholisches Gebet= und Gesangbuch für die Erzdiöcese Freiburg. Herausgegeben im Auftrag des Hochwürdigsten Herrn Erzbischofs von Freiburg. Freiburg im Breisgau. Kleine Ausgabe. 1910.

Dülmen 1910 Oremus ein Gebet= und Gesangbuch zusammengestellt für die Mitglieder der Herz=Jesu=Gemeinde zu St. Paul, Minn., von P. Odo Richardt, O.F.M., Pfarrer. Mit Erlaubnis der geistlichen Obrigkeit. Dülmen i. W., A. Laumann'sche Buchdruckerei 1910.

Limburg 1911 Gesang= und Gebetbuch für das Bistum Limburg. Herausgegeben von dem Bischöflichen Ordinariate. (Ausgabe ohne Melodien.) Jn Kommission bei H. A. Herz, Limburg a. L. P. Kreuer, Frnakfurt a. M. A. Hötte, Limburg a. Lahn. K. Molzberger, Wiesbaden. 1911.

Meißen 1911 Laudate. Gesang- und Gebetbuch für das Bistum Meißen. Bautzen, Verlag des Domstiftes St. Petri 1911.

Cäcilia 1912 Cäcilia. Katholisches Gesang= und Gebetbuch. Von † Joseph Mohr. Dreiunddreißigste Auflage. Herausgegeben von J. Singenberger, revidiert von F.X. Engelhardt. mit oberhirtlicher Approbation. Regensburg, Rom, New York und Cincinnati 1912.

Mainz 1912 Andachtsbuch für die Mitglieder Erzbruderschaft des hochheiligen Rosenkranzes. Mainz o. J. [Approbation von 1912].

Landau 1913 Zum Gebet! Katholisches Militärgebet- und Gesangbuch verfaßt von Pfarrer Dr. Joohs Kgl. kath. Militärgeistlicher in Landau, Pfalz. Landau=Queichheim. Buchdruckerei des St. Paulus=Stiftes. (1913).

Limburg 1914 Gesang= und Gebetbuch für das Bistum Limburg. Herausgegeben von dem Bischöflichen Ordinariate. (Ausgabe mit Melodien.) Jn Kommissionsverlag bei H. A. Herz, Limburg a. L. A. Hötte, Limburg a. Lahn. P. Kreuer, Frankfurt a. M. K. Molzberger, Wiesbaden. 1914.

Freiburg 1915 Magnifikat. Katholisches Gebet= und Gesangbuch für die Erzdiözese Freiburg. Herausgegeben im Auftrag des Hochwürdigen Herrn Erzbischofs von Freiburg. Freiburg im Breisgau. Herdersche Verlagsbuchhandlung 1915. Kleine feine Ausgabe.

Regensburg 1915 Lob Gottes. Diözesan= Gebet= und Gesangbuch besonders zum Gebrauche bei dem öffentlichen Gottesdienste im Bistum Regensburg. Mit einem Titelbilde. Zehnte Auflage. (226. Bis 250. Tausend.) Auf Anordnung des Hochwürdigsten Herrn Bischofes Antonius. 1915. Verlag der Kanzlei des Ordniariates Regensburg.

Limburg 1917 Gesang= und Gebetbuch für das Bistum Limburg. Herausgegeben von dem Bischöflichen Ordinariate. (Ausgabe mit Melodien.) Jn Kommissionsverlag bei A. Hötte, Limburg a. d. Lahn. K. Witzelsburger, Limburg a. L. P. Kreuer, Frankfurt a. M. K. Molzberger, Wiesbaden. 1917.

Trier 1917 Gesang- und Gebetbuch für die Diözese Trier. Herausgegeben vom Bischöflichen Generalvikariat. Paulinus-Verlag Trier (1917). [Erste Auflage 1892].

Rottenburg 1919 Katholisches Gesang= und Andachtsbuch zum Gebrauch bei dem öffentlichen Gottesdienste im Bistum Rottenburg. Herausgegeben vom Bischöflichen Ordinariat. Rottenburg a. N. Verlag von Wilhelm Bader. 1919.

Speyer 1923 Salve Regina. Gebet= und Gesangbuch für das Bistum Speyer. 44. Auflage. Auf oberhirtliche Anordnung. 1923. Verlag des Bischöflichen Priesterseminars in Speyer.

Unter-Eichsfeld 1925 Katholisches Gesang= und Gebetbuch für das Unter=Eichsfeld. Duderstadt 1925. Druck und Verlag von G. Hövener.

Redelberger 1926 Kathol. Gesangbuch. Deutsche Meßgesänge und Kirchenlieder nebst ihren Melodien für's ganze Kirchenjahr. Unter Zugrundelegung des früheren, durch Cardinal v. Geissel bearbeiteten Diözesan=Gesangbuches des Bisthums Speyer neu herausgegeben für den Privatgebrauch von Nikolaus Redelberger, Pfarrer und Geistl. Rat. Niederschlettenbach, Rheinpfalz. Im Selbstverlag des Herausgebers 1926.

Münster 1928 Gesang= und Gebetbuch für das Bistum Münster. Neu herausgegeben auf Anordnung des Hochwürdigsten Herrn Bischofs Hermann. Stereotyp=Ausgabe ohne Noten. Münster i. W. 1928. Verlag der Aschendorffschen Verlags=buchhandlung.

Freiburg 1929 Magnifikat. Katholisches Gebet= und Gesangbuch für die Erzdiözese Freiburg. Herausgegeben im Auftrag des hochwürdigsten Herrn Erzbischofs von Freiburg. Neue Ausgabe. 1929. Herder & Co. b.b.H. Verlagsbuchhandlung. Freiburg im Breisgau. Feine Ausgabe.

Köln 1930 Gebetbuch und Gesangbuch für das Erzbistum Köln. (Ausgabe I/Schul-Ausgabe mit Noten. Druck: J. P. Bachem, Köln und B. Kühlen, M. Gladbach).

Marienthal 1930 Marienthaler Wallfahrtsbuch. Jubiläums=Ausgabe 1330-1930. Zusammengestellt und herausgegeben von P. Raphael Hüfner Priester des Franziskanerordens. Druck der Druckerei Lehrlingshaus in Mainz (1930).

Speyer 1930 Salve Regina. Gebet= und Gesangbuch für das Bistum Speyer. Neuausgabe. Auf oberhirtliche Anordnung. 1930. Verlag des Bischöflichen Priesterseminars in Speyer [Erste Auflage 1929].

Limburg 1931 Gesang= und Gebetbuch für das Bistum Limburg. Herausgegeben im Auftrage des Hochwürdigsten Herrn ANTONIUS Bischofs von Limburg. Druck und Kommissionsverlag: Joh. Falk 3. Söhne G.m.b.H., Mainz (1931).

Osnabrück 1931 Gebet= und Gesangbuch für das Bistum Osnabrück. Verlag von Ferdinand Schöningh in Osnabrück. (Druck: Buchdruckerei der Osnabrücker Volkszeitung. 1931).

St Pölten 1931 Diözesan-Gesangbuch für das Bistum St. Pölten. In oberhirtl. Auftrag. 1931. Verlag des volksliturgischen Apostolates Klosterneuburg bei Wien.

Aachen 1932 Gebetbuch und Gesangbuch für das Bistum Aachen. Verlag J. P. Bachem GmbH in Köln. (Bachemruck Köln. Ausgabe II/Dünndruckausgabe ohne Noten. 1932).

Münster 1932 Gebet= und Gesangbuch für das Bistum Münster. Verlag Aschendorff, Münster i. W. (Neu herausgegeben im Jahre 1932 auf Anordnung des hochwürdigsten Herrn Erzbischofs Johannes. Ausgabe ohne Noten. Druck der Aschendorffschen Buchdruckerei, Münster i. W.).

Mainz 1935 Gelobt sei Jesus Christus! Gebet= und Gesangbuch für das Bistum Mainz. Herausgegeben vom Bischöflichen Ordinariat Mainz. Verlag und Druck: Druckerei Lehrlingshaus Mainz. (1935).

Speyer 1935 Salve Regina. Gebet= und Gesangbuch für das Bistum Speyer. Neuausgabe. Auf oberhirtliche Anordnung. 1935. Verlag des Bischöflichen Priesterseminars in Speyer. (Friedrich Pustet, Graphischer Großbetrieb, Regensburg) [Erste Auflage 1929].

Bamberg 1936 Lobt den Herrn! Gebet= und Gesangbuch für das Erzbistum Bamberg. 2. Auflage 1936. Verlag der Ordinariats der Erzdiözese Bamberg.

Kirchenlied 1938 Kirchenlied. Eine Auslese geistlicher Lieder. Berlin und Freiburg im Breisgau. (Notenausgabe. Christophorus=Verlag Herder KG. Berlin und Freiburg im Breisgau. 1938) [Erste Auflage].

Budapest 1939 Alleluja Gebetbuch für katholische Christen mit allen notwendigen Gebeten und einer Sammlung alter und neuer Kirchenlieder für das deutsche katholische Volk unter Mitwirkung mehrerer Geistlicher, Chordirigenten und Kantoren gesammelt und zusammengestellt von Josef Franz, Johann Babocsay. Budapest. Königliche ungarische Universitäts-Druckerei 1939.

Ratibor 1939 -- Katholisches Gebet-, Gesang- und Meßbuch. Weg zum Himmel von Ludwig Slowronek. Mit kirchlicher Druckerlaubnis. Standard=Ausgabe 1939. Druck und Verlag: Katholische Verlagsanstalt Reinhard Meyer, Ratibor.

Speyer 1939 Salve Regina. Gebet= und Gesangbuch für das Bistum Speyer. Herausgegeben im Auftrag des Bischofs von Speyer. 1939. Verlag Friedrich Pustet, Regensburg.

Speyer 1940 Salve Regina. Gebet= und Gesangbuch für das Bistum Speyer. Herausgegeben im Auftrag des Bischofs von Speyer. 1940. Verlag Friedrich Pustet, Regensburg.

Innsbruck 1946 Gotteslob. Gebet= und Gesangbuch. Herausgeber Apostolische Adminstratur Innsbruck. Verlag Felizian Rauch Innsbruck. (Lizenz=Auflage mit Genehmigung des Verlags Benziger & Co., A.=G., Einsiedeln. Druck von Felizian Rauch Innsbruck. 1946).

Kirchenlied 1947 -- KIRCHENLIED. Eine Auslese geistlicher Lieder. Wien 1947. Verlag Herder.

Mainz 1947 Einheitslieder der deutschen Bistümer. Authentische Gesamtausgabe. 1947. Christophorus-Verlag, Freiburg im Breisgau und Verlag B. Schott's Söhne, Mainz.

Paderborn 1948 Sursum corda. Gesang- und Gebetbuch für das Erzbistum Paderborn. Junfermannsche Verlagsbuchhandlung Paderborn. (Junfermann-Druck, Paderborn. 1948.) [Erste Auflage].

Regensburg 1948 Lob Gottes. Diözesan= Gebet= und Gesangbuch für das Bistum Regensburg. 1948.

Aachen 1949 Oremus. Gebetbuch und Gesangbuch für das Bistum Aachen. (Verlag B. Kühlen. M. Gladbach. Druck: B. Kühlen, M.Gladbach. 1949).

Fulda 1949 Katholisches Gesang= und Gebetbuch für das Bistum Fulda. Neu bearbeitet und herausgegeben im Auftrage des Hochwürdigsten Herrn Dr. Johannes Baptista Dietz Bischofs von Fulda. St. Benno-Verlag G.m.b.H., Leipzig in Verbindung mit dem Verlag F. W. Cordier, Heiligenstadt. 1949.

Hildesheim 1949 Canta Bona. Gesang- und Gebetbuch für das Bistum Hildesheim. Herdersche Buchhandlung Göttingen. (Bildschmuck und Einband von Alfred Riedel. Herder-Druckerei Freiburg im Breisgau 1949).

Köln 1949 Gebet- und Gesangbuch fuer das Erzbistum Koeln. Verlag J. P. Bachem. Koeln. (Druck und Notenherstellung: J. P. Bachem KG., Köln. 1949).

Rottenburg 1949 Gesang- und Andachtsbuch für das Bistum Rottenburg. Herausgegeben vom Hochwürdigsten Herrn Bischof Dr. Carl Joseph Leiprecht. Schwabenverlag. Stuttgart.

Würzburg 1949 Ave Maria. Gebet- und Gesangbuch für das Bistum Würzburg. Auf oberhirtliche Anordnung. Verlag des Ordinariates der Diözese Würzburg. (Neuausgabe 1949. C. Kommissionsverlag: Echter-Verlag Würzburg. Druck: Fränkische Gesellschaftsdruckerei Würzburg).

Augsburg 1950 Laudate. Gebet= und Gesangbuch für das Bistum Augsburg. 1950. Im Kösel-Verlag München und Kempten.

Freiburg 1950 Magnifikat. Katholisches Gebet= und Gesangbuch für die Erzdiözese Freiburg. Herausgegeben im Auftrag des hochwürdigsten Herrn Erzbischofs von Freiburg. Feine Ausgabe. Verlag Herder Freiburg. (Herder=Druckerei Freiburg im Breisgau. 23. Abdruck 1950).

München 1950 Gottesdienst. Gebet= und Gesangbuch für das Erzbistum München und Freising. München. Verlag J. Pfeiffer. (Verlag J. Pfeiffer, München, Herzogspitalstraße 5 und 6. 1950).

Münster 1950 Laudate. Gebetbuch und Gesangbuch für das Bistum Münster. Verlag Aschendorff, Münster [1950].

Limburg 1951 Gesang= und Gebetbuch für das Bistum Limburg. Herausgegeben im Auftrage des Hochwürdigsten Herrn Antonius Bischofs von Limburg. Limburg/Lahn. 1951. Steffen=Verlag. [Erste Auflage 1931].

Passau 1951 Lob Gottes. Gebet- und Gesangbuch der Diözese Passau. Auf oberhirtliche Anordnung. Dritte neubearbeitete Auflage. 1951. Verlag des Bischöflichen Ordinariates Passau.

Basel 1952 Laudate. Gesang- und Gebetbuch für das Bistum Basel. Herausgegeben vom Bischöflichen Ordinariat in Solothurn, elfte Auflage, 1952.

Mainz 1952 Gelobt sei Jesus Christus. Gebet= und Gesangbuch für das Bistum Mainz. Herausgegeben vom Bischöflichen Ordinariat Mainz im Matthias=Grünewald=Verlag Mainz. (Satz, Druck und Bucheinband: Druckhaus Schmidt & Co, Mainz. 1952).

Osnabrück 1952 Gotteslob. Gesangbuch und Gebetbuch für das Bistum Osnabrück. Gemeinschaftsverlag A. Fromm. Osnabrück, und Butzon & Bercker. Kevelaer. (1952).

Speyer 1951 Salve Regina. Gebet- und Gesangbuch für das Bistum Speyer. Erschienen im Verlag Friedrich Pustet Regensburg. 1951.

Meißen 1953 Laudate. Gebet- und Gesangbuch für das Bistum Meißen. St. Benno-Verlag GmbH Leipzig. 1953.

Benedicte 1955 Benedicte. Gebet = und Gesangbuch der Missionare von der hl. Familie. Verlag der Missionare von der hl. Familie. Betzdorf / Sieg 1955.

Trier 1955 Gesang- und Gebetbuch für das Bistum Trier. Herausgegeben vom Bischöflichen Generalvikariat. Paulinus-Verlag Trier. (Druck: Paulinus-Druckerei GmbH., Trier. 1955).

Wien 1956 Die betende Gemeinde. Gebet- und Gesangbuch der Erzdiözese Wien. Herausgegeben vom Erzbischöflichen Ordinariat. Wien 1956. Verlag Herder.

Berlin 1957 Ehre sei Gott. Gebet- und Gesangbuch für das Bistum Berlin. (Herausgegeben vom Bischöflichen Ordinariat Berlin im St. Benno-Verlag, Leipzig 1957).

Limburg 1957 Gebet- und Gesangbuch für das Bistum Limburg. Herausgegeben vom Bischöflichen Ordinariat Limburg. Verlag Josef Knecht. Carolusdruckerei Frankfurt am Main. (Gesamtherstellung: Herder-Druck, Freiburg im Breisgau. 1957).

Würzburg 1959 Ave Maria. Gebet- und Gesangbuch für das Bistum Würzburg. Verlag des Ordinariates der Diözese Würzburg. (Komissionsverlag: Echter-Verlag Würzburg. Druck: Fränkische Gesellschaftsdruckerei Würzburg. Neuausgabe 1959).

Freiburg 1960 Magnifikat. Gebet- und Gesangbuch für die Erzdiözese Freiburg. Herausgegeben im Auftrag des Hochwürdigsten Herrn Erzbischofs von Freiburg. Verlag Herder Freiburg. (Gesamtherstellung: Herder Druck Freiburg im Breisgau. Zweite Auflage 1960).

Aachen 1962 Laudate. Gebet= und Gesangbuch für das Bistum Augsburg. 1962. Im Kösel=Verlag München und Kempten. [Erste Auflage 1948].

Trient und Brixen 1964 Unser Gotteslob. Gebet- und Gesangbuch der Diözesen Trient und Brixen. Im Auftrag der Ordinariate (Einbandentwurf: Hermann Wernhard, München. Die Herstellung lag in den Händen des Verlages J. Pfeiffer, München. 1964).

Hildesheim 1969 Canta Bona. Gebet- und Gesangbuch für das Bistum Hildesheim. Berward Verlag GmbH Hildesheim 1969.

Bamberg 1970 Bamberger Gebet- und Gesangbuch. (Mit oberhirtlicher Druckerlaubnis. 1970: Erste Auflage. Herausgegeben und verlegt vom Erzbischöflichen Ordinariat Bamberg).

Köln 1971 Gebet- und Gesangbuch für das Erzbistum Köln. Verlag J. P. Bachem in Köln. (J. P. Bachem Verlag GmbH., Köln. Gesamtherstellung: J. P. Bachem KG., Köln. 1971).

Münster 1971 Laudate. Gebetbuch und Gesangbuch für das Bistum Münster. Verlag Aschendorff Münster. (Aschendorffsche Buchdruckerei, Münster Westfalen, 1971).

Gotteslob 1975 Gotteslob. Katholisches Gebet- und Gesangbuch mit dem Diözesananteil Augsburg. Herausgegeben von den Bischöfen Deutschlands und Österreichs und der Bistümer Bozen-Brixen und Lüttich. Kösel-Verlag München. (Satz: Süddeutsche Verlagsgesellschaft Ulm. Offsetdruck: Graphische Werkstätten Kösel, Kempten. 1975).

Gotteslob 1975 Gotteslob. Katholisches Gebet- und Gesangbuch. Stammausgabe. Herausgegeben von den Bischöfen Deutschlands und Österreichs und der Bistümer Bozen-Brixen und Lüttich in der Katholischen Bibelanstalt Stuttgart. (Gesamtherstellung: SV-Druck, Ostfildern 1975).Die Ausgaben folgender Diözesen: Aachen, Augsburg, Bamberg, Berlin, Bozen, Eichstätt, Eisenstadt, Essen, Freiburg, Fulda, Graz-Seckau, Gurk-Klagenfurt, Hildesheim, Innsbruck-Feldkirch, Köln, Limburg, Linz, Lüttich, Luxemburg, Mainz, München und Freising, Münster, Osnabrück, Paderborn, Passau, St. Pölten, Regensburg, Rumänien, Rottenburg, Salzburg, Speyer, Trier, Wien, Würzburg, sowie die Ausgabe für die Berliner Ordinarienkonferenz DDR.

Gotteslob 1978 Gotteslob. Katholisches Gebet- und Gesangbuch. Ausgabe für das Bistum Trier. Paulinus-Verlag Trier. (Katholisches Gebet- und Gesangbuch, herausgegeben von den Bischöfen Deutschlands und Österreichs und der Bistümer Bozen-Brixen und Lüttich. Satz: Süddeutsche Verlagsgesellschaft Ulm. Druck: Paulinus-Druckerei GmbH., Trier. 14. verb. Auflage 1978).

Gotteslob 1996 Gotteslob. Limburger Diözesanteil. Anhang. Herausgegeben im Auftrag des Bischofs von Limburg Dr. Franz Kamphaus. 1. Auflage 1996. Verlag Josef Knecht. Frankfurt am Main.

Bamberg o. J. Lobt den Herrn! Gebet- und Gesangbuch für das Erzbistum Bamberg. 20. Auflage. (Herausgegeben und verlegt vom Erzbischöflichen Ordinariat Bamberg, Druck und Kommissionsverlag: St. Otto-Verlag GmbH., Bamberg, in Verlagsgemeinschaft mit Sebaldus-Verlag GmbH., Nürnberg) [Ohne Jahr].

Mainz o. J. Andacht zu dem allerheiligsten Altarsakrament welche während der Fronleichnamsoctave Morgens um 7 und Nachmittags um 5 Uhr in der bischöflichen Seminarkirche zu Unserer lieben Frauen gehalten wird. Mit bischöflicher

Genehmigung. Mainz. Zu haben bei J.P. Haas. [o. J., handschriftlicher Vermerk 1856].

1.4 Liedsammlungen und Anthologien

ARNIM, ACHIM VON: Sämtliche Werke. Neue Ausgabe. Zwölfter Band. Des Knaben Wunderhorn II. Berlin 1857.

DAS SINGESCHIFF. Lieder deutscher katholischer Jugend. Hrsg. vom Katholischen Jungmännerverband Deutschlands. Düsseldorf 1930.

DAS SINGESCHIFF. Lieder deutscher katholischer Jugend, 2. Teil: Das graue Singeschiff. Hrsg. von Adolf Lohmann und Josef Diewald. Düsseldorf 1934.

DAUMER, GEORG FRIEDRICH: Marianische Legenden und Gedichte größtentheils nach alten lateinischen, italienischen, spanischen, französischen und deutschen Darstellungen und Original-Poesien. Münster 1859.

DES KNABEN WUNDERHORN. Alte deutsche Lieder. Gesammelt von L.A. v. Arnim und Clemens Brentano, Teil I–III. Hrsg. von Heinz Rölleke. Stuttgart 1975–1977. (Clemens Brentano. Sämtliche Werke. Historisch-kritische Ausgabe, Bd. 6–8).

DES KNABEN WUNDERHORN. Alte deutsche Lieder. Gesammelt von L.A. v. Arnim und Clemens Brentano, Teil II. Lesarten und Erläuterungen. Hrsg. von Heinz Rölleke. Stuttgart 1978. (Clemens Brentano. Sämtliche Werke. Historisch-kritische Ausgabe, Bd. 9,2).

DES KNABEN WUNDERHORN. Alte deutsche Lieder gesammelt von Achim von Arnim und Clemens Brentano. Kritische Ausgabe, 3. Bände. Hrsg. und kommentiert von Heinz Rölleke. Stuttgart 1987.

DER SPIELMANN, 3. umgearbeitete Auflage der Quickborn-Lieder, hrsg. von Klemens Neumann. Burg Rothenfels 1920.

DER SPIELMANN. Liederbuch für Jugend und Volk. Hg. von Klemens Neumann. Mainz 1929.

DER ZUPFGEIGENHANSL. Hg. vom Deutschen Bunde für Jugendwandern „Wandervogel", o. O. 1909.

DER ZUPFGEIGENHANSL. Das Liederbuch der Wandervögel. Hrsg. von Hans Breuer unter Mitwirkung vieler Wandervögel. Leipzig [10]1913.

DEUTSCHE MARIENDICHTUNG aus neun Jahrhunderten. Herausgegeben und erläutert von Eberhard Haufe. Berlin 1960 (Tb-Ausgabe 1989).

DITFURTH, FRANZ WILHELM FREIHERR VON: Fränkische Volkslieder. Mit ihren zweistimmigen Weisen wie sie vom Volke gesungen werden, aus dem Munde des Volkes selbst gesammelt und herausgegeben, Band I. Reprografischer Nachdruck der Ausgabe Leipzig 1855. Hildesheim 1966.

EMMERAN EUSEBIUS: Die Glorie der heiligen Jungfrau Maria. Legenden und Gedichte nach spanischen, italienischen, lateinischen und deutschen Relationen und Originalpoesien. Nürnberg 1847.

ERK, LUDWIG; BÖHME W.: Deutscher Liederhort. Auswahl der vorzüglicheren Deutschen Volkslieder nach Wort und Weise aus der Vorzeit und Gegenwart gesammelt und erläutert, Band III. Leipzig 1894.

GABLER, JOSEPH: Neue Geistliche Nachtigall. Sechshundert religiöse Volkslieder mit ihren Singweisen, in der Diöcese St. Pölten gesammelt und herausgegeben. Mit Genehmigung des Hochw. bischöfl. Ordinariates von St. Pölten. Linz 1881.

GABLER, JOSEPH: Geistliche Volkslieder. Siebenhundertvierzehn religiöse Lieder mit 387 Melodien gesammelt in der Diöcese St. Pölten, revidiert und herausgegeben. Zweite, verbesserte und sehr vermehrte Auflage der „Geistlichen Nachtigall." Mit Genehmigung des Hochw. bischöfl. Ordinariates. Regensburg 1890.

GABLER, JOSEPH: Geistliche Volkslieder. Religiöse Lieder mit ihren Melodien, gesammelt in der Diözese St. Pölten. Unveränderter Nachdruck der „Geistlichen Volkslieder" (2. Auflage, Regensburg, 1890) vervollständigt durch einen Auszug aus der „Neuen Geistlichen Nachtigall" (1. Auflage, Linz, 1884). Mit einem Nachwort über Leben und Werk Joseph Gablers von Ernst Schusser. München 1984.

GÄRTNER, WILHELM: Te Deum laudamus! Großes, katholisches, geistliches Lieder=Buch aus Grund katholischer Gesangbücher, Anthologie'n und literarischer Denkmäler aus allen christlichen Zeiträumen gesammelt. 3 Bände. Wien 1855/1857.

GEISTLICHE VOLKSLIEDER mit ihren ursprünglichen Weisen gesammelt aus mündlicher Tradition und seltenen alten Gesangbüchern. Paderborn 1850.

HOMMEL, FRIEDRICH: Geistliche Volkslieder aus alter und neuerer Zeit mit ihren Singweisen. Zweite Ausgabe. Leipzig 1871.

KLAAS, ROBERT; WÖLKI KONRAD: Das goldne Buch der Lautenlieder. Eine reiche Auslese Volks= und volkstümlicher Lieder mit doppelter Lautenbegleitung. Berlin [2]1937.

MITTLER, FRANZ LUDWIG: Deutsche Volkslieder. Marburg und Leipzig 1855.

MITTLER, FRANZ LUDWIG: Deutsche Volkslieder. Zweite mit einem Quellenverzeichnis vermehrte wohlfeile Ausgabe. Frankfurt am Main 1865.

PINCK, LOUIS: Verklingende Weisen. Lothringer Volkslieder gesammelt und herausgegeben. Heidelberg 1927.

SCHLOSSER, JOHANN FRIEDRICH HEINRICH: Die Kirche in ihren Liedern durch alle Jahrhunderte. Zweite, mit den Originaltexten vermehrte Auflage. 2. Bände. Freiburg 1863.

SIMROCK, KARL: Deutsche Sionsharfe. Elberfeld 1857.

2 Hilfsmittel

ALLGEMEINE DEUTSCHE BIOGRAPHIE (ADB). Hrsg. durch die Historische Commission bei der königl. Akademie der Wissenschaften. 56 Bde. Leipzig 1875–1912.

BÄUMKER, WILHELM: Das katholische deutsche Kirchenlied in seinen Singweisen. 4 Bde. Freiburg i. Br. 1886–1911 (letzter Band hg. v. Joseph Gotzen). 2. Nachdruck: Hildesheim; Zürich; New York 1997.

DENZINGER, HEINRICH: Kompendium der Glaubensbekenntnisse und kirchlichen Lehrentscheidungen. Verbessert, erweitert, ins Deutsche übertragen und unter Mitarbeit von Helmut Hoping herausgegeben von Peter Hünermann. 37. Auflage. Freiburg im Breisgau 1991.

DIE BIBEL. Einheitsübersetzung der Heiligen Schrift. Gesamtausgabe. Stuttgart 1980.

FRANK, HORST JOACHIM: Handbuch der deutschen Strophenformen. 2., durchgesehene Auflage. Tübingen und Basel 1993.

GESAMTVERZEICHNIS DES DEUTSCHSPRACHIGEN SCHRIFTTUMS (GV) 1700–1910. 160 Bde. München; New York; London; Paris 1979–1987.

GOTTESDIENST DER KIRCHE. Handbuch der Liturgiewissenschaft. Teil 3. Hrsg. von Hans Bernhard Meyer u.a. Regensburg.

GRIMM, JAKOB UND WILHELM: Deutsches Wörterbuch, 16 Bände. Leipzig 1854ff. (Reprint München 1984, 33 Bände).

HANDBUCH DER DOGMATIK. Hrsg. von Theodor Schneider, 2 Bände. Düsseldorf 1992.

HANDBUCH DER MARIENKUNDE. Hrsg. von Wolfgang Beinert und Heinrich Petri. Regensburg 1984.

HANDBUCH DER MARIENKUNDE, 2 Bände. Hrsg. von Wolfgang Beinert und Heinrich Petri. Zweite, völlig neu bearbeitete Auflage. Regensburg 1996–1997.

KOSCH, WILHELM: Das katholische Deutschland. Biographisch-bibliographisches Lexikon. Augsburg 1933.

KÜPPERS, KURT: Diözesan-Gesang- und Gebetbücher des deutschen Sprachgebietes im 19. und 20. Jahrhundert. Münster 1987. (LQF 69).

LEXIKON DER CHRISTLICHEN IKONOGRAPHIE (LCI). Hrsg. v. Engelbert Kirschbaum SJ. 8 Bde. Freiburg i. Br. 1968.

LEXIKON FÜR THEOLOGIE UND KIRCHE (LThK). Begr. v. Michael Buchberger, hrsg. v. Walter Kasper u. a. 11. Bde. Freiburg i. Br.; Basel; Rom; Wien. 3., völlig neu bearb. Aufl. 1993–2001.

LEXIKON FÜR THEOLOGIE UND KIRCHE (LThK). Begr. v. Michael Buchberger, hrsg. v. Josef Höfer u. Karl Rahner. 2., völlig neu bearb. Aufl. 14 Bde. Freiburg i. Br. 1957–1968.

MARIENLEXIKON, 6 Bände. Hrsg. von R. Bäumer und L. Scheffczyk. St. Ottilien 1988–1994.

MEISTER, KARL SEVERIN: Das katholische deutsche Kirchenlied in seinen Singweisen von den frühesten Zeiten bis gegen Ende des 17. Jahrhunderts. Erster Band. Freiburg i. Br. 1862.

NEUE DEUTSCHE BIOGRAPHIE (NDB). Hrsg. v. der Historischen Kommission bei der bayerischen Akademie der Wissenschaften. Bisher 20 Bde. Berlin 1953–2001.

NEUES HANDBUCH THEOLOGISCHER GRUNDBEGRIFFE. Hrsg. von Peter Eicher. 4 Bände. München 1985.

RAHNER , KARL; VORGRIMLER, HERBERT: Kleines Konzilskompedium. Sämtliche Texte des Zweiten Vatikanums. Mit einem Nachtrag vom Oktober 1968: Die nachkonziliare Arbeit der römischen Kirchenleitung. 23. Auflage. Freiburg im Breisgau 1991.

RAHNER , KARL; VORGRIMLER, HERBERT: Kleines Theologisches Wörterbuch. Unter Mitarbeit von Kuno Füssel wurde die 10. Auflage völlig neu bearbeitet. 15. Auflage. Freiburg im Breisgau 1985.

RELIGION IN GESCHICHTE UND GEGENWART (RGG). Handwörterbuch für Theologie und Religionswissenschaft. 4., völlig neu bearb. Auflage. Hrsg. v. Hans Dieter Betz u. a. Bisher 4 Bde. Tübingen 1998–2001.

REPERTOIRE INTERNATIONAL DES SOURCES MUSICALES (RISM). Das deutsche Kirchenlied (DKL). Kritische Gesamtausgabe der Melodien hg. v. Konrad Ameln, Markus Jenny und Walther Lipphardt. Kassel 1975.

SCHEEBEN, MATTHIAS JOSEPH: Handbuch der katholischen Dogmatik, Band VI/2. Hrsg. von Carl Feckes. Freiburg im Breisgau 1954.

SCHÜLING, HERMANN: Katalog einer Sammlung kirchlicher Gesangbücher. Gießen 1985. (Spezialsammlung der Universitätsbibliothek Gießen 3).

THEOLOGISCHE REALENYZKLOPÄDIE (TRE). Hrsg. v. Gerhard Müller. Bisher 32 Bde. Berlin; New York 1977–2001.

WERKBUCH ZUM SALVE REGINA. Hrsg. vom Bischöflichen Ordinariat Speyer. Speyer 1959.

WILPERT, GERO VON: Sachwörterbuch der Literatur. 7., verbesserte und erweiterte Auflage. Stuttgart 1989.

3 Sekundärliteratur

AMAN, BERTHOLD: Geschichte des Freiburger Diözesangesangbuches. Freiburg im Breisgau 1956.

BAUDRI, JOHANN ANTON FRIEDRICH: Der Erzbischof von Köln Johannes Cardinal von Geissel. Köln 1881.

BAUMER, ISO: Wallfahrt und Wallfahrtsterminologie. In: Volkskunde. Fakten und Analysen. Festschrift für L. Schmidt. Hrsg. von K. Beitl. Wien 1972, S. 304–316.

BÄUMKER, WILHELM: Das katholische Kirchenlied im 19. Jahrhundert. In: Musica sacra 45 (1912), S. 11–18.

BEINERT, WOLFGANG: Die mariologischen Dogmen und ihre Entfaltung. In: Handbuch der Marienkunde. Hrsg. von Wolfgang Beinert und Heinrich Petri. Regensburg 1984, S. 232–314.

BEISSEL, STEPHAN: Geschichte der Verehrung Marias im 16. und 17. Jahrhundert. Ein Beitrag zur Religionswissenschaft und Kunstgeschichte. Freiburg im Breisgau 1910 (Reprint 1970).

BEISSEL, STEPHAN: Wallfahrten zu Unserer Lieben Frau in Legende und Geschichte. Freiburg 1913.

BENZINGER, P. AUSGUSTIN: Beiträge zum katholischen Kirchenlied in der deutschen Schweiz nach der Reformation. Inaugural-Dissertation. Sarnen 1910.

BRAUNER, JOSEPH UND PINCK, LOUIS: Katholische deutsche Kirchengesangbücher in Lothringen. Straßburg 1938.

BREDNICH, ROLF WILHELM: Art. Flugblatt, Flugschrift. In: Enzyklopädie des Märchens. Handwörterbuch zur historischen und vergleichenden Erzählforschung. Berlin, New York 1984, Bd. 4, Sp. 1339–1358.

BREDNICH, ROLF WILHELM (HG): Grundriss der Volkskunde. Einführung in die Forschungsfelder der Europäischen Ethnologie. Berlin 1988.

BREUER, DIETER: Der „Philotheus" des Laurentius von Schnüffis. Zum Typus des geistlichen Romans im 17. Jahrhundert. Inaugural-Dissertation zur Erlangung der Doktorwürde der Philosophischen Fakultät der Johannes Gutenberg-Universität zu Mainz. Meisenheim / Glan 1969.

BREUER, DIETER: Deutsche Metrik und Versgeschichte. München 1981. (UTB 745).

BREUER, DIETER: Frömmigkeit in der frühen Neuzeit. Studien zur religiösen Literatur des 17. Jahrhunderts in Deutschland. Amsterdam 1984.

BÜSE, KUNIGUNDE: Das Marienbild in der deutschen Barockdichtung. Düsseldorf 1956.

BUSCHMANN, PATRICIA KELLY: Theory and Criticism of Lyric Poetry in Eighteenth-Century. Germany (Dissertation). Baltimore 1973.

BRÜCKNER, WOLFGANG: Zum Wandel der religiösen Kultur im 18. Jahrhundert. Einkreisungsversuche des »Barockfrommen« zwischen Mittelalter und Massenmissionierung. In: Wolfenbütteler Forschungen 19 (1982), S. 65–83.

CORETH, ANNA: Pietas Austriaca. Ursprung und Entwicklung barocker Frömmigkeit in Österreich. München 1959.

CORETH, ANNA: Pietas Austriaca. Österreichische Frömmigkeit im Barock. Zweite, erweiterte Auflage. Wien 1982.

COURTH, FRANZ: Wallfahrten zu Maria. In: Handbuch der Marienkunde, Band 2. Hrsg. von Wolfgang Beinert und Heinrich Petri. Regensburg 1997, S. 9–30.

DELIUS, WALTER: Geschichte der Marienverehrung. München, Basel 1963.

DE FIORES, STEFANO: Maria in der Geschichte von Theologie und Frömmigkeit. In: Handbuch der Marienkunde, Band 1. Hrsg. von Wolfgang Beinert und Heinrich Petri. Regensburg 1996, S. 99–266.

DORNEGER, KARL: Das 19. Jahrhundert im deutschsprachigen katholischen Kirchenlied. In: IAH Bulletin. Publikation der Internationalen Arbeitsgemeinschaft für Hymnonologie 22 (1994): Das 19. Jahrhundert im Kirchenlied. Vorträge und Referate der IAH-Tagung 1993, S. 51–77.

DORNEGER, KARL: Staatskirchentum und Kirchenlied am Beispiel des Josephinismus in Österreich. In: Kirchenlied und nationale Identität. Internationale und interkulturelle Beiträge. Hrsg. von Cornelia Kück und Hermann Kurzke. Tübingen 2003, S.77–99.

DREVES, GUIDO MARIA: Ein Wort zur Gesangbuchfrage. Zugleich Prolegomena zu einem Büchlein geistlicher Volkslieder. Freiburg im Breisgau 1884.

DREVES, GUIDO MARIA: Archaismen im Kirchenliede. Noch ein Wort zur Gesangbuch-Frage. Freiburg im Breisgau 1889.

DREWNIAK, LEANDER: Theologische Glossen zu unseren Marienliedern. Ein Beitrag zum nachkonziliaren überdiözesanen Gesangbuch. In: Liturgisches Jahrbuch 1965, S. 28–40.

DUMONT, KARL THEODOR (HG.): Schriften und Reden von Johannes Cardinal von Geissel. Erzbischof von Köln, Band 2. Köln 1869.

DÜNNINGER, JOSEF: Volkskultur zwischen Beharrung und Wandel in Franken. Hrsg. von Dieter Harmening und Erich Wimmer. Dettelbach 1994. (Quellen und Forschungen zur Europäischen Ethnologie, Bd. XVI).

EBERTZ, MICHAEL N.: „Ein Haus voll Glorie, schauet...". Modernisierungsprozesse der römisch-katholischen Kirche im 19. Jahrhundert. In: Religion und Gesellschaft im 19. Jahrhundert. Hrsg. von Wolfgang Schieder. Stuttgart 1993, S. 62–85.

FEDERHOFER, HELLMUT: Alte Liederdrucke in der Universitätsbibliothek Graz. In: Jahrbuch des österreichischen Volksliedwerkes 4 (1957), S. 39–45

FISCHER, MICHAEL: Ein Sarg nur und ein Leichenkleid. Sterben und Tod im 19. Jahrhundert . Zur Kultur- und Frömmigkeitsgeschichte des Katholizismus in Südwestdeutschland. Paderborn u.a. 2004.

FITZMAIER, B: Liedpublizistik. In: »Freut euch des Lebens...«. 75 Jahre Volksliedarchiv, Freiburg im Breisgau 1989, S. 61.

FLECKENSTEIN, FRANZ: Marienverehrung in der Musik. In: Handbuch der Marienkunde. Hrsg. von Wolfgang Beinert und Heinrich Petri. Regensburg 1984, S. 622–663.

FLIEGENDE BLÄTTER für katholische Kirchen-Musik 27 (1892), S.24f. und S. 44f.

FUNCKE, P.: Geschichte des katholischen deutschen Kirchenliedes. In: Musica sacra 45 (1912), S. 244–248 und S. 266–269; Musica sacra 46 (1913), S.166–169 und S. 191–195 und S. 226–231.

GABLER, JOSEPH: Bemerkungen zu dem von dem hochwürdigsten Ordinariaten in Wien, Linz und St. Pölten approbierten katholischen Gesangbuche Te Deum laudamus. Zweite, sehr vermehrte Auflage. Leipzig 1899.

GIESSLER, RUPERT: Die geistliche Lieddichtung der Katholiken im Zeitalter der Aufklärung. Inaugural-Dissertation zur Erlangung der Doktorwürde der Philosophischen Fakultät der Albert-Ludwig-Universität zu Freiburg im Breisgau. Augsburg 1929.

GOETHE, JOHANN WOLFGANG VON: Des Knaben Wunderhorn. Alte deutsche Lieder, herausgegeben von Achim von Arnim und Clemens Brentano. In: Goethes Werke, Bd. XII. Schriften zur Kunst. Schriften zur Literatur. Maximen und Reflexionen. Textkritisch durchgesehen von Erich Trunz und Joachim Schrimpf. München 1981, S. 270–284.

GOY, BARBARA: Aufklärung und Volksfrömmigkeit in den Bistümern Würzburg und Bamberg. Würzburg 1969. (Quellen und Forschungen zur Geschichte des Bistums und Hochstifts Würzburg, Band 21).

GREULE, ALBRECHT: So sie's nicht verstehen, so sollten sie's nicht singen? Über den Beitrag der Sprachwissenschaft zur Kirchenliedforschung. In: Kirchenlied interdisziplinär. Hymnologische Beiträge aus Germanistik, Theologie und Musikwissenschaft. Frankfurt am Main u.a. 1999, S. 47–64.

GREULE, ALBRECHT: Die Sprache im neuen geistlichen Lied. In: Kirchenlied interdisziplinär. Hymnologische Beiträge aus Germanistik, Theologie und Musikwissenschaft. Frankfurt am Main u.a. 1999, S. 83–98.

GRIMM, JAKOB: Über den altdeutschen Meistersang. Göttingen 1811.

GRUBER, SABINE CLAUDIA: Brentano und das geistliche Lied. Tübingen und Basel 2002. (Mainzer Hymnologische Studien, Bd. 4).

GRUBER, SIEGFRIED: Mariologie und katholisches Selbstbewußtsein. Ein Beitrag zur Vorgeschichte des Dogmas von 1854 in Deutschland. Essen 1970. (Beiträge zur neueren Geschichte der katholischen Theologie, Bd. 12).

GSTACH, RUTH: Leben des Barockdichters Laurentius von Schnifis, nach den derzeit bekannten Quellen. In: Laurentius von Schnifis. 1633 - 1702. Ausstellungskatalog des Vorarlberger Landesmuseums. Schnifis 1983, S. 13–32.

GUARDINI, ROMANO: Vom Geist der Liturgie. Nachwort von Hans Maier. Freiburg im Breisgau 1983.

GUGITZ, GUSTAV: Österreichs Gnadenstätten in Kult und Brauch. Band 4, Kärnten und Steiermark. Wien 1956.

GUTH, KLAUS: Geschichtlicher Abriß der marianischen Wallfahrsbewegungen im deutschsprachigen Raum. In: Handbuch der Marienkunde, Band 2. Hrsg. von Wolfgang Beinert und Heinrich Petri. Regensburg 1997, S. 321–448.

HAAG, MARTINA: „Dem Herzen Jesu singe ..." Politische Instrumentalisierung der Frömmigkeit im 19. und 20. Jahrhundert. Mainz 2003.

HAMACHER, THEO: Heinrich Bone, das „Cantate" und die Erneuerung des katholischen deutschen Kirchenliedes. In: Musica sacra. Cäcilien-Verbands-Organ 87/1967, S. 196–202.

HAMACHER, THEO: Das Kirchenlied der Romantik. In: Geschichte der katholischen Kirchenmusik, Band II. Hrsg. von Karl Gustav Fellerer. Kassel 1976, S. 262–270.

HÄRTING, MICHAEL: Das deutsche Kirchenlied der Barockzeit. In: Geschichte der katholischen Kirchenmusik, Band II. Hrsg. von Karl Gustav Fellerer. Kassel 1976, S. 108–118.

HÄRTING, MICHAEL: Das Kirchenlied unter dem Einfluß der kirchlichen Aufklärung. In: Geschichte der katholischen Kirchenmusik, Band II. Hrsg. von Karl Gustav Fellerer. Kassel 1976, S. 173–175.

HARNONCOURT, PHILIPP: Gedanken aus Österreich zum geplanten Einheits- Gebet- und Gesangbuch der deutschen Bistümer. In: Musik und Altar 18 (1966), S. 16–22.

HARNONCOURT, PHILIPP: Katholische Kirchenmusik vom Cäcilianismus bis zur Gegenwart. In: Traditionen und Reformen in der Kirchenmusik. Festschrift für Konrad Ameln. Basel 1974, S. 78-133.

HEGEL, EDUARD: Geschichte des Erzbistums Köln, Band 4 (1979) und Band 5 (1987). Köln.

HEINE, HEINRICH: Die romantische Schule. Kritische Ausgabe. Stuttgart 1976.

HEINE, HERBERT: Das Kirchenlied und der Caecilianismus. In: Der Caecilianismus. Anfänge - Grundlagen - Wirkungen. Hrsg. von Huber Unverricht. Tutzing 1988, S. 125–161.

HEINZ, ANDREAS: Marienlieder des 19. Jahrhunderts und ihre Liturgiefähigkeit. In: Trierer Theologische Zeitschrift 1988, S. 106–134.

HESS, ALOIS: Steyr, eine alte Druckerstadt. Geschichte und Bibliographie. Dissertation an der Universität Wien. Wien 1950 (masch.).

HOCHENEGG, HANS: Bruderschaften und ähnliche religiöse Vereinigungen in Deutschtirol bis zum Beginn des zwanzigsten Jahrhunderts. Innsbruck 1984. (Schlern Schriften 272).

HOFER, MAX: Die Gesang- und Gebetbücher der schweizerischen Diözesen. Eine geschichtliche Untersuchung. Freiburg / Schweiz 1965.

HÖLLHUBER, DIETRICH; KAUL, WOLFGANG: Wallfahrt und Volksfrömmigkeit in Bayern. Formen religiösen Brauchtums im heutigen Bayern. Nürnberg 1987.

HOLZAPFEL, OTTO (HG.): Lexikon folkloristischer Begriffe und Theorien (Volksliedforschung). Berlin u.a. 1996.

HORST, ULRICH: Das Dogma von der Unbefleckten Empfängnis Marias (1854). Vorgeschichte und Folgen. In: Kirche im 19. Jahrhundert. Hrsg. von Manfred Weitlauff. Regensburg 1998, S. 95–114.

HUMPERT, THEODOR: Katholische Kirchenlieder. Quellennachweis von Texten und Melodien zunächst für die Lieder des Freiburger Diözesangesangbuches „Magnifikat" nebst Erklärungen der lehrplanmäßigen Lieder. Freiburg im Breisgau 1930.

HÜTTL, LUDWIG: Marianische Wallfahrten im süddeutsch-österreichischen Raum. Köln, Wien 1985. (Kölner Veröffentlichungen zur Religionsgeschichte, Bd. 6).

JÄCK, HEINRICH JOACHIM: Denkschrift für das Jubelfest der Buchdruckerkunst zu Bamberg am 24. Juni 1840. Erlangen 1840.

JASPERT, BERND (HG.): Frömmigkeit als Forschungsaufgabe. Paderborn 1995.

JEITTELES, ADALBERT: Drei volkstümliche historische Lieder. In: Euphorion . Zeitschrift für Literaturgeschichte 11/1904, S. 81–90.

JOOSTEN, CHRISTOPH: Das Christkönigsfest, Liturgie im Spannunngsfeld zwischen Frömmigkeit und Politik. Tübingen 2002. (Pietas Liturgica 12).

JUNGMANN, JOSEF ANDREAS: Der Gottesdienst der Kirche. Auf dem Hintergrund seiner Geschichte kurz erklärt. Innsbruck u.a. 1955.

JUNGMANN, JOSEF ANDREAS: Missarium Sollemnia. Eine genetische Erklärung der römischen Messe, Bd. 1. Freiburg 1958.

KAPNER, GERHARDT: Auswirkungen der religiösen und künstlerischen Bemühungen der Barockzeit auf die Volksfrömmigkeit in Wien. In: Volksfrömmigkeit. Von der Antike bis zum 18. Jahrhundert. Wien, Köln 1985, S. 221–244.

KELLER, KARL: Die Kevelaer-Wallfahrt in Liedern und Gedichten. Eine volkskundliche und kulturgeschichtliche Studie. Geldern 1991.

KIENLE, AMBROSIUS P.: Kleines Kirchenmusikalisches Handbuch zur Einführung des neuen Diöcesan-Gesangbuches Magnificat. Freiburg im Breisgau 1893.

KIRCHE UND JUGEND. Bericht über den Kursus für Jugendseelsorge vom 4.–12. Oktober 1937 in Bad Soden - Salmünster. Hrsg. vom Bischöflichen Ordinariat Mainz für den seelsorglichen Gebrauch der Diözesan- und Dekanatsjugend-Seelsorger. Mainz 1938. (Als Manuskript gedruckt.).

KLIER, KARL M.; RIEDL, ADALBERT: Lied-Flugblattdrucke aus dem Burgenland. Eisenstadt 1958.

KLUETING, HARM (HG.): Aufklärung im katholischen Deutschland. Hamburg 1993. (Studien zum 18.Jahrhundert, Bd. 15).

KOBER, AUGUST HEINRICH: Geschichte der deutschen Marienverehrung. In: Zeitschrift für den deutschen Unterricht 28 (1914), S. 176–215.

KOCH, P. GAUDENTIUS: Aus stillen Bergen. Mit Erlaubnis der Oberen. Ravensburg o. J.

KÖNEN, F[RIEDRICH]: Das deutsche Kirchenlied und der Choral. In: Fliegende Blätter für katholische Kirchen=Musik. 15 (1880), S. 14–18.

KÖNEN, F[RIEDRICH]: Ueber den deutschen Volksgesang. In: Fliegende Blätter für katholische Kirchen=Musik 17 (1882), S. 102–109.

KOLB, KARL: Typologie der Gnadenbilder. In: Handbuch der Marienkunde, Band 2. Hrsg. von Wolfgang Beinert und Heinrich Petri. Regensburg 1997, S. 449–482.

KONRAD, HERMANN: Die Marienlieder des Freiburger Diözesangesangbuches „Magnifikat" und ihre Verwendbarkeit in der Liturgie. Zulassungsarbeit zum CONCURSUS PRO SEMINARIO. 1972 [Trier: Liturgisches Institut / Archiv EGB 84; SK I A].

KORFF, GOTTFRIED; SCHARFE, MARTIN: Volksfrömmigkeitsforschung. Würzburg 1986. (Ethnologia Bavarica. Studienhefte zur allgemeinen und regionalen Volkskunde, 13.)

KOSNETTER, JOHANN: Die Sonnenfrau (Apok. 12,1–27) in der neueren Exegese. In: Theologische Fragen der Gegenwart. Festgabe für Kardinal Dr. Theodor Innitzer. Hrsg. von der Katholischen Theologischen Fakultät der Universität Wiens. Wien 1952.

KÜCK, CORNELIA; KURZKE, HERMANN (HG.): Kirchenlied und nationale Identität. Internationale und interkulturelle Beiträge. Tübingen 2003. (Mainzer Hymnologischen Studien, Bd. 10).

KÜPPERS, LEONHARD (HG.): Die Gottesmutter. Marienbild in Rheinland und Westfalen. Recklinghausen 1974.

KURZKE, HERMANN: Notizen zum Marienlied. In: Liturgie und Frauenfrage. Ein Beitrag zur Frauenfrage aus liturgiewissenschaftlicher Sicht. Hrsg. von Theresa Berger und Albert Gerhards. St. Ottilien 1990, S. 307–318. (Pietas liturgica 7).

KURZKE, HERMANN: Kirchenlied und Literaturgeschichte. Die Aufklärung und ihre Folgen. In: Jahrbuch für Liturgik und Hymnologie 1995/1995, S. 124–135.

KURZKE, HERMANN: Poetik und Metaphorik in der Geschichte des Kirchenliedes. In: Kirchenlied interdisziplinär. Hymnologische Beiträge aus Germanistik, Theologie und Musikwissenschaft. Frankfurt am Main u.a. 1999, S. 9–26.

KURZKE, HERMANN: Wunderschön prächtige. In: Geistliches Wunderhorn. Hrsg. von Hansjakob Becker, Ansgar Franz, Jürgen Henkys, Hermann Kurzke, Christa Reich und Alex Stock. München 2001, S. 345–355.

KURZKE, HERMANN: Das Liedgut der Tradition. In: Gotteslob-Revision. Probleme, Prozesse und Perspektiven einer Gesangbuchreform. Hrsg. von Hermann Kurzke und Andrea Neuhaus. Tübingen 2003, S. 155–164.

KURZKE, HERMANN; NEUHAUS, ANDREA (HG.): Gotteslob-Revision. Probleme, Prozesse und Perspektiven einer Gesangbuchreform. Tübingen 2003. (Mainzer Hymnologische Studien, Bd. 9).

KURZKE, HERMANN: ÜHLEIN, HERMANN (HG.): Kirchenlied interdisziplinär. Hymnologische Beiträge aus Germanistik, Theologie und Musikwissenschaft. Frankfurt am Main u.a. 1999.

KURZKE, HERMANN; SCHMIDT, REBECCA: Fritz Schlosser als Sammler geistlicher Lieder. In: Goethekult und katholische Romantik (1780–1851). Hrsg. von Helmut Hinkel. Mainz 2002, S. 105–120.

KURZKE, HERMANN; SÜß, ULRIKE: Gesangbuchillustration. Beiträge zu ihrer Geschichte. Tübingen 2005. (Mainzer Hymnologische Studien, Bd. 11)

KUSCHEL, KARL-JOSEF: Maria in der deutschen Literatur des 20. Jahrhunderts. In: Handbuch der Marienkunde, Band 2. Hrsg. von Wolfgang Beinert und Heinrich Petri. Regensburg 1997, S. 215–269.

KRANAWETTER, HERMANN: Steyr in Oberösterreich als Druckort „fliegender Blätter" des 18. und 19. Jahrhunderts. In: Bayerische Hefte für Volkskunde. VI. Jahrgang 1919, S. 35–95.

LAURENTIUS VON SCHNIFIS: Philotheus oder des Miranten Weg. Herausgegeben und eingeleitet von Eugen Thurnher. Bregenz o. J. (Vorarlberger Schrifttum. Band 7).

LINDER-BEROUD, WALTRAUD: Von der Mündlichkeit zur Schriftlichkeit? : Untersuchungen zur Interdependenz von Individualdichtung und Kollektivlied. Frankfurt am Main 1989. (Artes populares, Bd. 18)

LOHSE, EDUARD: Die Offenbarung des Johannes. Übersetzt und erklärt. Göttingen 1976. (Das Neue Testament. Neues Göttinger Bibelwerk. Teilband 1).

LÖBMANN, HUGO: Für das deutsche Kirchenlied. In: Musica sacra 44 (1911), S. 232–237.

LORBER, KURT: Flugblattlieder aus öffentlichen Sammlungen in Graz. Graz 1950. (Dissertation, masch.).

MACKEPRANG, RUDOLF: Die Gesangbücher des Bistums Limburg und ihre Vorgänger. In: Nassauische Heimatblätter 37 (1936), S. 27–33.

MARIA-ZELL SEI GEGRÜSST VIEL TAUSEND MAL. Das Neueste und Merkwürdigste über Maria-Zell und die Schatzkammer mit ihren kostbaren Opfergegenständen. Maria-Zell o. J.

MAYER, ANTON L.: Die Liturgie in der europäischen Geistesgeschichte. Gesammelte Aufsätze. Hrsg. und eingeleitet von Emmanuel von Severus. Darmstadt 1971.

MEIER, JOHN: Deutsche Volkslieder. Balladen. Erster Teil. Berlin, Leipzig 1935.

MEIER, JOHN: „Kunstlieder in Volksmunde". Materialien und Untersuchungen. Halle an der Saale 1906.

MEIER, JOHN: Kunstlied und Vokslied in Deutschland. Halle an der Saale 1906.

MEISTER, HERMANN MARIA: Maria eine Göttin? Notizen zu Mariologie und Volksfrömmigkeit. In: Mainzer Mariologischer Bote 60 (2003), S. 2–15.

MOHR, JOSEPH: Einleitung und Quellennachweis zum Psälterlein. Zweite, verbesserte Auflage. Regensburg, New York, Cincinnati 1891.

MÖLLER, CHRISTIAN (HG.): Kirchenlied und Gesangbuch. Quellen zu ihrer Geschichte. Ein hymnologisches Arbeitsbuch. Tübingen und Basel 2000. (Mainzer Hymnologische Studien, Bd. 1).

MOSER, DIETZ-RÜDIGER: Verkündigung durch Volksgesang. Studien zur Liedpropaganda und -katechese der Gegenreformation. Berlin 1981.

MOSER, JOSEF: Katholische Volksreligion, Klerus und Bürgertum in der zweiten Hälfte des 19. Jahrhunderts. Thesen. In: Religion und Gesellschaft im 19. Jahrhundert. Hrsg. von Wolfgang Schieder. Stuttgart 1993, S. 144–156.

MULACK, CHRISTA: Die geheime Göttin im Christentum. Stuttgart 1985.

MÜLLER, GERHARD: Die unbefleckte Empfängnis im Urteil päpstlicher Ratgeber. In: Zeitschrift für Kirchengeschichte 78 (1967), S. 300–339.

MÜLLER, GERHARD: Die Immaculata conceptio im Urteil der mitteleuropäischen Bischöfe. In: Kerygma und Dogma 14 (1968), S. 46–70.

MUSICA SACRA 14 (1891), S. 23f. (Psälterlein. Katholisches Gebet- und Gesangbuch).

NEUHAUS, ANDREA: Das geistliche Lied in der Jugendbewegung. Zur literarischen Sakralität um 1900. Tübingen 2005. (Mainzer Hymnologische Studien, Bd. 16)

NIPPERDEY, THOMAS: Deutsche Geschichte 1866–1918. Band I: Arbeitswelt und Bürgergeist. München 1990.

NOWACK, KURT: Geschichte des Christentums in Deutschland. Religion, Politik und Gesellschaft vom Ende der Aufklärung bis zur Mitte des 20. Jahrhunderts. München 1995.

OPITZ, MARTIN: Buch von der Deutschen Poeterey (1624). Hrsg. von Cornelius Sommer. Stuttgart 1970.

ORTNER, SONJA: Das Phänomen „Kirchensinger": Relikte einer mündlich tradierten Mehrstimmigkeit. In: I.A.H. Bulletin. Publikation der Internationalen Arbeitsgemeinschaft für Hymnologie. Nr. 30/2004. Graz 2005, S.147–153.

PAMMER, MICHAEL: Glaubensabfall und Wahre Andacht. Barockreligiosität, Reformkatholizismus und Laizismus in Oberösterreich 1700–1820. Wien und München 1994.(Sozial- und wirtschaftshistorische Studien, Bd. 21)

PAISEY; DAVID L.: Deutsche Buchdrucker und Verleger 1701–1750. Wiesbaden 1988.

PASS, WALTER: Laurentius von Schnifis. Musiker und Komponist. In: Laurentius von Schnifis. 1633–1702. Ausstellungskatalog des Vorarlberger Landesmuseums. Schnifis 1983, S. 41–44.

PERSCH, MARTIN: Das Trierer Diözesangesangbuch von 1846 bis 1975. Ein Beitrag zur Geschichte der Trierer Bistumsliturgie. Trier 1987. (Trierer Theologische Studien, Band 44).

PETERHANS, SEBALD: Die »Philomela Mariana« oder Marianische Nachtigall des P. Mauritius von Menzingen (1654–1713). Ein Beitrag zur Erforschung des Deutschen Literaturbarock. Dissertation St. Maurice 1944.

PETRI, HEINRICH: Maria und die Ökumene. In: Handbuch der Marienkunde. Hrsg. von Wolfgang Beinert und Heinrich Petri. Regensburg 1984, S. 315–359.

PIEL, P[ETER]: Welche Lieder des neuen Trierischen Gesangbuches verdienen den Vorzug? In: Pastor bonus 5 (1893), S. 78–87.

PIEPER, JOSEF: Erkenntnis und Freiheit. Essays. München 1964.

PINK, LOUIS; BRAUNER, JOSEPH: Katholische deutsche Kirchengesangbücher in Lothringen. Straßburg 1938.

PULIKOWSKI, JULIAN VON: Geschichte des Begriffes Volkslied im musikalischen Schrifttum. Ein Stück deutscher Geistesgeschichte. Heidelberg 1933.

QUADFLIEG-ELBERFELD, J.: Das deutsche Kirchenlied. In: Musica sacra 44 (1911), S. 171–178.

REMLING, FRANZ XAVER: Nikolaus von Weis, Bischof zu Speyer, im Leben und Wirken, Bd. 1 & 2. Speyer 1871.

RIEHM, HEINRICH: Das Kirchenlied am Anfang des 21. Jahrhunderts in den evangelischen und katholischen Gesangbüchern des deutschen Sprachbereichs. Tübingen 2004. (Mainzer Hymnologische Studien 12)

RIES, MARKUS: Vom freien Denken herausgefordert. Katholische Theologie zwischen Aufklärung und Romantik. In: Kirche im 19. Jahrhundert. Hrsg. von M. Weitlauff. Regensburg 1998, S. 54–75.

RIESS-STUMM, SUSANNE: Erzbischof Johannes Kardinal von Geissel und Bischof Nikolaus von Weis. Anwälte der Menschen in schwieriger Zeit. Speyer 1998.

RINGHOLZ, P. ODILO: Wallfahrtsgeschichte zu Unserer Lieben Frau von Einsiedeln. Ein Beitrag zur Culturgeschichte. Freiburg im Breisgau 1896.

RÖLLEKE, HEINZ: „Des Knaben Wunderhorn" und seine Stellung zu Volks- und Kirchenlied. In: Jahrbuch für Liturgik und Hymnologie 1984, S. 29–38.

RÖLLEKE, HEINZ: Nachwort. In: Des Knaben Wunderhorn. Alte deutsche Lieder gesammelt von Achim von Arnim und Clemens Brentano. Kritische Ausgabe, Bd. 3. Hrsg. und kommentiert von H. Rölleke. Stuttgart 1987, S. 557–581.

ROHRBASSER, A.: Heilslehre der Kirche. Dokumente Pius IX. bis Pius XII. Freiburg/CH 1953.

ROOS, JOHANNES CHRISTIAN: Hirtenschreiben des Hochwürdigen Herrn Erzbischofs von Freiburg an den Hochwürdigen Clerus und die Gläubigen der Erzdiözese über den Kirchlichen Gesang, zur Einführung des neuen Diöcesan-Gesangbuches Magnificat. Freiburg im Breisgau 1892.

SALZER, ANSELM: Die Sinnbilder und Beiworte Mariens in der deutschen Literatur und lateinischen Hymnenpoesie des Mittelalters. Mit Berücksichtigung der patristischen Literatur. Eine literarhistorische Studie. Linz 1886.

SCHEPPING, WILHELM: Lied- und Musikforschung. In: Grundriß der Volkskunde. Einführung in die Forschungsfelder der Europäischen Ethnologie. Berlin 1988, S. 399–422.

SCHÄFER, CHRISTIANE: „Ich sehe dich in tausend Bildern …". Zur Deutung von Marienbildlichkeit am Beispiel ausgewählter Gesangbuchillustrationen. In: Gesangbuchillustration. Beiträge zu ihrer Geschichte. Hrsg. von U. Süß und H. Kurzke. Tübingen 2005, S. 171–190.

SCHEIBE, SIEGFRIED U.A.: Vom Umgang mit Editionen. Eine Einführung in Verfahrensweisen und Methoden der Textologie. Berlin 1988.

SCHEITLER, IRMGARD: Laurentius von Schnüffis. In: Die österreichische Literatur. Eine Dokumentation ihrer literarhistorischen Entwicklung. Teil 2. Ihr Profil von den Anfängen im Mittelalter bis ins 18. Jahrhundert. Hrsg. von Herbert Zeman. Graz 1986, S. 1191–1235.

SCHEITLER, IRMGARD (HG.): Geistliches Lied und Kirchenlied im 19. Jahrhundert. Theologische, musikologische und literaturwissenschaftliche Aspekte. Tübingen und Basel 2000. (Mainzer Hymnologische Studien, Bd. 2).

SCHEITLER, IRMGARD: Von Arndt bis Spitta. Das 19. Jahrhundert als hymnologischer Forschungsschwerpunkt. Einleitung. In: Geistliches Lied und Kirchenlied im 19.Jahrhundert. Theologische, musikologische und literaturwissenschaftliche Aspekte. Tübingen und Basel 2000. Hrsg. von Irmgard Scheitler. Tübingen und Basel 2000, S. 9–18.

SCHEITLER, IRMGARD: Gotteslob (1975). Vorgeschichte, Problematik, Programm, Kritik. In: In: Gotteslob-Revision. Probleme, Prozesse und Perspektiven einer Gesangbuchreform. Hrsg. von Hermann Kurzke und Andrea Neuhaus. Tübingen 2003, S. 79–92.

SCHEITLER, IRMGARD: Poesie und Unschuld. Geistliche Lieder von Guido Görres. In: Geistliches Lied und Kirchenlied im 19.Jahrhundert. Theologische, musikologische und literaturwissenschaftliche Aspekte. Tübingen und Basel 2000. Hrsg. von Irmgard Scheitler. Tübingen und Basel 2000, S. 233–254.

SCHIEDER, WOLFGANG(HG.): Religion und Gesellschaft im 19. Jahrhundert. Stuttgart 1993. (Industrielle Welt, Bd. 54).

SCHIEDER, WOLFGANG: Sozialgeschichte der Religion im 19. Jahrhundert. Bemerkungen zur Forschungslage. In: Religion und Gesellschaft im 19. Jahrhundert. Hrsg. von Wolfgang Schieder. Stuttgart 1993, S. 11–28.

SCHENDA, RUDOLF: Volk ohne Buch. Studien zur Sozialgeschichte der populären Lesestoffe 1770–1910. Frankfurt 1970.

SCHILLER, GERTRUD: Ikonographie der christlichen Kunst, Band 4,2. Maria. Gütersloh 1980.

SCHMAL, KERSTIN: Die Pietas Maria Theresias im Spannungsfeld von Barock und Aufklärung: religiöse Praxis und Sendungsbewußtsein gegenüber Familie, Untertanen und Dynastie. Frankfurt a. Main 2001.

SCHMIDT, LEOPOLD: Eine Mondseer Liederhandschrift von 1827. In: Jahrbuch des österreichischen Volkliedwerkes 13 (1964), S. 12–41.

SCHMIDT, LEOPOLD: Niederösterreichische Flugblattlieder. In: Jahrbuch für Volksliedforschung. 6. Jahrgang 1938, S. 104–163.

SCHMIDT, LEOPOLD: Volksgesang und Volkslied. Proben und Probleme. Berlin 1970.

SCHMIDT, REBECCA: Gegen den Reiz der Neuheit. Katholische Restauration im 19. Jahrhundert: Heinrich Bone, Joseph Mohr, Guido Maria Dreves. Tübingen 2005. (Mainzer Hymnologische Studien, Bd. 15).

SCHMIDT, RUDOLF: Deutsche Buchhändler. Deutsche Buchdrucker. Beiträge zu einer Firmengeschichte des deutschen Buchgewerbes. Nachdruck der Ausgabe Berlin Eberswalde 1902–1908. Hildesheim, New York 1979.

SCHNEIDER, BERNHARD: Bruderschaften im Trierer Land. Ihre Geschichte und ihr Gottesdienst zwischen Tridentinum und Säkularisation. Trier 1989. (Trierer Theologische Studien, Bd. 48).

SCHNEIDER, BERNHARD: Spätaufklärung, Ultramontanismus und Kirchengesang: Eine katholische Debatte des 19. Jahrhunderts und ihr historischer Kontext. In: Geistliches Lied und Kirchenlied im 19.Jahrhundert. Theologische, musikologische und literaturwissenschaftliche Aspekte. Tübingen und Basel 2000. Hrsg. von Irmgard Scheitler. Tübingen und Basel 2000, S. 37–86.

SCHNEIDER, THEODOR: Was wir glauben. Eine Auslegung des Apostolischen Glaubensbekenntnisses. Düsseldorf [4]1991.

SCHREINER, KLAUS: Maria. Jungfrau, Mutter, Herrscherin. München, Wien 1994.

SCHROUBEK, GEORG R.: Das Wallfahrts- und Prozessionslied. In: Handbuch des Volksliedes, Bd. I. München 1973, S. 445–462.

SCHURE, EDUARD: Geschichte des deutschen Liedes. 3. Auflage. Minden i. W. 1884.

SCHWAB, HEINRICH W.: Sangbarkeit, Popularität und Kunstlied. Studien zu Lied und Liedästhetik der mittleren Goethezeit 1770–1814. Regensburg 1965. (Studien zur Musikgeschichte des 19. Jahrhundert, Bd. 3).

SENNINGER, HERMINE: Die Mayen-Pfeiff des Laurentius von Schnüffis. Dissertation zur Erlangung der philosophischen Doktorgrades an der Universität Wien. Wien 1946 (masch.).

SÖLL, GEORG: Die Mutter Christi. Beiträge zur Marienlehre. Hrsg. von Anton Bodem und Alois Kothgasser. München 1993. (Benediktbeurer Studien, Band 3).

SPAEMANN, CORDELIA: Die zweite Aufklärung im Kirchenlied. Anmerkungen zum neuen Gotteslob. In: Internationale Katholische Zeitschrift „Communio" 1975, S. 339–353.

SPEE, FRIEDRICH: Trvtz-Nachtigall. Kritische Ausgabe nach der Trierer Handschrift (1634). Hrsg. von Theo G. M. van Oorschot. Stuttgart 1985.

STOCK, ALEX: Umgang mit theologischen Texten. Methoden - Analysen - Vorschläge. Zürich 1974.

STOCK, ALEX: Und die alten Lieder singen. Umgangsweisen mit der Liedtradition bei der Entstehung des Einheitsgesangbuches »Gotteslob«. In: Kirchenlied interdisziplinär. Hymnologische Beiträge aus Germanistik, Theologie und Musikwissenschaft. Frankfurt am Main u.a. 1999, S. 27–45.

STROBACH, HERMANN: Variabilität. Gesetzmäßigkeiten und Bedingungen. In: Jahrbuch für Volksliedforschung. 11 (1966), S. 1-9.

SUPPAN, WOLFGANG: Volkslied. Seine Sammlung und Erforschung. Stuttgart 1966.

SUPPAN, WOLFGANG: Hymnologie und Volksliedforschung. In: Handbuch des Volksliedes, Bd. 1/II. München 1975, S. 517–525.

SUPPAN, WOLFGANG: Das geistliche Volkslied. In: Geschichte der katholischen Kirchenmusik, Band II. Hrsg. von Karl Gustav Fellerer. Kassel u. a. 1976, S. 202–207.

SUPPAN, WOLFGANG: Vorbericht über die geplante Ausgabe der Mariazeller Liedersammlung des Stiftes St. Lambrecht. In: Zeitschrift des historischen Vereins für Steiermark. Graz 1977, S. 279–290.

THURNHER, EUGEN: Das Dichtertum des Laurentius von Schnifis. In: Laurentius von Schnifis. 1633 - 1702. Ausstellungskatalog des Vorarlberger Landesmuseums. Schnifis 1983, S. 33–40.

TRUMMER, JOHANN: Die Kirchenliedsammlung von August Duk (Graz 1835). Kirchlicher Volksgesang zwischen josephinischen und cäcilianischen Reformbestrebungen. In: Festschrift Wolfgang Suppan. Tutzing 1993, S. 19–34.

ÜHLEIN, HERMANN: Kirchenlied und Textgeschichte. Literarische Traditionsbildung am Beispiel des deutschen Himmelfahrtsliedes von der Aufklärung bis zur Gegenwart. Würzburg, St. Ottilien 1995. (Studien zur Literatur- und Kulturgeschichte, Band 8).

UNVERRICHT, HUBERT(HG): Der Caecilianismus. Anfänge - Grundlagen - Wirkungen. Tutzing 1988. (Eichstätter Abhandlungen zur Musikwissenschaft, Bd. 5).

VETTER, WALTHER: Das Frühdeutsche Lied. Ausgewählte Kapitel aus der Entwicklungsgeschichte und Aesthetik des ein- und mehrstimmigen deutschen Kunstliedes im 17. Jahrhundert. Münster 1928.

WALLNER, NORBERT: Deutsches Marienliedgut um 1800 in der ladinischen Talschaft Enneberg. Dissertation eingereicht zur Erlangung des philosophischen Doktorgrades an der Leopold-Franzens-Universität in Innsbruck. (masch.).

WALLNER, NORBERT: Deutsche Marienlieder der Enneberger Ladiner (Südtirol). Wien 1970. (Schriften zur Volksmusik, Bd. 1).

WEBER-KELLERMANN, INGEBORG; BIMMER, ANDREAS C.: Einführung in die Volkskunde / Europäische Ethnologie. Eine Wissenschaftsgeschichte. 2., erweiterte und ergänzte Auflage von »Deutsche Volkskunde zwischen Germanistik und Sozialwissenschaften«. Stuttgart 1985. (Sammlung Metzler, Bd, 79).

WEITLAUFF, MANFRED (HG.): Die Kirche im 19. Jahrhundert. Regensburg 1998.

WIORA, WALTER: Das echte Volkslied. Heidelberg 1950. (Musikalische Gegenwartsfragen).

WITT, F[RANZ]: Bemerkungen über das kirchliche Volkslied. In: Fliegende Blätter für katholische Kirchen=Musik 6 (1878), S. 6f.

WITT, F[RANZ]: Ein Wort zur Gesanbuch=Frage. In: Fliegende Blätter für katholische Kirchen-Musik 20 (1885), S. 9–13.

WITTMANN, REINHARD: Geschichte des deutschen Buchhandels. 2. durchgesehene Auflage. München 1999.

WOLLERSHEIM, TH.: Rezension des Cantate. In: Rheinisches Kirchenblatt 4 (1847), S. 264–270 und S. 335–340.

ZUR GESANGBUCHFRAGE IN DER ERZDIÖZESE FREIBURG. Insbesondere ein Wort zum „Benedicte" von einem Priester der Erzdiözese Freiburg i. B., Regensburg o.J.

Abbildungsverzeichnis

Heinrich Bone. Mit hoher geistlicher Genehmigung. Mainz, Verlag von Kircheim, Schott und Thielmann 1847. (Exemplar aus dem Gesangbucharchiv der Johannes Gutenberg-Universität Mainz)

Abbildung 6: : *Melodie aus „Gesang- und Gebetbuch für die Diözese Trier.* Quelle: Gesang- und Gebetbuch für die Diözese Trier. Herausgegeben vom Bischöflichen General-Vicariat. Stereotyp=Ausgabe. Trier, 1846. Druck und Verlag der Fr. Hintz'schen Buchhandlung.

Abbildung 7: *Melodie aus dem „Lasset uns beten! Regensburg 1881" von Joseph Mohr.* Quelle: Lasset uns beten! Katholisches Gebet- und Gesangbuch von Joseph Mohr. Mit oberhirtlicher Approbation. 1881. Regensburg, New York und Cincinnati. Druck und Verlag von Friedrich Pustet, Typograph des heiligen apostolischen Stuhles.

Abbildung 8: : *Frontispiz aus „Ave Maria. Gebet- und Gesangbuch für das Bistum Würzburg".* Quelle: Ave Maria. Gebet- und Gesangbuch für das Bistum Würzburg. Auf oberhirtliche Anordnung. Verlag des Ordinariates der Diözese Würzburg. (Neuausgabe 1949. C. Kommissionsverlag: Echter-Verlag Würzburg. Druck: Fränkische Gesellschaftsdruckerei Würzburg).

Anhang 1: Textfassungen

Fassung Wien 1759

1. Auf Frommes Oesterreich!
Sing deinen Lerchen gleich!
Schwing dich zum guetigen Himmel empor:
Stimm an ein Lobgesang
Im hellen Jubel Klang,
Laß heut erschallen den munteren Chor:
Laß Gott zu Ehren
Dein Danklied hoeren,
Singe frohlockend in froehligen Ton:
Te Deum Laudamus
In himmlischen Thron:

2. Komm treue Buerger Schaar
Komm hier zum Dank=altar!
Opfre die Herzen mit kindlicher Pflicht:
Gott, der den Sieg beschert,
Hat dein Gebet erhoert,
Und die Anschlaege des Feindes zernicht:
Singe aufs neue,
Und benedeye
Zweyer Kayserinnen gesegneten Bund,
Te Deum Laudamus
Mit Herz und mit Mund

3. O starke Allmachts Hand!
Du bist der Gegenstand
Unserer so heilig aufwallenden Lust.
Nimm von uns wieder heut
Den Zins der Dankbarkeit,
Den wir dir Opfern mit freudiger Brust;
Da wir gekaempfet
Hast du gedaempfet,
Des stolzen Feindes tyrannische Wut:
Te Deum Laudamus
Unendliches Gut.

4. O hoechst beglueckter Tag!
Der uns die Niederlag
Dieses Hochmuethigen Feindes verkuendt;
Als dessen Uebermuth
Die wilde Kriegesflut
In unsren erblichen Landen entzuendt:
Jetziger Zeiten
Bluthiges Streiten
Hat nie gesehn auch der aelteste Greis.
Te Deum Laudamus
Dir sey Ehr und Preis.

5. Doch dieses Sieges Ruhm
Ist Herr ! Dein Eigenthum;
Herr! Du hast diesen barmherzigst verliehn,
Deine Barmherzigkeit
Macht schon geraume Zeit
Die Sieges Palmen in Oesterreich bluehn;
Dein weises Fuegen
Macht uns obsiegen,
Fuer die so huldreich erwiesene Treu
Te Deum Laudamus
Mit Jubel Geschrey.

6. Wann schon dein starker Arm
Wider der Feinden Schwarm
Laenger die noethige Huelfe verschiebt,
Sehn wir doch selbe oft
Gaehling, und unverhofft
Wann es der weisesten Fuegung beliebt:
Dein Wohlgefallen
Wird doch in allen
Aus unergruendlichen quellen verspuert;
Te Deum Laudamus
Dem Ehre gebuehrt.

7. Was in der ganzen Welt
Unter die Augen faellt
Lobt deinen Namen, o guetigster Gott!
Was sich und Lueften regt,
Und auf der Erd bewegt,
Alles verehre dein goettlichs Gebot.
Alle Geschichten,
Die uns berichten;
Sind ein Beweis deiner goettlichen Kraft.
Te Deum Laudamus
Der Siege Verschaft

8. Das auserwaehlte Heer.
Gieng durch das rothe Meer,
Ohne das selbes den Fuß nur benetzt;
Doch Moysens wunder Stab
Stuerzt den ins nasse Grab,
Der seinem Volke mit Macht nachgesetzt;
Da dies sich eben
Neulich begeben,
Da wir den herrlichen Lorber erlangt;
Te Deum Laudamus
Dir sey es gedankt.

9. Was deiner Majestaet
Hochmuethig widersteht,
Stuerzt sich selbst blindlings in Elend und grauß:
Alles muß dir allein
Herr! unterthaenig seyn,
Du theilst die Cronen den Koenigen aus:
Die solche glauben
Ansich zu rauben,
Setzen die eygene selbst in Gefahr,
Te Deum laudamus
Der Feind wird's gewahr.

10. Des stolzen Feindes Macht
Ist durch geglueckte Schlacht
Durch deinen gottlichen Beystand zerstreut,
Da er die Flucht ergreift,
Den Platz mit Leichen haeuft
Mit hinterlassener herrlichen Beut;
Herr! deine Haende
Machen ein Ende
Dem Land=verderblichen blutigen Krieg,
Te Deum Laudamus!
Dann dein ist der Sieg.

11. Das hoechste Kaiser Paar
Mach frey von Feinds Gefahr,
Und von des Krieges Verwuestenden Brand:
Gieb unsrer Koenigin
Wider des Feindes Sinn
Das Ihr entrissene erbliche Land;
Gieb Glueck und Seegen
In Ihren Taegen,
Seegne den Aller durchlauchtigsten Stamm;
Te Deum Laudamus
Ruft alle zusamm.

Ende

Fassung F1a (St. Gallen 1779)

1. Wunderschoen praechtige,
Große und maechtige,
Liebreich holdselige, himmlische Frau!
Welcher auf ewig ich,
Kindlich verbinde mich,
Ja auch mein Leib, und Seel gaenzlich vertrau.
Billich mein Leben,
Alles beyneben,
Alles, ja alles, was immer ich bin,
Gieb ich mit Freuden, Maria! Dir hin.

2. Du bist ja voller Zier,
Kein Mackel ist an dir,
Du bist, Maria! Die schoenste allein.
An deiner Majestaet
Nichts mangelt, und abgeht,
Was immer vollkommen, und praechtig kann seyn.
Mich dir zu schenken,
Hab kein Bedenken,
Bin schon entschlossen, es liegt nur an dir,
Daß du willfahrest, o Koeniginn! mir.

3. Ich glaube ganz gewiß,
Daß jener Schlangen=Biß,
Dich mit der Erbsuend nicht habe vergift.
Ja daß die kleinste Suend,
Kein Oertlein bey dir find,
Noch bey dir habe ein Unheil gestift.
Dein ganzes Wesen
Ist auserlesen,
Du bist ein Jungfrau so herrlich gemacht,
Daß dich Gott selbst seiner wuerdig geacht.

4. Die Sonn bekleidet dich,
Es unterwuerfet sich
Zu deinen Fuessen der silberne Mon,
Kein Unvollkommenheit
Mindert dein Herzlichkeit,
Um dein Haupt machen die Sternen ein Kron.
Mit seinen Stralen
Thut dich bemahlen
Der hoehste GOtt selbsten, du schimmerst ganz
Praechtig in einem halb=goettlichen Glanz.

5. Den ganzen Himmels=Bau,
Nach GOtt o große Frau!
Ganz Majestaetisch, wie billich, regierst.
Du bist die Koeniginn,
Du bist die Herrscherinn,
Ueber Himmel, und Erden den Scepter du fuehrst.
Die Engel=Schaaren,
Die Stimm nicht sparen,Singen, frohlocken, mit froehlichen Schall,
Dir, als der Meisterinn huldigen all.

6. Weil du ganz Mackel=los,
Hat dich, o schoenste Ros!
Der himmlische Vater sein Tochter genannt.
So gar der goettlich Sohn,
In seinem hoehsten Thron
Sich zu dir, als seiner Mutter erkannt.
Endlich die Ehren,
Noch zu vermehren,
Hat dich, als seine erwaehlteste Braut,
Selbsten der heilig Geist sich angetraut.

7. Ey dann so lasse zu,
Wann ich frohlocken thu,
Wann sich mein Herz erfreuet darob;
Wann ich zu deiner Ehr,
Mein Leben ganz verzehr,
Nach deinem hoehst gebuehrenden Lob.
Mein ganz Vermoegen,
Will ich anlegen,
All meine Kraeften will spannen daran,
Nur daß Mariam recht lieben ich kann.

8. Das allein Bitt ich noch,
Allzeit bewahr uns doch,
Vor allem Boesen, und Suenden=Gefahr;
Nach deinem Kindelein,
Wollest ein Mutter seyn,
Sorge für deine dir eigene Schaar;
Wann wir hinreisen;
Thu uns erweisen,
Gnad, und Barmherzigkeit bey deinem Thron,
Giebe uns JEsum dein goettlichen Sohn.

Fassung F1b (Rigi 1781)

1. Wunder schoen praechtige!
Große, und maechtige!
Liebreich, holdselige, himmlische Frau!
Welcher auf ewig ich,
Kindlich verbinde mich,
Ja auch mein Leib, und Seel gaenzlich vertrau;
Billich mein Leben
Alle beyneben
Alles, ja alles! was immer ich bin/
Geb' ich mit freuden Maria dir hin.

2. Du bist ja voller Zier!
Kein Mackel ist an dir!
Du bist Maria, die Schoenste allein!
Auch deiner Majestaet
Nichts mangelt, und abgeht,
Was immer vollkommen, und praechtig kann seyn
Mich dir zu schenken
Hab' kein bedenken,
Bin schon entschlossen, es liegt noch an dir,
Daß du willfahrest, o Koeniginn mir.

3. Ich glaube ganz gewiß,
Das jener Schlangen=Biß
Dich mit der Erbsuend nicht habe vergift,
Ja auch die kleinste Suend
Kein Oertlein bey dir find',
Noch in dir habe ein Unheil gestift;
Dein ganzes Weesen
Ist auserlesen,
Du bist, ein Jungfrau, so herrlich gemacht;
Daß sich Gott deiner selbst wuerdig geacht.

4. Die Sonn begleitet dich,
Es unterwirfet sich
Zu deinen Fueßen der silberne Mon
Sein Unvollkommenheit
Mindert nicht dein Herrlichkeit,
Um dein Haupt machen die Sternen ein Kron;
Mit seinen Strahlen
Thut dich bemahlen
Der hoechste Gott selbsten, du schimmerst ja ganz
Praechtig, in einem halb goettlichen Glanz.

5. Den ganzen Himmels=Bau
Nach Gott, o große Frau!
Ganz Majestaetisch (wie billig) regirst!
Du bist die Koeniginn!
Du bist die Herscherinn!
Himmels, und Erden den Scepter du fuehrst
Die Engel=Schaaren
Die Stimm nicht spahren,
Singen, frohlocken, mit froehlichem Schall,
Dir, als der Koeniginn, huldigen all.

6. Ey dann, so lasse zu!
Wann ich Frohlocken thu,
Wann sich mein Herz auch feuet darob,
Wann ich zu deiner Ehr
Mich freue mehr und mehr,
Nach deinem hoechst gebuehrenden Lob;
Mein ganz Vermoegen
Will ich anlegen,
All meine Kraeften will spannen daran,
Um daß Maria recht Lieben ich kann.

7. Dieß allein Bitt ich noch,
Allzeit bewahr doch!
Vor allem Boesen, und Suenden=Gefahr,
Nach deinem Kindelein
Wollest ein Mutter seyn;
Sorge fuer diese, dein eigene Schaar,
Wann wir hinreisen,
Tun uns beweisen,
Gnad, und Verzeihung deym goettlichen Thron;
Und zeig uns Jesum, dein goettlichen Sohn.
Amen.

Fassung G1 (Graz 1770)

1. Wunderschoen praechtige,
Gosse, und maechtige,
Liebreich, holdselige himmlische Frau!
Welcher auf ewig ich,
Kindlich verbinde mich,
Ja mich mit Leib und Seel gaenzlich vertrau.
Billich mein Leben,
Alles beyneben;
Alles, ja alles, was immer ich bin,
Gib ich mit Freuden Maria dir hin.

2. Du bist ja voller Zierd,
Kein Mackel g'funden wird,
Du bist Maria die schoenste allein:
Ach deiner Majestaet
Nichts manglet, und abgeht,
Was nur vollkommen und herrlich kan seyn.
Dein ganzes Wesen
Ist auserlesen:
Du bist, o Jungfrau! so herrlich gemacht,
Daß dich Gott seiner selbst wuerdig geacht.

3. Weil du ganz Mackel los,
Hat dich, o schoenste Ros,
Der himmlisch Vater sein Tochter genennt,
Ja auch der goettlich Sohn,
In seinem hoechsten Thron,
3Sich zu dir als seiner Mutter bekennt;
Endlich die Ehren
Noch zu vermehren,
Hat dir als seiner erwaehltesten Braut
Der heilig Geist sich ja selbsten vertraut.

4. Den ganzen Himmelsbau,
Nach Gott, o große Frau!
Ganz majestaetisch, wie billich, regierst;
Du bist die Koenigin,
Du bist die Herrscherin,
Himmels und Erden den Scepter du fuehrst.
Der Englen Schaaren
Dein Lob nicht spahren:
Singen, frolocken mit froehlichem Schall,
Dir als der Meisterin huldigen all.

5. Die Sonn begleitet dich,
Es unterwirfet sich
Zu deinen Fuessen der silberne Mond;
Kein Unvollkommenheit,
Mindert dein Herrlichkeit,
Um dein Haupt machen die Sterne ein Kron:
Alles, was lebet,
Alles, was schwebet,
Alles, was Himmel und Erden schraenkt ein,
Muß deiner Majestaet unterthan seyn.

6. In diesem Jammerthal,
Seufzen wir allzumal,
Zu dir o Jungfrau im Elend und Noth;
Maria nur allein,
Wollst unser Mutter seyn,
Wann die Seel scheidet vom Leibe der Tod;
Wann wir hinreisen,
Thu uns erweisen;
Gnad und Barmherzigkeit bey deinem Thron,
Bitt fuer uns Jesum dein goettlichen Sohn.

Fassung G2 (Nancy 1772)

1. Wunderschoen Praechtige/
Heilig und maechtige/
Liebreich / holdseelige Koenigin Jungfrau!
Welcher auff ewiglich/
Stuendlich verbinde mich/
Ja mich mit Leib und Seel gaentzlich vertrau.
Billig mein Leben/
Will ich ergeben/
Alles / ja alles / was immer ich bin/
Geb ich mit Freuden Maria dir hin.

2. Du bist die schoenste Zierd/
Kein Mackel gefunden wird/
Du bist Maria! die Schoenste allein.
Auch deiner Majestaet/
Nichts mangelt / und abgeht/
Was nur vollkommen und herrlich mag seyn.
Dein gantzes Wesen/
Ist auserlesen/
Du bist / O Jungfrau! so herrlich gemacht/
Daß dich Gott seiner selbst wuerdig geacht.

3. Weil du gantz Mackel los
Hat dich / O schoenste Ros!
Der himmlisch Vatter sein Tochter genannt;
Wie auch der goettlich Sohn/
In seinem hoechsten Thron/
Dich als fuer seine Mutter erkannt.
Endlich die Ehren/
Noch zu vermehren/
Hat dich zu seiner erwaehltesten Braut/
Der heilig Geist sich ja selbsten vertraut.

4. Die Sonn bekleidet dich/
Es unterwerfet sich/
Zu deinen Fueßen der silberne Mond:
Kein Unvollkommenheit/
Mindert dein Herrlichkeit/
Um dein Haupt machen die Sternen ein Kron:
Alles was lebet/
Alles was schwebet/
Alles was Himmel und Erden schraenkt ein/
Muß deiner Majestaet unterthan seyn.

5. Du bist die Koenigin/
Du bist die Herrscherin/
Himmels und Erden den Scepter du fuehrst.
Du hast von Anbeginn/
Als ein Groß=Meisterin/
Der Hoellen Schlange den Kopf gantz zerknirscht.
Die Engel Schaaren/
Dein Lob nicht sparen/
Singen / frolocken mit froehlichem Schall/
Dir als der Koenigin huldigen all.

6. Gott dich erwaehlet hat/
Zu einer Zufluchtstadt/
Allen Bedrangten und Suendren insg'mein.
Du bist die Helferin/
Du bist die Retterin
So groß als immer der Jammer mag seyn.
Von all'n Gefahren/
Kanst du verwahren/
Ein gantzes Kriegsheer vertilgen kanst bald:
Macht dein unbeschraenckt himmlischer Gewalt

7. In diesem Jammerthal/
Seufzen wir allzumahl/
Zu dir o Jungfrau! in Elend und Noth:
Zu dir fliehen wir hin
O beste Helferin!
Wann Gott uns Suender will strafen im Tod;
Durch dein Fuerbitten/
Wollst uns erquicken/
Wollest zur Reu und Buß leithen das Hertz/
Daß wir nicht leiden den ewigen Schmertz.

8. Nun dann / o grosse Frau!
Mildreich mein Hertz beschau/
Wie ich so zärtlich seuftze zu dir;
Maria Schuetzerin/
Seye mein Mittlerin/
Wann Tod will scheiden das Leben von mir.
Wann wir hinreisen/
Thu uns beweisen/
Gnad und Barmherzigkeit bey deinem Sohn/
Bitt fuer uns jetzt bey dem goettlichen Thron.

Fassung G3 (Köln 1774)

1. Wunderschön prächtige,
Heilige und mächtige,
Liebreich, holdselige, reine Jungfrau!
Welcher auf ewiglich,
Stündlich verbinde mich,
Ja mich mit Leib und Seel gänzlich vertrau,
Billig mein Leben,
Will ich dir geben,
Alles, ja alles, was immer ich bin,
Gebe ich mit Freuden Maria! dir hin.

2. Du bist die schönste Zierd,
Kein Makel gefunden wird,
In dir Maria der Schönsten allein,
Auch deiner Majestät,
Michts mangelt, nichts abgeht,
Was nur vollkommen und herrlich mag seyn,
Dein ganzes Wesen,
Ist auserlesen,
Du bist o Jungfrau! so herrlich geacht,
Daß dich Gott seiner selbst würdig gemacht.

3. Weil du ganz makellos,
Hat dich o schönste Rooß!
Der himmlische Vater sein Tochter genannt;
Wie auch der göttlich Sohn,
In seinem höchsten Thron,
Dich als für seine Mutter bekannt.
Endlich die Ehren
Noch zu vermehren,
Hat dich zu seiner erwähltesten Braut
Der heilig Geist ja sich selbsten vertraut.

4. Die Sonn begleitet dich,
Es unterwerfet sich
Zu dessen Füssen der silberne Mond.
Kein Unvollkommenheit,
Mindert dein Herrlichkeit,
Um dein Haupt machen die Sternen ein Kron:
Alles was lebet,
Alles was schwebet,
Alles was Himmel und Erde schränkt ein,
Muß deiner Majestät unterthan seyn.

5. Du bist die Königinn,
Du bist die Herrscherinn,
Himmels und Erden, den Zepter du führst,
Du hast von Anbeginn,
Als ein Großmeisterinn,
Der Höllen Schlangen den Kopf ganz zerknirscht.
Die Engelschaaren,
Dein Lob nicht sparren,
Singen, frohlocken mit fröhlichem Schall,
Dir als der Königinn huldigen all.

6. Gott dich erwählet hat,
Zu einer Zufluchtsstadt,
Allen Betrangten und Sündern insg'mein,
Du bist die Helferinn,
Du bist die Retterinn,
So groß als immer der Jammer mag seyn,
Von allen G'fahren,
Kannst du bewahren,
Ein ganzes Feindesheer vertilgen gar bald,
Macht dein Ung'schränkter und himmlischer Gewalt.

7. In diesem Jammerthal,
Seufzen wir allzumal,
Zu dir o Jungfrau! in Elend und Noth,
Verlaß nicht die Bürgerschaft,
Sein treue Dienerschaft,
Dein Versammlung verlasse doch nicht,
Uns alle leite,
Und mit uns streite,
Führe, regiere, verschaffe, daß all
Wir einstens eingehen zum himmlischen Saal.

8. Um diese Gnad allein,
Maria Jungfrau rein!
Wir alle von Herzen nun flehen dich an,
Und uns ganz schenken wir,
Maria Jungfrau! dir,
Alle, ja alle, so viele wir sind,
In allem Leben,
Sind dir ergeben,
Im Leiden, in Freuden, in Kummer und Noth,
Bis uns hinreißet der endliche Tod.

Fassung G4 (Köln 1782)

1. Wunderschoen prächtige,
Große und maechtige,
Liebreich, holdselige, himmlische Frau.
Welcher auf ewiglich
Kindlich verbinde mich,
Ja mich mit Leib und Seel gaenzlich vertrau.
Billig mein Leben
Alles bey neben,
Alles, ja alles was immer ich bin,
Gib ich mit Freuden Maria dir hin.

2. Du bist ja voller Zierd,
Kein Makel g'funden wird,
Du bist Maria die Schoenste allein,
An deiner Majestät
Nichts manglet und abgeht,
Was nur vollkommen und herrlich kann seyn.
Dein ganzes Wesen
Ist auserlesen,
Du bist, o Jungfrau! so herrlich gemacht,
Daß dich Gott seiner selbst wuerdig geacht.

3. Weil Du ganz Mackel loß,
Hat dich, o schoenste Rooß!
Der himmlisch' Vatter sein Tochter genennt,
Ja auch der goettlich Sohn
In seinem hoechsten Thron
Sich zu dir, als seiner Mutter gewendt,
Endlich die Ehren
Noch zu vermehren,
Hat dir als seiner erwaehltesten Braut
der heilig' Geist sich selbsten vertraut.

4. Den ganzen Himmels=Bau,
Nach Gott, o große Frau
Ganz majestätisch, wie billig regierst,
Du bist die Koeniginn,
Du bist die Herrscherinn
Himmels und Erden den Scepter du fuehrst,
Der Englen Schaaren
Dein Lob nicht sparen,
Singen frohlocken mit froelichem Schall
Dir, als der Meiterinn, huldigen all.

5. Die Sonn bekleidet dich,
Es unterwerfet sich
Zu deinen Fueßen der silberne Mond,
Kein Unvollkommenheit
Mindert dein' Herrlichkeit,
Um dein Haupt machen die Sterne ein Kron.
Alles, was lebet,
Alles, was schwebet,
Alles was Himmel und Erde schränkt ein,
Muß deiner Majestät Unterthan seyn.

6. Gott dich erwaehlet hat
Zu einer Zufluchts Stadt,
Allen Betrangten uns Suendern insg'mein.
Du bist die Helferinn,
Du bist die Retterinn,
So groß auch immer der Jammer kann seyn,
Von all' Gefahren
Kannst du bewahren
Ein ganzes Kriegs=Heer vertilget gar bald
Dein Unumschraenkter und himmlischer G'walt.

7. In diesem Jammerthal
Seufzen wir allzumahl
Zu dir o Jungfrau! in Elend und Noth
Maria du allein
Wollst unser Mutter seyn,
Wann die Seel scheidet vom Leibe der Todt,
Wann wir hinreisen,
Thu uns erweisen
Gnad und Barmherzigkeit bey deinem Thron,
Bitt fuer uns Jesum dein'n goettlichen Sohn.

Fassung G5 (Mainz 1797)

1. Wunderschoen praechtige,
Große und maechtige,
Liebreich holdselige, himmlische Frau!
Welcher auf ewiglich
Kindlich verbinde mich
Ja mich mit Leib, und Seel gaenzlich vertrau';
Billig mein Leben,
Alles beineben
Alles, ja alles, was immer ich bin,
Geb' ich mit Freuden, Maria! dir hin.

2. Du bist ja voller Zied'
Kein Makel gefunden wird,
Du bist, Maria, die schoenste allein!
Ach! deiner Majestaet
Nichts mangelt, noch abgeht,
Was nur vollkommen und herrlich kann seyn;
Dein ganzes Wesen
Ist auserlesen,
Du bist ja, o Jungfrau! so herrlich gemacht,
Das dich Gott seiner selbst wuerdig geacht.

3. Weil du ganz makellos,
Hat dich! o schoenste Ros`!
Der himmlisch' Vater sein' Tochter genennt;
Ja auch der goettlich`Sohn
In seinem hoechsten Thron
Sich zu dir, als seiner Mutter, gewendt;
Endlich die Ehren
Noch zu vermehren,
Hat dir als seiner erwaehltesten Braut,
Der heil`ge Geist sich ja selbsten vertraut.

4. Den ganzen Himmelsbau,
Nach Gott, o große Frau!
Ganz majestaetisch, wie billig, regierst!
Du bist die Koeniginn,
Du bist die Herrscherinn,
Himmels und Erden den Zepter du fuehrst!
Der Engel Scharen
Dein Lob nicht sparen.
Singen, frohlocken mit froehlichem Schall,
Dir, als der Meisterinn, huldigen all.

5. Die Sonn' begleitet dich,
Es unterwerfet sich
Zu deinen Fueßen der silberne Mond;
Kein' Unvollkommenheit
Mindert dein' Herrlichkeit,
Um dein Haupt machen die Sterne ein' Kron;
Alles, was lebet,
Alles, was schwebet;
Alles, was Himmel und Erden schraenkt ein,
Muß deiner Majestaet Unterthan seyn.

6. Gott dich erwaehlet hat,
Zu einer Zufluchtsstadt,
Allen Bedraengten und Suendern ins'gmein,
Du bist die Helferinn,
Du bist die Retterinn,
Wie groß nur immer der Jammer mag seyn;
Von allen Gefahren,
Kannst uns bewahren,
Ein ganzes Kriegsheer vertilget gar bald
Dein unumschraenkter und himmlischer G'walt.

7. In diesem Jammerthal
Seufzen wir allzumal
Zu dir, o Jungfrau! in Elend und Noth;
Maria! du allein
Wollst unsre Mutter seyn,
Wann die Seel scheidet vom Leibe der Tod;
Wann wir hinreisen
Thu' uns beweisen
Gnad und Barmherzigkeit bei deinem Thron;
Bitt fuer uns Jesum, dein'n goettlichen Sohn.

Fassung F2 (Steyr - Klier: 54/7/130)

1. Wunderschoen praechtige,
grosse und maechtige,
Liebreich, holdselige himmlische Frau!
Welcher auf ewig ich,
kindlich verbinde mich
Ja mich mit Leib und Seel gaenzlich vertrau;
Billich mein Leben,
alles beyneben,
Alles, ja alles, was immer ich bin,
Gieb ich mit Freuden Maria dir hin.

2. Du bist ja voller Zierd,
kein Mackel g'funden wird,
Du bist Maria! die schoenste allein;
All deiner Eigenschaft,
ermanglet keine Kraft,
Nichts was vollkommen, und herrlich kann seyn,
Dein ganzes Wesen,
ist auserlesen;
Du bist o Jungfrau! so herrlich gemacht,
Daß dich Gott seiner selbst wuerdig geacht.

3. Weil du ganz Mackellos,
hat dich o schoenste Ros!
Der himmlisch Vater sein Tochter genennt.
Ja auch der goettlich Sohn,
auf seinem hoechsten Thron,
Sich zu dir als seiner Mutter bekennt.
Endlich die Ehren
noch zu vermehren,
Hat dir als seiner erlesenen Braut
Der heilig Geist sich ja selbst anvertraut.

4. Den ganzen Himmelsbau,
nach Gott o grosse Frau!
Ganz maechtig, praechtig wie billich regierst,
Du bist die Koeniginn,
du bist die Herscherinn,
Himmels und Erden den Scepter du fuehrst!
Die Engelschaaren,
dein Lob nicht sparen,
Singen frohlocken mit froehlichem Schall,
Dir als der Koeniginn huldigen all.

5. Die Sonn begleitet dich,
es unterwirffet sich
Zu deinen Fuessen der silberne Mond!
Kein Unvollkommenheit
leidet dein Herrlichkeit!
Um dein Haupt machen die Sterne ein Kron.
Alles, was lebet,
alles, was schwebet,
Alles was Himmel und Erden schrenkt ein,
Muß deinem G'walt unterthan seyn.

6. Gott dich gesetzet hat,
zu einer Zufluchtsstadt,
Allen Bedrangten, und Suendern insgmein,
Du bist die Helferinn,
du die Beschuetzerinn,
So groß nur immer der Jammer mag seyn,
Von den Gefahren
kannst du bewahren,
Ein ganzes Kriegsheer vertilget gar bald
Dein uneing'schrenkter und himmlischer G'walt.

7. Sieh unser Dienste an!
wie es nur jeder kann,
Geben wir alles von Herzen dir dar.
Mit Freuden opfern wir,
all unsre Herzen dir,
Die immer brinnen vor deinem Altar.
Dies ist das Zeichen,
daß wir nicht weichen,
So lang wir Leben, verbleiben wir dein,
Wollen auch immer und ewig es seyn.

Fassung F3 (Neustadt – VKM Graz: 12267/22)

1. Wunderschoen praechtige,
grosse und maechtige,
liebreich holdselige Celler=Jungfrau!
welcher auf ewiglich,
stuendlich verbinde mich,
ja mich mit Leib und Seel gaenzlich vertrau,
billig mein Leben,
will ich hergeben,
ja alles, was nur immer ich bin,
gieb ich mit Freuden Maria dir hin.

2. Du bist ja voller Zierd,
kein Mackel g'funden wird,
du bist Maria die schoenste allein,
ach deiner Majestaet,
nichts mangelt und abgeht,
was nur vollkommen und herrlich kann seyn,
dein ganzes Wesen,
ist auserlesen,
du bist o Jungfrau so herrlich geacht,
daß dich Gott seiner selbst wuerdig gemacht.

3. Weil du ganz mackellos,
hat dich o schoenste Ros!
der himmlische Vater sein Tochter genannt,
ja auch der goettlich Sohn,
in seinem hoechsten Thron,
sich zu dir als seiner Mutter bekannt,
endlich die Ehren,
noch zu vermehren,
hat dir als seiner erwaehltesten Braut,
der heilige Geist sich ja selbsten vertraut.

4. Den ganzen Himmelsbau,
nach Gott o grosse Frau!
ganz majestaetisch wie billig regierst,
du bist die Koenigin,
du bist die Herrscherin,
Himmels und Erden den Scepter du fuehrst,
die Engelschaaren,
dein Lob nicht sparen,
singen, frolocken mit froelichen Schall,
dir als der Kaiserin huldigen all.

5. Die Sonn begleitet dich,
es unterwirfet sich,
zu deinen Fuessen der silberne Mond,
deine Vollkommenheit,
mindert sein Herrlichkeit,
um dein Haupt machen die Sterne ein Kron,
alles was lebet,
alles was schwebet,
alles was Himmel und Erden schaenkt ein,
muß deiner Majestaet unterthan seyn.

6. Gott dich erwaehlet hat,
zu einer Zufluchtsstadt,
allen Bedrangten und Suendern insg'mein,
du bist die Helferin,
du bist die Retterin,
so groß auch immer der Jammer mag seyn,
von allen G'fahren,
kannst du bewahren,
ein ganzes Kriegsheer vertilget gar bald,
dein uneingeschraenkter und himmlischer G'walt.

7. Nun dann o grosse Frau!
mildreich mein Herz anschau,
wie dieses zaertlichst seufzet und bitt,
verlaß nicht den Kaiser,
deinen treuen Diener,
deinen Franzen verlasse doch nicht,
die Waffen leite,
und mit ihm streite,
führe, regiere und staerke sein Heer,
der lieben Christenheit Frieden bescher.

8. In diesem Jammerthal,
seufzen wir all zumal,
zu dir o Jungfrau in Elend und Noth,
Maria=Cell allein,
sollst unser Mutter seyn,
wann die Seel scheidet vom Leibe der Tod,
wann wir hinreisen,
thu uns erweisen,
Gnad und Barmherzigkeit bey deinem Thron,
bitt fuer uns Jesum dein goettlichen Sohn.

Fassung F4 (Bamberg - DVA: Bl. 6854)

1. Wunder schoen praechtige,
große und maechtige,
liebreich holdselige himmlische Frau!
welcher auf ewig ich,
kindlich verbinde mich;
Ja auch mit Leib und Seel gaenzlich vertrau.
Billig mein Leben,
alles beyneben,
alles, ja alles, was immer ich bin,
gieb ich mit Freuden, Maria! dir hin.

2. Du bist ja voller Zied,
kein Mackel g'funden wird,
du bist Maria, die schoenste allein,
auch deiner Majestaet
nichts mangelt und abgeht,
was nur vollkommen und herrlich mag seyn.
Dein ganzes Wesen
ist auserlesen,
du bist, o Jungfrau! so herrlich gemacht,
daß dich Gott seiner selbst wuerdig gemacht.

3. Weil du ganz Mackellos,
hat dich, o schoenste Ros!
der himmlisch Vater sein Tochter genennt.
Da auch der goettlich Sohn
in seinem hoechsten Thron
sich zu dir, als seiner Mutter bekennt;
Endlich die Ehren,
noch zu vermehren,
hat dir, als seiner auserwaehlten Braut,
der heilig Geist sich ja selsten vertraut.

4. Den ganzen Himmelsbau,
nach Gott, große Frau!
ganz majestaetisch, wie billig regierst;
du bist die Koenigin,
du bist die Herrscherin
Himmels und Erden, den Zepter du fuehrst;
der Engeln=Schaaren,
dein Lob nicht sparen,
singen, frolocken, mit froehlichen Schall,
dir als der Ministerin, huldigen all.

5. Die Sonn bekleidet dich,
es unterwirfet sich
zu deinen Fueßen der silberne Mond,
kein Unvollkommenheit,
mindert dein Herrlichkeit,
um dein Haupt machen die Sterne ein Kron;
alles, was lebet,
alles was schwebet,
alles was Himmel und Erden schraenkt ein,
muß deiner Majestaet unterthan seyn.

6. Gott dich erwaehlet hat
zu einer Zufluchtsstadt,
allen Bedrangten und Suendern insgemein;
du bist die Helferin,
du bist die Retterin,
so groß nur immer der Jammer mag seyn,
von allen G'fahren
kannst uns bewahren,
ein ganzes Kriegsheer vertilget gar bald
dein uneingeschraenkter und himmlischer Gewalt.

7. In diesem Jammerthal
seufzen wir allzumal,
zu dir, o Jungfrau! in Elend und Noth,
Maria! du allein
wollst unsre Mutter seyn,
wann die Seel scheidet vom Leibe der Tod.
Wann wir hinreisen,
thu uns erweisen
Gnad und Barmherzigkeit bey deinem Thron,
bitt fuer uns Jesum deinen liebsten Sohn.

Straßburg 1789

1. Wunderschön prächtige,
Heilige, Mächtige,
Jungfrau und Mutter und göttliche Braut!
Dir sich der Christen=Staat,
Dir sich die Kirche hat
Eidlich verbunden und ewig vertraut;
Alle dir geben
Willig das Leben.
Diese Versammlung sich itzt bis an's End
Des Lebens ewig dir gänzlich verpfändt.

2. Himmlische Königinn,
Versammlung Stifterinn
Der Kirche und Staaten den Zepter du führst,
Irrdische Herrscherinn
Hölle Besiegerinn!
Du hast der Schlange den Kopf längst zerknirscht,
In vollen Güssen
Von dir abfließen
Gnaden und Segen;denn du bist das Meer,
Aus dem der Erde zuströmet der Herr.

3. Zieret die Sonne dich
Oder mit dir sie sich?
Den Mond tritt unter die Füße dein Thron:
Himmlische Lichter! ihr
Stralet verfinstert hier;
Du zierest die Sterne, die sind deine Kron'
Alles erbleichet,
Alles dir weichet,
Alles was Himmel und Erde schränkt ein,
ist vor dir blaß und verdunkelt und klein.

4. Nichts deiner Majestät
Mangelt; du bist erhöht
Bis' wo der Engel kaum starrend hinblickt;
Was von dir Jesus Christ
Nahm an, vergöttert ist:
In ihm dein Wesen der Himmel entzückt,
Bethet demüthig
An, und einmüthig
Singt dreymal Heilig, den göttlichen Ton.
Preiset den Gottes und auch deinen Sohn.

5. Schwing dich unendlich hoch
Du bist doch unser noch;
Dein Sohn sich unseren Bruder bekennt.
Hoch ist der Christ daran,
Der dich noch nennen kann
Schwester und Mutter, wie Jesus dich nennt.
Hoffet ihr Sünder;
Sie nennet euch Kinder.
Freut euch Erlöste! bey ihrer Aufnahm;
Weis sie noch, daß sie von Menschen herkam.

6. Töchter der Reinigkeit,
Die ihr versammelt seyd,
Und nächst deym Sohne die Mutter umringt!
Jungfrauen, beyden gleich,
Ihnen vereidet euch,
Den reinen Herzens=Zoll ihnen darbringt
Die Engel schweigen,
Wann ihr mit Geigen,
Harpfen und Orgeln die Lieder stimmt an,
die, der nicht Jungfrau ist, singen nicht kann.

7. Reizend ist diese Gnad',
Die euch beglücket hat,
Da statt der Engel, der euch erwählt,
Der sich mit treuer Hand
Selbsten sich euch verband,
Ihr seid mit ihm und der Mutter vermählt.
Kränze und Bilder,
Der Bundes Schilder,
Zieren euch: zieret sie durch Tugend Prob'
Seyd beyder, Mutter und Brautigamms, Lob.

8. Jungfrauen Königinn!
Dieses ist unser Sinn
Zu fliehn des Bösen mindesten Schein;
Welche sich einverleibt,
Und zur Versammlung schreibt,
Muß sich bemühen euch ähnlich zu seyn.
Weh der! die liebet
Was euch betrübet!
Deine Versammlung mißkennet das Glied,
Das euch an Tugend zu gleichen wird müd.

9. Mutter mit Herz und Mund'
Unseren Aufnahm=Bund
Siegeln wir, deine versammelte Schaar:
Treu zu seyn dir nach Gott,
Bis uns Hinreißt der Tod:
Das Denkmaal sey uns dein Bild und Altar.
Uns vor Gefahre
Gnädig bewahre!
Deiner Versammlung, bis das unser Chor
Dir singet im Himmel, als Mutter geh vor!

Saargemünd 1829 – Fassung 2

Mariae, der Himmelskoeniginn, huldiget unter allgemeiner Verlobung auch die ganze Christenheit. „Eine ist meine Vollkommene...Die Toechter sahen sie und priesen sie Ueber alles gluecklich." Hoh. Lied 6,8

1.
Wunderschön Prächtige - Heilige, Mächtige,
Liebreich', holdselige Königinn Jungfrau!
Welcher auf ewiglich - Stündlich verbinde mich,
Ja mich mit Leib' und mit Seel' gänzlich vertrau:
Billig mein Leben - will ich dir geben,
Alles, ja alles was immer ich bin,
Geb' ich mit Freuden, Maria! dir hin.

2.
An dir, o schönste Zierd! – kein' Makel gefunden wird,
Du bist, Maria! die Schönste allein;
Auch deiner Majestät - nichts mangelt noch abgeht,
Was nur vollkommen und herrlich mag seyn:
Dein ganzes Wesen ist auserlesen;
Du bist, o Jungfrau! so herrlich gemacht,
Daß dich Gott seiner selbst würdig geacht.

3.
Weil du ganz makellos - bist und durchaus so groß,
Hat dich Gott Vater sein' Tochter genannt;
Wie auch der ew'ge Sohn - auf seinem höchsten Thron'
Dich als die zärtlichste Mutter erkannt;
Endlich die Ehren - noch zu vermehren,
Hat dich zu seiner erwähltesten Braut
Selbsten der heilige Geist sich vertraut.

4.
Die Sonn' bekleidet dich - es unterwerfet sich
Zu deinen Füßen der silberne Mond:
Kein' Unvollkommenheit - mindert dein' Herrlichkeit,
Gott mit der glänzensten Krone dich lohnt;
Alles was lebet - alles was schwebet,
Alles was Himmel und Erde schränkt ein,
Muß deiner Majestät unterthan seyn.

5.
Du bist die Königinn, - du bist die Herrscherinn,
Aller Welt Reiche den Zepter du führst.
Du hast von Anbeginn - als ein' Großmeisterinn
Den Kopf der höllischen Schlange zerknirscht:
Die Engelschaaren - dein Lob nicht sparen;
Singen, frohlocken mit fröhlichem Hall'
Dir als der Königinn huldigen all.

6.
Gott dich erwählet hat - zu einer Zufluchtsstadt,
Allen Bedrängten ein' Hilfe zu seyn;
Du bist die Trösterinn - der Sünder Retterinn,
Wie groß die Noth auch sey, Hilf' kannst verleih'n;
Von all' Gefahren - du kannst bewahren;
Ganze Kriegsheere erlegen kannst bald,
Wann dirs, o Mächtige! also gefallt.

7.
In diesem Jammerthal - seufzen wir allzumal
Zu dir, o Jungfrau! im Leben und Tod;
Zu dir flehn wir hin - o beste Helferinn!
Wann Gott uns Sünder will strafen mit Noth.
Nicht woll'st ermüden - für uns zu bitten!
Wollest zur Reu' und Buß' leiten das Herz,
Daß wir entrinnen dem ewigen Schmerz!

8.
Nun dann, o große Frau! - mildreich her auf uns schau!
Unser Vertrauen ganz steht ja zu dir;
Sey unsre Schützerinn; - sey unsre Mittlerinn,
Wann wir einst sollen abscheiden von hier!
Auf jener Reise - du uns beweise
Gnädig, barmherzig dich bei deinem Sohn'
Bitt' für uns jetzt und im Tode am Thron'!

Anhang 2: Erklärung der Ziffernnotation

Gesangbuch.

Bemerkungen zur Ziffernotenschrift.

Die sieben Töne der diatonischen Tonleiter werden durch die Ziffern 1 2 3 4 5 6 7 dargestellt. Die Fortsetzung dieser Reihe nach oben wird durch $\dot{1}\ \dot{2}\ \dot{3}\ \dot{4}\ \dot{5}\ \dot{6}\ \dot{7}$ bezeichnet und dementsprechend zeigt die Ziffernreihe $\underset{\cdot}{1}\ \underset{\cdot}{2}\ \underset{\cdot}{3}\ \underset{\cdot}{4}\ \underset{\cdot}{5}\ \underset{\cdot}{6}\ \underset{\cdot}{7}$ die Unteroktave an. Die Stufen der Tonleiter sind nicht gleich weit von einander entfernt. Die Zwischenräume von 3 zu 4 und von 7 zu $\dot{1}$ betragen nur ungefähr die Hälfte der übrigen Tonschritte; sie werden darum Halbtöne oder kleine Sekunden genannt, während die Intervalle 1 - 2, 2—3, 4—5, 5—6, 6—7 Ganztöne oder große Sekunden sind.

Wenn durch den Gang einer Melodie Verschiebungen dieser Verhältnisse sich herausstellen, welche die Erhöhung oder Vertiefung eines Tones um einen Halbton notwendig machen, so werden solche Veränderungen dadurch kenntlich gemacht, daß die betreffenden Ziffern entweder in steigender oder fallender Richtung durchstrichen werden: z. B. 4 = ♯4, 7 = ♭7. Das sogenannte Auflösungszeichen (♮) kann ganz entbehrt werden.

Die Taktart ist jedem Lied vorgezeichnet: $\frac{4}{4}$, $\frac{3}{4}$, $\frac{6}{8}$, $\frac{6}{4}$, $\frac{2}{2}$ und die Takteinteilung ist durch senkrechte Strichlein zwischen den Ziffern gekennzeichnet. Als Einheit beim Rhythmus gilt die Viertelnote. Dieser Zeitwert ist mit der einfachen Ziffer gegeben. Die Tonverlängerungen werden durch Punkte anschaulich gemacht, z. B. $\dot{1}$ = 1 Viertel, 1 . = eine halbe Note, 1 . . = 3 Viertel, 1 . . . = eine ganze Note.

20 Bemerkungen zur Ziffernotenschrift.

Für die Verkleinerung des Zeitwertes sind als geeignete Ausdrucksmittel Querstriche über den Ziffern angewandt. So bezeichnet $\overline{2\ 3}$ die Einteilung einer Viertelszeit in zwei Achtel, $\overline{\overline{2\ 3}}$ die Teilung einer Achtelzeit in zwei Sechzehntel; das punktierte Viertel mit dem zugehörigen Achtel ist notiert: 1. $\overline{2}$ usw.

Für die Pause ist das, keine Mißdeutung zulassende, Zeichen 0 im Zeitwert von je einem Viertel gewählt. Da die Schlußsilben der Zeilen gewöhnlich etwas gedehnt werden, so sind die betreffenden Ziffern mit dem Haltezeichen 𝄐 versehen worden. Das allgemein übliche Zeichen ‖: :‖ deutet eine Wiederholung des eingeschlossenen melodischen Satzes an. Ebenso klar verständlich ist der Bindebogen ‿, der die einer Silbe zukommende Notengruppe zusammenfaßt.

Damit die für die einzelnen Lieder passende Tonhöhe sofort ersichtlich ist, trägt jede Melodie am Kopfe die deutliche Fixierung des Grundtones der betreffenden Tonart, gleichzeitig ist damit aber auch der Charakter der Tonart markiert. Die Tonica der Dur-Tonleiter gibt stets die Ziffer 1 an, während die Moll-Tonreihe mit 6 beginnt. Wo sich noch andere Ziffern für die Angabe des Grundtones finden, da sind in den betreffenden Melodien alte Kirchentonarten ausgeprägt. Z. B. 1 = D bezeichnet die Tonart D-dur, 6 = G die Tonart G-moll; 2 = D charakterisiert die dorische, 3 = E die phrygische und 5 = G die mixolydische Kirchentonart.

Aus: Gesang- und Gebetbuch für die Erzdiöcese Cöln. Cöln 1908.

Anhang 3: Übersichten und Tabellen

Die Fassung aus dem Gesangbuch „Kirchenlied" (1938) in den Diözesananhängen des „Gotteslob" (1975)

1. Wunderschön prächtige,
hohe und mächtige,
liebreich holdselige himmlische Frau,
der ich mich ewiglich
weihe herzinniglich,
Leib dir und Seele zu eigen vertrau!
Gut, Blut und Leben
will ich dir geben;
alles, was immer ich hab, was ich bin,
geb ich mit Freuden, Maria, dir hin.

2. Sonnenumglänzete,
Sternenbekränzete,
Leuchte und Trost auf der nächtlichen Fahrt!
Vor der verderblichen
Makel der Sterblichen
hat dich die Allmacht des Vaters bewahrt.
Seelige Pforte
warst du dem Worte,
als es vom Throne der ewigen Macht
Gnade und Rettung den Menschen gebracht.

3. Schuldlos Geborene,
einzig Erkorene,
du Gottes Tochter und Mutter und Braut,
die aus der reinen Schar
Reinste wie keine war,
die selbst der Herr sich zum Tempel gebaut!
Du makellose,
himmlische Rose,
Krone der Erde, der Himmlischen Zier,
Himmel und Erde, sie huldigen dir!

Diese Fassung aus dem „Kirchenlied" von 1938 gelangte in viele Diözesangesangbücher der Nachkriegszeit. Auch ein Großteil der in die Diözesananhänge des „Gotteslob" aufgenommenen Fassungen zeigt sich von dieser Textfassung abhängig:

a) So auch in: GL Augsburg (Nr. 875), GL Freiburg (Nr. 892), GL Rottenburg (Nr. 892).

b) Strophen 1-3 identisch, erweitert um eine vierte Strophe, die der vierten Strophe der Bone-Fassung entspricht: *Du bist die Helferin, / du bist die Retterin, / Fürstin des Himmels / und Mutter des Herrn! / Spiegel der Heiligkeit, / Stärke der Christenheit, / Arche des Bundes, helleuchtender Stern! / Liebreich dich wende, / Frieden uns sende, / Mutter, ach wende die Augen uns zu, / lehr uns in Demut zu wandeln wie du.*
In: GL Berlin-West (Nr. 866) und GL Berlin-Ost (Nr. 850).
c) Nur die Strophen 1 und 2 in: GL Essen (Nr. 876).
d) Strophen 1 und 2 identisch, Strophe 3 ersetzt durch die 4. Strophe der Bone-Fassung: *Du bist die Helferin, / du bist die Retterin, / Fürstin des Himmels und Mutter des Herrn! / Spiegel der Reinigkeit, Stärke der Christenheit. Arche des Bundes helleuchtender Stern! / Liebreich dich wende, Frieden und sende, Mutter, ach, wende die Augen uns zu, / lehr uns, in Demut zu wandeln wie du.*
So in: GL Münster (Nr. 960).
e) Strophen 2-3 identisch, Strophe 1 neu:
Wunderschön prächtige, / hohe und mächtige, / liebreich holdselige himmlische Frau, / du Gottes Dienerin, / du unsre Königin, / von Gott Gekrönte, auf uns niederschau! / Höre uns flehen, / die wir hier stehen: / Du bist die Nächste am himmlischen Thron, / Mutter du, bitte für uns deinen Sohn.
In: GL Köln (Nr. 952).
f) Strophe 1 ab Vers 7 neu: *(...) O du Getreue, / zu dir voll Freude / schauen wir hoffend und flehend hinan: / Mutter, ach für uns auf sicherer Bahn.*
Strophe 2 identisch, Strophe 3 setzt sich zusammen aus Versen der 3. und 4. Strophe der Bone-Fassung: *Gottes Gebährerin / Christi Ernäherin, / wundersam Jungfrau und Mutter des Herrn. / Du bist die Helferin, / du bist die Retterin, / Arche des Bundes, hell leuchtender Stern. / Liebreich dich wende, / Frieden uns sende, / Mutter, ach wende die Augen uns zu, / lehr uns in Demut zu wandeln wie du.*
So in: GL Österreichteil (Nr. 842), damit gültig für die Bistümer Eisenstadt, Graz-Seckau, Innsbruck, Linz, St. Pölten, Salzburg, Wien, Gurk-Klagenfurt.
g) Nur die Strophen 1 und 3. So in: GL Trier (Nr. 866).
h) Nur die Strophen 1 und 3, Strophe 3 mit folgender Variante. V.8: *geistliche Rose*. Diesen beiden Strophen folgt eine der siebten Strophe der Ausgangsfassung nachempfundene weitere Strophe: *In diesem Jammertal / rufen wir allzumal / zu dir, o Mutter, aus Elend und Not. / Aber vor allem gut / halt uns in deiner Hut, / wann Leib und Seele sich scheiden im Tod! / Dann für uns streite / und uns geleite, / mächtige Jungfrau, zum Himmel empor, / wo dich lobpreisen die Engel im Chor.*
So in: GL Regensburg (Nr. 903) und GL Passau (Nr. 938) mit folgender Variante: Str. 3, V.1: *Erdental.*

Wunderschön prächtige in den Diözesananhängen zum Gotteslob

Diözesen	Lied-Nr.	Fassung					
		Strophe 1	Strophe 2	Strophe 3	Strophe 4	Strophe 5	Strophe 6
Augsburg	875	G1	B2	G3	---	---	---
Bamberg	897	B1/1+2, neu	G2	neu (U7v)	---	---	---
Berlin	866	G1	B2	G2	B4	---	---
Eisenstadt [Ö]	842	G1/1+2, neu	B2	B3/1, B4/1+3	---	---	---
Essen	876	G1	B2	---	---	---	---
Fulda	879	B1/1+2, neu	B2	neu, B5/3	---	---	---
Freiburg	892	G1	B2	G3	---	---	---
Graz-Seckau [Ö]	842	G1/1+2, neu	B2	B3/1, B4/1+3	---	---	---
Hildesheim	875	neu (A. Pohner)	B2	neu (U7v)	---	---	---
Innsbruck [Ö]	842	G1/1+2, neu	B2	B3/1, B4/1+3	---	---	---
Köln	952	neu	B2	G2	---	---	---
Linz [Ö]	842	G1/1+2, neu	B2	B3/1, B4/1+3	---	---	---
Mainz	912	B1/1+2, neu	B2	neu, B5/3			
Münster	960	G1	B2	B4	---	---	---
Osnabrück	887	neu (A. Pohner)	B2	G2	B4v	---	---
Passau	928	G1	G2	neu (U7v)	---	---	---
St. Pölten [Ö]	842	G1/1+2, neu	B2	B3/1, B4/1+3	---	---	---
Regensburg	903	G1	G2	U7v	---	---	---
Rottenburg	892	G1	B2	G2	---	---	---
Speyer	890	B1 (v)	B2	G2	neu (B4/1+2v), B4/3	---	---
Salzburg [Ö]	842	G1/1+2, neu	B2	B3/1, B4/1+3	---	---	---
Trier	866	G1	G2	---	---	---	---
Wien [Ö]	842	G1/1+2, neu	B2	B3/1, B4/1+3	---	---	---
Würzburg	894	G1	B2	B3	B4/1+2, G3/3	Sonderstrophe	G5

Diözesen	Lied-Nr.	Fassung					
		Strophe 1	Strophe 2	Strophe 3	Strophe 4	Strophe 5	Strophe 6
Berlin (DDR)	850	B1	B2	G2	B4	---	---
Rumänien	*Buch lag nicht vor.*						
Gurk-Klagenfurt [Ö]	(842)	(G1/1+2, neu)	(B2)	(B3/1, B4/1+3)	(---)	(---)	(---)
Beiheft Böhmen-Mähren	*Beiheft lag nicht vor.*						